W0078159

WEBER'S GRILLEN

REZEPTE FÜR JEDEN TAG

WEBER'S GRILLEN

REZEPTE FÜR JEDEN TAG

AUTOR: JAMIE PURVIANCE

FOTOGRAFEN: TIM TURNER (ALLE REZEPTBILDER) UND
KLAUS MARIA EINWANGER (AUFMACHERBILDER)

Inhalt

SEAFOOD

Heilbutt
182

Lachs
186

Schwertfisch
194

Thunfisch
196

SEAFOOD (FORTSETZUNG)

Makrele und Barsch
202

Garnelen
206

Kalmar
214

Muscheln
216

Hummer
226

EIER

Eier
228

GEMÜSE

Gemüse
242

DESSERTS

Desserts
270

ZUM NACH-SCHLAGEN

Wartung des Grills
290

Sicherheit
291

Register
292

Bezugs-quellen
303

Impressum
304

// WELCHE GRÖSSE IST AM BESTEN?

Die Größe des Grills hat Einfluss auf den Zeitbedarf. Ist der Grill zu klein für die Menge der Speisen, muss man das Essen in mehreren Durchgängen grillen, was natürlich länger dauert. Möglicherweise ist ein Teil des Essens schon kalt, bevor alles fertig ist.

Bedenken Sie, dass Sie manchmal mehrere unterschiedliche Dinge gleichzeitig grillen möchten und dafür zwei oder drei verschiedene Hitzezonen benötigen. Jede Zone braucht genügend Platz, je nachdem, für wie viele Personen Sie grillen. Hier sind einige Empfehlungen:

GAS

: EIN GRILL MIT 1–2 BRENNERN

: EIN GRILL MIT 3–4 BRENNERN

+ : EIN GRILL MIT 6 BRENNERN

HOLZKOHLE

: EIN GRILL MIT 47 CM DURCHMESSER

: EIN GRILL MIT 57 CM DURCHMESSER

+ : EIN GRILL MIT 67 CM DURCHMESSER

// Gas oder Kohle?

Gas

Eines ist klar: Mit Gas geht es schneller als mit Kohle. Zum Anzünden eines Gasgrills muss man meist nur den Deckel anheben, den Gashahn aufdrehen und den Zünder betätigen. Man sollte immer eine Minute warten, nachdem man das Ventil an der Gasflasche aufgedreht hat (oder das Gas an der Gasleitung), bis das Gas an den Brennern angekommen ist. Drehen Sie dann jeden Brenner auf starke Hitze und zünden Sie einen nach dem anderen an.

Kohle

Auch wenn Gasgrills schneller starten, und ein Drehknopf leichter zu betätigen ist, als Kohle zu schaufeln: Viele Menschen grillen am liebsten mit Holzkohle. Einige verwenden auch Gas, wenn es schnell gehen muss, greifen aber auf Holzkohle zurück, wann immer sie genug Zeit haben.

Mit der richtigen Ausrüstung lässt sich die Zeit, die man zum Entfachen des Holzkohlegrills benötigt, auf 15–20 Minuten reduzieren.

1// Die einfachste Methode ist die Verwendung eines Anzündkamins. Dieses einfache Gerät besteht aus einem Metallzylinder mit zwei Griffen außen und einem Rost innen. Man legt einfach 2–3 Anzündwürfel unter den Kamin und füllt die obere Kammer des Zylinders mit Briketts oder Holzkohle.

2// Sobald die Anzündwürfel brennen, wird Luft von unten angesaugt, wodurch sich die Hitze von unten nach oben gleichmäßig auf die Kohlen ausbreitet.

3// Wenn die Kohlen oder Briketts rundherum mit einer feinen Ascheschicht überzogen sind, zieht man isolierte Grillhandschuhe an und hebt den Anzündkamin an beiden Griffen an. Der bewegliche Griff hilft dabei und erleichtert das zielgenaue Ausschütten des Inhalts.

// Grillzeiten

// DIREKTE HITZE

Direkte Hitze eignet sich hervorragend für Fleisch, das innerhalb kurzer Zeit gar wird – Hamburger, Steaks, Lammkoteletts, Hähnchenbrust, Fischfilets, Meeresfrüchte und geschnittenes Gemüse. Die Oberfläche wird scharf angebraten und entwickelt dabei Aromen, Zuckeranteile an der Oberfläche karamellisieren, während das Grillgut innen gart.

// INDIREKTE HITZE

Indirekte Hitze eignet sich besser für größere, weniger zarte Fleischstücke, die langsam gegart werden müssen, also Braten, ganze Hähnchen und Rippen. Es ist auch die richtige Methode, um dickere Fleischstücke oder solche mit Knochen, die zuerst über direkter Hitze angebraten wurden, fertig zu garen.

1

2

Anordnung der Glut

1// Die flexibelste Anordnung der Kohle ist die Zwei-Zonen-Glut: Die Holzkohle liegt nur auf einer Seite des Grillrosts, die andere Seite ist leer. So kann man mit direkter und indirekter Hitze grillen.

Eine ähnliche Situation erreicht man mit dem Gasgrill, indem man nur einige Brenner verwendet und ein- oder zwei ausgeschaltet lässt.

Die Temperatur im Holzkohlegrill hängt davon ab, wie viel Holzkohle man verwendet und wie lange sie schon brennt. Die Glut ist am Anfang am heißesten, ihre Heizkraft nimmt mit der Zeit ab. Die Hitze im Gasgrill hängt natürlich davon ab, wie man die Brenner einstellt.

Sobald die Holzkohle oder die Gasbrenner vollständig brennen, wird der Deckel geschlossen. Es ist wichtig, den Grill vorzuheizen, am besten etwa 10 Minuten, sodass das Thermometer am Deckel mindestens 260 °C anzeigt. Dann ist der Rost heiß genug, um das Grillgut scharf anzubraten, und lässt sich außerdem leicht reinigen. Dazu zieht man Grillhandschuhe an und bürstet mit einer langstieligen Drahtbürste alle Verunreinigungen vom Rost.

Man muss den Grillrost vor dem Grillen nicht einölen. Öl würde nur in die Glut tropfen und die Flammenbildung fördern. Ölen Sie stattdessen das Grillgut ein, dann lässt es sich auch leichter wieder vom Rost lösen.

2// Sobald der Grill vorgeheizt und der Rost gereinigt ist, wird das Grillgut und alles benötigte Zubehör auf einem Tablett bereitgelegt. Wenn Sie alles vorher zurechtgeschnitten und abgemessen haben, geht das Grillen schneller, und Sie müssen nicht immer wieder zurück in die Küche

laufen. Denken Sie an saubere Platten und Teller für die fertig gegrillten Speisen.

Den Deckel geschlossen halten

Ob man mit Holzkohle oder Gas grillt – der Deckel sollte so oft wie möglich geschlossen sein. Das ist wirklich wichtig. Der Deckel reduziert die Sauerstoffzufuhr und hemmt dadurch Flammenbildung, und er sorgt dafür, dass das Grillgut auch von oben gart: Während die unten liegende Seite des Grillguts intensiver Hitze ausgesetzt wird, wird die Hitze vom Deckel reflektiert und beschleunigt den Garprozess. Ohne Deckel würde die Hitze der Glut viel schneller nachlassen. Das Grillgut bliebe länger auf dem Grill und würde dadurch leichter austrocknen.

Dass unter dem Grillgut immer mal wieder kurzzeitig Flammen aufflackern, ist normal. Halten sich die Flammen jedoch länger, besteht Gefahr, dass etwas anbrennt. Legen Sie Ihr Grillgut in eine weniger heiße Zone, bis die Flammen erloschen sind.

7

DIE GEBURT DES
// Kessels

Man schrieb das Jahr 1952, als das Verlangen nach einem guten Barbecue in George Stephen aufflammte. George arbeitete in der Metallwerkstatt von Weber Brothers Metal Works, wo er als Schweißer Metalbojen für den örtlichen Jachtclub fertigte. Für den Familienvater war das Grillen im eigenen Garten die ideale Feierabendbeschäftigung. Allerdings konnten ihn die marktüblichen Grills nicht begeistern. Das beliebteste Modell war eine Art offenes Kohlebecken – in Georges Augen eine klägliche Fehlkonstruktion. Bei jedem Windstoß hatte man Asche auf dem Essen, und Regen bedeutete Totalschaden. Es musste eine bessere Lösung geben. Eines Tages – George war gerade dabei, zwei Bojenhälften zusammenzuschweißen – kam ihm die zündende Idee: Warum sollte man nicht die untere Hälfte der Boje als Grill benutzen, und die obere Hälfte als Deckel? Gesagt, getan. Er brachte einen Griff am Deckel und drei Beine am Körper an und probierte seine verrückte Vorrichtung im Vorgarten aus. Die Nachbarn lachten und nannten das Gerät ein Ufo, waren von den guten Ergebnissen aber doch beeindruckt. George selbst war von seiner Erfindung so überzeugt, dass er sie bald landauf landab unter dem Namen *George's Barbecue Kettle* zum Kauf anbot. Nach kürzester Zeit erfreute sich der Kesselgrill großer Beliebtheit und wurde zum Vorreiter einer kulinarischen Revolution in Amerikas Vorgärten, die sich im ganzen Land verbreitete.

SCHRITT 1

Runde Platten aus hochwertigem Walzstahl werden in einer Presse mit 500 Tonnen Druck zu einer Schale tiefgezogen. Ebenso verfährt man mit dem Deckel.

Georges Grillkessel
Der Vorgänger des heutigen Weber ® Kugelgrills, 1952.

WIE GEORGES ERFINDUNG Löcher bekam

George, so heißt es, war nach ersten Versuchen mit seinem Grillkessel nicht sehr zufrieden. Ganz gleich, was er anstellte, immer erlosch die Glut. Bis ein Nachbar über den Gartenzaun blickte und riet: »Bohr ein paar Löcher rein, dein Feuer braucht mehr Luft.« George befolgte den Rat, der Rest ist Geschichte. Heute werden Weber Kugelgrills in einer modernen Fabrik bei Chicago gefertigt, ganz in der Nähe des Ortes, wo sie erfunden wurden.

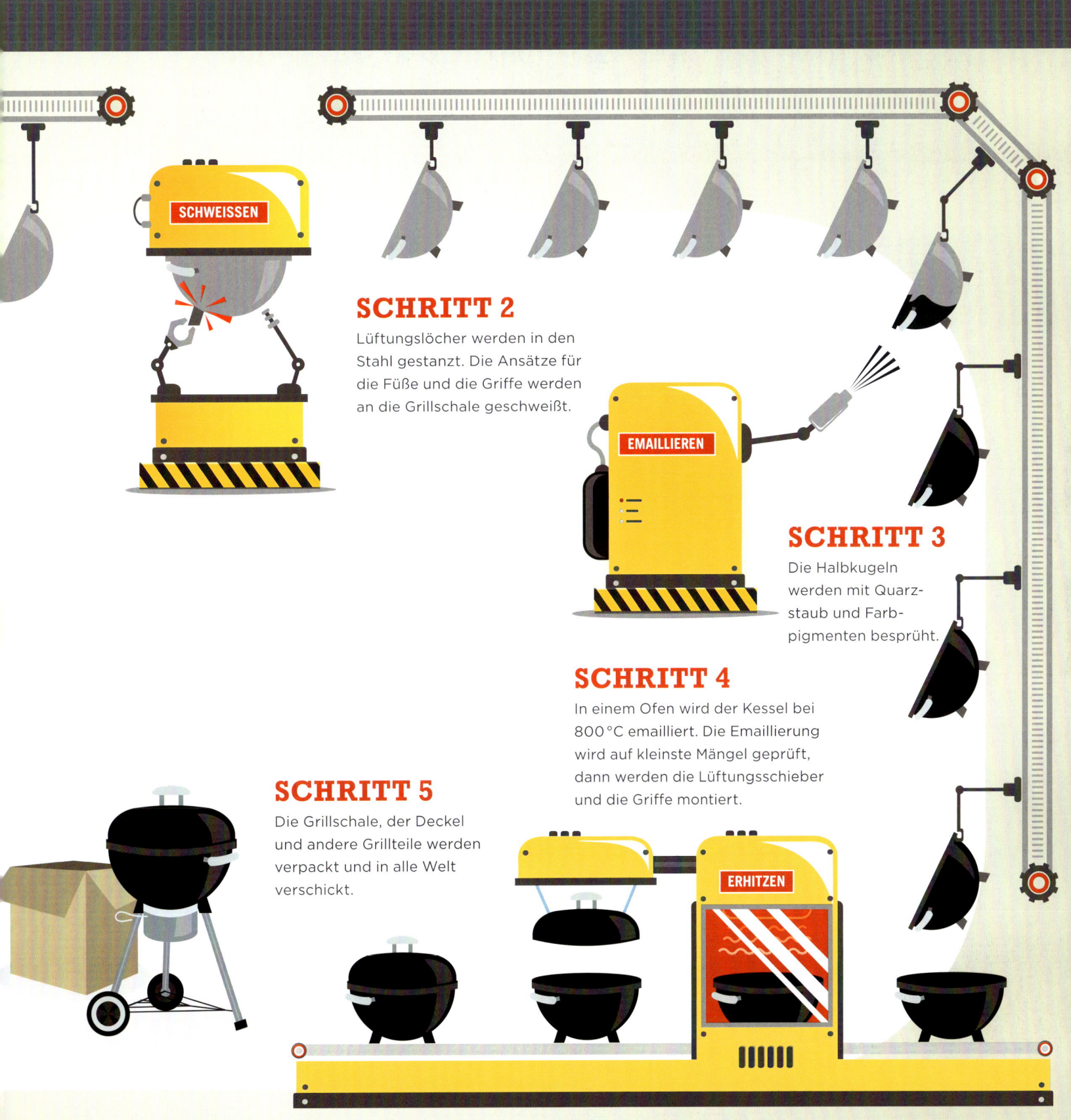

SCHWEISSEN

SCHRITT 2

Lüftungslöcher werden in den Stahl gestanzt. Die Ansätze für die Füße und die Griffe werden an die Grillschale geschweißt.

EMAILLIEREN

SCHRITT 3

Die Halbkugeln werden mit Quarzstaub und Farbpigmenten besprüht.

SCHRITT 4

In einem Ofen wird der Kessel bei 800 °C emailliert. Die Emaillierung wird auf kleinste Mängel geprüft, dann werden die Lüftungsschieber und die Griffe montiert.

SCHRITT 5

Die Grillschale, der Deckel und andere Grillteile werden verpackt und in alle Welt verschickt.

ERHITZEN

Wie Holzkohle // GEMACHT WIRD

1 **2** **3**

SCHRITT 1

Hartholz wird in gleichmäßig große Stücke geschnitten. Übliche Holzsorten sind: Buche, Hainbuche, Eiche, Erle oder Birke.

SCHRITT 2

In einem Ofen werden die Holzstücke je nach Feuchtigkeitsgehalt getrocknet, darin enthaltenes Wasser verdampft.

SCHRITT 3

Zur Herstellung von Holzkohle werden die Holzstücke unter Luftabschluss verbrannt, leicht flüchtige Anteile wie im Holz enthaltene Harze verbrennen. Zurück bleiben große Stücke brennbare Holzkohle, die vor der Weiterverarbeitung einige Stunden abkühlen müssen.

Ganz ursprünglich wurde über Holzfeuer gegrillt. Sein Aroma ist wunderbar, aber es hat auch Nachteile. Ein Holzfeuer raucht stark und braucht bis zu einer Stunde, bis die Flammen heruntergebrannt sind und die Glut genug Hitze entwickelt hat. Holzkohle ist im Grunde nichts anderes als vorgebranntes Holz, das heißt, es erreicht die ideale Grilltemperatur schneller als Holz und raucht weniger. Es gibt zwei Arten von Kohle: stückige Holzkohle und Briketts.

4   5   6

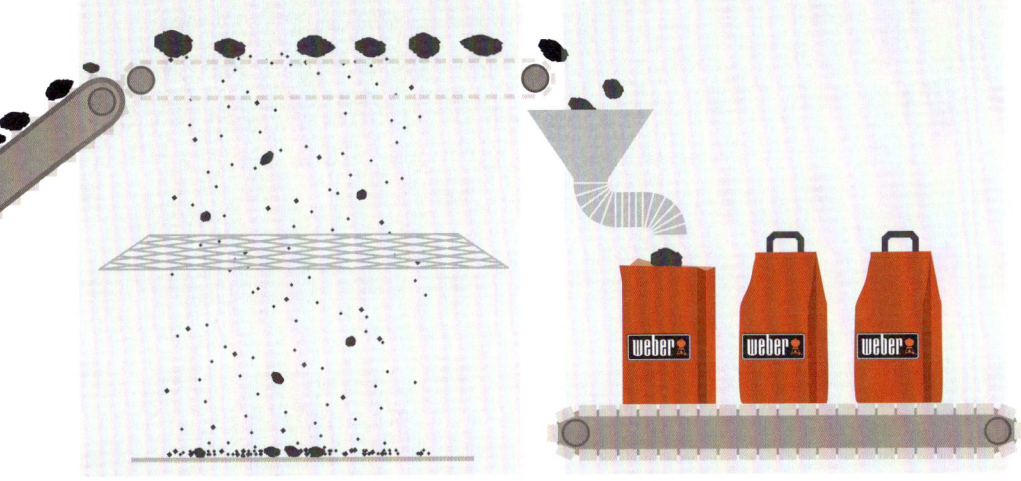

SCHRITT 4

Nach dem Abkühlen der Holzkohle werden über einem Siebgitter große und kleine Stücke voneinander getrennt. Um hochwertige Holzkohle zu erhalten, wird auf einen gleichmäßigen Kohlenstoffgehalt und eine homogene Größenverteilung der Kohlestücke geachtet.

SCHRITT 5

Im nächsten Schritt wird die Holzkohle möglichst staubfrei verpackt. In praktischen Papiersäcken gelangt die Holzkohle dann zum Verkauf.

SCHRITT 6

Auf der ganzen Welt verwenden Grillfans Holzkohle für ihr Barbecue. Holzkohle ist leicht und schnell anzuzünden. Durch unterschiedliche Anordnung der Glut kann sehr vielseitig gegrillt werden. Grillen mit Holzkohle sorgt für eine tolle Atmosphäre und macht einfach Spaß.

11

WAS HAT ES MIT DEM

// Propan AUF SICH?

Propangas zählt zu den saubersten fossilen Brennstoffen überhaupt. Eine seiner bemerkenswertesten Eigenschaften ist, dass es unter Druck flüssig wird, weshalb man es auch als Flüssiggas bezeichnet. In Gasflaschen abgefüllt, ist es der perfekte Brennstoff für den Gasgrill.

ÖLQUELLE

RAFFINERIE

Wie lässt sich feststellen, wie viel Propan noch in der Gasflasche ist?

Bestimmte Gasflaschen werden mit einer eingebauten Füllstandsanzeige am Ventil angeboten.

1

Die Füllhöhe von Gasflaschen lässt sich am eingebauten Manometer ablesen oder am Gewicht des ganzen Behälters messen.

2

Baumärkte und Campingausrüster bieten Geräte an, die mit einem Magnetstreifen an der Flasche haften und mittels Messung der Temperaturveränderung den Füllstand durch eine Farbveränderung anzeigen.

3

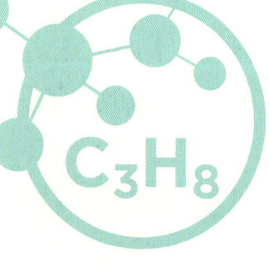

C_3H_8

WUSSTEN SIE SCHON?

Die Propanindustrie nahm ihren Anfang im Jahr 1910, als der Chemiker und Sprengstoffexperte Dr. Walter O. Snelling eine Reihe von Experimenten mit den flüchtigen Stoffen anstellte, die sich in einem Benzinbehälter bildeten.

Propan ist ein farbloses, praktisch geruchloses Gas. Häufig werden jedoch Geruchsstoffe beigefügt, damit man austretendes Gas schneller bemerkt.

GROSSHANDEL

UNTERIRDISCHE LAGERUNG

E F

Wie kommt das Gas in die Flasche?

Erdöl aus unterirdischen Quellen wird in Raffinerien gebracht, wo das Rohöl in verschiedene Produkte aufgespalten wird. Als Nebenprodukt ensteht auch Propangas. Das gewonnene Gas wird zunächst unterirdisch in sogenannten Kavernen gelagert, anschließend in den großen Abfüllanlagen der Großhändler in Flaschen gefüllt. Die Gasflaschen gelangen dann über den Einzelhandel zum Endverbraucher. Diese wiederverwendbaren Gasflaschen, meist aus Stahl, stehen unter hohem Druck, damit das Gas darin flüssig bleibt. Beim Öffnen des Ventils wird das Propan an der Oberfläche durch den Druckabfall wieder gasförmig. Durch einen Regler (Druckminderer) fließt es schließlich zur Verbrauchsstelle, beispielsweise dem Gasgrill.

EINZELHANDEL

GAS

WAS MACHT DER RAUCH //
mit dem Essen?

Bevor es Kühlschränke gab, war das Räuchern von Nahrungsmitteln lebensnotwendig. Es war eine der wenigen Methoden, Fleisch und Fisch haltbar zu machen, sodass Nahrung auch verfügbar war, wenn es nichts Frisches gab. Zwar haben andere Methoden mittlerweile das Räuchern als Konservierungstechnik überflüssig gemacht, doch will kaum jemand auf das wundervolle Aroma verzichten, das der Rauch hervorruft. Das Räuchern wurde zu einer Kulturtechnik, die des Geschmacks wegen immer weiter verfeinert wird.

In einem Grill oder Räuchergrill füllen schwelende Hölzer die Luft mit aromatischem Rauch, und die darin zubereiteten Lebensmittel nehmen die einzigartigen Aromen der jeweiligen Holzart an – sei es Hickory, Apfel, Mesquite oder eine andere. Zum Räuchern wird vor allem Hartholz verwendet, dessen Rauch milder und besser verträglich ist als der von Weichholz. Viele Räuchergrills eignen sich ausgezeichnet zum langsamen Garen großer Fleischstücke wie Rinderbrust oder Schweineschulter, doch auch auf einem Holzkohlegrill oder einem Gasgrill mit Räucherbox lässt sich ausgezeichnet räuchern.

ZIEHT DER RAUCH wirklich in deine Richtung?

Ja, tatsächlich. Die winzigen Partikel, die in der Luft schwebend eine Rauchwolke ausmachen, reagieren auf Veränderungen des Luftstroms in der Umgebung. Ein Lagerfeuer oder ein rauchender Grill zieht aus allen Richtungen Luft an. Durch die Anwesenheit Ihres Körpers verändert sich die Luftströmung – ein Unterdruck entsteht, der den Rauch in Ihre Richtung strömen lässt. Ganz gleich also, auf welche Seite des Feuers Sie sich stellen, der entstehende Unterdruck wird den Rauch immer in Ihre Richtung leiten.

CHEF

15

DIE GRUNDLAGEN DES
// Feuers

Feuer ist das Nebenprodukt einer raschen chemischen Reaktion (Oxidation), bei der Energie in Form von Wärme und Licht abgegeben wird. Es entsteht durch das Zusammenspiel dreier Elemente: Brennstoff, Hitze und Sauerstoff. Treffen diese drei in der richtigen Dosierung zusammen, sind die Voraussetzungen für eine Verbrennung gegeben.

KETTENREAKTION

BRENNSTOFF

Feste Brennstoffe (wie Holz und Holzkohle) und flüssige Brennstoffe (wie Öl oder Propan) brennen nicht wirklich selbst. Vielmehr brennen die Dämpfe oder Gase, die beim Erhitzen dieser Materialien frei werden. Einige Brennstoffe verbrennen vollständig ohne Rückstände. Andere, darunter Holz, lassen bei der Verbrennung Kohlenstoffverbindungen (Kohle) und Mineralien (Asche) zurück.

SAUERSTOFF O₂

Sauerstoff ist ein farbloses Gas in der Luft, das notwendig ist, um die Verbrennungsreaktion aufrechtzuerhalten. Nur mit der richtigen Menge Sauerstoff kann Feuer entzündet werden, ohne Sauerstoff erlischt es. Unsere Atmosphäre besteht zu etwa 21 Prozent aus Sauerstoff.

EINE FRAGE DER
Dämpfe

Gasmoleküle zerfallen und ordnen sich neu, verbinden sich mit Sauerstoff und bilden Wasser und Kohlendioxid in einem Prozess, der Oxidation genannt wird. Dieses »Verbrennen« produziert Wärme, Licht und Geräusche.

Ein brennendes Feuer bringt eine anhaltende chemische Reaktion in Gang, die Wärme produziert und den Verbrennungsprozess damit so lange am Laufen hält, bis entweder der Sauerstoff oder der Brennstoff verbraucht ist. Ohne diese Kettenreaktion erlischt das Feuer.

Wärme
+ Brennstoff
———————
Dampf

Dampf: Sichtbare flüssige oder feste Partikel, die in einer gasförmigen Umgebung als Rauch, Nebel oder Wasserdampf gebunden sind.

WÄRME

Die Mindesttemperatur, die notwendig ist, damit ein Material genügend brennbare Dämpfe abgibt, nennt man Flammtemperatur. Als Zündtemperatur bezeichnet man die Temperatur, bei der sich der Dampf entzündet, wenn er mit einem Funken oder einer anderen Zündquelle in Berührung kommt.

Zündtemperatur von Holz: 260°C
Zündtemperatur von Holzkohle: 350°C

WUSSTEN SIE SCHON?

Ein knisterndes Feuer wird meist als etwas Schönes empfunden. Seltsamerweise gilt aber Hephaistos, der griechische Gott des Feuers und der Schmiede, als der einzige »hässliche« Gott in der antiken Mythologie.

// Wichtige Grillhelfer

// NÜTZLICHES ZUBEHÖR

Backblech
Als tragbare Arbeitsfläche, auf dem man Grillgut einölen und würzen kann, bietet sich ein Backblech ebenso an wie als Zwischenstation für alles, was gerade vom Rost kommt.

Gusseiserne Pfanne
Sobald sie auf dem Grill heiß geworden ist, kann man in ihr braten, sautieren oder dämpfen, ohne dass die Pfanne Schaden nimmt. Eine gusseiserne Pfanne hält ewig. Sie sollte mindestens 25 cm Durchmesser haben.

Anzündkamin
Mit einem Anzündkamin bringt man die Kohle schneller und gleichmäßiger zum Glühen als mit jeder Anzündflüssigkeit. Er sollte zwei Griffe haben, einen hitzebeständigen Seitengriff zum Heben und einen oberen Scharniergriff zum zielgenauen Schütten der Kohle – und ein Fassungsvermögen von mindestens 5 Litern, das sind etwa 80 bis 100 Briketts.

Pinsel
Heute gibt es Pinsel mit Silikonborsten, die man in der Spülmaschine reinigen kann – sie sind viel besser als die früheren Pinsel aus Naturhaar oder Synthetikfasern!

Spieße
Holzspieße (meist aus Bambus) sind einfach und preiswert. Flache Metallspieße und Doppelspieße haben den Vorteil, dass sich das Grillgut darauf nicht dreht.

Grillzange
Am besten eignet sich eine robuste Grillzange von etwa 40 cm Länge, die gut in der Hand liegt und stabile Greifer aus Metall hat. Es schadet nicht, wenn sie spülmaschinentauglich ist und einen Verschlussriegel hat, damit sie platzsparend in die Schublade passt.

Grillwender
Ein guter Grillwender ist aus stabilem, belastbarem Metall, insgesamt etwa 40 cm lang, mit einer dünnen Hebefläche von etwa 10 cm Breite. Besonders zu empfehlen sind langstielige Modelle, deren Hebefläche abgewinkelt zum Griff tiefer liegt.

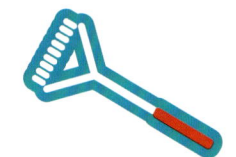

Grillbürste
Wählen sie ein stabiles Modell mit langem Stiel und Borsten aus rostfreiem Stahldraht.

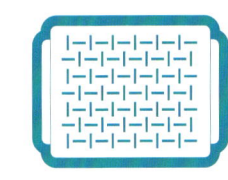

Gelochte Grillpfanne
Eine Grillpfanne aus dickem Edelstahl muss vor allem so groß sein, dass das Grillgut nebeneinander auf ihr Platz findet. Die Löcher sollten groß genug sein, um den Rauch direkt um das Grillgut zu leiten, und der Rand nicht zu hoch, damit man es mit dem Grillwender bequem herausheben kann.

Timer
Die besten haben extragroße, leicht erkennbare Anzeigen, einen lauten Alarmton, eine Gürtelklemme und können die Zeit sowohl vorwärts als auch rückwärts zählen.

Fleischthermometer
Man kann ein preiswertes Thermometer mit analoger Anzeige oder ein etwas aufwendigeres Modell mit Digitalanzeige kaufen. Der Sensor sollte idealerweise dicht an der Thermometerspitze liegen, sodass man die Messung genau an der gewünschten Stelle vornehmen kann.

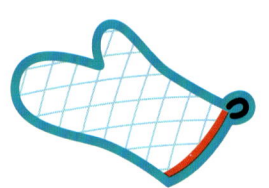

Isolierte Grilhandschuhe
Investieren Sie in ein Paar aus hochwertigem Material mit guter Verarbeitung, mit der Zeit zahlt sich das aus.

// Messer

Gutes Grillen beginnt mit gutem Schneidewerkzeug. Wie viel Sie für ein Messer ausgeben, ist nicht entscheidend. Wichtig ist, dass es sich in *Ihrer* Hand gut anfühlt. Denn »falsche Messer« benutzt man nicht, sie liegen in der Schublade oder stecken im Messerblock. Mit einem Messer, das Sie gern verwenden, macht das Grillen Spaß – und es muss nicht viel kosten, wenn man das richtige Messer für die jeweilige Aufgabe verwendet.

1 // Wetzstahl

Dieser spezielle Metallstab dient zum Nachschärfen einer scharfen Messerklinge.

2// Messer mit Wellenschliff

Die gezahnte Klinge ist ideal zum Brotschneiden, aber auch für zartes Gemüse und zum Tranchieren von Fleisch.

3 // Kochmesser

Das ist Ihre Nummer eins, das wichtigste Werkzeug zum Schneiden von Fleisch und Gemüse, ein echter Alleskönner.

4// Santoku-Messer

Das japanische Universalmesser ist leichter als das europäische und vor allem für kleinere Hände ideal. Der Kullenschliff reduziert die Reibung beim Schneiden.

5// Ausbeinmesser

Die dünne, etwas flexible Klinge schneidet gut um Kanten und Knochen und an engen Stellen.

6 // Schälmesser

Kürzer und besonders geeignet zum Schälen, Putzen und Kleinschneiden von Gemüse.

// MIT EINEM WETZSTAHL EIN MESSER SCHÄRFEN – FLEISCHERMETHODE

Den Wetzstahl senkrecht mit der Spitze nach unten auf ein Schneidbrett stellen. Das Ende der Klinge in einem Winkel zwischen 15 und 20 Grad an das obere Ende des Stabes halten. Mit der Klinge nach unten fahren und gleichzeitig vom Ende zur Spitze am Stahl entlangziehen. Diesen Vorgang auf der anderen Seite des Wetzstahls mit der anderen Seite der Klinge wiederholen. Die Klinge mehrmals über den Wetzstahl ziehen, bis das Messer leicht durch ein Blatt Papier schneidet.

Alle Messer verlieren bei der Benutzung an Schärfe, nicht nur durch den ständigen Kontakt mit dem Schneidbrett, sondern auch vom Schneiden an sich. Die Arbeit mit einem stumpfen Messer aber ist mühsamer und langsamer, außerdem wächst die Gefahr, zu stark zu drücken, abzurutschen und sich zu verletzen.

Mit einem Wetzstahl wird das Messer nicht im eigentlichen Sinne geschliffen, vielmehr wird es neu ausgerichtet. Die mikroskopisch kleinen Verbiegungen an der Klinge werden wieder zurückgebogen. Die sicherste Methode zum Abziehen eines Messers ist die links vorgestellte Fleischermethode.

 19

// Küchenpraxis

Wenn man oft grillt, ist es sinnvoll und spart Zeit (manchmal auch Geld), Fleisch in größeren Mengen zu kaufen und einen Teil davon einzufrieren. Fleisch lässt sich besser einfrieren als Gemüse oder Fisch, denn es ist robuster und enthält nicht so viel Wasser. Wasser dehnt sich bei tiefen Minustemperaturen aus und kann die Zellstrukturen zerstören. Dadurch werden zartes Gemüse und Fisch leicht schlaff und unattraktiv, wenn sie wieder aufgetaut und anschließend gegart oder gegrillt werden. Allerdings sollte man auch Fleisch nicht zu lange im Tiefkühlfach aufbewahren, da die Qualität nach einigen Monaten nachlässt. Wenn man die hier beschriebene Strategie richtig anwendet, hält sich tiefgefrorenes Fleisch aber problemlos ein paar Wochen, danach sollte man es verbrauchen und für frischen Nachschub sorgen.

// EINZELNE FLEISCHSTÜCKE EINFRIEREN

Wer Hähnchenteile oder anderes Fleisch in größeren Packungen kauft, spart nicht nur Geld. Man muss auch nicht für jeden Grillabend extra ins Geschäft laufen und einkaufen, sondern kann bequem auf die tiefgekühlten Portionen im Gefrierschrank zurückgreifen. Entscheidend ist, dass die Portionen einzeln in Frischhaltefolie eingewickelt und in einem stabilen, wiederverschließbaren Gefrierbeutel gelagert werden. So lässt sich genau die Anzahl von Portionen auftauen, die man jeweils benötigt. Schreiben Sie das Einfrierdatum auf den Beutel und versuchen Sie, alle Portionen innerhalb von wenigen Wochen zu verbrauchen.

Wenn Sie den Zeitaufwand für die Zubereitung eines Abendessens in Grenzen halten möchten, wählen Sie die weniger aufwendigen Rezepte in diesem Buch, aber arbeiten Sie auch an der Effektivität der Vorbereitung. Die angegebenen Zubereitungszeiten für alle Rezepte in diesem Buch beziehen sich auf die Zeit, die Sie aktiv zur Vorbereitung bis zum Grillen brauchen. Dazu gehört das Zuschneiden von Fleisch und Gemüse, das Würzen und Vermischen von Zutaten. Je nach Fingerfertigkeit werden verschiedene Menschen damit natürlich unterschiedlich schnell fertig.

Bevor Sie anfangen, sollten Sie immer das ganze Rezept von Anfang bis Ende durchlesen. Viele Menschen übersehen einen Arbeitsschritt oder bemerken zu spät, dass ihnen eine Zutat oder ein Werkzeug fehlt, oder ihnen wird zu spät bewusst, dass ein bestimmter Vorgang wie das Marinieren oder das Einkochen einer Sauce viel länger dauert, als ursprünglich eingeplant. Plötzlich wird die Zeit knapp.

Es empfiehlt sich auch, mit einer sauberen Küche anzufangen. Übervolle Arbeitsflächen und schmutziges Geschirr in der Spüle behindern die effektive Vorbereitung. Wenn man die Arbeitsflächen vorher aufräumt, spart man hinterher Zeit.

Auch während der Arbeit sollte man immer wieder aufräumen. Im Verlauf von fast jedem Rezept gibt es ein paar freie Minuten – die Grilltemperatur muss erst hoch genug steigen oder eine Zutat muss Zimmertemperatur annehmen. In dieser Zeit kann man die Arbeitsfläche abwischen, die Messer und das Schneidbrett spülen, und die bereits verwendeten und nicht mehr benötigten Zutaten wieder wegräumen, damit man für den nächsten Schritt genügend Platz hat.

Schaffen Sie sich außerdem Platz für das Zuschneiden von Gemüse und Fleisch. Die Schneidbretter sollten mindestens 40 cm sowohl lang als auch breit sein, und idealerweise haben Sie drei: je eines für

rohes Fleisch und Fisch und eines für alles andere. Schließlich ist es auch sinnvoll, den Abfalleimer in bequemer Nähe zu haben; oder Sie stellen sich eine Schale für den Abfall neben das Schneidbrett.

// EINE ZWIEBEL FEIN WÜRFELN

[1] Die Zwiebel längs durch Stiel- und Wurzelansatz halbieren. [2] Mit dem Schälmesser ein- bis zwei Schichten der Haut abziehen. Die Hälften jeweils am Stielansatz um etwa 1 cm einkürzen, das Wurzelende intakt lassen, damit die Zwiebel beim Schneiden nicht auseinanderfällt. [3] Die Zwiebel mit den Fingerspitzen der einen Hand auf das Schneidbrett drücken. [4]+[5] Mit der anderen Hand die Zwiebel mehrmals horizontal vom Stielansatz bis fast zum Wurzelansatz einschneiden. [6]–[8] Anschließend mehrere vertikale Schnitte mit der Messerspitze anbringen, die fast, aber nicht ganz, bis zum Wurzelende reichen. [9]–[11] Jetzt die Zwiebel quer vom Stielansatz her in gleichmäßige Würfel schneiden. [12] Die Größe der Würfel hängt davon ab, in welchem Abstand man die horizontalen, vertikalen und senkrechten Schnitte anbringt.

// Küchenpraxis

// ZWIEBELN FÜR SPIESSE VORBEREITEN

 1
 2
 3

 4
 5
 6

[1] Wurzel- und Stielansatz einkürzen und die Zwiebel längs halbieren. [2] Die Hälften schälen und [3] mit der Schnittfläche nach unten auf ein Schneidbrett legen. [4] Die Hälften jeweils in vier gleiche Teile schneiden. [5] Die inneren Schichten sind zu klein – sie würden vom Spieß fallen. [6] Die zwei oder drei äußeren Schichten eines Viertels zusammen auf einen Spieß ziehen – abwechselnd mit Fleisch oder anderem Gemüse.

// ZWIEBELSCHEIBEN SCHNEIDEN

 1
 2
 3

[1] Da eine ganze Zwiebel auf dem Schneidbrett leicht wegrollen kann, muss man sie mit einer Hand gut festhalten. [2] Mit der anderen Hand, die das Messer hält, schneidet man gerade nach unten. [3] Zum Grillen am besten geeignet sind dicke, gleichmäßige Scheiben. Zwiebelscheiben, die dünner als 1 cm sind, fallen auf dem Grillrost leicht auseinander. Unregelmäßig dick geschnittene Scheiben werden nicht gleichmäßig gar und fallen darüber hinaus ebenfalls leicht auseinander.

// KNOBLAUCH SCHÄLEN UND FEIN HACKEN

1 2 3

4 5 6

[1] Die Knoblauchzehe am Wurzelende einkürzen und [2] mit einer Messerklinge leicht anquetschen, um die Schale zu lockern. (Halten Sie das Messer so, dass die scharfe Klinge von Ihnen abgewandt ist.) [3] Die Schale abziehen. [4] Sehr fein und regelmäßig lässt sich die Knoblauchzehe hacken, wenn man sie zuerst in dünne Scheiben schneidet, [5] dann die Scheiben in einer Reihe anordnet und diese quer zerteilt. Alle benötigten Knoblauchzehen so vorbereiten, [6] dann das Messer über die Knoblauchwürfel wiegen und den Knoblauch so fein wie gewünscht hacken.

// AVOCADO WÜRFELN

1 2 3

[1] Man halbiert eine reife Avocado, indem man die Frucht längs rund um den Kern einschneidet und dann die beiden Hälften gegeneinander dreht. [2] Den nun freiliegenden Kern kann man elegant herausheben, indem man das hintere Ende einer Messerklinge mit einem leichten Schlag in den Kern treibt. [3] Man kann die Avocado gleich in der Schale durch Längs- und Querschnitte würfeln, dann mit einem Löffel herausheben.

23

// Küchenpraxis

// FRISCHE CHILISCHOTEN FEIN WÜRFELN

1    2    3

4    5    6

[1] Mit einem Schälmesser den Stielansatz abschneiden und [2] die Chilischote längs halbieren. [3] Die schärfsten Teile der Chilischote sind die weißen Trennwände und die Samen. Man entfernt sie (nach Belieben), indem man die Chilihälften noch einmal teilt, [4] mit dem Messer unter die Trennwände fährt und diese herausschneidet. Die Messerbewegung weist immer vom Körper weg. [5] Die Chilischote in schmale Streifen schneiden, [6] in einer Reihe anordnen und quer in feine Würfel schneiden. Bei empfindlicher Haut empfiehlt sich das Tragen von Gummihandschuhen.

// TOMATEN FEIN WÜRFELN

1   2   3

[1] Eine Tomate längs vierteln. Mit einem Schälmesser unter der weichen Kernmasse entlangfahren und die Kerne entfernen. Die Schneidebewegung sollte immer vom Körper wegführen. [2] Die Tomatenviertel mit der Hautseite nach unten auf ein Schneidbrett legen und in dünne Streifen schneiden. [3] Die Streifen nebeneinander ausrichten und quer in feine Würfel schneiden, den Stielansatz nicht verwenden.

// PAPRIKASCHOTE ZU EINEM STREIFEN AUFSCHNEIDEN

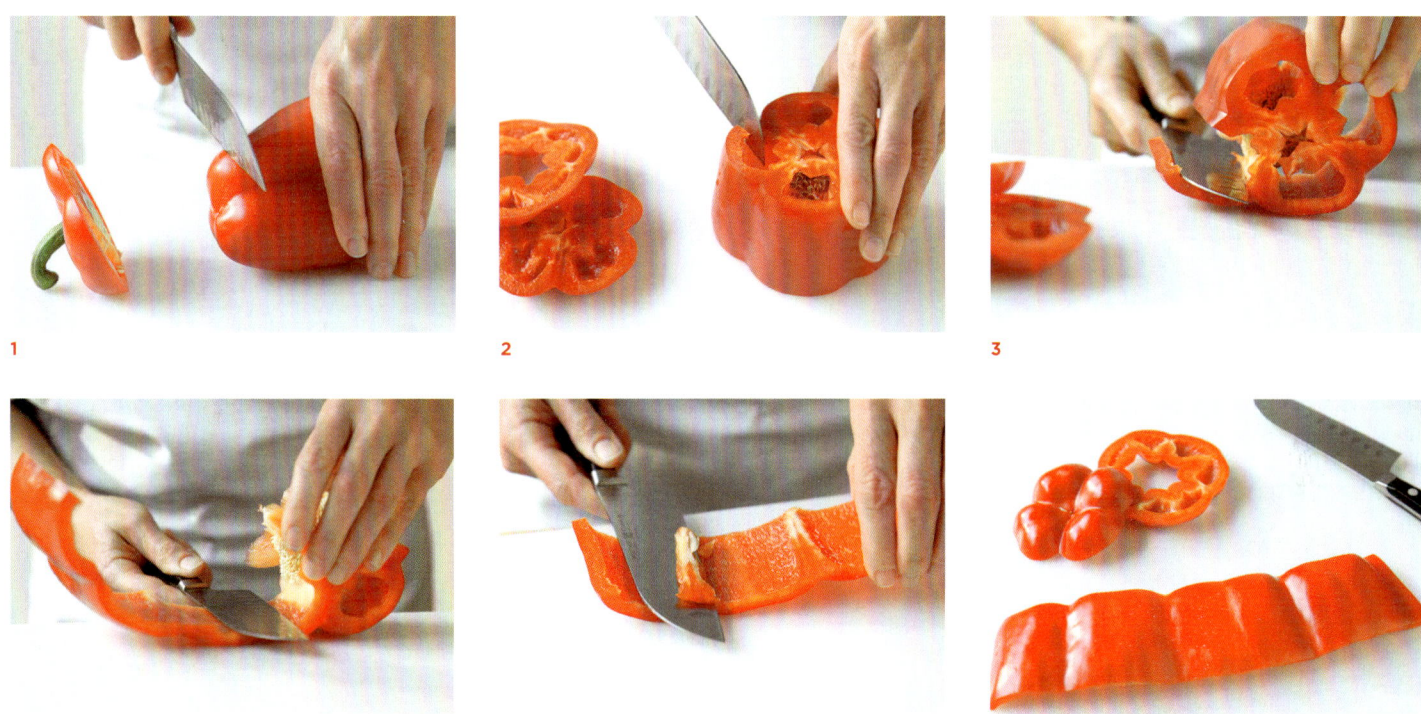

1   2   3

4   5   6

Ziel ist es, gleichmäßige Paprikastücke zu erhalten, die man flach auf den Grill legen kann. [1] Zunächst schneidet man beide Enden der Paprikaschote wie einen Deckel ab, [2] durchtrennt die Schote auf einer Seite und beginnt mit dem Messer, [3] die Trennwände und Kerne zu entfernen. [4] Mehr und mehr kann man sie mit der offenen Innenseite nach oben zu einem Streifen ausrollen und [5] dabei auch die weißen Teile am Fruchtfleisch sorgfältig herausschneiden. [6] Die Paprikaschote kann nun flach auf den Grillrost gelegt werden, und die so vergrößerte Oberfläche kann Gewürze und Raucharomen besser aufnehmen.

// INGWER VORBEREITEN UND REIBEN

1   2   3

[1] Frischer Ingwer hat eine feste Haut, die sich leicht mit einem Teelöffel abkratzen lässt. [2] Mit einem Löffel verliert man dabei weniger vom gelben Fruchtfleisch als mit einem Gemüseschäler oder einem Messer. [3] Den Ingwer auf einer feinen scharfen Küchenreibe reiben – eine hochwertige Reibe ist übrigens auch ideal zum Reiben von Knoblauchzehen, Zitruschalen und Hartkäse.

 25

// Küchenpraxis

// FLEISCH FÜR SPIESSE ZUSCHNEIDEN

 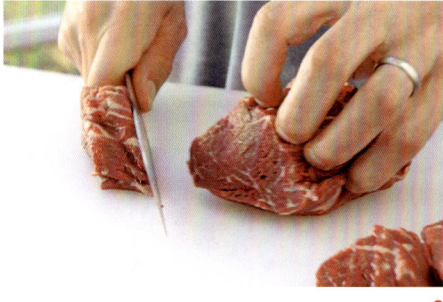 

1   2   3

Hier geht es vor allem darum, gleichmäßig große Fleischstücke zu erhalten, die auf dem Grill zur gleichen Zeit gar werden. [1] Zunächst schneidet man das Fleisch in mindestens 2,5 cm dicke Scheiben, [2] diese wiederum in Streifen und [3] dann in Würfel, die ebenfalls jeweils mindestens 2,5 cm dick sind. Kleinere Stücke braten zu schnell durch und werden trocken. Wichtig ist auch, die einzelnen Fleischwürfel nicht zu dicht aneinander auf die Spieße zu ziehen. Sie garen gleichmäßiger, wenn man etwas Abstand zwischen ihnen lässt.

// SCHMETTERLINGSSCHNITT BEI EINEM SCHWEINESTEAK

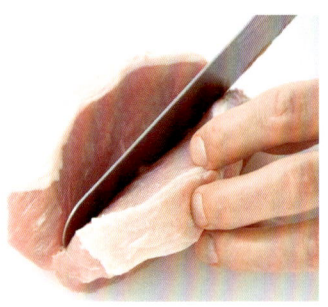  

1   2   3

Hierfür benötigt man mindestens 2,5 cm dicke Schweinesteaks. [1] Die Steaks auf der Seite mit dem Fettrand in der Mitte längs so weit einschneiden, dass nur noch ein Rest von 1 cm stehen bleibt und man das Fleisch wie ein Buch aufklappen kann. [2] Das aufgeklappte Steak mit der Hand flach drücken und überschüssiges Fett abschneiden. [3] Jedes Steak zwischen zwei große Lagen Frischhaltefolie legen. Mit der glatten Seite eines Fleischklopfers (oder dem Boden einer kleinen schweren Kasserolle) die Steaks etwa 7 mm dünn klopfen. Dünne Fleischscheiben wie diese nennt man auch Paillards.

// DIE SILBERHAUT VON EINEM SCHWEINEFILET ENTFERNEN

 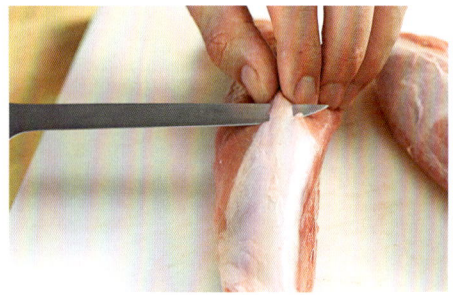 

1   2   3

[1] Die harte, sehnige Haut eines Schweinefilets wird Silberhaut genannt. [2] Um sie zu entfernen, fahren Sie mit der Spitze eines schmalen, scharfen Messers unter ein Ende der Silberhaut. [3] Das abgelöste Ende mit der anderen Hand stramm ziehen und knapp unter der Haut am Fleisch entlangschneiden. Ziel ist es, »saubere« Filets zu erhalten und dabei möglichst wenig Fleisch zu verlieren.

// FISCHFILETS HÄUTEN

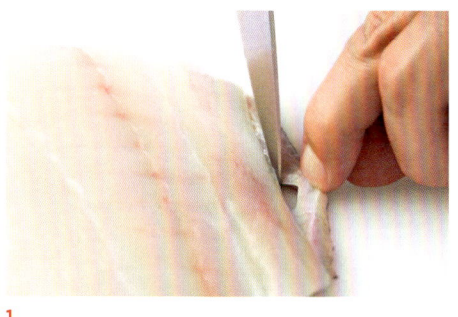

1   2   3

[1] An einem Ende des Filets einen fingerdicken Einschnitt durch Fleisch und Haut anbringen. [2] Mit der einen Hand die Haut am Einschnitt festhalten, mit der anderen Hand die Klinge eines langen, scharfen Messers zwischen Haut und Fleisch schieben und die Haut damit vom Filet trennen. [3] Das Messer dabei stets leicht nach unten geneigt halten, um nicht in das Fleisch des Filets zu schneiden.

// GARNELEN SCHÄLEN UND DEN DARM ENTFERNEN

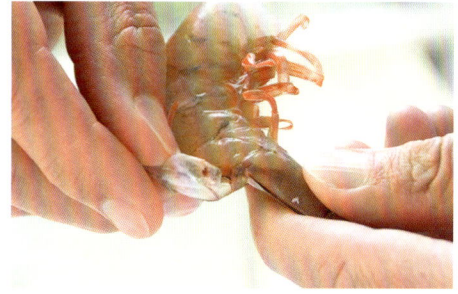

1   2   3

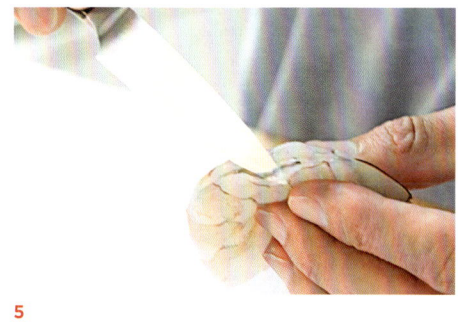

4   5   6

[1] Zum Grillen sind Garnelen mit einer Größe von 16/20 oder 21/30 ideal. [2] Die Schale kurz vor dem Schwanzsegment mit zwei Fingern aufbrechen. [3] Die Schale samt Beinen vom Fleisch lösen und entfernen. [4] Die geschälte Garnele mit einem scharfen, spitzen Messer am Rücken flach einschneiden, [5] den dunklen Darm mit der Messerspitze anheben, [6] herausziehen und wegwerfen. Ob man den Schwanz entfernt oder nicht, ist Ermessenssache. Manche finden, die Garnelen lassen sich am Schwanz besser greifen.

// Küchenpraxis

// SCHMETTERLINGSHÄHNCHEN VORBEREITEN

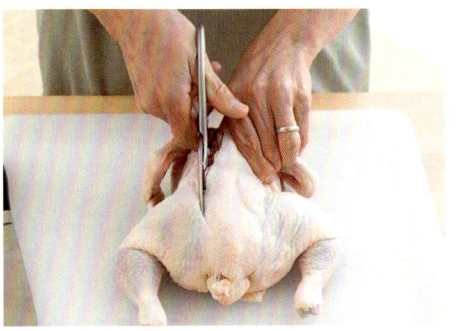
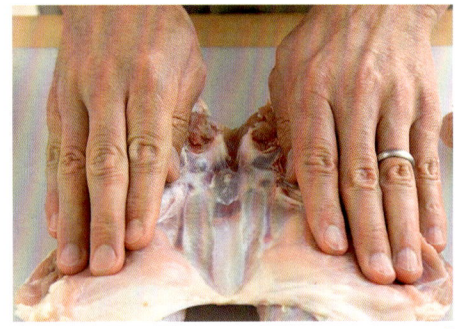
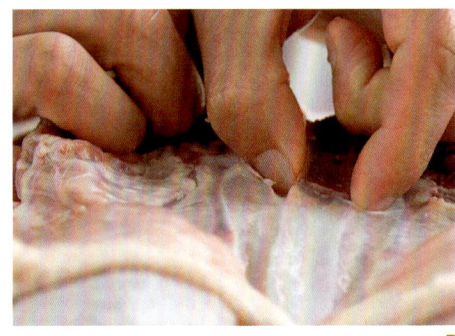

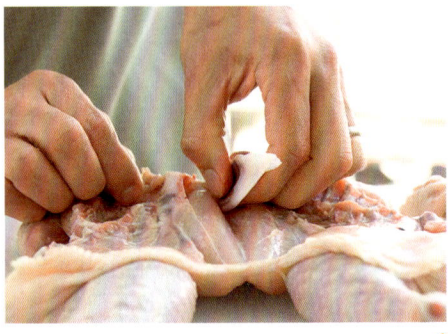
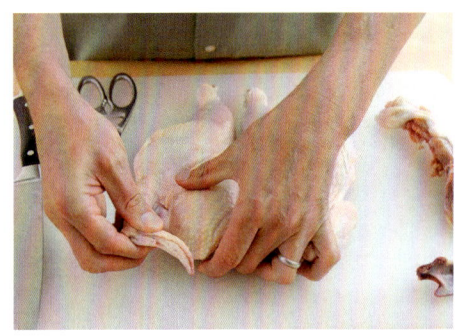

Überschüssiges Fett am hinteren Ende des Hähnchens entfernen. [1] Das Hähnchen mit dem Rücken nach oben und der Halsöffnung nach unten legen. Mit einer Geflügelschere auf beiden Seiten am Rückgrat entlangschneiden und das Rückgrat entfernen. Es wird nicht mehr benötigt. [2] Das Hähnchen nach beiden Seiten wie ein Buch aufklappen und mit den Händen flach drücken. [3] Mit zwei Fingern links und rechts am Brustbein entlangfahren, um es freizulegen. [4] Das Brustbein mit den Fingern greifen und vorsichtig vom Fleisch lösen, dann ganz herausziehen und wegwerfen. [5] Die Flügelspitzen auf den Rücken des Hähnchens drehen, damit sie beim Grillen nicht anbrennen. [6] Eine der größten Hürden beim Grillen eines ganzen Hähnchens haben Sie nun genommen: die ungleichmäßige Form. Auf diese Weise schmetterlingsförmig aufgeschnitten, hat das Hähnchen eine relativ gleichmäßige Dicke.

// HÄHNCHENBRUSTFILETS ZUM FÜLLEN AUFSCHNEIDEN

[1] Das Brustfilet der Länge nach mit dem schmalen Ende nach oben und der etwas dickeren Seite nach rechts auf ein Schneidbrett legen und mit einer Hand festhalten. [2] Mit der anderen Hand mit einem scharfen Messer die dickere Hälfte des Filets bis etwa zur Mitte auf-, aber nicht durchschneiden. [3] Mit der Messerspitze vorsichtig weiter aufschneiden, bis man eine ausreichend große Tasche zum Befüllen hat.

// EIN HÄHNCHEN DRESSIEREN

[1] Zum Dressieren des Hähnchens die Flügelspitzen kappen und [2] 120 cm Küchengarn unter Schenkel und Rücken legen. [3] Beide Enden des Garns anheben und zwischen den Schenkeln kreuzen, [4] dann einen Faden unter einen Unterschenkel führen. Mit dem anderen Faden unter den zweiten Unterschenkel fahren und beide Garnenden nach außen ziehen. [5] Die Garnenden an beiden Seiten des Hähnchens entlangführen, sodass Schenkel und Flügel am Körper anliegen. [6] Die beiden Enden über der Halsöffnung verknoten, die Brust eventuell ein wenig nach unten schieben, damit der Nackenansatz frei liegt.

// HÄHNCHEN AUF EINEM DREHSPIESS FIXIEREN

[1] Einen Haltezinken ans Ende des Spießes ziehen, den Spieß zwischen Nacken und Garnknoten in das Hähnchen einführen und auf der anderen Seite unterhalb der zusammengebundenen Unterschenkel wieder herauskommen lassen. [2] Die zweiten Haltezinken aufziehen und in den Hähnchenrücken drücken. [3] Wenn das Hähnchen in der Mitte des Spießes sitzt, die Haltezinken festschrauben.

// Küchenpraxis

// DEN GARGRAD VON STEAKS PRÜFEN

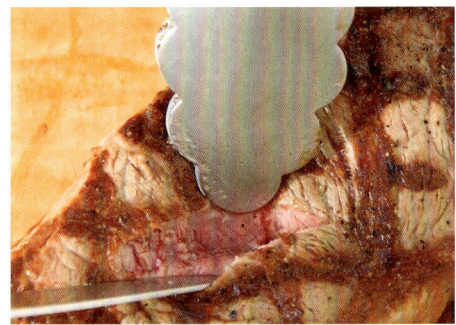

Steaks werden beim Grillen fester. Eine Möglichkeit, ihren Gargrad festzustellen, ist, mit der Fingerspitze auf die Oberfläche des Steaks zu drücken. Wenn das Fleisch nicht mehr weich, aber auch noch nicht fest ist, hat es den Gargrad *medium rare,* also rosa/rot. Weiter unten finden Sie weitere Tipps zur Fingerdruck-Methode. Exaktere Ergebnisse liefert ein Fleischthermometer. Wenn man den Messfühler genau in die Mitte des Steaks sticht, kann man den Gargrad sehr genau ablesen (siehe auch Grill-Kompass Seite 42). Die einfachste Methode ist der Farbtest. Man macht einen kleinen Schnitt in die Unterseite des Steaks und prüft die Farbe im Inneren. Hat das Steak genau die gewünschte Farbe, drehen Sie es um und drücken mit dem Finger darauf. Jetzt wissen Sie, wie sich der Gargrad anfühlt und müssen beim nächsten Mal nicht mehr ins Fleisch schneiden.

// DIE FINGERDRUCK-METHODE

Die meisten rohen Steaks sind so weich wie der Daumenballen einer entspannten Hand. Hält man Daumen und Zeigefingerspitze zusammen und drückt dann auf den Daumenballen, spürt man denselben Widerstand wie bei einem blutig *(rare)* gegrillten Steak. Hält man Daumen, Zeige- und Mittelfinger zusammen, entspricht der Widerstand des Daumenballens dem eines rosa bis rot *(medium rare)* gebratenen Steaks.

// DEN RICHTIGEN GARGRAD BELIEBTER GRILLSPEISEN PRÜFEN

Schweinesteaks. Das Stück links zeigt im Kern noch rohes Fleisch und sollte so nicht verzehrt werden. Das Stück ganz rechts wiederum sieht bereits trocken und grau aus und wurde offensichtlich zu lange gegart. Das Stück in der Mitte mit rosafarbenem Kern ist perfekt gegart (Kerntemperatur 65 °C) und gibt auf Fingerdruck leicht nach.

Hähnchen. Das Fleisch in der Nähe des Knochens gart gewöhnlich am langsamsten. Wenn beim Einstechen am Knochen klarer Fleischsaft austritt und das Fleisch nicht mehr rosa ist, ist das Hähnchenfleisch gar.

Ribs. Das Fleisch sollte so zart sein, dass es reißt, wenn man die Ribs zwischen den Knochen auseinanderbiegt.

Fischfilet. Fisch sollte auf keinen Fall zu lange gegart werden. Er muss vom Grill, bevor sein Fleisch blättrig auseinanderfällt. Da es bei Fisch schwierig ist, die Kerntemperatur zu messen, die idealerweise zwischen 52 und 54 °C liegt, muss der Gargrad anhand der Farbe des Fleischs geprüft werden. Es darf im Kern nicht mehr durchsichtig oder glasig sein.

Garnelen. Beim Garen wird das Fleisch von Garnelen fester und verliert sein glasiges Aussehen. Die Garnele links ist noch leicht glasig und zum Verzehr etwas zu roh. Die Garnele rechts war etwas zu lange auf dem Grill, das Fleisch hat sich zusammengezogen und ist trocken. Die Garnele in der Mitte ist genau richtig.

Jakobsmuscheln. Nach dem Grillen sollte der glasige Schimmer fast vollständig verschwunden sein, wie beim Muschelfilet in der Mitte. Das Filet links ist ein wenig zu roh, das Filet rechts etwas zu lange gegart.

// Vorratshaltung

Ganz ehrlich: Der schwierigste Part beim Kochen ist das Einkaufen. Wenn man mehr als die Hälfte der Zutaten in einem Rezept erst einmal einkaufen muss, wird es anstrengend. Wer aber eine klug zusammengestellte Auswahl an Lebensmitteln zu Hause hat, findet einen Großteil dessen, was er fürs Grillen braucht, bereits in der Vorratskammer oder im Kühlschrank. Jetzt wird alles ganz einfach. Man muss nur alle paar Tage die frischen Zutaten besorgen und fehlende Vorräte ergänzen. Entscheidend ist, dass man immer einige Tage vor dem Grillen einkauft, sodass man nie mehr als eine Handvoll Zutaten auf einmal besorgen muss.

Was sollte also sollte vorrätig sein? Zum Würzen brauchen Sie natürlich Salz und Pfeffer. Beides ist so selbstverständlich, dass man sie leicht übersieht. Die Bedeutung von hochwertigem, reinem Meersalz und frisch gemahlenem schwarzem Pfeffer (vorzugsweise Pfeffer der Sorte Tellicherry) sollte jedoch nicht unterschätzt werden. Ideal ist es, die Pfefferkörner unmittelbar vor der Verwendung zu mahlen. Hierfür eignen sich spezielle Handmühlen, die es für Pfeffer, Salz und auch andere harte Gewürze zu kaufen gibt. Sollten Sie keine Handmühle besitzen, mahlen Sie einige Esslöffel Pfeffer in der speziellen Gewürz- oder einer ausgedienten elektrischen Kaffeemühle und bewahren ihn in

Entscheidend ist, dass man immer einige Tage vor dem Grillen einkauft, sodass man nie mehr als eine Handvoll Zutaten auf einmal besorgen muss.

einem kleinen verschlossenen Gefäß auf. Sein Aroma hält sich einige Tage.

Auch getrocknete Kräuter und Gewürze sollten Sie vorrätig haben – aber nicht jede Art und Gattung, die unter der Sonne wächst, muss in Ihrem Schrank stehen, sondern nur eine Auswahl der Wichtigsten. Die zum Grillen nützlichsten Gewürze sind gemahlener Kreuzkümmel, Chilipulver, Knoblauchpulver, Paprikapulver und Cayennepfeffer. Sie bilden die Grundlage zahlreicher Würzmischungen und spielen in den bedeutendsten Grillkulturen der Welt eine prominente Rolle. Zu den vielseitigsten getrockneten Kräutern zählen Oregano, Thymian, Rosmarin und Dill. Man kann sie für Gewürzmischungen verwenden und zahlreiche Marinaden und Saucen damit aromatisieren.

Um Marinaden, Würzpasten, Saucen, Glasuren usw. zuzubereiten, benötigt man noch weitere Zutaten, vor allem Öl (Olivenöl und Rapsöl), Essig (Aceto balsamico und Weißweinessig) sowie würzende Produkte wie Dijon-Senf, Sojasauce und Worcestersauce. Als einfache Fertigsaucen empfiehlt es sich, eine Salsa und eine Barbecue-Sauce vorrätig zu haben. Nichts ist leichter, als am Abend nach einem hektischen Tag eine gute Salsa oder Grillsauce über etwas Einfaches wie Hühnerbrust oder Steaks zu geben, nachdem man sie rasch mit Öl bestrichen, gewürzt und gegrillt hat.

Neben den »unerlässlichen Vorräten« gibt es noch eine Reihe nützlicher Dinge, die nicht unbedingt notwendig, aber doch sehr hilfreich sind, wenn man ein unkom-

Eine gut ausgestattete Vorratskammer

pliziertes Abendessen etwas verfeinern möchte. Stellen Sie sich vor, es ist ein ganz normaler Wochentag und Sie möchten Schweinelenden oder Garnelen grillen. Mixt man schnell etwas geröstete Paprika aus dem Glas mit sonnengetrockneten Tomaten und etwas Öl und Essig in der Küchenmaschine und schmeckt das Ganze mit Salz und Pfeffer ab, hat man eine köstliche Sauce dazu. Als Beilage reichen Sie Spaghetti, die leicht mit Pesto überzogen sind, oder weiße Bohnen aus der Dose, die kurz in einer Tomatensauce erhitzt und mit Chiliflocken bestreut wurden. Sie sehen, mit einer gut bestückten Vorratskammer ist es ein kurzer Weg zum genussvollen Abendessen.

Ihr Tiefkühlfach kann eine Schatzkammer sein und Ihnen gleichzeitig unglaublich viel Zeit sparen. Würstchen, ausgelöstes Hähnchenfleisch und einzeln eingefrorene Steaks sind in wenigen Stunden aufgetaut. Am schnellsten geht es, wenn man sie in einer Schüssel in kaltes Wasser taucht (dabei sollten sie aber noch immer dicht in Plastikfolie verpackt sein). Wechseln Sie das Wasser aus Sicherheitsgründen alle 30 Minuten. Planen Sie 1–2 Stunden pro 500 Gramm, um in Einzelportionen verpacktes Fleisch oder Fisch aufzutauen. Noch schneller geht es – und das ist tatsächlich so –, wenn Sie einen dicken Edelstahltopf anstatt einer Schüssel verwenden: Das dicke Metall leitet die Umgebungswärme besser durch das Wasser in das Fleisch. Beschichtete oder gusseiserne Töpfe eignen sich nicht annähernd so gut wie schweres Edelstahlkochgeschirr. Und auch wenn es verlockend ist, die Mikrowelle zum Auftauen zu verwenden – ich rate davon ab. Außen fängt das Fleisch schon zu garen an, bevor es innen überhaupt weich ist.

// UNERLÄSSLICH

GEWÜRZE UND SAUCEN
☐ Aceto balsamico
☐ Barbecue-Sauce
☐ Dijon-Senf
☐ Salsa im Glas
☐ Sojasauce
☐ Weißweinessig
☐ Worcestersauce
☐ Rapsöl
☐ getrocknete Kräuter
☐ natives Olivenöl
☐ schwarzer Pfeffer
☐ Meersalz
☐ verschiedene Gewürze

// NÜTZLICH

GEWÜRZE UND SAUCEN
☐ Kapern
☐ Hühnerbrühe/Brühwürfel
☐ Chilisauce
☐ Hoisin-Sauce (Asia-Laden)
☐ Honig
☐ Mayonnaise
☐ Senf (verschiedene Sorten)
☐ Erdnusscreme
☐ Pesto
☐ eingelegtes Gemüse
☐ Mixed pickles
☐ Meerrettich
☐ Tomatensauce
☐ Essig
☐ aromatisierte Öle
☐ Gewürzmischungen

// NÜTZLICH

FRISCHES GEMÜSE
☐ fertig geputztes Gemüse und Salat:
  Paprikaschoten
  Brokkoli
  gehobelter Weißkohl
  gemischte Blattsalate
  grüne Bohnen
☐ frische Salsas

FLEISCH/FISCH/MEERESFRÜCHTE (TK)
☐ Hähnchenfilets
☐ Schweinelende
☐ Würstchen
☐ Garnelen (geschält, Darm entfernt)
☐ Steaks

MILCHPRODUKTE
☐ Eiscreme
☐ geriebener Käse

ANDERES
☐ Semmelbrösel
☐ Bohnen in der Dose
☐ Chipotle-Schoten in Adobo-Sauce (eingelegte TexMex-Chilischoten aus der Dose)
☐ Polenta (Maisgrieß)
☐ Nudeln
☐ Schokoladensauce
☐ fertiger Pizzateig (Kühlregal)
☐ Reis
☐ eingelegte geröstete rote Paprika im Glas
☐ Salatdressings
☐ Mandelstifte
☐ weißer Zucker und Vollrohrzucker
☐ sonnengetrocknete Tomaten in Öl

 33

// Würzmischungen

Eine Würzmischung ist eine trockene Mischung aus Gewürzen, Kräutern und anderen Zutaten (wie Zucker), mit der das Grillgut kurz vor dem Grillen aromatisiert wird. Hier wird eine Reihe bewährter Mischungen vorgestellt, mit Empfehlungen, für welche Fleisch-, Fisch- oder Gemüsesorten sie geeignet sind. Variationen sind selbstverständlich möglich und erwünscht. Einer der Schritte zur Entwicklung Ihres eigenen Grillstils ist die Zusammenstellung Ihrer eigenen Würzmischung.

Gemahlene Gewürze verlieren innerhalb weniger Monate (maximal 8 bis 10) ihr Aroma. Wenn das Gläschen Koriander schon seit Jahren in Ihrem Gewürzregal steht – werfen Sie es weg und kaufen sie ein neues. Noch besser: Kaufen Sie ganze Samen und mahlen Sie sie selbst. Würzmischungen und Gewürze unbedingt in luftdichten, lichtgeschützten Behältern aufbewahren.

Wie lange einwirken lassen?
Lässt man eine Würzmischung lang genug einwirken, vermischen sich die Gewürze mit dem Fleischsaft. Auf dem Grill entstehen daraus neue Aromen und eine Kruste. Das ist bis zu einem gewissen Grad erwünscht, aber eine Würzmischung mit reichlich Salz und Zucker entzieht dem Fleisch mit der Zeit Flüssigkeit und macht das Fleisch trockener. Wie lang sollte eine Würzmischung also einwirken? Hier einige Richtwerte:

Die Maßangabe 1 EL entspricht in etwa der Menge von 3 TL

// KLASSISCHES BARBECUE-GEWÜRZ

ERGIBT ETWA 5 EL

4 TL naturreines grobes Meersalz
2 TL reines Chilipulver
2 TL Vollrohrzucker
2 TL Knoblauchpulver
2 TL Paprikapulver
1 TL Selleriesamen (Gewürz)
1 TL gemahlene Kreuzkümmelsamen
½ TL frisch gemahlener schwarzer Pfeffer

Die Zutaten in einer kleinen Schüssel vermischen.

// CAJUN-GEWÜRZ

ERGIBT ETWA 5 EL

2 TL Knoblauchpulver
2 TL Zwiebelpulver
2 TL getrockneter Thymian
2 TL getrockneter Oregano
2 TL naturreines grobes Meersalz
2 TL Paprikapulver
1½ TL Vollrohrzucker
1 TL geräuchertes Paprikapulver
1 TL frisch gemahlener schwarzer Pfeffer

Die Zutaten in einer kleinen Schüssel vermischen.

// GERÖSTETE KREUZKÜMMEL-MISCHUNG

ERGIBT ETWA 4 EL
ZUBEHÖR: GEWÜRZMÜHLE

2 TL Kreuzkümmel
1 TL Senfkörner
1 TL Koriandersamen
2 TL Paprikapulver
2 TL naturreines grobes Meersalz
2 TL Vollrohrzucker
½ TL Knoblauchpulver
½ TL Cayennepfeffer

Kreuzkümmel, Senfkörner und Koriandersamen in einer mittelgroßen Pfanne auf mittlerer Stufe 2–3 Min. rösten, bis sich die Aromen entfalten, dabei die Pfanne gelegentlich rütteln. In eine Gewürzmühle geben, die restlichen Zutaten hinzufügen und alles fein mahlen.

// KARIBIK-WÜRZMISCHUNG

ERGIBT ETWA 4 EL

1 EL Vollrohrzucker
1 EL Knoblauchpulver
1 EL getrockneter Thymian
2½ TL naturreines grobes Meersalz
¾ TL frisch gemahlener schwarzer Pfeffer
¾ TL gemahlener Piment

Die Zutaten in einer kleinen Schüssel vermischen.

ZEIT	GRILLGUT
1–15 Min.:	Kleinteiliges Grillgut wie Meeresfrüchte, Fleischwürfel, Fleischbällchen und geschnittenes Gemüse
15–30 Min.:	Dünne Fleischstücke ohne Knochen wie Hähnchenbrust, Fischfilets, Schweinefilet und Steaks
30–90 Min.:	Dickere Fleischstücke mit oder ohne Knochen wie Lammkeule, ganze Hähnchen oder Rinderbraten
2–8 Std.:	Große oder robustere Fleischstücke wie Spareribs, ganzer Schinken, Schweineschulter und ganzer Truthahn

// LEGENDE

Passt zu Rind und Lamm
Passt zu Schwein
Passt zu Geflügel
Passt zu Fisch und Meeresfrüchten
Passt zu Gemüse

// ESPRESSO-GEWÜRZMISCHUNG

ERGIBT ETWA 3½ EL

2 EL grob gemahlene Espressobohnen
2 TL naturreines grobes Meersalz
1 TL Vollrohrzucker
¾ TL frisch gemahlener schwarzer Pfeffer
½ TL Knoblauchpulver

Die Zutaten in einer kleinen Schüssel
vermischen.

// STEAKHOUSE-WÜRZMISCHUNG

ERGIBT ETWA 3 EL
ZUBEHÖR: GEWÜRZMÜHLE

2 TL schwarze Pfefferkörner
2 TL Senfkörner
2 TL Paprikapulver
1 TL Knoblauchpulver
1 TL naturreines grobes Meersalz
1 TL Vollrohrzucker
¼ TL reines Chilipulver

Pfeffer- und Senfkörner in einer Gewürz-
mühle fein zerkleinern. In eine kleine
Schüssel geben und mit den restlichen
Zutaten vermischen.

// GEWÜRZMISCHUNG SANTA FE

ERGIBT ETWA 2 EL

1½ TL naturreines grobes Meersalz
1 TL frisch gemahlener schwarzer Pfeffer
1 TL gemahlene Kreuzkümmelsamen
1 TL Vollrohrzucker
½ TL Ancho-Chilipulver
½ TL getrockneter Oregano

Die Zutaten in einer kleinen Schüssel
vermischen.

// NEW ORLEANS BARBECUE-GEWÜRZ

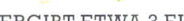

ERGIBT ETWA 3 EL

1 EL geräuchertes Paprikapulver
1 TL Knoblauchpulver
1 TL Zwiebelpulver
1 TL getrockneter Oregano
1 TL getrockneter Thymian
1 TL naturreines grobes Meersalz
¼ TL Cayennepfeffer

Die Zutaten in einer kleinen Schüssel
vermischen.

// STEAK-GEWÜRZ

ERGIBT ETWA 5 EL

4 TL naturreines grobes Meersalz
1 EL reines Chilipulver
1 EL Zwiebelpulver
1½ TL Knoblauchpulver
1 TL Paprikapulver
1 TL getrockneter Majoran
½ TL gemahlene Kreuzkümmelsamen
½ TL frisch gemahlener schwarzer Pfeffer
¼ TL gemahlener Zimt

Die Zutaten in einer kleinen Schüssel
vermischen.

// SPARERIBS-GEWÜRZ

ERGIBT ETWA 4 EL

2 TL reines Chilipulver
2 TL frisch gemahlener schwarzer Pfeffer
2 TL naturreines grobes Meersalz
2 TL gemahlene Kreuzkümmelsamen
2 TL getrockneter Oregano
1 TL Knoblauchpulver

Die Zutaten in einer kleinen Schüssel
vermischen.

// HÄHNCHEN- UND FISCH-GEWÜRZ

ERGIBT ETWA 5 EL

4 TL Zwiebelpulver
4 TL Knoblauchpulver
1 EL naturreines grobes Meersalz
2 TL Chilipulver (Gewürzmischung)
2 TL frisch gemahlener schwarzer Pfeffer

Die Zutaten in einer kleinen Schüssel
vermischen.

// ZAUBER-WÜRZMISCHUNG

ERGIBT 2 EL

1 TL Senfpulver
1 TL Zwiebelpulver
1 TL Paprikapulver
1 TL naturreines grobes Meersalz
½ TL Knoblauchpulver
½ TL gemahlene Koriandersamen
½ TL gemahlene Kreuzkümmelsamen
½ TL frisch gemahlener schwarzer Pfeffer

Die Zutaten in einer kleinen Schüssel
vermischen.

// ASIATISCHE WÜRZMISCHUNG

ERGIBT ETWA 4 EL

2 EL Paprikapulver
2 TL naturreines grobes Meersalz
2 TL gemahlene Koriandersamen
2 TL chinesisches Fünf-Gewürze-Pulver
1 TL Ingwerpulver
½ TL gemahlener Piment
½ TL Cayennepfeffer

Die Zutaten in einer kleinen Schüssel
vermischen.

// Marinaden

Marinaden entfalten ihre Wirkung langsamer als trockene Würzmischungen, aber sie können etwas tiefer eindringen. Die meisten Marinaden enthalten säurehaltige Flüssigkeit und Öl sowie verschiedene Kräuter und Gewürze. Wenn Fleisch, Fisch oder Gemüse (ja, auch Gemüse) nicht genügend Eigengeschmack haben, können all diese Zutaten die Defizite ausgleichen. Oft verleihen sie dem Grillgut eine regionale oder ethnische Note.

Bei säurehaltigen Marinaden ist es wichtig, säurefeste Gefäße zu verwenden, also Behälter aus Glas, Plastik, Edelstahl oder Keramik. Aluminium und verschiedene andere Metalle reagieren mit der Marinade und verfälschen den Geschmack der Lebensmittel.

Wie lange soll die Marinade einwirken?
Die angemessene Einwirkzeit für eine Marinade hängt von deren Intensität und von der Art des Grillguts ab. Enthält die Marinade kräftige Zutaten wie Sojasauce, hochprozentigen Alkohol, scharfen Chili oder andere scharfe Gewürze, sollte man nicht übertreiben. Ein Fischfilet sollte auch nach dem Marinieren noch nach Fisch schmecken. Darüber hinaus kann eine Marinade, wenn sie zu lange wirkt, zartes Fleisch oder feinen Fisch regelrecht zersetzen oder austrocknen. Hier einige allgemeine Richtlinien:

// ZITRONEN-MINZE-MARINADE

ERGIBT ETWA 75 ML

3 EL Olivenöl
1 TL fein abgeriebene Schale von
  1 Bio-Zitrone
2 EL frisch gepresster Zitronensaft
1 EL fein gehackte frische Minzeblätter
1 Knoblauchzehe, zerdrückt
1 TL naturreines grobes Meersalz
½ TL frisch gemahlener schwarzer Pfeffer

Die Zutaten in einer kleinen Schüssel verrühren.

// TANDOORI-MARINADE

ERGIBT ETWA 150 ML

250 g Naturjoghurt
4 EL frisch gepresster Zitronensaft
1 EL fein gehackter frischer Ingwer
3 Knoblauchzehen, zerdrückt
1 EL Paprikapulver
2 TL gemahlene Kreuzkümmelsamen
2 TL naturreines grobes Meersalz
1 TL gemahlene Kurkuma (Gelbwurz)
½ TL Cayennepfeffer

Die Zutaten in einer kleinen Schüssel verrühren.

// KREOLISCHE SENFMARINADE

ERGIBT ETWA 150 ML

3 EL kreolischer Senf (extrascharfer Senf)
3 EL Olivenöl
3 EL Rotweinessig
2 TL Worcestersauce
2 Knoblauchzehen, zerdrückt
1 TL getrockneter Thymian
½ TL naturreines grobes Meersalz
½ TL frisch gemahlener schwarzer Pfeffer

Die Zutaten in einer kleinen Schüssel verrühren.

// SÜSSE WHISKY-MARINADE

ERGIBT ETWA 500 ML

125 ml Whisky
100 g Vollrohrzucker
5 EL Sojasauce
5 EL frisch gepresster Zitronensaft
2 EL Worcestersauce
2 Knoblauchzehen, zerdrückt
2 TL fein gehackter frischer Thymian

Die Zutaten in einer mittelgroßen Schüssel verrühren.

ZEIT	GRILLGUT
15–30 Min.:	Kleinteiliges Grillgut wie Meeresfrüchte, Fischfilets, Fleischwürfel für Spieße und zartes Gemüse
1–3 Std.:	Dünne Fleischstücke ohne Knochen wie Hähnchenbrust, Schweinelende, Steaks und festeres Gemüse
2–6 Std.:	Dickere Fleischstücke mit oder ohne Knochen wie Lammkeule, ganze Hähnchen oder Rinderbraten
6–12 Std.:	Größere oder robustere Fleischstücke wie Spareribs, ganze Schinken, Schweineschulter und Truthahn

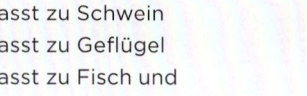

// LEGENDE
 Passt zu Rind und Lamm
 Passt zu Schwein
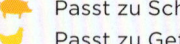 Passt zu Geflügel
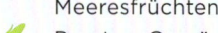 Passt zu Fisch und Meeresfrüchten
Passt zu Gemüse

// PROVENZALISCHE MARINADE

ERGIBT ETWA 350 ML

1 kleine Zwiebel, grob gewürfelt
1 kleine Handvoll glatte Petersilienblätter
   samt zarten Stielen
4 EL frische Rosmarinnadeln
4 große Knoblauchzehen, geschält
2 EL Dijon-Senf
2 EL Tomatenmark
2 TL naturbelassenes grobes Meersalz
½ TL frisch gemahlener schwarzer Pfeffer
125 ml trockener Weißwein
4 EL Olivenöl

Alle Zutaten bis auf den Wein und das Öl
in der Küchenmaschine, im Mixer oder mit
dem Stabmixer fein zerkleinern. Wein und
Öl hinzufügen und weitermixen, bis die
Sauce eine fast glatte Konsistenz hat.

// GRIECHISCHE INSELMARINADE

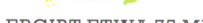

ERGIBT ETWA 75 ML

1 kleine Handvoll frische glatte Petersilienblätter
4 EL trockener Weißwein
4 EL Olivenöl
fein abgeriebene Schale und Saft
   von ½ Bio-Zitrone
1 TL Knoblauchpulver
1 TL getrockneter Oregano
1 TL Paprikapulver
¾ TL naturreines grobes Meersalz
¼ TL frisch gemahlener schwarzer Pfeffer

Die Zutaten in einer kleinen Schüssel
verrühren.

// WORCESTERSHIRE-PASTE

ERGIBT ETWA 7 EL

2 EL Olivenöl
2 EL Worcestersauce
2 TL zerstoßene schwarze Pfefferkörner
2 TL Knoblauchpulver
1½ TL naturreines grobes Meersalz
1 TL geräuchertes Paprikapulver
1 TL gemahlene Kreuzkümmelsamen
½ TL gemahlener Zimt

Die Zutaten in einem Schälchen verrühren.

// MOJO-MARINADE

ERGIBT ETWA 250 ML

120 ml frisch gepresster Orangensaft
2 EL frisch gepresster Limettensaft
2 EL Sojasauce
2 EL Olivenöl
3 Knoblauchzehen, zerdrückt
½ TL scharfe Chilisauce
½ TL gemahlene Kreuzkümmelsamen
¼ TL naturreines grobes Meersalz
¼ TL frisch gemahlener schwarzer Pfeffer

Die Zutaten in einer kleinen Schüssel
verrühren.

// BIER-MARINADE

ERGIBT ETWA 300 ML

250 ml dunkles Bier
2 EL Sesamöl (geröstet)
3 Knoblauchzehen, zerdrückt
1 TL getrockneter Oregano
1 TL naturreines grobes Meersalz
½ TL frisch gemahlener schwarzer Pfeffer
¼ TL Cayennepfeffer

Die Zutaten in einer mittelgroßen Schüssel
verrühren.

// TERIYAKI-MARINADE

ERGIBT ETWA 300 ML

4 EL Olivenöl
4 EL Sojasauce
50 g Vollrohrzucker
2 EL Mirin (süßer jap. Reiswein)
1 große Schalotte, fein gerieben
1 EL Sesamsamen
1 EL fein geriebener frischer Ingwer
2 Knoblauchzehen, zerdrückt
1 TL Sesamöl (geröstet)
1 TL frisch gemahlener schwarzer Pfeffer

Die Zutaten in einer mittelgroßen Schüssel
verrühren.

// KOKOS-INGWER-MARINADE

ERGIBT ETWA 600 ML

1 kleines Bund Koriandergrün samt
   zarten Stielen
10 Knoblauchzehen, geschält
etwa 10 cm frischer Ingwer, geschält und
   in dünne Scheiben geschnitten
400 ml Kokosmilch
175 ml salzarme Sojasauce
4 EL Honig

Koriander, Knoblauch und Ingwer in der
Küchenmaschine, im Mixer oder mit dem
Stabmixer fein zerkleinern. In eine große
Schüssel umfüllen, die restlichen Zutaten
hinzufügen und alles gut vermischen.

// Würzbutter und Saucen

Saucen verleihen vielen Zubereitungen eine zusätzliche Geschmacksnote und bieten dem Grillkoch schier unerschöpfliche Möglichkeiten zur Bereicherung und Verfeinerung der Speisen. Wenn Sie die hier beschriebenen Saucen einige Male zubereitet haben, wissen Sie, wie und warum sie funktionieren und können anschließend variieren. Ein bisschen mehr hiervon, etwas weniger davon. Vielleicht ein wenig länger auf der Hitzequelle lassen. Saucen sind ein Tummelfeld für Entdeckungen. Wenn man die Grundlagen kennt, gibt es unendlich viele Variationsmöglichkeiten.

// WÜRZBUTTER MIT RAUCH-PAPRIKA

ERGIBT ETWA 8 EL
ZUBEHÖR: GEWÜRZMÜHLE

2 TL ganze Koriandersamen oder 1 EL gemahlene Koriandersamen
120 g weiche Butter
2 TL geräuchertes Paprikapulver
¼ TL Cayennepfeffer

Die Koriandersamen in einem kleinen Topf auf mittlerer Stufe etwa 2 Min. rösten, bis sie ihr Aroma entfalten und etwas dunkler werden, dabei ab und zu umrühren. In eine Gewürzmühle geben und fein mahlen. In einem Schälchen mit Butter, Paprikapulver und Cayennepfeffer gut vermischen.

// LEGENDE

- Passt zu Rind und Lamm
- Passt zu Schwein
- Passt zu Geflügel
- Passt zu Fisch und Meeresfrüchten
- Passt zu Gemüse

// ZEHN-MINUTEN-BARBECUE-SAUCE

ERGIBT ETWA 175 ML

120 ml Ketchup
4 EL Wasser
1 EL Worcestersauce
1 EL Rotweinessig
1 TL Vollrohrzucker
1 TL Chilipulver (Gewürzmischung)
1 TL Zwiebelpulver
¼ TL frisch gemahlener schwarzer Pfeffer

Die Zutaten in einem kleinen Topf verrühren. 10 Min. auf kleiner Stufe köcheln lassen, bis der Zucker vollständig aufgelöst ist und sich die Aromen verbunden haben, dabei gelegentlich umrühren.

// ROTWEINSAUCE

ERGIBT ETWA 175 ML

2 EL sehr fein gewürfelte Schalotten
350 ml trockener Rotwein
1 EL Tomatenmark
2 TL Aceto balsamico
½ TL Worcestersauce
3 EL Butter
naturreines grobes Meersalz
frisch gemahlener schwarzer Pfeffer

Die Schalotten mit dem Wein in einem kleinen Topf auf hoher Stufe aufkochen. Die Hitze sofort reduzieren und 15–20 Min. köcheln lassen, bis der Wein auf etwa 125 ml reduziert ist. Tomatenmark, Essig und Worcestersauce hinzufügen. Vom Herd nehmen und die Butter esslöffelweise mit dem Schneebesen unterrühren. Mit Salz und Pfeffer abschmecken.

// WHISKY-SPECK-SAUCE

ERGIBT ETWA 500 ML

4 dünne Scheiben Räucherspeck, in 1 cm große Würfel geschnitten
2 Zwiebeln, fein gewürfelt
3 Knoblauchzehen, zerdrückt
120 ml Ketchup
4 EL Melasse (Reformhaus)
4 EL Senf
4 EL Whisky
2 EL Vollrohrzucker
2 EL Worcestersauce
1 Schuss scharfe Chilisauce

Den Speck in einem mittelgroßen Topf auf mittlerer Stufe in etwa 10 Min. knusprig braten, dabei gelegentlich umrühren. Auf kleine Stufe herunterschalten, Zwiebeln und Knoblauch zufügen und in etwa 5 Min. glasig dünsten. Die restlichen Zutaten hinzufügen und 5 Min. mitköcheln. Vom Herd nehmen und vor dem Servieren abkühlen lassen.

// AVOCADOSAUCE

ERGIBT ETWA 350 ML

1 Avocado, das Fruchtfleisch gewürfelt
¼ Salatgurke (etwa 75 g), fein gewürfelt
4 EL Schmand
4 EL Frühlingszwiebeln in feinen Ringen (nur die weißen und hellgrünen Teile)
4 EL grob gehackte frische Dillspitzen
2 EL frisch gepresster Limettensaft
¼ TL Tabasco®
naturreines grobes Meersalz

Alle Zutaten bis auf das Salz in der Küchenmaschine, im Mixer oder mit dem Stabmixer zu einem glatten Püree verarbeiten. Mit Salz abschmecken. Die Sauce bis zur Verwendung abgedeckt in den Kühlschrank stellen.

// ROOT BEER BARBECUE-SAUCE

ERGIBT ETWA 750 ML

1 EL Olivenöl
2 Zwiebeln, fein gewürfelt
1 Knoblauchzehe, zerdrückt
½ TL fein geriebener frischer Ingwer
150 ml Root Beer (amerikanische Kräuter-
     limonade; ersatzweise Malzbier)
250 ml Ketchup
120 ml frisch gepresster Orangensaft
2 EL Worcestersauce
2 EL Vollrohrzucker
½ TL abgeriebene Schale von 1 Bio-Zitrone
naturreines grobes Meersalz
frisch gemahlener schwarzer Pfeffer

Das Öl in einem mittelgroßen Topf auf
mittlerer Stufe erhitzen. Die Zwiebeln darin in 3–4 Min. leicht glasig dünsten, dabei
gelegentlich umrühren. Knoblauch und
Ingwer 1 Min. mitdünsten, bis sich ihre Aromen entfalten. Root Beer, Ketchup, Orangensaft, Worcestersauce und Zucker mit
dem Schneebesen unterühren. Auf mittlerer bis kleiner Stufe 20–30 Min. köcheln
lassen, bis die Sauce so dickflüssig ist, dass
sie den Rücken eines Holzlöffels überzieht.
Gelegentlich umrühren. Den Topf vom Herd
nehmen und die Zitronenschale einrühren.
Mit Salz und Pfeffer abschmecken.

// ORANGEN-INGWER SAUCE

ERGIBT ETWA 175 ML

100 g Orangenmarmelade
2 EL Apfelessig
1 EL Sojasauce
2 TL fein geriebener frischer Ingwer
1 kräftige Prise schwarzer Pfeffer

Die Zutaten in einem kleinen Topf vermischen, auf mittlerer Stufe zum Kochen
bringen und 3–4 Min. kochen lassen, dabei

gelegentlich umrühren. Den Topf vom
Herd nehmen und die Sauce vor dem
Servieren auf Zimmertemperatur abküh-
len lassen.

// TOMATEN-CHIMICHURRI-SAUCE

ERGIBT ETWA 250 ML

2 große Handvoll frische glatte Peter-
     silienblätter
1 kleine Handvoll frische Korianderblätter
120 ml Olivenöl
4 EL sonnengetrocknete Tomaten in Öl,
     abgetropft
3 Knoblauchzehen, grob gehackt
¾ TL zerstoßene rote Chiliflocken
naturreines grobes Meersalz
frisch gemahlener schwarzer Pfeffer

Alle Zutaten bis auf Salz und Pfeffer in
der Küchenmaschine, im Mixer oder mit
dem Stabmixer zu einer groben Paste
verarbeiten. Mit Salz und Pfeffer abschmecken.

// SENF-SAHNE-SAUCE

ERGIBT ETWA 175 ML

1 EL Butter
2 EL sehr fein gewürfelte Schalotten
2 EL Weinbrand (nach Belieben)
125 ml Rinderbrühe
200 g Sahne
3 EL körniger Senf
naturreines grobes Meersalz

Die Butter in einem mittelgroßen Topf
auf mittlerer Stufe zerlassen. Schalotten
in 1–2 Min. unter häufigem Rühren darin
weich dünsten. Nach Belieben den Weinbrand dazugeben und 30 Sek. kochen
lassen. Die Brühe zugießen, auf hoher
Stufe zum Kochen bringen und in 2–3 Min.

auf die Hälfte einkochen lassen. Die Sahne
hinzufügen und bis zum Siedepunkt erhitzen (nicht kochen lassen!). Den Senf
unterrühren und die Sauce in 3–5 Min. auf
etwa 175 ml einkochen lassen. Sie sollte so
dick sein, dass sie den Rücken eines Holzlöffels überzieht. Mit Salz abschmecken.

// MEERRETTICH-ZITRONEN-SAHNE-SAUCE

ERGIBT ETWA 350 ML

200 g Schmand
2½ EL Meerrettich (aus dem Glas)
¼ TL abgeriebene Schale von 1 Bio-Zitrone
2 EL frisch gepresster Zitronensaft
2 EL sehr fein gewürfelte Schalotten
1 EL fein gehackte frische glatte Petersilie
2 TL Worcestersauce
½ TL naturreines grobes Meersalz
½ TL frisch gemahlener schwarzer Pfeffer

Die Zutaten zu einer cremigen Sauce
verrühren.

// BASILIKUM-RUCOLA-PESTO

ERGIBT ETWA 120 ML

50 g zarte Rucolablätter
1 kleine Handvoll frische Basilikumblätter
2 EL grob gehackte Walnusskerne, geröstet
1 Knoblauchzehe
½ TL abgeriebene Schale von 1 Bio-Zitrone
4 EL Olivenöl
naturreines grobes Meersalz
frisch gemahlener schwarzer Pfeffer

Rucola, Basilikum, Walnusskerne, Knoblauch und Zitronenschale in der Küchenmaschine, im Mixer oder mit dem Stabmixer grob zerkleinern. Bei laufendem
Motor das Öl langsam, aber gleichmäßig
unterrühren. Das Pesto mit Salz und
Pfeffer abschmecken.

// Dressings

Dressings erfüllen einen ähnlichen Zweck wie Saucen. Sie bereichern und verfeinern gegrillte wie nicht gegrillte Zutaten um weitere Aromen und hüllen sie in Feuchtigkeit. Dressings sind in der Zubereitung meist einfacher als Saucen, denn sie werden kalt in einer Schüssel oder in der Küchenmaschine verrührt. Alle hier vorgestellten Dressings können mehrere Stunden im Voraus zubereitet werden.

// KREUZKÜMMEL-VINAIGRETTE

ERGIBT ETWA 175 ML

2 EL Rotweinessig
1 TL Dijon-Senf
1 TL Honig
1 TL gemahlene Kreuzkümmelsamen
¼ TL zerstoßene rote Chiliflocken
120 ml Olivenöl
½ TL naturreines grobes Meersalz
¼ TL frisch gemahlener schwarzer Pfeffer

Essig, Senf, Honig, Kreuzkümmel und Chiliflocken in einer kleinen Schüssel oder in der Küchenmaschine vermischen. Das Öl langsam bei laufendem Motor dazugießen oder mit dem Schneebesen unterschlagen, bis es emulgiert. Mit Salz und Pfeffer abschmecken.

// LEGENDE

🐄 Passt zu Rind und Lamm
🐖 Passt zu Schwein
🐤 Passt zu Geflügel
🐟 Passt zu Fisch und
   Meeresfrüchten
🌿 Passt zu Gemüse

// ROTWEINVINAIGRETTE

ERGIBT ETWA 120 ML

4 EL Olivenöl
2 EL Rotweinessig
1 Knoblauchzehe, zerdrückt
½ TL naturreines grobes Meersalz
¼ TL frisch gemahlener schwarzer Pfeffer

Die Zutaten in einer kleinen Schüssel verrühren.

// ORANGEN-FENCHEL-DRESSING

ERGIBT ETWA 120 ML
ZUBEHÖR: GEWÜRZMÜHLE

¾ TL Fenchelsamen
¼ TL naturreines grobes Meersalz
5 EL Olivenöl
1 TL fein abgeriebene Schale von
   1 Bio-Orange
2 EL frisch gepresster Orangensaft
1 EL Weißweinessig
1 EL sehr fein gewürfelte Schalotten

Fenchelsamen und Salz in einer Gewürzmühle fein mahlen. In eine kleine Schüssel geben, die restlichen Zutaten hinzufügen und mit dem Schneebesen verrühren.

// BLAUSCHIMMELKÄSE-
   DRESSING

ERGIBT ETWA 120 ML

40 g Blauschimmelkäse, zerbröckelt
2 EL Schmand
2 EL Mayonnaise
1 EL Buttermilch
½ TL Apfelessig

Die Zutaten in einer kleinen Schüssel vermischen. Abdecken und bis zum Servieren im Kühlschrank aufbewahren.

// BASILIKUM-VINAIGRETTE

ERGIBT ETWA 150 ML

1 kleine Handvoll frische Basilikumblätter
½ kleine Handvoll glatte Petersilienblätter
   samt zarten Stielen
1 EL frisch gepresster Zitronensaft
1 EL Rotweinessig
1 kleine Knoblauchzehe, zerdrückt
5 EL Olivenöl
½ TL naturreines grobes Meersalz
¼ TL frisch gemahlener schwarzer Pfeffer

Basilikum, Petersilie, Zitronensaft, Essig und Knoblauch in der Küchenmaschine, im Mixer oder mit dem Stabmixer grob zerkleinern. Bei laufendem Motor das Öl langsam, aber gleichmäßig dazugießen, bis es emulgiert. In eine kleine Schüssel geben und mit Salz und Pfeffer würzen.

// HONIG-LIMETTEN- DRESSING

ERGIBT ETWA 250 ML

4 EL frisch gepresster Limettensaft
3 EL Honig
2 EL sehr fein gewürfelte Schalotten
1 EL Dijon-Senf
1 EL fein gehackter frische Rosmarinnadeln
1 TL naturreines grobes Meersalz
½ TL frisch gemahlener schwarzer Pfeffer
5 EL Olivenöl

Limettensaft, Honig, Schalotten, Senf, Rosmarin, Salz und Pfeffer in einer kleinen Schüssel verrühren. Das Öl langsam mit dem Schneebesen unterrühren, bis ein sämiges Dressing entsteht.

// KRÄUTER-SCHALOTTEN-
VINAIGRETTE

ERGIBT ETWA 150 ML

4 EL Olivenöl
3 EL Weißweinessig
3 EL fein gehackte frische Kräuter (z.B.
   Basilikum, Schnittlauch, glatte Petersilie,
   oder eine Kräutermischung Ihrer Wahl)
1 TL sehr fein gewürfelte Schalotte
½ TL Dijon-Senf
¼ TL naturreines grobes Meersalz
1 kräftige Prise frisch gemahlener
   schwarzer Pfeffer

Die Zutaten in einer kleinen Schüssel
verrühren.

// CREMIGES DILLDRESSING

ERGIBT ETWA 150 ML

125 ml Mayonnaise
2 EL fein gehackte frische Dillspitzen
2 TL frisch gepresster Zitronensaft
½ TL naturreines grobes Meersalz
¼ TL frisch gemahlener schwarzer Pfeffer

Die Zutaten in einer kleinen Schüssel
verrühren.

// SESAM-SOJA-DRESSING

ERGIBT ETWA 120 ML

4 EL Rapsöl
2 EL frisch gepresster Limettensaft
1 EL Sojasauce
2 TL Vollrohrzucker
2 TL Sesamöl (geröstet)
½ TL fein geriebener frischer Ingwer
¼ TL zerstoßene rote Chiliflocken

Die Zutaten in einer kleinen Schüssel
verrühren.

// ZITRONEN-OREGANO-
DRESSING

ERGIBT ETWA 250 ML

120 ml Olivenöl
4 EL frisch gepresster Zitronensaft
4 EL fein gehackte frische Oreganoblätter
3 Knoblauchzehen, zerdrückt
2 TL grob gemahlener schwarzer Pfeffer
½ TL naturreines grobes Meersalz

Die Zutaten in einer kleinen Schüssel
verrühren.

// BUTTERMILCHDRESSING

ERGIBT ETWA 175 ML

5 EL Buttermilch
5 EL Mayonnaise
2 EL fein gehackte frische Dillspitzen
½ TL fein abgeriebene Schale von
   1 Bio-Zitrone
2 EL frisch gepresster Zitronensaft
2 TL Zucker
2 TL Dijon-Senf

Die Zutaten in einer kleinen Schüssel
verrühren.

// SHERRY-VINAIGRETTE

ERGIBT ETWA 300 ML

180 ml Olivenöl
4 EL Sherry-Essig
2 EL sehr fein gewürfelte Schalotten
1½ EL fein gehackte frische Majoran-
   blätter
1 EL Dijon-Senf
½ TL naturreines grobes Meersalz
¼ TL frisch gemahlener schwarzer Pfeffer

Die Zutaten in einer mittelgroßen Schüssel
verrühren.

// FETA-DRESSING MIT MINZE

ERGIBT ETWA 120 ML

80 g Feta
4 EL frische Minzeblätter
2 EL Olivenöl
1 EL Weißweinessig
1 kleine Knoblauchzehe, grob gehackt
naturreines grobes Meersalz
frisch gemahlener schwarzer Pfeffer

Alle Zutaten außer Salz und Pfeffer mit
2 EL Wasser in der Küchenmaschine, im
Mixer oder mit dem Stabmixer zu einer
dicken, glatten Sauce verarbeiten. An der
Schüsselwand haftende Reste zwischendurch mit einem Teigschaber nach unten
streichen und wieder in die Mischung einarbeiten. Das Dressing mit Salz und Pfeffer abschmecken.

// ZITRONEN-SENF- DRESSING

ERGIBT ETWA 250 ML

3 EL Rotweinessig
1½ EL sehr fein gewürfelte Schalotten
2 TL frisch gepresster Zitronensaft
1 EL Dijon-Senf
150 ml Olivenöl
naturreines grobes Meersalz
frisch gemahlener schwarzer Pfeffer

Essig, Schalotten, Zitronensaft und Senf in
einer kleinen Schüssel mit dem Schneebesen verrühren. Das Öl langsam unterrühren, bis das Dressing zu einer Emulsion
bindet. Mit Salz und Pfeffer abschmecken.

// Grill-Kompass Rindfleisch

Die nacholgenden Angaben (Zuschnitte, Dicke/Gewicht, Grillzeiten) sind Richtlinien, keine festen Regeln. Die tatsächlichen Garzeiten werden von weiteren Faktoren wie Wind, Fleisch- und Außentemperatur beeinflusst. **Zwei Faustregeln:** 1. Steaks und Rindfleischspieße werden über direkter Hitze während der in der Tabelle angegebenen Dauer oder bis zum gewünschten Gargrad gegrillt und dabei einmal gewendet. 2. Braten und dickere Teilstücke werden über indirekter Hitze während der in der Tabelle angegebenen Dauer oder bis zum Erreichen der gewünschten Kerntemperatur gegrillt. Braten, größere Teilstücke und dicke Steaks sollten nach dem Grillen 5–10 Minuten ruhen. Die Kerntemperatur erhöht sich in dieser Zeit noch einmal um 2–5 °C.

RINDFLEISCH	DICKE/GEWICHT	GRILLZEIT
Braten aus der Hochrippe, ausgelöst	2¼–2¾ kg	**1¼–1¾ Std.** über indirekter mittlerer Hitze
Bürgermeister-/Pastorenstück	1–1¼ kg	**30–40 Min.:** 10 Min. über direkter mittlerer Hitze, 20–30 Min. über indirekter mittlerer Hitze
Flank-Steak	2 cm, 700–1000 g	**8–10 Min.** über direkter mittlerer Hitze
Fleischwürfel (Spieße)	2½ cm	**4–6 Min.** über direkter starker Hitze
	4 cm	**6–7 Min.** über direkter starker Hitze
Burger (Hackfleisch)	2 cm	**8–10 Min.** über direkter starker Hitze
Kalbskotelett (Lende)	2½ cm	**6–8 Min.** über direkter starker Hitze
Lendenbraten, ausgelöst	1¾–2¼ kg	**50–60 Min.:** 10 Min. über direkter mittlerer Hitze, 40–50 Min. über indirekter mittlerer Hitze
Onglet, Steaks aus dem Nierenzapfen	2½ cm	**8–10 Min.** über direkter mittlerer Hitze
Rinderfilet am Stück	1½–1¾ kg	**35–45 Min.:** 15 Min. über direkter mittlerer Hitze, 20–30 Min. über indirekter mittlerer Hitze
Rippenbraten mit Knochen	3½ kg	**2½–3 Std.:** 10 Min. über direkter mittlerer Hitze, 2⅓–3 Std. über indirekter niedriger Hitze
Skirt-Steak (aus dem Zwerchfell)	½–1 cm	**4–6 Min.** über direkter starker Hitze
Steaks vom falschen Filet (Schulterfilet)	2½ cm	**8–10 Min.** über direkter mittlerer Hitze
Steaks: Porterhouse, Rib-Eye, T-Bone, Filet und Lende	2 cm	**4–6 Min.** über direkter starker Hitze
	2½ cm	**6–8 Min.** über direkter starker Hitze
	3 cm	**8–10 Min.** über direkter starker Hitze
	3½ cm	**10–14 Min.:** 6–8 Min. über direkter starker Hitze, 4–6 Min. über indirekter starker Hitze
	5 cm	**14–18 Min.:** 6–8 Min. über direkter starker Hitze, 8–10 Min. über indirekter starker Hitze

Hinweis: Alle Garzeiten beziehen sich auf den Gargrad rosa/rot *(medium rare)*, bei Hackfleisch auf halb durch *(medium)*.

// FÜR DEN GRILL GEEIGNETE TEILSTÜCKE VON RIND UND LAMM

Zarte Teilstücke für kurzes direktes Grillen
New York Strip Steak
  (aus dem hohen Roastbeef)
Porterhouse-Steak
Rindersteak aus der Hochrippe/
  Rib-Eye-Steak
T-Bone-Steak
Rinderfiletsteak (Filet Mignon)
Kalbskotelett (aus der Lende)
Lammkotelett (aus der Lende)
Lammsteak (aus der Keule)

Festere Teilstücke für direktes Grillen
Flank-Steak (aus der Dünnung)
Steak aus dem falschen Filet
  (Schulterfilet)
Onglet, Steak aus dem Nierenzapfen
Skirt-Steak (aus dem Zwerchfell)
Sirloin-Steak (aus dem flachen
  Roastbeef)
Kalbskotelett (aus der Schulter)
Lammkotelett (aus der Schulter)

Größere Teilstücke zum Anbraten und indirekten Grillen
Rinderbraten aus der Hochrippe
Lendenbraten, ausgelöst
Bürgermeister-/Pastorenstück
Rinderfilet am Stück
Lammkeule
Lammkarree
Kalbskarree

Zähere Teilstücke für indirektes Grillen
Rinderbrust
Rippenbraten vom Rind

// Fleisch nie direkt aus dem Kühl-
schrank auf den Grill legen. Lassen
Sie das Grillgut zunächst 15–30 Min.
Zimmertemperatur annehmen!

// Gargrad Rind- und Lammfleisch

GARGRAD	KERNTEMPERATUR	FARBE IM KERN
Rare/Blutig	49–52 °C	Blaurot bis rot
Medium rare/ Englisch	52–57 °C	Rot bis rosa
Medium/ Halb durch	57–63 °C	rosa
Medium well/ Fast durch	63–68 °C	Rosa bis graubraun
Well done/ Durchgebraten	68 °C +	Graubraun

// Grill-Kompass Lammfleisch

LAMM-FLEISCH	DICKE/GEWICHT	GRILLZEIT
Ausgelöste Lammkeule, als Rollbraten in Form gebunden	1¼–1½ kg	**30–45 Min.:** 10–15 Min. über direkter mittlerer Hitze, 20–30 Min. über indirekter mittlerer Hitze
Ausgelöste Lammkeule, Schmetterlingsschnitt	1½–1¾ kg	**30–45 Min.:** 10–15 Min. über direkter mittlerer Hitze, 20–30 Min. über indirekter mittlerer Hitze
Burger (Hackfleisch)	2 cm	**8–10 Min.** über direkter mittlerer Hitze
Kotelett: Lende, Rippe, Schulter	2–3½ cm	**8–12 Min.** über direkter mittlerer Hitze
Kronenbraten	1½–2 kg	**1–1¼ Std.** über indirekter mittlerer Hitze
Lammkarree	450–700 g	**15–20 Min.:** 5 Min. über direkter mittlerer Hitze, 10–15 Min. über indirekter mittlerer Hitze

Hinweis: Alle Garzeiten beziehen sich auf den Gargrad rosa/rot *(medium rare)*,
bei Hackfleisch auf halb durch *(medium)*.

// Grill-Kompass Schwein

Die nachfolgenden Angaben (Zuschnitte, Dicke/Gewicht, Grillzeiten) sind Richtlinien, keine festen Regeln. Die tatsächlichen Garzeiten werden von weiteren Faktoren wie Wind, Fleisch- und Außentemperatur beeinflusst. **Zwei Faustregeln:** 1. Koteletts und Bratwürste werden über direkter Hitze während der in der Tabelle angegebenen Dauer oder bis zum gewünschten Gargrad gegrillt und dabei einmal gewendet. 2. Braten und dickere Teilstücke werden über indirekter Hitze während der in der Tabelle angegebenen Dauer oder bis zum Erreichen der gewünschten Kerntemperatur gegrillt. Braten, größere Teilstücke und dicke Koteletts sollten nach dem Grillen 5–10 Minuten ruhen. Die Kerntemperatur erhöht sich in dieser Zeit noch einmal um 2–5 °C.

SCHWEINE-FLEISCH	DICKE/GEWICHT	GRILLZEIT
Bratwurst, frisch		**20–25 Min.** über direkter mittlerer Hitze
Bratwurst, gebrüht		**10–12 Min.** über direkter mittlerer Hitze
Schweinekotelett, ausgelöst oder mit Knochen	2 cm	**6–8 Min.** über direkter starker Hitze
	2½ cm	**8–10 Min.** über direkter mittlerer Hitze
	3–3½ cm	**10–12 Min.:** 6 Min. über direkter starker Hitze, 4–6 Min. über indirekter starker Hitze
Lendenbraten, ausgelöst	1¼ kg	**40–50 Min.** über direkter mittlerer Hitze
Lendenbraten, mit Knochen	1½–2¼ kg	**1¼–1¾ Std.** über indirekter mittlerer Hitze
Schulterbraten, ausgelöst	2¼–2¾ kg	**5–7 Std.** über indirekter niedriger Hitze
Burger (Hackfleisch)	1 cm	**8–10 Min.** über direkter mittlerer Hitze
Kotelettrippchen (Baby Back Ribs)	1 kg	**3–4 Std.** über indirekter niedriger Hitze
Schälrippchen (Spareribs)	1¼–1½ kg	**3–4 Std.** über indirekter niedriger Hitze
Dicke Rippe, ohne Knochen	700–1000 g	**12–15 Min.** über direkter mittlerer Hitze
Dicke Rippe, mit Knochen	1½–2 kg	**1½–2 Std.** über indirekter mittlerer Hitze
Ganzes Filet	450–500 g	**15–20 Min.** über direkter mittlerer Hitze

// TEILSTÜCKE VOM SCHWEIN FÜR DEN GRILL

Zarte Teilstücke zum Grillen
Filet am Stück oder in Medaillons geschnitten
Steak aus der Lende
Kotelett aus der Lende

Festere Teilstücke zum Grillen
Schinkensteak
Steak aus der Schulter
Nackenkotelett

Größere Teilstücke zum Anbraten und indirekten Grillen
Lendenbraten
Rippenbraten
Dicke Rippe
Schinkenbraten

Zähere Teilstücke für indirektes Grillen
Kotelettrippchen (Baby Back Ribs)
Schulter
Schälrippchen (Spareribs)

// Fleisch nie direkt aus dem Kühlschrank auf den Grill legen. Lassen Sie das Grillgut zunächst 15–30 Min. Zimmertemperatur annehmen!

// Grill-Kompass Geflügel

Die nachfolgenden Angaben (Zuschnitte, Gewicht, Grillzeiten) sind Richtlinien, keine festen Regeln. Die tatsächlichen Garzeiten werden von weiteren Faktoren wie Wind, Fleisch- und Außentemperatur beeinflusst. Die angegebenen Grillzeiten beziehen sich auf eine Kerntemperatur von etwa 75 °C. Ganzes Geflügel sollte nach dem Grillen 5–10 Minuten ruhen. Die Kerntemperatur erhöht sich in dieser Zeit noch einmal um 2–5 °C.

GEFLÜGEL	GEWICHT	GRILLZEIT
Ente, ganz	2½–2¾ kg	**40 Min.** über indirekter starker Hitze
Entenbrust, ausgelöst	300–350 g	**9–12 Min.:** 3–4 Min. über direkter niedriger Hitze, 6–8 Min. über indirekter starker Hitze
Schweres Hähnchen, ganz	1¾–2¼ kg	**1–1½ Std.** über indirekter mittlerer Hitze
Kleines Hähnchen, ganz	800 g	**50–60 Min.** über indirekter starker Hitze
Hähnchenbrust, mit Knochen	300–350 g	**23–35 Min.:** 3–5 Min. über direkter mittlerer Hitze, 20–30 Min. über indirekter mittlerer Hitze
Hähnchenbrustfilet, ohne Haut	180–225 g	**8–12 Min.** über direkter mittlerer Hitze
Hähnchenflügel	60–85 g	**35–43 Min.:** 5–8 Min. über direkter mittlerer Hitze, 30–35 Min. über indirekter mittlerer Hitze
Hähnchenschenkel, ausgelöst, ohne Haut	120 g	**8–12 Min.** über direkter mittlerer Hitze
Hähnchenschenkel, ganz	280–350 g	**48–60 Min.:** 8–10 Min. über direkter mittlerer Hitze, 40–50 Min. über indirekter mittlerer Hitze
Hähnchenschlegel	ca. 100 g	**36–40 Min.:** 6–10 Min. über direkter mittlerer Hitze, 30 Min. über indirekter mittlerer Hitze
Hähnchenoberschenkel, mit Knochen	150–170 g	**36–40 Min.:** 6–10 Min. über direkter mittlerer Hitze, 30 Min. über indirekter mittlerer Hitze
Fleisch vom Hähnchenschenkel	2 cm	**12–14 Min.** über direkter mittlerer Hitze
Putenbrust, ausgelöst	1 kg	**1–1¼ Std.** über indirekter mittlerer Hitze
Truthahn, ganz, ohne Füllung	4½–5½ kg	**2½–3½ Std.** über indirekter niedriger Hitze

// Grill-Kompass Fisch und Meeresfrüchte

Die nachfolgenden Angaben (Fischart, Dicke/Gewicht, Grillzeiten) sind Richtlinien, keine festen Regeln. Die tatsächlichen Garzeiten werden von weiteren Faktoren wie Wind, Außentemperatur und Temperatur des Grillguts beeinflusst. **Wichtigste Faustregel für das Grillen von Fisch:** 3–4 Minuten pro Zentimeter Dicke.

FISCH	DICKE/GEWICHT	GRILLZEIT
Austern	80–110 g	**2–4 Min.** über direkter starker Hitze
Fischfilet oder -steak: Heilbutt, Red Snapper, Rotbarsch, Lachs, Seebarsch, Schwertfisch oder Thunfisch	½–1 cm	**3–5 Min.** über direkter starker Hitze
	1–2½ cm	**5–10 Min.** über direkter starker Hitze
	2½–3 cm	**10–12 Min.** über direkter starker Hitze
Fisch, ganz	500 g	**15–20 Min.** über indirekter mittlerer Hitze
	1 kg	**20–30 Min.** über indirekter mittlerer Hitze
	1½ kg	**30–45 Min.** über indirekter mittlerer Hitze
Garnelen	45 g	**2–4 Min.** über direkter starker Hitze
Hummerschwänze	170 g	**7–11 Min.** über direkter mittlerer Hitze
Jakobsmuschelfilet	45 g	**4–6 Min.** über direkter starker Hitze
Miesmuscheln (nach dem Garen nicht geöffnete Muscheln wegwerfen)	30–60 g	**5–6 Min.** über direkter starker Hitze
Venusmuscheln (nach dem Garen nicht geöffnete Muscheln wegwerfen)	50–80 g	**6–8 Min.** über direkter starker Hitze

// FISCH UND MEERES-FRÜCHTE FÜR DEN GRILL

Filets und Steaks
Zackenbarsch
Lachs
Tintenfisch/Kalmar
Schwertfisch
Thunfisch

Zartere Filets und Steaks
Seebarsch
Heilbutt
Makrele
Seeteufel
Red Snapper, Rotbarsch

Zarte Filets
Felsenbarsch
Wolfsbarsch
Blaufisch
Forelle

Ganze Fische
Red Snapper
Felsen-, Wolfs- und
  Zackenbarsch
Blaufisch
Makrele
Forelle

Meeresfrüchte
Venusmuscheln
Hummer
Miesmuscheln
Austern
Jakobsmuscheln
Garnelen

// Grill-Kompass Gemüse und Obst

Obst und Gemüse, von Apfel bis Zucchini, grillt man fast ausnahmslos über direkter mittlerer Hitze (Ausnahmen sind u.a ganze Möhren und Zwiebelhälften). Die Temperatur auf dem Grillthermometer sollte dafür zwischen 175 und 230 °C liegen.

GEMÜSE	DICKE/GRÖSSE	GRILLZEIT
Apfel	ganz	**35–40 Min.** über indirekter mittlerer Hitze
	Scheiben, 1 cm	**4–6 Min.** über direkter mittlerer Hitze
Ananas	1 cm dicke Scheiben oder 2½ cm breite Spalten	**5–10 Min.** über direkter mittlerer Hitze
Aprikose	halbiert	**6–8 Min.** über direkter mittlerer Hitze
Artischockenherzen	ganz	**14–18 Min.:** 10–12 Min. vorgaren; halbieren und 4–6 Min. über direkter mittlerer Hitze grillen
Aubergine	in Scheiben, 1 cm	**8–10 Min.** über direkter mittlerer Hitze
Banane	längs halbiert	**6–8 Min.** über direkter mittlerer Hitze
Birne	längs halbiert	**10–12 Min.** über direkter mittlerer Hitze
Frühlingszwiebel	ganz	**3–4 Min.** über direkter mittlerer Hitze
Kartoffel	ganz	**45–60 Min.** über indirekter mittlerer Hitze
	Scheiben, 1 cm	**9–11 Min.;** 3 Min. vorgaren, 6 Min. über direkter mittlerer Hitze grillen
Knoblauchknolle	ganz	**45–60 Min.** über indirekter mittlerer Hitze
Kürbis (Butternuss), halbiert	700 g	**40–60 Min.** über indirekter mittlerer Hitze
Maiskolben, mit Hüllblättern		**25–30 Min.** über direkter mittlerer Hitze
Maiskolben, ohne Hüllblätter		**10–15 Min.** über direkter mittlerer Hitze
Möhre	Ø 1 cm	**7–11 Min.:** 4–6 Min. vorgaren, 3–5 Min. über direkter starker Hitze grillen
Paprikaschote	ganz	**10–15 Min.** über direkter mittlerer Hitze
Pfirsich/Nektarine	längs halbiert	**8–10 Min.** über direkter mittlerer Hitze
Pilz, Riesenchampignon (Portobello)		**10–15 Min.** über direkter mittlerer Hitze
Pilz, Shiitake oder Champignon		**8–10 Min.** über direkter mittlerer Hitze
Tomate	ganz	**8–10 Min.** über direkter mittlerer Hitze
	halbiert	**6–8 Min.** über direkter mittlerer Hitze
Zucchini	Scheiben, 1 cm	**3–5 Min.** über direkter mittlerer Hitze
Zwiebel	halbiert	**35–40 Min.** über indirekter mittlerer Hitze
	Scheiben, 1 cm	**8–12 Min.** über direkter mittlerer Hitze

WURST UND BURGER

Wenn Sie einen Cheeseburger zubereiten, zu dessen Gelingen gerade mal eine Handvoll Zutaten vonnöten sind, dann sollten Sie nur beste Qualität kaufen. Greifen Sie etwa für das Rezept unten nicht zu irgendeinem beliebigen Blauschimmelkäse, sondern zu Gorgonzola, Roquefort oder Stilton. // Das Rezept rechts unterscheidet sich von den üblichen Zubereitungen für Champignon-Burger dadurch, dass die Pilze nicht auf dem gegrillten Fleisch angerichtet werden, sondern fein gehackt in die rohe Hackfleischmasse kommen. Das macht die Burger wunderbar saftig.

FÜR **4** PERSONEN

ZUBEREITUNGSZEIT: **15** MIN.

GRILLZEIT: **6** BIS **8** MIN.

// FÜR DIE BURGER
700 g Hackfleisch vom Rind
   (Fettanteil 20 %)
175 g Blauschimmelkäse, zerbröckelt
naturreines grobes Meersalz
frisch gemahlener schwarzer Pfeffer

8 große rote Zwiebelscheiben, je etwa
   0,5 cm dick und 7 cm im Durchmesser
Olivenöl
8 kleine weiche Brötchen, aufgeschnitten
1 Handvoll zarte Rucolablätter

// Cheeseburger
MIT BLAUSCHIMMELKÄSE UND ROTEN ZWIEBELN

1. Den Grill für direkte mittlere Hitze (175–230 °C) vorbereiten.

2. Das Hackfleisch in acht gleich große Portionen teilen und aus jeder Portion zwei flache Burger von jeweils etwa 8 cm Durchmesser formen. Burger auf einer Arbeitsfläche auslegen. In die Mitte von acht Burgern jeweils 1 EL Käse geben, je 1 unbelegten Burger daraufsetzen und rundherum die Ränder zusammendrücken, sodass der Käse auf allen Seiten gut umschlossen ist. Die acht Burger gleichmäßig mit Salz und Pfeffer würzen.

3. Die Zwiebelscheiben auf beiden Seiten mit Öl bestreichen und mit Salz und Pfeffer würzen.

4. Den Grillrost mit der Bürste reinigen. Burger und Zwiebelscheiben über *direkter mittlerer Hitze* bei geschlossenem Deckel 6–8 Min. grillen, bis das Fleisch halb durch *(medium)* ist und die Zwiebelscheiben leicht gebräunt sind, dabei alle Zutaten einmal wenden. In der letzten Minute die Brötchen mit den Schnittflächen nach unten über direkter Hitze rösten.

5. Die unteren Brötchenhälften jeweils mit Rucola, 1 Burger, restlichem Blauschimmelkäse und Zwiebelscheiben belegen, die oberen Brötchenhälfte daraufsetzen und warm servieren.

// Champignon-Cheeseburger

FÜR **4** PERSONEN

ZUBEREITUNGSZEIT: **10** MIN.

GRILLZEIT: **8** BIS **10** MIN.

// FÜR DIE BURGER

700 g Hackfleisch vom Rind
   (Fettanteil 20 %)
50 g frische Champignons, fein gehackt
4 EL fein gehackte geröstete rote
   Paprikaschoten (aus dem Glas)
1 TL getrocknete italienische Kräuter
1 TL Knoblauchsalz
½ TL frisch gemahlener schwarzer Pfeffer

4 dünne Scheiben Provolone
   (ital. Hartkäse)
4 Ciabatta- oder Burgerbrötchen
4 EL Püree aus sonnengetrockneten
   Tomaten (aus dem Glas)
4 grüne oder rote Salatblätter

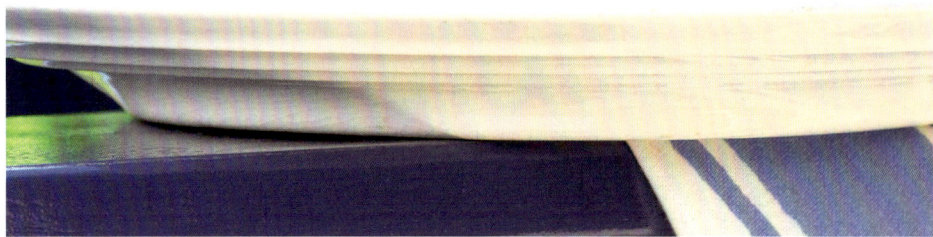

1. Den Grill für direkte starke Hitze (230–290 °C) vorbereiten.

2. Die Zutaten für die Burger in einer großen Schüssel behutsam, aber gründlich vermischen. Aus der Fleischfarce vier gleich große, etwa 2 cm dicke Burger formen. Mit dem Daumen oder dem Rücken eines Teelöffels eine flache Vertiefung in die Mitte der rohen Burger drücken. Dadurch wölben sie sich während des Grillens nicht und garen deshalb gleichmäßig.

3. Den Grillrost mit der Bürste reinigen. Die Burger über *direkter starker Hitze* bei geschlossenem Deckel 8–10 Min. grillen, bis sie halb durch (*medium*) sind. Sobald sie sich leicht vom Grill lösen lassen, einmal wenden. In der letzten Minute die Burger jeweils mit Käse belegen und die Brötchen mit den Schnittflächen nach unten auf dem Grill rösten. Wenn der Käse geschmolzen ist, auf die Unterseiten der Brötchen je 1 Salatblatt geben, Burger und Tomatenpüree darauf anrichten und mit einer Brötchenoberseite abdecken.

// Lammburger mit grünem Chili

FÜR **4** PERSONEN

ZUBEREITUNGSZEIT: **10** MIN.

GRILLZEIT: **8** BIS **10** MIN.

// FÜR DIE BURGER

450 g Hackfleisch vom Lamm
4 EL eingelegte gewürfelte grüne
   Chilischoten (aus der Dose)
1 EL Paprikapulver
1 TL zerstoßene rote Chiliflocken
1 TL naturreines grobes Meersalz
½ TL frisch gemahlener schwarzer Pfeffer

4 Zwiebelbrötchen, aufgeschnitten
4 Blätter Kopfsalat
1 große aromatische Tomate
   (vorzugsweise die Sorte Ochsenherz),
   in 4 Scheiben geschnitten
Mayonnaise (nach Belieben)

Lammhackfleisch lässt sich ebenso unkompliziert grillen wie Hackfleisch vom Schwein oder Rind, doch es wird wesentlich seltener gekauft. Viele fürchten den kräftigen Eigengeschmack des Fleisches, doch es schmeckt heute weitaus weniger intensiv als noch vor zehn Jahren. In Verbindung mit trockenen Gewürzen und eingelegten Chilis bietet es eine ausgezeichnete Alternative zu herkömmlichen Burgern. // Geschmacklich in eine neue Liga heben Sie auf dem Grill zubereitete Burger mit dem Rezept rechts, in dem Lammhackfleisch mit spanischen Chorizos kombiniert wird. Man kann die vorgeformten rohen Burger zudem mehrere Stunden auf einem mit Frischhaltefolie ausgelegten Backblech im Kühlschrank aufbewahren, auf dem sie nach dem Grillen – ohne Folie – auch serviert werden können.

1. Den Grill für direkte mittlere Hitze (175–230 °C) vorbereiten.

2. Die Zutaten für die Burger in einer großen Schüssel behutsam, aber gründlich vermischen. Zu vier gleich großen, etwa 2 cm dicken Burgern formen. Mit dem Daumen oder dem Rücken eines Teelöffels eine flache Vertiefung in die Mitte der rohen Burger drücken. Dadurch wölben sie sich während des Grillens nicht und garen gleichmäßig.

3. Den Grillrost mit der Bürste reinigen. Die Burger über *direkter mittlerer Hitze* bei geschlossenem Deckel 8–10 Min. grillen, bis sie halb durch *(medium)* sind, dabei einmal wenden. In der letzten Minute die Brötchen mit der Schnittfläche nach unten über direkter Hitze rösten.

4. Brötchen jeweils mit Salatblatt, Tomatenscheibe und Burger belegen und nach Belieben mit Mayonnaise warm servieren.

// Lamm-Chorizo-Burger
MIT CHEDDAR UND POBLANO-CHILI

FÜR **6** PERSONEN

ZUBEREITUNGSZEIT: **30** MIN.

GRILLZEIT: **14** BIS **18** MIN.

// FÜR DIE MAYONNAISE
125 ml Mayonnaise
100 g griechischer Naturjoghurt
1 EL fein abgeriebene Schale von
 1 Bio-Limette
2 TL frisch gepresster Limettensaft
naturreines grobes Meersalz
frisch gemahlener schwarzer Pfeffer

// FÜR DIE BURGER
450 g Chorizos criollos (rohe span.
 Grillwürstchen), gehäutet
450 g Hackfleisch vom Lamm
Olivenöl
3 große milde Chilischoten
 (vorzugsweise Poblano)
12 dünne Scheiben milder Cheddar
 (vorzugsweise kalifornischer
 Monterey Jack)
12 kleine Pita-Brottaschen, oberes
 Viertel abgeschnitten
6 dünne milde Zwiebelscheiben, in Ringen

1. Die Zutaten für die Mayonnaise in einer kleinen Schüssel verrühren. Mit Salz und Pfeffer abschmecken.

2. In einer mittelgroßen schweren Pfanne das Brät der Chorizos auf mittlerer Stufe in etwa 8 Min. durchgaren, dabei in 1 cm große Stücke zerteilen und gelegentlich umrühren. Chorizos in einem großen Sieb über eine Schüssel setzen, um den abtropfenden Fleischsaft aufzufangen.

3. Den Grill für direkte mittlere bis starke Hitze (200–250 °C) vorbereiten.

4. Hackfleisch mit 2 EL Wasser, ½ TL Salz, ¼ TL Pfeffer und 1 EL des Chorizo-Fleischsafts in einer großen Schüssel vermengen. Abgetropftes Chorizobrät behutsam in die Hackfleischmasse einarbeiten, dabei die Fleischfarce nicht zu stark kneten. Mit angefeuchteten Händen 12 gleich große, etwa 1,5 cm dicke Burger formen. Auf beiden Seiten dünn mit Öl bestreichen.

5. Den Grillrost mit der Bürste reinigen. Chilischoten über *direkter mittlerer bis starker Hitze* bei geschlossenem Deckel 8–10 Min. grillen, bis sie gut gebräunt sind und weich werden, dabei gelegentlich wenden. In eine Schüssel geben und mit Frischhaltefolie abdecken.

6. Die Burger über *direkter mittlerer bis starker Hitze* bei geschlossenem Deckel 6–8 Min. grillen, bis sie halb durch *(medium)* sind, dabei ein- bis zweimal wenden. In der letzten Minute jeweils 1 Scheibe Käse auf den Burgern schmelzen lassen.

7. Von den Chilis die Haut abziehen, Stielansatz, Samen und Trennwände entfernen. Chilischoten vierteln. Die Burger in einer Pita-Tasche mit Mayonnaise, ein paar Zwiebelringen und 1 Stück Chili servieren.

// Hotdogs mit Avocado und Chips

Die nordamerikanische Küche kennt unzählige Hotdog-Variationen – das wohl einfachste Gericht, das man auf dem Grill zubereiten kann. Die Basisversion lässt sich wunderbar mit Saucen und Beilagen »aufpeppen«. Die Küche Südamerikas wiederum hat ihre eigenen, sehr schmackhaften Vorstellungen davon, was zu gepökelten oder Brühwürsten passt. Ein Beispiel ist die Guacamole wie im Rezept unten sowie Zwiebelstreifen und zerkleinerte Kartoffelchips. // Wer etwas mehr Zeit hat, sollte die Hotdogs mal mit einem Chili aus Hackfleisch, Speck und Chipotle-Schoten sowie Käse und Zwiebeln krönen.

1. Den Grill für direkte mittlere Hitze (175–230 °C) vorbereiten.

2. Für die Guacamole Avocados halbieren, Kerne entfernen und das Fruchtfleisch mit einem Löffel in eine mittelgroße Schüssel geben. Die restlichen Zutaten hinzufügen, alles mit einer Gabel zerdrücken und dabei vermischen. Die Guacamole direkt auf der Oberfläche mit Frischhaltefolie abdecken, um ein Nachdunkeln zu verhindern, und bis zum Servieren kalt stellen.

FÜR **8** PERSONEN

ZUBEREITUNGSZEIT: **10** MIN.

GRILLZEIT: **5** BIS **7** MIN.

// FÜR DIE GUACAMOLE

2 reife Avocados
1 EL frisch gepresster Limettensaft
½ TL naturreines grobes Meersalz
¼ TL frisch gemahlener schwarzer Pfeffer

8 Hotdog-Würstchen aus Rindfleisch, je etwa 100 g
8 Hotdog-Brötchen, der Länge nach auf-, aber nicht durchgeschnitten
1 kleine weiße Zwiebel, in Streifen geschnitten
2 reife Eiertomaten, Stielansatz und Kerne entfernt, in 1 cm große Würfel geschnitten
Kartoffelchips, zerkleinert (nach Geschmack)

3. Die Hotdog-Würstchen mehrmals schräg einschneiden.

4. Den Grillrost mit der Bürste reinigen. Die Würstchen über *direkter mittlerer Hitze* bei geschlossenem Deckel 5–7 Min. grillen, bis sie außen ein leichtes Grillmuster angenommen haben und innen heiß sind, dabei gelegentlich wenden. In der letzten Minute die Brötchen mit der Schnittfläche nach unten über direkter Hitze rösten.

5. Die Hotdogs in die Brötchen legen, mit Guacamole, Zwiebelstreifen, Tomaten und zerkleinerten Kartoffelchips anrichten. Warm servieren.

// Hotdogs mit Speck-Chipotle-Chili

FÜR **8** PERSONEN

ZUBEREITUNGSZEIT: **15** MIN.,
PLUS ETWA **20** MIN. FÜR DAS CHILI

GRILLZEIT: **5** BIS **7** MIN.

// FÜR DAS CHILI

2 dünne Scheiben Räucherspeck,
   fein gehackt
1 mittelgroße weiße Zwiebel,
   fein gewürfelt
1 EL fein gehackte milde Chilischoten
   (vorzugsweise Jalapeño)
2 Knoblauchzehen, zerdrückt
450 g sehr mageres Hackfleisch vom
   Rind (Fettanteil 15 %)
1 Chipotle-Chilischote in Adobo-Sauce
   (eingelegte TexMex-Chilischoten aus
   der Dose) oder 1 TL Chipotle-Chilipulver
1 TL geräuchertes Paprikapulver
   (Bezugsquelle siehe S. 303)
½ TL gemahlene Kreuzkümmelsamen
½ TL naturreines grobes Meersalz
225 g Tomatensauce (Glas oder Dose)
125 ml helles Bier (ersatzweise Rinderbrühe oder Wasser)

8 Hotdog-Würstchen aus Rindfleisch,
   je etwa 100 g
8 Hotdog-Brötchen, der Länge nach
   auf-, aber nicht durchgeschnitten
100 g würziger Cheddar, gerieben

1. Für das Chili den Speck mit der Hälfte der Zwiebelwürfel in einer großen Pfanne auf mittlerer Stufe etwa 5 Min. braten, bis er knusprig und braun ist, dabei ab und zu umrühren. Chilischoten und Knoblauch etwa 1 Min. mitgaren, bis der Knoblauch zu duften beginnt.

2. Hackfleisch hinzufügen und etwa 5 Min. anbraten, dabei mit einem Kochlöffel oder Pfannenwender zerkleinern und durchrühren. Chipotleschote oder Chili-pulver, Paprikapulver, gemahlenen Kreuz-kümmel und Salz einrühren. Tomaten-sauce und Bier unterrühren und aufkochen lassen. Die Hitze reduzieren und das Chili etwa 10 Min. unter gelegentlichem Rühren köcheln lassen, bis es etwas dickflüssig wird. Warm stellen.

3. Während das Chili köchelt, den Grill für direkte und indirekte mittlere Hitze (175–230 °C) vorbereiten.

4. Würstchen mehrmals schräg einschnei-den, Brötchen in Alufolie einschlagen.

5. Den Grillrost mit der Bürste reinigen. Die Würstchen über *direkter mittlerer Hitze* bei geschlossenem Deckel 5–7 Min. grillen, bis sie außen ein leichtes Grillmus-ter angenommen haben und innen heiß sind, dabei gelegentlich wenden. In den letzten 3 Min. die Brötchen in der Folie über *indirekter mittlerer Hitze* erwärmen.

6. Je 1 Hotdog-Würstchen in die Brötchen legen, mit dem Chili, dem Käse und den Zwiebelwürfeln anrichten. Warm servieren.

Salsiccia, die rohe italienische Bratwurst, schmeckt am besten vom Grill. Ob Sie eine der zahlreichen Schweine- oder Geflügelwürste in milder oder pikanter Variante wählen, der Geschmack von Salsicce ist unvergleichlich, wenn ihr köstlicher Fleischsaft in die heiße Glut tropft und sie anschließend von herrlich aromatischem Rauch umhüllt werden. Und was könnte besser dazu passen als gegrillte Paprika und Zwiebeln, die zuvor mit Öl und Gewürzen überzogen wurden? // Eine andere Möglichkeit, diese klassische italienische Kombination zu genießen, ist, das Brät der Würste in ausgehöhlten Zucchinischiffchen zu grillen und es anschließend mit warmem Paprikapüree zu krönen. Dafür brauchen Sie zwar etwas mehr Zutaten und Zeit, aber die Zubereitung dieses Gerichts eignet sich wunderbar für einen gemächlichen Sonntagnachmittag.

// Salsicce mit Paprika und Zwiebeln

FÜR **4** PERSONEN

ZUBEREITUNGSZEIT: **10** MIN.

GRILLZEIT: **28** BIS **33** MIN.

// FÜR DAS GEMÜSE
2 EL Olivenöl
3 Knoblauchzehen, zerdrückt
1 TL naturreines grobes Meersalz
½ TL getrockneter Oregano
¼ TL zerstoßene rote Chiliflocken
3 Paprikaschoten (vorzugsweise 1 rote, 1 gelbe, 1 orange), in breite Streifen geschnitten
1 mittelgroße Zwiebel, quer in 0,5 cm dicke Scheiben geschnitten

500 g rohe Salsicce (ital. Bratwürste), mehrmals mit der Gabel eingestochen

1. Den Grill für direkte und indirekte mittlere Hitze (175–230 °C) vorbereiten.

2. Öl, Knoblauch, Salz, Oregano und Chiliflocken in einer mittelgroßen Schüssel verrühren. Paprikastreifen und Zwiebelscheiben mit dem Würzöl vermischen.

3. Den Grillrost mit der Bürste reinigen. Paprika und Zwiebel über *direkter mittlerer Hitze* bei geschlossenem Deckel etwa 8 Min. grillen, bis das Gemüse weich ist, dabei ein- bis zweimal wenden. Vom Grill nehmen. Paprika in feine Streifen, Zwiebelscheiben in Ringe zerteilen oder in Halbringe schneiden.

4. Die Würstchen über *indirekter mittlerer Hitze* bei geschlossenem Deckel 20–25 Min. grillen, bis sie durchgebraten sind, dabei gelegentlich wenden. Wenn die Würstchen stärker bräunen sollen, in den letzten 3–5 Min. über *direkte mittlere Hitze* legen und einmal wenden. Vom Grill nehmen und die Würstchen in Stücke schneiden. Paprika und Zwiebelringe auf Tellern anrichten, die Würstchenstücke darauf verteilen und warm servieren.

FÜR **4** BIS **6** PERSONEN

ZUBEREITUNGSZEIT: **30** MIN.

GRILLZEIT: **25** BIS **30** MIN.

// FÜR DAS PÜREE

4 große Eiertomaten (etwa 450 g)
1 kleine Zwiebel, quer in 1 cm dicke
  Scheiben geschnitten
2 kleine Paprikaschoten (vorzugsweise
  1 rote und 1 gelbe)
2 EL fein gehackte frische Basilikumblätter
2 EL fein gehackte frische Oreganoblätter
2 Knoblauchzehen
2 EL Rotweinessig
1 TL naturreines grobes Meersalz
¼ TL frisch gemahlener schwarzer Pfeffer
60 ml Olivenöl

4 mittelgroße Zucchini (etwa 900 g),
  längs halbiert
450 g ital. Wurstbrät oder 450 g rohe
  Salsicce (ital. Bratwürste), gehäutet
50 g Pecorino (romano), gerieben
5 EL jap. Panko-Paniermehl (Asia-Laden)

// Gefüllte Zucchinischiffchen
MIT GEGRILLTEM PAPRIKAPÜREE

1. Den Grill für direkte mittlere Hitze
(175–230 °C) vorbereiten.

2. Den Grillrost mit der Bürste reinigen.
Tomaten, Zwiebel und Paprikaschoten
über *direkter mittlerer Hitze* bei geschlossenem Deckel 8–10 Min. grillen, bis Tomaten und Zwiebel weich sind und die Haut
der Paprikaschoten stellenweise schwarz
ist und Blasen wirft, dabei alle Zutaten
mehrmals wenden. Fertiges Gemüse jeweils vom Grill nehmen. Paprikaschoten in
eine Schüssel legen, mit Frischhaltefolie
abdecken und 10 Min. ausdampfen lassen.

3. Wenn das Gemüse auf Handwärme abgekühlt ist, die Haut der Tomaten abziehen und die Stielansätze entfernen. Von

den Paprikaschoten verkohlte Haut, Stielansatz und Samen entfernen. Tomaten,
Zwiebel und Paprika mit Basilikum, Oregano, Knoblauch, Essig, Salz und Pfeffer
in der Küchenmaschine oder mit dem
Stabmixer zu einem groben Püree verarbeiten. Bei laufendem Motor langsam
das Öl untermixen. Das Püree in einen
mittelgroßen Topf umfüllen und auf kleiner Stufe 3–5 Min. unter gelegentlichem
Umrühren erhitzen, bis es leicht dicklich
wird. Beiseitestellen.

4. Die Zucchinihälften aushöhlen. Dafür
die Schnittflächen mit einem Messer
rundherum bis auf einen 0,5 cm dicken
Rand einschneiden. Mit einem kleinen
Löffel Fruchtfleisch und Samenstränge
behutsam entlang des markierten Rands
herausschaben und wegwerfen. Dabei

darauf achten, dass die fertigen Zucchinischiffchen einen gleichmäßig dicken äußeren Rand haben.

5. Wurstbrät, Käse, Paniermehl und etwa
½ Bechertasse (120 ml) des Pürees in
einer Schüssel vermengen. Zucchinischiffchen gleichmäßig mit der Mischung füllen,
die Mischung dabei leicht andrücken.

6. Den Grillrost mit der Bürste reinigen.
Zucchini über *direkter mittlerer Hitze*
bei geschlossenem Deckel etwa 15 Min.
grillen, bis die Füllung jeweils durchgegart
und nicht mehr rosa ist. Mit einem breiten
Pfannenheber die Zucchini vorsichtig
vom Grill heben. Nach Belieben auf einem
Reis- oder Pastabett anrichten, etwas
warmes Püree darüberlöffeln und mit dem
übrigen Püree servieren.

// Chorizo-Rindfleisch-Spieße

MIT ARGENTINISCHER CHIMICHURRI-SAUCE

Spanische Chorizo ist eine sehr pikante und deftige luftgetrocknete Paprikawurst, die nur wenige Minuten auf den Grill muss. Zusammen mit der im Rezept unten zubereiteten knoblauch- und chiliwürzigen Chimichurri-Sauce ergibt sie ein Gericht, das Fans von kräftigen Geschmacksnoten anspricht. Servieren Sie die Spieße am besten auf einem Bett von weißem oder rotem Reis. // Im Rezept rechts werden die Chorizos mit einem typisch südamerikanischen Salat aus schwarzen Bohnen serviert. Dazu gibt es Schweinefilet und Hähnchenbrust, das Sie aber auch durch Puten– oder Lammfleisch ersetzen können. Entscheidend beim brasilianischen Churrasco ist die Vielfalt der Fleischsorten, die über offenem Feuer zubereitet werden.

1. Für die Sauce Petersilie und Knoblauch in der Küchenmaschine fein hacken. Bei laufendem Motor Olivenöl, Essig und 1 EL Wasser langsam dazugießen. Mit den Chiliflocken, ½ TL Salz und ½ TL Pfeffer würzen. Die Hälfte der Chimichurri-Sauce in eine kleine Schüssel füllen.

2. Den Grill für direkte starke Hitze (230–290 °C) vorbereiten.

3. Rindfleisch mit ¼ TL Salz und 1 kräftigen Prise Pfeffer würzen. Mit den Chorizostücken abwechselnd auf Spieße ziehen und mit der restlichen Chimichurri-Sauce aus der Küchenmaschine bestreichen.

4. Den Grillrost mit der Bürste reinigen. Die Spieße über *direkter starker Hitze* bei geschlossenem Deckel grillen, bis das Steakfleisch den gewünschten Gargrad erreicht hat, 4–6 Min. für rosa/rot bzw. *medium rare,* dabei zwei- bis dreimal wenden (auf Flammenbildung achten). Etwas Chimichurri-Sauce über die Spieße geben und warm servieren.

FÜR **4** PERSONEN

ZUBEREITUNGSZEIT: **10** MIN.

GRILLZEIT: **4** BIS **6** MIN.

ZUBEHÖR: METALL- ODER HOLZSPIESSE (HOLZSPIESSE MIND. 30 MIN. GEWÄSSERT)

// FÜR DIE SAUCE

1 Bund Petersilie, Blätter samt zarten Stielen abgezupft
2 mittelgroße Knoblauchzehen, geschält
60 ml Olivenöl
2 EL Weißweinessig
½ TL zerstoßene rote Chiliflocken
naturreines grobes Meersalz
frisch gemahlener schwarzer Pfeffer

450 g Sirloin-Steak (aus dem flachen Roastbeef), etwa 2,5 cm dick, überschüssiges Fett entfernt, in 2,5 cm große Würfel geschnitten
350 g Chorizos (span. Paprikawürste), quer in 2,5 cm große Stücke geschnitten

// Brasilianisches Churrasco

MIT SCHWARZEM BOHNENSALAT

FÜR **4** PERSONEN

ZUBEREITUNGSZEIT: **30** MIN.

MARINIERZEIT: **1** STD.

GRILLZEIT: **15** BIS **20** MIN.

// FÜR DEN BOHNENSALAT

2 Dosen (je 440 g Inhalt) schwarze
  Bohnen, abgespült und abgetropft
300 g Datteltomaten, halbiert
2 weiße Zwiebeln, fein gewürfelt,
  unter kaltem Wasser abgespült
1 großes Bund glatte Petersilie,
  die Blätter fein gehackt
2 EL Olivenöl
1 EL frisch gepresster Limettensaft
2 Knoblauchzehen, zerdrückt
abgeriebene Schale von 1 Bio-Orange
½ TL geräuchertes Paprikapulver
  (Bezugsquelle siehe S. 303)
½ TL naturreines grobes Meersalz

// FÜR DIE MARINADE

1 großes Bund glatte Petersilie,
  die Blätter fein gehackt
4 EL Olivenöl
4 EL frisch gepresster Orangensaft
1 EL frisch gepresster Limettensaft
3 Knoblauchzehen, zerdrückt
2 TL naturreines grobes Meersalz
1 TL frisch gemahlener schwarzer Pfeffer

1 Schweinefilet, 350–450 g,
  überschüssiges Fett und
  Silberhaut entfernt
3 ausgelöste halbe Hähnchenbrüste
  ohne Haut, je etwa 175 g
250 g Chorizos (span. Paprikawürste)

1. Die Zutaten für den Bohnensalat in einer großen Schüssel behutsam vermengen. Bei Zimmertemperatur mind. 45 Min. durchziehen lassen.

2. Die Zutaten für die Marinade in einer mittelgroßen Schüssel verrühren. Die Hälfte der Marinade in eine zweite Schüssel gießen. Das Schweinefilet in die erste Schüssel legen, die Hähnchenbrüste in die zweite. Das Fleisch mehrmals in der Marinade wenden, abdecken und 1 Std. im Kühlschrank marinieren.

3. Den Grill für direkte mittlere Hitze (175–230 °C) vorbereiten.

4. Den Grillrost mit der Bürste reinigen. Fleisch jeweils aus der Marinade nehmen und gut abtropfen lassen (die Marinade wegschütten). Fleisch und Würste über *direkter mittlerer Hitze* bei geschlossenem Deckel grillen, bis das Schweinefilet nach 15–20 Min. gleichmäßig gebräunt und im Kern nur noch zartrosa ist, das Hähnchenfleisch sich nach 8–12 Min. fest anfühlt und im Kern nicht mehr glasig ist und die Würste nach 5–8 Min. schön gebräunt sind. Alle Zutaten ab und zu wenden. Vom Grill nehmen. Warm halten.

5. Fleisch in 1 cm breite Scheiben, Würste in Stücke schneiden. Auf einer Servierplatte mit dem Bohnensalat anrichten und warm servieren.

Queso fundido heißt wörtlich »geschmolzener Käse«. Das reichhaltige Pfannen-gericht ist tatsächlich eine Art mexikanischer Fonduetopf. Man kann den Käse mit festen Tortilla-Chips aufnehmen oder in warme Tortillas füllen und zu klassischen Tacos rollen. Es gibt unendlich viele Arten von Chorizos, wir empfehlen eine fri-sche, mittelfeste Variante. // Die Bohnenkuchen des Rezepts rechts muss man zunächst vorsichtig behandeln, denn sie sind im Rohzustand relativ zerbrechlich (wenn man sie 30 Minuten vor dem Grillen in den Kühlschrank stellt, werden sie etwas fester), doch das Endergebnis ist köstlich. Die Schärfe der Chilisauce bildet eine geschmackliche Brücke zwischen den deftigen Kuchen und der süßen Salsa.

// Queso fundido
MIT CHORIZO

FÜR **4** BIS **6** PERSONEN

ZUBEREITUNGSZEIT: **15** MIN.

GRILLZEIT: **17** BIS **23** MIN.

ZUBEHÖR: GUSSEISERNE PFANNE (25–30 CM Ø)

300 g kleine Kirschtomaten
250 g Chorizos criollos (span. Grillwürste)
½ Bund Frühlingszwiebeln, nur die weißen und hellgrünen Teile in feine Ringe geschnitten
225 g milder Cheddar (vorzugsweise kalifornischer Monterey Jack), grob gerieben
1 EL Mehl
125 ml Hühnerbrühe
50 g mexikanischer Cotija-Käse (ersatzweise Feta), zerbröckelt
4 EL fein gehackte frische Koriander-blätter
1–2 EL scharfe Chilisauce
350 g Tortilla-Chips

1. Den Grill für direkte mittlere Hitze (175–230 °C) vorbereiten.

2. Den Grillrost mit der Bürste reinigen. Tomaten und Chorizos über *direkter mitt-lerer Hitze* bei geschlossenem Deckel grillen, bis die Tomaten gebräunt sind und ihre Form verlieren und die Würste durch-gegart sind, dabei die Zutaten ab und zu wenden. Die Tomaten benötigen 4–6 Min., die Chorizos 12–15 Min. Die Tomaten in die gusseiserne Pfanne geben. Die Würste auf

einem Schneidbrett in 1 cm dicke Scheiben schneiden, dann jede Scheibe vierteln.

3. Klein geschnittene Chorizos und Früh-lingszwiebeln in die Pfanne geben, die Pfanne über *direkte mittlere Hitze* stellen und den Pfanneninhalt bei geöffnetem Deckel 4–6 Min. garen, bis die Frühlings-zwiebeln zusammenfallen, dabei gelegent-lich umrühren. Cheddar und Mehl in einer Schüssel vermischen, in die Pfanne geben und mit der Hälfte der Hühnerbrühe ver-rühren. Bei geschlossenem Deckel etwa 1–2 Min. garen, bis der Käse geschmol-zen und eine glatte Sauce entstanden ist. Cotija, Koriander und nach Geschmack Chilisauce hinzufügen und etwa 15 Sek. durchrühren, bis der Cotija-Käse weich, aber noch nicht vollständig geschmolzen ist. Nach Belieben die restliche Hühner-brühe unterrühren, um die Käsesauce zu verdünnen. Direkt in der heißen Pfanne mit Tortilla-Chips servieren.

FÜR **4** PERSONEN

ZUBEREITUNGSZEIT: **25** MIN.

KÜHLZEIT: **30** MIN.

GRILLZEIT: ETWA **12** MIN.

// FÜR DIE SAUCE

40 g getrocknete milde Chilischoten
  (vorzugsweise New-Mexico- oder
  Guajillo-Chili), Stiele und Samen
  entfernt, grob zerkleinert
300 ml Hühnerbrühe
1½ EL dunkler Vollrohrzucker
1½ EL Aceto balsamico
1 TL gemahlene Kreuzkümmelsamen
naturreines grobes Meersalz
frisch gemahlener schwarzer Pfeffer

Olivenöl
1 EL frisch gepresster Limettensaft
1 große reife Mango, das Fruchtfleisch
  gewürfelt
1 große Avocado, das Fruchtfleisch
  gewürfelt

175 g Chorizos criollos (span. Grillwürste),
  gehäutet
1 Dose (440 g Inhalt) schwarze Bohnen,
  abgespült und abgetropft
1 Ei (Größe M)
25 g jap. Panko-Paniermehl (Asia-Laden)
4 EL fein gehackte frische Korianderblätter
2 Frühlingszwiebeln, nur die weißen und
  hellgrünen Teile fein gehackt
4 EL Schmand

1. Für die Sauce Chilis und Brühe in einem
kleinen Topf auf hoher Stufe aufkochen.
Hitze reduzieren und im verschlossenen
Topf etwa 10 Min. köcheln lassen, bis die
Chilis weich sind. Die Mischung im Mixer
mit Zucker, Essig und Kreuzkümmel zu
einer glatten Sauce verarbeiten. Zwischendurch an den Wänden haftende Reste mit
dem Teigschaber wieder nach unten streichen und einarbeiten. Mit Salz und Pfeffer
abschmecken, zurück in den Topf gießen.

// Chorizo-Bohnen-Küchlein

MIT CHILISAUCE UND MANGO-AVOCADO-SALAT

2. In einer Schüssel 2 EL Öl mit Limettensaft verrühren. Mango- und Avocadowürfel einfüllen und vermischen. Mit Salz
und Pfeffer abschmecken. Bis zum Servieren bei Zimmertemperatur beiseitestellen.

3. Den Grill für direkte mittlere bis starke
Hitze (200–230 °C) vorbereiten.

4. Das Brät der Chorizos in einer mittelgroßen Pfanne auf mittlerer Stufe in 4 bis
6 Min. durchbraten, dabei mit dem Rücken
einer Gabel zerteilen und mehrmals durchrühren. 4 EL von den Bohnen beiseitestellen, den Rest in der Küchenmaschine zu
einer dicken Paste mixen. Zwischendurch
an den Wänden haftende Reste mit dem
Teigschaber wieder nach unten streichen
und einarbeiten. Wurstbrät und Fleischsaft aus der Pfanne, Ei, Paniermehl, Koriander und Frühlingszwiebeln hinzufügen
und alles zu einem stückigen Püree mit
nicht zu großen Wurststückchen verarbeiten. In eine mittelgroße Schüssel umfüllen
und die restlichen Bohnen unterheben.

Mit angefeuchteten Händen aus der Masse
vier kompakte Küchlein formen, 9 cm im
Durchmesser und 2 cm dick. Auf einem
Backblech mit Frischhaltefolie abdecken
und 30 Min. kalt stellen.

5. Den Grillrost mit der Bürste reinigen
und mit einer Lage extrastarker Alufolie
bedecken. Die Küchlein auf einer Seite mit
Öl bestreichen und mit der geölten Seite
nach unten über *direkter mittlerer bis
starker Hitze* bei geschlossenem Deckel
6 Min. grillen. Die Oberseite der Küchlein
jeweils mit Öl bestreichen und die jetzt
noch etwas zerbrechlichen Küchlein einzeln behutsam mit einem Grillwender von
der Folie heben. Mithilfe eines zweiten
Grillwenders umdrehen und weitere 6 Min.
grillen. Vom Rost nehmen und auf Tellern
anrichten. Inzwischen die Chilisauce auf
mittlerer Stufe nochmals erwärmen

6. Chilisauce gleichmäßig über die Küchlein verteilen, die Küchlein mit Schmand
und dem Mango-Avocado-Salat servieren.

RIND UND LAMM

// Fleischbällchen mit gegrillten Salatherzen

UND FETA-DRESSING

FÜR **4** PERSONEN

ZUBEREITUNGSZEIT: **30** MIN.

GRILLZEIT: ETWA **8** MIN.

// FÜR DIE FLEISCHBÄLLCHEN

450 g Hackfleisch vom Rind
   (Fettanteil 20 %)
125 g geriebener Mozzarella
80 g Semmelbrösel
2 Eier (Größe L)
2 EL Ketchup
naturreines grobes Meersalz
frisch gemahlener schwarzer Pfeffer

2 Romanasalatherzen, längs halbiert

// FÜR DAS DRESSING

125 ml Buttermilch
4 EL Mayonnaise
60 g Feta
Saft von ½ Zitrone
½ TL frisch gemahlener schwarzer Pfeffer

1 EL Schnittlauchröllchen
1 TL fein gehackte frische Thymianblätter

1. Den Grill für direkte mittlere Hitze (175–230 °C) vorbereiten.

2. Die Zutaten für die Fleischbällchen und je ½ TL Salz und Pfeffer in einer mittelgroßen Schüssel mit den Händen behutsam vermischen. Den Fleischteig dabei nicht zu stark kneten, sonst werden die Fleischbällchen zu fest. 12 Bällchen formen und mit den Handflächen flach drücken.

3. Die Schnittflächen der Salatherzen mit Öl beträufeln und gleichmäßig mit Salz und Pfeffer würzen.

4. Die Zutaten für das Dressing in der Küchenmaschine fein pürieren. Schnittlauch und Thymian unterrühren. Beiseitestellen.

5. Den Grillrost mit der Bürste reinigen. Die Fleischbällchen und die Salathälften über **direkter mittlerer Hitze** bei geschlossenem Deckel grillen, bis die Fleischbällchen halb durch (medium) sind, der Salat etwas zusammengefallen ist und ein hübsches Grillmuster angenommen hat, dabei die Zutaten einmal wenden. Die Fleischbällchen benötigen etwa 8 Min., der Salat etwa 2 Min. Die fertigen Zutaten vom Grill nehmen.

6. Das Dressing durchrühren. Etwa 4 EL davon auf jeden Teller geben und je 1 Salathälfte und 3 Fleischbällchen darauf anrichten. Salat und Fleisch mit etwas Dressing beträufeln und sofort servieren.

// Gefüllte Champignons mit Hackfleisch und sonnengetrockneten Tomaten

FÜR **4** PERSONEN

ZUBEREITUNGSZEIT: **30** MIN.

GRILLZEIT: **19** BIS **26** MIN.

// FÜR DIE MARINADE
6 EL Olivenöl
1 EL Aceto balsamico
¾ TL Knoblauchsalz
¼ TL frisch gemahlener schwarzer Pfeffer

4 Riesenchampignons (Portobellos;
  Ø 10–12 cm)

// FÜR DIE FÜLLUNG
450 g Hackfleisch vom Rind
  (Fettanteil 20 %)
25 g jap. Panko-Paniermehl (Asia-Laden)
4 EL sehr fein gewürfelte milde Zwiebel
3 EL fein gehackte Petersilienblätter
3 EL fein gehackte sonnengetrocknete
  Tomaten in Öl (aus dem Glas)
1 Ei (Größe L)
1 TL Worcestersauce
½ TL Knoblauchsalz
¼ TL frisch gemahlener schwarzer Pfeffer

50 g Fontina (ital. halbfester Schnittkäse),
  gerieben

// Frische Kräuter halten länger, wenn
man einen verschließbaren Behälter
mit angefeuchtetem Küchenpapier
auslegt und die Kräuter darin lagert.

1. Die Zutaten für die Marinade in einer mittelgroßen Schüssel verrühren.

2. Die Pilze mit feuchtem Küchenpapier sauber abreiben. Stiele abdrehen. Die schwarzen Lamellen mit einem Teelöffel vorsichtig herauskratzen und wegwerfen. Pilze mit der Lamellenseite nach oben auf ein Backblech setzen und auf beiden Seiten mit der Marinade bestreichen. Beiseitestellen, während Sie die Füllung zubereiten und den Grill für direkte und indirekte mittlere Hitze (175–230 °C) vorbereiten.

3. Für die Füllung die Zutaten in einer zweiten mittelgroßen Schüssel behutsam, aber gleichmäßig vermischen.

4. Den Grillrost mit der Bürste reinigen. Die Champignons mit der Lamellenseite nach unten über *direkter mittlerer Hitze* bei geschlossenem Deckel 4–6 Min. grillen, bis sie weicher werden. Wenden und über *indirekte mittlere Hitze* legen. Die Füllung mit einem Löffel gleichmäßig auf die Champignons verteilen und die Pilze 15–20 Min. bei geschlossenem Deckel weitergrillen, bis ein horizontal eingeführtes Fleischthermometer 70 °C anzeigt. In der letzten Minute auf dem Grill die Pilze gleichmäßig mit dem Käse bestreuen. Pilze vom Rost nehmen und nach Belieben mit geröstetem Brot servieren.

Manch ein Klassiker lässt sich auf dem Grill zu neuem Leben erwecken. Etwa Spaghetti mit Fleischbällchen, ein typisches Gericht der italo-amerikanischen Küche. Wenn etwas Fett in den heißen Grill tropft und der aromatische Rauch aufsteigt, wird selbst ein Standardgericht zu etwas Besonderem. // Und wer hätte gedacht, dass der gute alte Hackbraten wieder angesagt ist, wenn er wie im Rezept rechts vom Grill kommt?

// Spaghetti mit Fleischbällchen

FÜR **4** PERSONEN

ZUBEREITUNGSZEIT: **15** MIN.

GRILLZEIT: ETWA **10** MIN.

// FÜR DIE FLEISCHBÄLLCHEN
450 g Hackfleisch vom Rind
   (Fettanteil 20 %)
25 g jap. Panko-Paniermehl (Asia-Laden)
1 Ei (Größe L)
2 EL fein gehackte frische glatte
   Petersilienblätter
1 EL fein gehackte frische Oreganoblätter
½ TL naturreines grobes Meersalz
¼ TL frisch gemahlener schwarzer Pfeffer
¼ TL Knoblauchpulver

700 ml Pastasauce Tomaten-Basilikum
   (Fertigprodukt)
500 g Spaghetti
frisch geriebener Parmesan

1. Den Grill für direkte mittlere Hitze (175–230 °C) vorbereiten.

2. Für die Pasta einen großen Topf Wasser aufsetzen.

3. Die Zutaten für die Fleischbällchen in einer großen Schüssel behutsam, aber gründlich vermischen. Aus der Hackfleischmasse 8 gleichmäßig große Bällchen formen, die etwas größer als ein Golfball sein sollten.

4. Den Grillrost mit der Bürste reinigen. Die Fleischbällchen über *direkter mittlerer Hitze* bei geschlossenem Deckel etwa 10 Min. grillen, dabei zwei- bis dreimal wenden.

5. In der Zwischenzeit die Pastasauce in einem drei bis vier Liter fassenden Topf auf kleiner Stufe erhitzen. Spaghetti im sprudelnd kochenden Wasser nach Packungsanleitung al dente garen. Die gegrillten Fleischbällchen in die Sauce einlegen und sanft köcheln lassen, bis die Nudeln gar sind. Nudeln abgießen, mit der Sauce und den Fleischbällchen vermischen und heiß mit frisch geriebenem Parmesan servieren.

// Hackbraten vom Grill

FÜR **6** PERSONEN

ZUBEREITUNGSZEIT: **30** MIN.

GRILLZEIT: **45** BIS **60** MIN.

ZUBEHÖR: KASTENBACKFORM (CA. 22 X 12 CM), GUSSEISERNE PFANNE (Ø 30 CM)

// FÜR DEN HACKBRATEN
Olivenöl
1 mittelgroße Zwiebel, fein gewürfelt
4 Knoblauchzehen, zerdrückt
1½ EL fein gehackte frische Thymian-
    blätter
1 EL fein gehackte frische Rosmarinnadeln
450 g Hackfleisch vom Rind
    (Fettanteil 20 %)
225 g Hackfleisch vom Schwein
225 g Hackfleisch vom Lamm
50 g jap. Panko-Paniermehl (Asia-Laden)
75 g Parmesan, frisch gerieben
300 ml Tomatensauce (Fertigprodukt)
2 Eier (Größe L)
½ TL naturreines grobes Meersalz
¼ TL frisch gemahlener schwarzer Pfeffer

2 große Tomaten (etwa 450 g),
    grob gewürfelt
2 EL trockener Rotwein oder Aceto
    balsamico
1 TL zerstoßene rote Chiliflocken
2 Knoblauchzehen, zerdrückt

1. Den Grill für direkte mittlere bis niedrige Hitze (150–200 °C) vorbereiten.

2. Die gusseiserne Pfanne auf dem Herd auf mittlerer Stufe erhitzen. 1 EL Öl hineingeben und die Zwiebeln darin etwa 5 Min. unter gelegentlichem Rühren weich dünsten. Knoblauch und Kräuter 1 Min. mitdünsten, anschließend die Zwiebel-Kräuter-Mischung in eine große Schüssel umfüllen. (Die Pfanne muss nicht gereinigt werden; sie wird später noch einmal verwendet.) Hackfleisch, Paniermehl, Parmesan, 120 ml Tomatensauce, Eier, Salz und Pfeffer in die Schüssel geben und alles gut vermischen.

3. Die Kastenbackform am Boden und an den Längsseiten mit Alufolie ausschlagen, dabei etwas Folie an den Rändern der Form überstehen lassen und nach außen falten. Die Hackbratenmasse gleichmäßig in die Form drücken. Den Grillrost mit der Bürste reinigen. Den Fleischlaib auf den Grillrost stürzen, die Form abnehmen und die Alufolie mithilfe der nach außen gefalteten Seiten vorsichtig abziehen. Den Hackbraten über *direkter mittlerer bis niedriger Hitze* bei geschlossenem Deckel etwa 15 Min. grillen, bis seine Unterseite leicht gebräunt ist.

4. Inzwischen die restliche Tomatensauce mit Tomaten, Wein oder Essig, Chiliflocken, Knoblauch und 1 EL Öl in der gusseisernen Pfanne vermischen. Die Tomatenstücke an den Pfannenrand schieben. Mit einem langstieligen Grillwender den Hackbraten vom Grill heben und mit der gegrillten Seite nach oben in die Pfanne setzen. Etwas Sauce auf den Hackbraten geben. Die Pfanne über *direkte mittlere bis niedrige Hitze* stellen, den Deckel schließen und das Fleisch 30–45 Min. garen, bis es durch und die Sauce dicklich eingekocht ist, dabei alle 15 Min. etwas Sauce über den Braten löffeln. Die Pfanne mit Grillhandschuhen vorsichtig vom Rost heben. Hackbraten in dicke Scheiben schneiden und heiß mit der Sauce servieren. Nach Belieben Kartoffelpüree und Bohnen dazu reichen.

Als *köfte* bezeichnet man in der türkischen Küche verschiedene Gerichte mit Hackfleisch, meist vom Lamm, das mit Kräutern und Gewürzen vermischt zu Bällen oder Ovalen geformt und dann gegrillt oder gebraten wird. Im unten stehenden Rezept werden die gegrillten Fleischbällchen in Salatblättern angerichtet, man kann sie aber auch in Pita-Broten wie Falafel oder wie ein italienisches Sandwich in Baguette servieren und mit einer Joghurtsauce als Vorspeise reichen. Köfte-Rohlinge lassen sich bis zu einen Tag im Kühlschrank aufbewahren. // Gewürztes Lammhack, dazu Tomaten, Auberginen, Oliven und Mozzarella sind ein fantastischer Belag auf gegrillter Pizza. Mit fertig gekauftem Pizzateig lässt sich viel Zeit sparen, und wenn der Teig etwa 30 Minuten vor der Zubereitung aus dem Kühlschrank genommen wird, lässt er sich leichter ausrollen.

// Lamm-Köfte

FÜR **4** PERSONEN

ZUBEREITUNGSZEIT: **15** MIN.

GRILLZEIT: ETWA **6** MIN.

ZUBEHÖR: 16 METALL- ODER HOLZ-SPIESSE (HOLZSPIESSE MIND. 30 MIN. GEWÄSSERT)

1. Joghurt, Minze und Zitronensaft in einer mittelgroßen Schüssel vermengen.

2. Den Grill für direkte mittlere bis starke Hitze (200–250 °C) vorbereiten.

3. Die Zutaten für die Köfte in einer großen Schüssel gründlich vermischen. Mit angefeuchteten Händen jeweils einen Esslöffel von der Hackfleischmasse zu einem Bällchen oder Oval formen, insgesamt 24 Stück. Je 3 Köfte auf einen Spieß ziehen und dünn mit Öl bestreichen.

4. Den Grillrost mit der Bürste reinigen. Die Köfte über *direkter mittlerer bis starker Hitze* bei geschlossenem Deckel etwa 6 Min. grillen, bis sie außen hübsch gebräunt und innen noch leicht rosa sind, dabei ein- bis zweimal wenden. Vom Grill nehmen.

5. Auf vier Teller je 2 Salatblätter nebeneinander legen. Die Köfte von den Spießen ziehen und jeweils 3 Köfte auf den Salatblättern anrichten. Warm mit dem Minzejoghurt servieren.

// FÜR DEN JOGHURT
150 g griechischer Naturjoghurt
1 EL fein gehackte frische Minzeblätter
1 EL frisch gepresster Zitronensaft

// FÜR DIE KÖFTE
550 g Hackfleisch vom Lamm
1 mittelgroße Zwiebel, grob gerieben
2½ TL gemahlene Kreuzkümmelsamen
1¼ TL naturreines grobes Meersalz
3 große Knoblauchzehen, fein gehackt
¾ TL frisch gemahlener schwarzer
  Pfeffer

Öl
8 Romanasalatblätter

// Pizza mit Lammhack

FÜR **4** PERSONEN

ZUBEREITUNGSZEIT: **30** MIN.

GRILLZEIT: **12** BIS **20** MIN.

// FÜR DAS HACKFLEISCH

225 g Hackfleisch vom Lamm
1 TL Fenchelsamen
1 TL Paprikapulver
½ TL gemahlene Kreuzkümmelsamen
½ TL naturreines grobes Meersalz
¼ TL Cayennepfeffer

Öl
550 g fertiger Pizzateig

350 g Datteltomaten
1 kleine ovale Aubergine, quer in 0,5 cm
    dünne Scheiben geschnitten
225 g geriebener Mozzarella
24 Kalamata-Oliven

1. Die Zutaten für das Hackfleisch in einer kleinen Pfanne gut vermengen und das Fleisch in etwas Öl etwa 10 Min. braten, bis es durch ist. Mit einem Schaumlöffel aus der Pfanne heben und beiseitestellen.

2. Den Grill für direkte mittlere Hitze (175–230 °C) vorbereiten.

3. Den Teig in vier gleich große Stücke teilen. Vier Backpapierquadrate von 23 cm Kantenlänge zuschneiden und auf einer Seite dünn mit Öl bestreichen. Je ein Teigstück auf der eingeölten Papierseite mit den Händen zu einem runden, 0,5 cm dicken Fladen von etwa 20 cm Durchmesser formen, dünn mit Öl bestreichen und 5–10 Min. ruhen lassen.

4. Den Grillrost mit der Bürste reinigen. Die ganzen Tomaten und die Auberginenscheiben über *direkter mittlerer Hitze* bei geschlossenem Deckel grillen, bis die Haut der Tomaten aufplatzt, das Fruchtfleisch sehr weich ist und die Auberginenscheiben ebenfalls weich sind. Das Gemüse in dieser Zeit ein- bis zweimal wenden. Die Tomaten brauchen etwa 5 Min., die Aubergine 8–10 Min. Vom Grill nehmen. Tomaten in einer Schüssel mit einem Löffel zerdrücken. Auberginenscheiben etwas abkühlen lassen, dann in 1 cm große Würfel schneiden.

5. Pizzaböden mit der Backpapierseite nach oben auf den Rost legen und über *direkter mittlerer Hitze* bei geschlosse-

nem Deckel 2–5 Min. grillen, bis die Unterseite ein hübsches Grillmuster angenommen hat und fest ist. Bei Bedarf die Böden gelegentlich drehen, damit sie gleichmäßig backen. Papier abziehen und die Böden mit der gegrillten Seite nach oben auf eine Arbeitsfläche legen.

6. Hackfleisch, Tomaten, Auberginenwürfel, Käse und Oliven gleichmäßig auf den Pizzaböden verteilen. Über *direkter mittlerer Hitze* bei geschlossenem Deckel 2–5 Min. weitergrillen, bis der Mozzarella geschmolzen und die Unterseite knusprig ist, dabei gelegentlich drehen. Auf Holzbrettchen anrichten und warm servieren.

Mit einer ausgewogenen Würzmischung lassen sich Steaks am einfachsten geschmacklich aufpeppen. Spannend ist die Kombination von rauchig-warmem Ancho-Chili mit der besonderen Süße von Vollrohrzucker und duftendem mexikanischem Oregano. Letzterer hat im Vergleich zu normalem Oregano eine leicht »minzige« Note. // Wenn Ihnen der Sinn nach noch mehr Pep steht, sollten Sie die Steaks wie im Rezept rechts vor dem Grillen mit einer Senf-Oregano-Paste bestreichen und die rauchige Ancho-Note in Form einer Rotweinsauce hinzufügen. Sie nimmt durch die Ancho-Chilischote die Farbe von dunklem Mahagoni an.

// Rib-Eye-Steaks
MIT ANCHO-KRUSTE

FÜR **4** PERSONEN

ZUBEREITUNGSZEIT: **5** MIN.

GRILLZEIT: **6** BIS **8** MIN.

// FÜR DIE WÜRZMISCHUNG
1 EL Ancho-Chilipulver
2 TL dunkler Vollrohrzucker
2 TL naturreines grobes Meersalz
1 TL gemahlene Kreuzkümmelsamen
1 TL getrockneter Oregano
1 TL frisch gemahlener schwarzer Pfeffer

4 Rib-Eye-Steaks ohne Knochen,
   je etwa 250 g schwer und 2,5 cm dick,
   überschüssiges Fett entfernt
Olivenöl

1. Den Grill für direkte starke Hitze (230–290 °C) vorbereiten.

2. Die Zutaten für die Würzmischung in einer kleinen Schüssel vermengen.

3. Die Steaks auf beiden Seiten dünn mit Öl bestreichen und gleichmäßig mit der Würzmischung einreiben. Vor dem Grillen 15–30 Min. Zimmertemperatur annehmen lassen.

4. Den Grillrost mit der Bürste reinigen. Die Steaks über *direkter starker Hitze* bei geschlossenem Deckel bis zum gewünschten Gargrad grillen, 6–8 Min. für rosa/rot bzw. *medium rare,* dabei einmal wenden. Bei Flammenbildung die Steaks vorübergehend über indirekte Hitze legen. Die Steaks vom Grill nehmen und 3–5 Min. ruhen lassen. Warm servieren.

// Rib-Eye-Steaks
MIT ANCHO-CHILISAUCE

FÜR **4** PERSONEN

ZUBEREITUNGSZEIT: **15** MIN.,
PLUS ETWA **30** MIN. FÜR DIE SAUCE

GRILLZEIT: **6** BIS **8** MIN.

// FÜR DIE SAUCE
1 mittelgroße getrocknete Ancho-
   Chilischote (etwa 7 g)
350 ml trockener Rotwein
2 mittelgroße Knoblauchzehen
125 ml Ketchup
2 TL Worcestersauce
½ TL gemahlene Kreuzkümmelsamen

// FÜR DIE WÜRZPASTE
2 EL Olivenöl
1 EL Dijon-Senf
1 EL fein gehackte frische Oreganoblätter
2 TL naturreines grobes Meersalz
1 TL frisch gemahlener schwarzer Pfeffer

4 Rib-Eye-Steaks ohne Knochen,
   je etwa 250 g schwer und 2,5 cm dick,
   überschüssiges Fett entfernt

1. Für die Sauce den Stiel der Chilischote abschneiden, die Schote aufschneiden, Samen entfernen und wegwerfen. In einem kleinen Topf Wein mit Chilischote, und Knoblauch auf mittlerer bis hoher Stufe zum Kochen bringen, anschließend 5–10 Min. köcheln lassen, bis der Wein auf die Hälfte reduziert ist. 20 Min. beiseitestellen. Die Chilischote sollte vollkommen mit Flüssigkeit bedeckt sein, damit sie ganz weich wird.

2. Die Mischung in der Küchenmaschine mind. 1 Min. pürieren. Den Chili-Rotwein

mit den restlichen Zutaten für die Sauce zurück in den kleinen Topf geben, gut durchrühren und die Sauce etwa 1 Min. auf mittlerer Stufe erhitzen. Beiseitestellen.

3. Den Grill für direkte starke Hitze (230–290 °C) vorbereiten.

4. Die Zutaten für die Würzpaste in einer kleinen Schüssel vermischen und die Steaks gleichmäßig auf beiden Seiten mit der Paste bestreichen. Das Fleisch vor dem Grillen 15–30 Min. Zimmertemperatur annehmen lassen.

5. Den Grillrost mit der Bürste reinigen. Die Steaks über *direkter starker Hitze* bei geschlossenem Deckel bis zum gewünschten Gargrad grillen, 6–8 Min. für rosa/rot bzw. *medium rare,* dabei ein- bis zweimal wenden. Bei Flammenbildung vorübergehend über indirekte Hitze legen. Die Steaks vom Grill nehmen und 3–5 Min. ruhen lassen. Inzwischen die Sauce auf kleiner Stufe erneut erhitzen. Die Steaks warm mit der Sauce servieren.

Eine Vinaigrette wird üblicherweise als Dressing für einen Salat zubereitet. Aber zusammen mit geviertelten Kirschtomaten und zerbröckeltem Gorgonzola macht sie sich auch hervorragend auf einem Steak. Gorgonzola und Steakfleisch ergänzen sich übrigens geschmacklich wunderbar. // Im Rezept rechts werden die Steaks in Rotwein und Tomatenmark mariniert und nach dem Grillen mit einer reichhaltigen Gorgonzolasauce serviert. Reichen Sie dazu einfach nur frisches Gemüse, beispielsweise gegrillte Zwiebeln.

FÜR **4** PERSONEN

ZUBEREITUNGSZEIT: **15** MIN.

GRILLZEIT: **6** BIS **8** MIN.

4 Rindersteaks aus dem hohen Roastbeef, je 300–350 g schwer und 2,5 cm dick, überschüssiges Fett entfernt
Olivenöl
naturreines grobes Meersalz
frisch gemahlener schwarzer Pfeffer

// FÜR DIE VINAIGRETTE
1 EL sehr fein gewürfelte Schalotten
2 TL Rotweinessig
1 TL Dijon-Senf
20 Kirschtomaten, geviertelt
4 EL fein gehackte frische Basilikumblätter
65 g Gorgonzola, zerbröckelt

// Strip-Steaks
MIT TOMATEN-GORGONZOLA-VINAIGRETTE

1. Den Grill für direkte starke Hitze (230–290 °C) vorbereiten.

2. Die Steaks auf beiden Seiten dünn mit Öl bestreichen und gleichmäßig mit Salz und Pfeffer würzen. Das Fleisch vor dem Grillen 15–30 Min. Zimmertemperatur annehmen lassen.

3. Schalotten, Essig, Senf, ¼ TL Salz und ¼ TL Pfeffer in einer mittelgroßen Schüssel verrühren. 2 EL Olivenöl langsam unterschlagen, bis eine glatte Emulsion entsteht. Tomatenviertel und Basilikum hinzufügen und vermischen.

4. Den Grillrost mit der Bürste reinigen. Die Steaks über *direkter starker Hitze* bei geschlossenem Deckel bis zum gewünschten Gargrad grillen, 6–8 Min. für rosa/rot bzw. *medium rare,* dabei ein- bis zweimal wenden. Bei Flammenbildung vorübergehend über indirekte Hitze legen. Die Steaks vom Grill nehmen und 3–5 Min. ruhen lassen. Gorgonzola zur Vinaigrette geben und behutsam untermengen. Steaks auf Tellern anrichten, Vinaigrette darüberlöffeln und sofort servieren.

// Marinierte Strip-Steaks mit Gorgonzolasauce

FÜR **4** PERSONEN

ZUBEREITUNGSZEIT: **20** MIN.

MARINIERZEIT: **2** BIS **4** STD.

GRILLZEIT: **6** BIS **8** MIN.

// FÜR DIE MARINADE
500 ml Rinderbrühe
250 ml trockener Rotwein
1 mittelgroße Zwiebel, fein gewürfelt
2 EL Tomatenmark

4 Rindersteaks aus dem hohen Roastbeef,
   je 300–350 g schwer und 2,5 cm dick,
   überschüssiges Fett entfernt
Olivenöl
naturreines grobes Meersalz
frisch gemahlener schwarzer Pfeffer

// FÜR DIE SAUCE
1 EL Butter
2 EL sehr fein gewürfelte Schalotten
200 g Schmand
135 g Gorgonzola, zerbröckelt

1 EL Schnittlauchröllchen (nach Belieben)

1. Die Zutaten für die Marinade in einer großen feuerfesten Glasform verrühren, bis sich das Tomatenmark aufgelöst hat. Die Steaks einlegen (sie sollten vollständig von der Flüssigkeit bedeckt sein) und abgedeckt 2–4 Std. kalt stellen.

2. Den Grill für direkte starke Hitze (230–290 °C) vorbereiten.

3. Steaks aus der Marinade nehmen und mit Küchenpapier trockentupfen. Marinade wegschütten. Die Steaks dünn mit Öl bestreichen und gleichmäßig mit Salz und Pfeffer würzen. Vor dem Grillen 15–30 Min. Zimmertemperatur annehmen lassen. In der Zwischenzeit die Sauce zubereiten.

4. Die Butter in einem mittelgroßen Topf auf mittlerer Stufe zerlassen. Schalotten hinzufügen und in etwa 2 Min. weich dünsten, dabei häufig umrühren. Schmand und Käse einrühren und unter gelegentlichem Rühren erhitzen, bis die Sauce sanft köchelt und der Käse geschmolzen ist. Den Topf vom Herd nehmen, die Sauce mit ¼ TL Pfeffer würzen und im verschlossenen Topf warm stellen.

5. Den Grillrost mit der Bürste reinigen. Die Steaks über *direkter starker Hitze* bei geschlossenem Deckel bis zum gewünschten Gargrad grillen, 6–8 Min. für rosa/rot bzw. *medium rare,* dabei ein- bis zweimal wenden. Bei Flammenbildung das Fleisch vorübergehend über indirekte Hitze legen. Die Steaks vom Grill nehmen, 3–5 Min. ruhen lassen, anschließend warm mit der Gorgonzolasauce servieren. Nach Belieben noch mit Schnittlauch garnieren.

Getrocknete Kräuter der Provence – eine Mischung aus Basilikum, Fenchelsamen, Lavendel, Majoran, Rosmarin, Salbei, Bohnenkraut und Thymian – gibt es glücklicherweise in jedem Supermarkt zu kaufen, denn sie zaubern im Nu eine raffinierte Note an die in Folie gegrillten Schalotten, die wunderbar zu Steaks schmecken. // Liebhaber der südfranzösischen Küche sollten sich ebenso für das Rezept rechts Zeit nehmen, in dem klein gewürfeltes Gemüse mit frischem Knoblauch, Rosmarin und Kräutern der Provence auf dem Grill gegart wird – es passt einfach wunderbar zu Steaks.

// Provenzalische Strip-Steaks
MIT KARAMELLISIERTEN SCHALOTTEN

FÜR **4** PERSONEN

ZUBEREITUNGSZEIT: **15** MIN.

GRILLZEIT: **28** BIS **35** MIN.

1 EL Kräuter der Provence
naturreines grobes Meersalz
frisch gemahlener schwarzer Pfeffer
4 Rindersteaks aus dem hohen Roastbeef,
 je 300–350 g schwer und 2,5 cm dick,
 überschüssiges Fett entfernt
Olivenöl

// FÜR DIE SCHALOTTEN
250 g Schalotten, in 0,5 cm dünne Ringe
 geschnitten
4 kleine Zucchini, längs halbiert
1 EL fein gehackte frische glatte
 Petersilienblätter
¼ TL Sherry-Essig

1. Den Grill für direkte mittlere Hitze (175–230 °C) vorbereiten.

2. In einer kleinen Schüssel Kräuter der Provence mit 2 TL Salz und ½ TL Pfeffer vermischen. Die Steaks auf beiden Seiten dünn mit Öl bestreichen und gleichmäßig mit der Kräutermischung würzen. Vor dem Grillen das Fleisch 15–30 Min. Zimmertemperatur annehmen lassen.

3. Die Schalotten in einer Schüssel mit 2 EL Öl vermischen. Nebeneinander auf einer Hälfte eines 30 x 60 cm großen Stücks Alufolie verteilen, die freie Folienhälfte darüberschlagen und die Ränder rundherum fest verschließen. Die Zucchini auf beiden Seiten mit Öl bestreichen.

4. Den Grillrost mit der Bürste reinigen. Die Schalotten im Folienpaket über *direkter mittlerer Hitze* bei geschlossenem Deckel 12–15 Min. grillen, bis sie weich sind, das Paket dabei ein- bis zweimal wenden. Mit einer Grillzange vorsichtig öffnen und weitere 10–12 Min. grillen, bis die Schalotten goldbraun sind, dabei ein- bis zweimal auf der Folie wenden. In den letzten 4–6 Min. die Zucchini über *direkter mittlerer Hitze* knackig-zart grillen, dabei einmal wenden. Das Gemüse vom Grill nehmen und beiseitestellen. Die Temperatur auf starke Hitze (230–290 °C) erhöhen.

5. Die Steaks über *direkter starker Hitze* bei geschlossenem Deckel bis zum gewünschten Gargrad grillen, 6–8 Min. für rosa/rot bzw. *medium rare,* dabei ein- bis zweimal wenden. Bei Flammenbildung das Fleisch vorübergehend über indirekte Hitze legen. Steaks vom Grill nehmen und 3–5 Min. ruhen lassen.

6. Schalotten in die kleine Schüssel geben, Petersilie und Essig hinzufügen und mit Salz und Pfeffer würzen. Gut vermischen. Zucchini schräg in mundgerechte Stücke schneiden. Schalotten und Zucchini warm mit den Steaks servieren.

// Strip-Steaks mit provenzalischem Sommergemüse

FÜR **4** PERSONEN

ZUBEREITUNGSZEIT: **30** MIN.

GRILLZEIT: **18** BIS **23** MIN.

ZUBEHÖR: GROSSE EINWEG-ALUSCHALE

4 Rindersteaks aus dem hohen Roastbeef, je 300–350 g schwer und 2,5 cm dick, überschüssiges Fett entfernt
Olivenöl
naturreines grobes Meersalz
frisch gemahlener schwarzer Pfeffer

// FÜR DAS GEMÜSE

200 g Zucchini, in 1 cm große Würfel geschnitten
150 g Aubergine, in 1 cm große Würfel geschnitten
1 rote Paprikaschote, in 1 cm große Würfel geschnitten
125 g Schalotten, in 0,5 cm dünne Ringe geschnitten
4 EL fein gehackte sonnengetrocknete Tomaten in Öl
2 EL Öl aus dem Glas der sonnengetrockneten Tomaten
1 EL zerdrückte Knoblauchzehen
1 EL Olivenöl
2 TL fein gehackte frische Rosmarinblätter
1 TL Kräuter der Provence

1. Den Grill für direkte mittlere Hitze (175–230 °C) vorbereiten.

2. Die Steaks auf beiden Seiten dünn mit Öl bestreichen und gleichmäßig mit Salz und Pfeffer würzen. Vor dem Grillen das Fleisch 15–30 Min. Zimmertemperatur annehmen lassen.

3. Die Zutaten für das Gemüse in der großen Einweg-Aluschale gut vermischen.

4. Den Grillrost mit der Bürste reinigen. Das Gemüse in der Aluschale über ***direkter mittlerer Hitze*** bei geschlossenem Deckel 12–15 Min. grillen, bis es weich ist,

dabei gelegentlich umrühren. Die Aluschale mit isolierten Grillhandschuhen vom Rost nehmen. Die Temperatur auf starke Hitze erhöhen (230–290 °C).

5. Die Steaks über ***direkter starker Hitze*** bei geschlossenem Deckel bis zum gewünschten Gargrad grillen, 6–8 Min. für rosa/rot bzw. *medium rare*, dabei ein- bis zweimal wenden. Bei Flammenbildung das Fleisch vorübergehend über indirekte Hitze legen. Die Steaks vom Grill nehmen und 3–5 Min. ruhen lassen. Das Gemüse mit Salz und Pfeffer abschmecken, mit den Steaks auf Teller anrichten und warm servieren.

75

Getrocknete Steinpilze werden heute in vielen Supermärkten angeboten, meist findet man sie im Gewürzregal. Immer vorrätig sind sie in italienischen Feinkostgeschäften. Im unten stehenden Rezept werden die Pilze in der Gewürzmühle fein gemahlen und dienen zusammen mit Rosmarin, Salz und Pfeffer als Würzmischung für die Steaks, was dem Fleisch eine herrliche erdige Note verleiht. // Im Rezept rechts werden die getrockneten Pilze in heißem Wasser eingeweicht und bereichern anschließend klein geschnitten eine einfache Sahnesauce. Liebhaber von Steaks und Steinpilzen kommen hier ganz auf ihre Kosten.

// Porterhouse-Steaks

MIT STEINPILZKRUSTE

FÜR **4** BIS **6** PERSONEN

ZUBEREITUNGSZEIT: **15** MIN.,
PLUS **10** BIS **15** MIN. FÜR DIE SAUCE

GRILLZEIT: **6** BIS **8** MIN.

ZUBEHÖR: GEWÜRZMÜHLE

4 EL (7 g) zerkleinerte getrocknete
   Steinpilze
2 EL plus 2 TL fein gehackte frische
   Rosmarinnadeln
naturreines grobes Meersalz
frisch gemahlener schwarzer Pfeffer

4 Porterhouse-Steaks, je etwa 450 g
   schwer und 2,5 cm dick, überschüssiges
   Fett entfernt
Olivenöl
4 EL (60 g) kalte Butter
2 kleine Schalotten, fein gewürfelt
250 ml Rinderbrühe
5 EL trockener Rotwein

1. Die Steinpilze in der Gewürzmühle fein mahlen und auf einem kleinen Teller mit 2 EL Rosmarin, 2 TL Salz und 1 TL Pfeffer vermischen. Die Steaks auf beiden Seiten dünn mit Öl bestreichen, gleichmäßig mit der Würzmischung bestreuen und vor dem Grillen 15–30 Min. Zimmertemperatur annehmen lassen.

2. Den Grill für direkte starke Hitze (230–290 °C) vorbereiten.

3. In einer mittelgroßen beschichteten Pfanne 1 EL kalte Butter auf mittlerer Stufe erhitzen und die Schalotten darin mit dem restlichen Rosmarin 2–3 Min. andünsten, bis sie weich sind und etwas Farbe angenommen haben. Gelegentlich umrühren. Brühe und Wein zufügen und in 5–10 Min. auf etwa 125 ml reduzieren. Beiseitestellen.

4. Den Grillrost mit der Bürste reinigen. Die Steaks über **direkter starker Hitze** bei geschlossenem Deckel bis zum gewünschten Gargrad grillen, 6–8 Min. für rosa/rot bzw. *medium rare*, dabei ein- bis zweimal wenden. Bei Flammenbildung das Fleisch vorübergehend über indirekte Hitze legen. Die Steaks vom Grill nehmen und 3–5 Min. ruhen lassen.

5. Inzwischen die Sauce auf mittlerer bis hoher Stufe erneut erhitzen und die restliche Butter langsam in kleinen Stücken unterschlagen. Die Sauce mit Salz und Pfeffer abschmecken. Steaks auf Tellern anrichten, einige Löffel Sauce darübergeben und warm servieren.

// Porterhouse-Steaks
MIT SAHNIGER STEINPILZSAUCE

FÜR **4** BIS **6** PERSONEN

ZUBEREITUNGSZEIT: **15** MIN.,
PLUS ETWA **25** MIN. FÜR DIE SAUCE

GRILLZEIT: **6** BIS **8** MIN.

// FÜR DIE SAUCE

15 g getrocknete Steinpilze
1 EL Butter
1 kleine Zwiebel, sehr fein gewürfelt
2 EL plus 2 TL fein gehackte frische
   Thymianblätter
250 g Sahne

4 Porterhouse-Steaks, je etwa 450 g
   schwer und 2,5 cm dick, überschüssiges
   Fett entfernt
Olivenöl
naturreines grobes Meersalz
frisch gemahlener schwarzer Pfeffer

2 EL frisch geriebener Parmesan
2 EL fein gehackte frische glatte
   Petersilienblätter

1. Die Steinpilze in einer mittelgroßen Schüssel mit 250 ml kochendem Wasser übergießen und etwa 15 Min. darin einweichen. Abgießen, dabei das Pilzwasser auffangen. Die Pilze sehr klein schneiden.

2. Die Butter in einem mittelgroßen Topf auf mittlerer Stufe zerlassen. Zwiebel und 2 TL Thymian 3–5 Min. darin andünsten, bis die Zwiebel weich ist und etwas Farbe angenommen hat. Pilzwasser und Sahne einrühren, zum Köcheln bringen, dann die Pilze hinzufügen und alles etwa 15 Min. köcheln lassen, bis die Flüssigkeit auf etwa 250–350 ml reduziert ist. Beiseitestellen.

3. Den Grill für direkte starke Hitze (230–290 °C) vorbereiten.

4. Die Steaks auf beiden Seiten dünn mit Öl bestreichen und gleichmäßig mit 2 EL Thymian, 2 TL Salz, und 1 TL Pfeffer würzen. Vor dem Grillen 15–30 Min. Zimmertemperatur annehmen lassen.

5. Den Grillrost mit der Bürste reinigen. Die Steaks über *direkter starker Hitze* bei geschlossenem Deckel bis zum gewünschten Gargrad grillen, 6–8 Min. für rosa/rot bzw. *medium rare,* dabei ein- bis zweimal wenden. Bei Flammenbildung

das Fleisch vorübergehend über indirekte Hitze legen. Vom Grill nehmen und 3 bis 5 Min. ruhen lassen.

6. Inzwischen die Sauce auf mittlerer Stufe erneut erhitzen und den Käse unterrühren. Mit Salz und Pfeffer abschmecken. Steaks und Sauce auf Tellern anrichten, mit der Petersilie bestreuen und warm servieren.

Für eine echte Sauce Béarnaise wird eine Reduktion aus Essig, Schalotten und Estragon mit Eigelb und geklärter Butter zu einer dicken Emulsion aufgeschlagen. Ihre Herstellung verlangt ein wenig Feingefühl. Im Rezept rechts wird die Béarnaise im Mixer zubereitet, eine Variante, die einfacher gelingt als die klassische Version. // Die Sauce im unten stehenden Rezept ist genau genommen keine Béarnaise, besteht aber aus denselben Grundzutaten. Wenn alle Zutaten im Voraus abgewogen und bereitgestellt sind, lässt sich die Buttersauce schnell zubereiten, während die Steaks ruhen.

FÜR **4** PERSONEN

ZUBEREITUNGSZEIT: **15** MIN.

GRILLZEIT: **8** BIS **10** MIN.

1½ EL Olivenöl
2½ EL fein gehackte frische
   Estragonblätter
naturreines grobes Meersalz
frisch gemahlener schwarzer Pfeffer
4 Rinderfiletsteaks, je etwa 225 g schwer
   und 3 cm dick

// FÜR DIE SAUCE
100 g Butter, in 4 Stücke geschnitten
4 EL gehackte Walnusskerne,
   vorzugsweise geröstet
1 EL Weißweinessig

// Filet Mignon
MIT BRAUNER BUTTERSAUCE

1. Den Grill für direkte mittlere Hitze (175–230 °C) vorbereiten.

2. Öl, 1½ EL Estragon, ¾ TL Salz und ¼ TL Pfeffer in einer kleinen Schüssel verrühren. Die Steaks auf beiden Seiten mit dem Kräuteröl bestreichen. Vor dem Grillen das Fleisch 15–30 Min. Zimmertemperatur annehmen lassen.

3. Den Grillrost mit der Bürste reinigen. Die Steaks über *direkter mittlerer Hitze* bei geschlossenem Deckel bis zum gewünschten Gargrad grillen, 8–10 Min. für rosa/rot bzw. *medium rare,* dabei ein- bis zweimal wenden. Bei Flammenbildung das

Fleisch vorübergehend über indirekte Hitze legen. Die Steaks vom Grill nehmen und 3–5 Min. ruhen lassen. Inzwischen die Buttersauce zubereiten.

4. Die Butter in einer kleinen Pfanne auf mittlerer Stufe 4–6 Min. erhitzen, bis sie aufschäumt und nussig-braun wird. Die Pfanne dabei gelegentlich schwenken, damit die Butter nicht anbrennt. Pfanne vom Herd nehmen, Nüsse, Essig (Achtung, er wird kräftig schäumen!) und den restlichen Estragon hinzufügen. Mit Salz und Pfeffer abschmecken. Die Buttersauce sofort mit den Steaks servieren, da sie sonst gerinnt.

FÜR **4** PERSONEN

ZUBEREITUNGSZEIT: **30** MIN.

GRILLZEIT: **36** BIS **43** MIN.

1 kg Rinderfilet aus der Mitte
   geschnitten, überschüssiges Fett
   und Silberhaut entfernt
Olivenöl
naturreines grobes Meersalz
frisch gemahlener schwarzer Pfeffer
500 g grüner Spargel, holzige Enden
   entfernt

// FÜR DIE SAUCE
2 EL sehr fein gewürfelte Schalotten
1 EL fein gehackte frische Estragonblätter
4 EL trockener Weißwein oder trockener
   Wermut
4 EL Weißweinessig
250 g Butter
4 Eigelb (Größe L; siehe Hinweis unten)

// Ganzes Rinderfilet
MIT SAUCE BÉARNAISE UND GRÜNEM SPARGEL

1. Den Grill für direkte und indirekte
mittlere Hitze (175–230 °C) vorbereiten.

2. Das Filet rundherum dünn mit Öl
bestreichen, gleichmäßig mit Salz und
Pfeffer würzen. Vor dem Grillen 15–30 Min.
Zimmertemperatur annehmen lassen. Die
Spargelstangen dünn mit Öl bestreichen.

3. Den Grillrost mit der Bürste reinigen.
Rinderfilet über *direkter mittlerer Hitze*
bei geschlossenem Deckel etwa 15 Min.
scharf anbraten, bis es ein hübsches

*// Eine Sauce mit rohem Eigelb birgt
immer ein gewisses Salmonellen-
risiko. Sie sollten aus diesem Grund
am besten nur ganz frische Bio-Eier
verwenden.*

Grillmuster angenommen hat, dabei alle
3–4 Min. um ein Viertel wenden. Über
indirekter mittlerer Hitze bei geschlossenem Deckel bis zum gewünschten Gargrad fertig grillen, 15–20 Min. für rosa/rot
bzw. *medium rare*, dabei einmal wenden.
In der Zwischenzeit die Sauce zubereiten.

4. Schalotten, Estragon, Wein und Essig
in einem kleinen Topf auf hoher Stufe aufkochen und in 4–6 Min. auf etwa 2 EL
reduzieren. Durch ein feines Metallsieb in
eine kleine Schüssel gießen, die Zwiebeln
im Sieb in eine zweite Schüssel umfüllen.
Beide Schüsseln beiseitestellen.

5. Die Butter in einem zweiten Topf auf
mittlerer Stufe zerlassen und heiß werden
lassen (sodass das Eigelb davon gegart
wird). Eigelbe und die reduzierte Wein-
sauce im Mixer verquirlen, anschließend
bei laufendem Motor in dünnem Strahl

ein Drittel der heißen Butter zugeben
und weiter mixen, bis eine Emulsion
entsteht. Die restliche Butter hinzufügen
und die Zutaten bei hoher Geschwindig-
keit in etwa 5 Sek. zu einer dicken, glatten
Sauce verarbeiten. In eine hitzebeständige
kleine Schüssel umfüllen, die Schalotten
unterrühren, Sauce mit Salz und Pfeffer
würzen. Die Schüssel in eine Pfanne mit
heißem (nicht kochendem!) Wasser stellen
und die Béarnaise darin warm halten.

6. Das Filet vom Grill nehmen, 5–10 Min.
ruhen lassen. Inzwischen den Spargel über
direkter mittlerer Hitze bei geschlossenem Deckel 6–8 Min. grillen, bis die Stangen stellenweise gebräunt sind, dabei
mehrmals auf dem Rost hin und her rollen.

7. Das Filet quer in Scheiben schneiden.
Warm mit dem Spargel und der Sauce
Béarnaise servieren.

79

In vielen Rezepten für Fleischspieße muss das Fleisch lange mariniert werden, um ihm besonderen Geschmack und Aroma zu verleihen. Mit dem unten stehenden Rezept, in dem bunte Pfefferkörner zusammen mit einer Senfcreme für zusätzliche Geschmacksnoten sorgen, können die Spieße jedoch sofort auf den Grill kommen. // Das Rezept rechts ist von der Küche Perus inspiriert – die pikante Paste auf Paprikabasis dient gleichzeitig als Marinade und als Sauce.

// Pfefferspieße
MIT DIJON-CREME

FÜR **4** BIS **6** PERSONEN

ZUBEREITUNGSZEIT: **15** MIN.

GRILLZEIT: **6** BIS **8** MIN.

ZUBEHÖR: GEWÜRZMÜHLE, METALL- ODER HOLZSPIESSE (HOLZSPIESSE MIND. 30 MIN. GEWÄSSERT)

1 EL bunte Pfefferkörner (schwarz, weiß, rot und grün) oder 2 TL schwarze Pfefferkörner
naturreines grobes Meersalz
½ TL gemahlene Kreuzkümmelsamen
900 g Sirloin-Steak (flaches Roastbeef), etwa 3 cm dick, in 3 cm große Würfel geschnitten
Olivenöl

2 mittelgroße Zucchini, längs halbiert und quer in 1 cm breite Stücke geschnitten
2 große rote Paprikaschoten, in 3 cm große Quadrate geschnitten

// FÜR DIE CREME
125 g Crème fraîche oder Schmand
2 EL Dijon-Senf
2 EL Schnittlauchröllchen
1 EL Rotweinessig

1. Den Grill für direkte starke Hitze (230–290 °C) vorbereiten.

2. Die Pfefferkörner in einer Gewürzmühle grob mahlen. In eine große Schüssel füllen, mit 1½ TL Salz und dem Kreuzkümmel vermengen. Steakwürfel dazugeben und so viel Öl hinzufügen, dass sie dünn davon überzogen sind. Fleisch mit dem Öl und den Gewürzen vermischen. Zucchini und Paprika in einer zweiten Schüssel leicht mit Öl bedecken und gleichmäßig salzen. Zucchini, Fleisch und Paprika abwechselnd auf Spieße ziehen.

3. Die Zutaten für die Creme in einer kleinen Schüssel kräftig verrühren. Abdecken und bis zum Servieren in den Kühlschrank stellen.

4. Den Grillrost mit der Bürste reinigen. Die Spieße über *direkter starker Hitze* bei geschlossenem Deckel grillen, bis das Gemüse knackig-zart ist und das Fleisch den gewünschten Gargrad erreicht hat, 6–8 Min. für rosa/rot bzw. *medium rare,* dabei gelegentlich wenden. Die Spieße vom Grill nehmen und warm mit der Dijon-Creme servieren.

1. Den Grill für direkte mittlere Hitze (175–230 °C) vorbereiten.

2. Den Grillrost mit der Bürste reinigen. Die beiden Paprikaschoten über *direkter mittlerer Hitze* bei geschlossenem Deckel 12–15 Min. grillen, bis die Haut schwarz ist und Blasen wirft, dabei gelegentlich wenden. In eine Schüssel legen, mit Frischhaltefolie abdecken und 10–15 Min. ausdampfen lassen. Die Schoten aus der Schüssel nehmen, die verkohlte Haut abziehen, Stielansatz und Kerne entfernen.

3. In der Küchenmaschine die gegrillten Paprikaschoten mit Knoblauch, Essig, Kreuzkümmel, Paprikapulver, Salz und Pfeffer pürieren. Bei laufendem Motor langsam das Öl zugießen, bis eine dicke Paste entsteht.

4. Fleischwürfel mit einem Drittel der Paste in eine große Schüssel geben und gründlich vermischen. Restliche Paste zum Bestreichen der Maiskolben und zum Servieren beiseitestellen. Fleisch und Paprikaquadrate abwechselnd auf Spieße ziehen und vor dem Grillen 15–30 Min. Zimmertemperatur annehmen lassen.

5. Den Mais rundherum dünn mit etwas Paste bestreichen und über *direkter mittlerer Hitze* bei geschlossenem Deckel 10–15 Min. grillen, bis er stellenweise braun ist, dabei gelegentlich drehen und wenden. Gleichzeitig die Spieße über *direkter mittlerer Hitze* grillen, bis die Paprikastücke knackig-zart sind und das Fleisch den gewünschten Gargrad erreicht hat, 6–8 Min. für rosa/rot bzw. *medium rare,* dabei die Spieße gelegentlich wenden. Mais und Spieße warm mit der restlichen Paste servieren.

// Peruanische Steakspieße

MIT GEGRILLTEM MAIS

FÜR **6** PERSONEN

ZUBEREITUNGSZEIT: **30** MIN.

GRILLZEIT: **22** BIS **30** MIN.

ZUBEHÖR: METALL- ODER HOLZSPIESSE (HOLZSPIESSE MIND. 30 MIN. GEWÄSSERT)

// FÜR DIE WÜRZPASTE
2 mittelgroße rote Paprikaschoten
6 Knoblauchzehen, grob gehackt
2 EL Rotweinessig
2 TL gemahlene Kreuzkümmelsamen
1 TL geräuchertes Paprikapulver
   (Bezugsquelle siehe S. 303)
1 TL naturreines grobes Meersalz
½ TL frisch gemahlener schwarzer Pfeffer
125 ml Olivenöl

900 g Sirloin-Steak (flaches Roastbeef),
   etwa 3 cm dick, in 3 cm große Würfel
   geschnitten

3 frische Maiskolben, Hüllblätter entfernt,
   quer in jeweils 6 Stücke geschnitten
1 große rote Paprikaschote, in 3 cm große
   Quadrate geschnitten

81

// Sirloin-Steak mit Brokkolini

Mit unten stehendem Rezept können Sie auch werktags ohne großen Aufwand ein anständiges Abendessen auf den Tisch bringen. Das Fleisch wird kurz mariniert, während der Grill vorheizt, dazu gibt es knackiges Gemüse. // Mit dem Rezept rechts bereiten Sie ein üppiges Sandwich zu, bei dem gekleckert werden darf – das sind bekanntlich die besten. Die Meerrettichcreme schmeckt zudem gut als Füllung in Russischen Eiern, als Dip zu Meeresfrüchten oder Ofenkartoffeln. Das Confit macht sich auch wunderbar auf Crostini mit Ziegenkäse oder als Füllung in einem Omelett.

1. Den Grill für direkte mittlere Hitze (175–230 °C) vorbereiten.

2. Für die Marinade Essig, Meerrettich, Pfeffer, 4 EL Öl und ½ TL Salz in einer kleinen Schüssel verrühren. Das Steak einlegen und 15–30 Min. bei Zimmertemperatur marinieren.

3. Den Grillrost mit der Bürste reinigen. Steak aus der Marinade nehmen, die Mariande wegschütten. Über *direkter mittlerer Hitze* bei geschlossenem Deckel bis zum gewünschten Gargrad grillen, 12–14 Min. für rosa/rot bzw. *medium rare,* dabei ein- bis zweimal wenden. Bei Flammenbildung das Fleisch vorübergehend über indirekte Hitze legen. Steak vom Grill nehmen, 3–5 Min. ruhen lassen, anschließend dünn aufschneiden.

4. Brokkolini und Zwiebelscheiben dünn mit Öl bestreichen und salzen. Über *direkter mittlerer Hitze* bei geschlossenem Deckel etwa 8 Min. grillen, bis das Gemüse weich ist. Vom Grill nehmen und die Zwiebelscheiben in Stücke hacken.

5. Steak und Brokkolini auf Tellern anrichten und mit Zwiebelstücken garnieren.

FÜR **4** PERSONEN

ZUBEREITUNGSZEIT: **10** MIN.

MARINIERZEIT: **15** BIS **30** MIN.

GRILLZEIT: **20** BIS **22** MIN.

// FÜR DIE MARINADE
2 EL Aceto balsamico
1 TL Meerrettich (aus dem Glas)
¼ TL frisch gemahlener schwarzer Pfeffer
Olivenöl
naturreines grobes Meersalz

550 g Sirloin-Steak (flaches Roastbeef), etwa 2,5 cm dick

250 g Brokkolini (Spargelbrokkoli)
1 rote Zwiebel, quer in 1 cm dicke Scheiben geschnitten

// Steaksandwich

MIT ZWIEBELCONFIT

FÜR **4** PERSONEN

ZUBEREITUNGSZEIT: **30** MIN.

GRILLZEIT: **10** BIS **12** MIN.

// FÜR DIE MEERRETTICHCREME

125 ml Mayonnaise
2 EL Meerrettich (aus dem Glas)
½ TL Senfpulver

Olivenöl
500 g rote Zwiebeln, in feine Ringe
    geschnitten
2 TL zerdrückte Knoblauchzehen
1 TL dunkler Vollrohrzucker
4 EL Aceto balsamico
naturreines grobes Meersalz
frisch gemahlener schwarzer Pfeffer

550 g Sirloin-Steak (flaches Roastbeef),
    etwa 2,5 cm dick

2 EL Weißweinessig
¼ Kopf Weißkohl (etwa 250 g),
    gehobelt
1 rohe Gelbe Bete (etwa 5 cm Ø), geschält,
    grob geraspelt

8 Scheiben Sauerteigbrot, je etwa
    15 x 8 cm groß und 1 cm dick
4 dünne Scheiben Greyerzer

1. Die Zutaten für die Meerrettichcreme in einer kleinen Schüssel verrühren und bis zum Servieren abgedeckt kalt stellen.

2. Für das Zwiebelconfit 2 EL Öl in einer großen schweren, beschichteten Pfanne auf mittlerer Stufe erhitzen. Zwiebeln, 1 TL Knoblauch und den Zucker einrühren und in der verschlossenen Pfanne etwa 12 Min. dünsten, bis die Zwiebeln tief goldbraun sind. Gelegentlich umrühren. Den Essig zufügen und offen 2–3 Min. unter ständigem Rühren einkochen lassen. Zwiebelconfit vom Herd nehmen, mit Salz und Pfeffer würzen. Beiseitestellen.

3. Den Grill für direkte mittlere bis starke Hitze (200–250 °C) vorbereiten.

4. Das Steak auf beiden Seiten mit Öl bestreichen, salzen und pfeffern. Vor dem Grillen 15–30 Min. Zimmertemperatur annehmen lassen.

5. In einer mittelgroßen Schüssel 3 EL Öl, Weißweinessig und restlichen Knoblauch verrühren. Weißkohl und Gelbe Bete damit

anmachen. Salat mit Salz und Pfeffer abschmecken. 15 bis 20 Min. ziehen lassen.

6. Den Grillrost mit der Bürste reinigen. Das Steak über *direkter mittlerer bis starker Hitze* bei geschlossenem Deckel bis zum gewünschten Gargrad grillen, 8–10 Min. für rosa/rot bzw. *medium rare,* dabei ein- bis zweimal wenden. Bei Flammenbildung vorübergehend über indirekte Hitze legen. Das Steak vom Grill nehmen und 3–5 Min. ruhen lassen.

7. Inzwischen das Brot über *direkter mittlerer bis starker Hitze* jeweils auf einer Seite in etwa 1 Min. knusprig und goldgelb rösten. Wenden, Brotscheiben mit Käse belegen und bei geschlossenem Deckel etwa 1 Min. weitergrillen, bis der Käse geschmolzen und die Unterseite ebenfalls knusprig und goldgelb ist. Die Brotscheiben auf eine Arbeitsfläche legen.

8. Das Steak dünn aufschneiden. Brotscheiben mit Meerrettichcreme bestreichen, darauf Steakfleisch und Zwiebelconfit anrichten. Mit dem Krautsalat servieren.

Fertige Salsas eignen sich hervorragend als Teil einer würzigen Marinade und sparen eine Menge Zubereitungszeit. Und wenn Sie das Flank-Steak schon vor dem Marinieren aufschneiden, verkürzen Sie die Marinierzeit und haben im Handumdrehen herrlich saftige, kräftig gewürzte Fajitas. // Wer etwas mehr Zeit hat, sollte das Rezept rechts ausprobieren. Hier wird selbst gemachter Tortillateig mit gegrilltem Flank-Steak, Salsa, gerösteten Paprikaschoten und geriebenem Käse in einer Pfanne auf dem Grill zu einem lateinamerikanischen *tamal* gebacken.

// Steak-Fajitas
MIT KREUZKÜMMEL-DIP

FÜR **4** PERSONEN

ZUBEREITUNGSZEIT: **15** MIN.

MARINIERZEIT: **20** BIS **30** MIN.

GRILLZEIT: **4** BIS **6** MIN. PRO PORTION

ZUBEHÖR: GELOCHTE GRILLPFANNE

// FÜR DIE MARINADE
250 ml grüne oder rote Salsa (Fertigprodukt), mittelscharf oder scharf
4 EL Öl
4 EL frisch gepresster Limettensaft
1 EL naturreines grobes Meersalz

2 Paprikaschoten (etwa 350 g),
  in 0,5 cm breite Streifen geschnitten
1 große rote Zwiebel (etwa 250 g),
  in 0,5 cm dicke Scheiben geschnitten
1 Flank-Steak (aus der Dünnung geschnitten), etwa 700 g schwer und 2 cm
  dick, längs halbiert und quer in
  0,5 cm breite Streifen geschnitten

12 Weizentortillas (Ø 15–20 cm)

1 Becher (200 g) Schmand
1 TL gemahlene Kreuzkümmelsamen
½ TL naturreines grobes Meersalz

1 Limette, in Spalten geschnitten

1. Die Zutaten für die Marinade in einer kleinen Schüssel glatt rühren.

2. Paprika, Zwiebel und Steakstreifen in einen großen, wiederverschließbaren Plastikbeutel geben und die Marinade dazugießen. Die Luft aus dem Beutel streichen, den Beutel fest verschließen und mehrmals wenden, bis sich die Marinade gleichmäßig verteilt hat. Bei Zimmertemperatur 20–30 Min. marinieren.

3. Den Grill für direkte und indirekte starke Hitze (230–290 °C) vorbereiten und die Grillpfanne vorheizen.

4. Je 6 Tortillas übereinandergestapelt in Alufolie einschlagen und beiseitestellen.

5. Schmand, Kreuzkümmel und Salz in einer kleinen Schüssel zu einem Dip verrühren und beiseitestellen.

6. Die erste gemischte Portion Fleisch und Gemüse in einer Lage in der Grillpfanne verteilen (Fajitas in zwei bis drei Portionen grillen) und über **direkter starker Hitze** bei geschlossenem Deckel 4–6 Min. grillen, bis das Gemüse knackigzart und das Fleisch leicht gebräunt ist, dabei gelegentlich umrühren. Auf einer Servierplatte warm halten, während Sie die restlichen Portionen grillen.

7. Die beiden Tortilla-Päckchen in den letzten 2–4 Min. über **indirekte starke Hitze** legen und die Tortillas durchwärmen. Jedes Paket ein- bis zweimal wenden. Steakfleisch und Gemüse warm mit den Tortillas, Kreuzkümmel-Dip und Limettenspalten servieren.

FÜR **6** BIS **8** PERSONEN

ZUBEREITUNGSZEIT: **30** MIN.

GRILLZEIT: **53** BIS **60** MIN.

ZUBEHÖR: GUSSEISERNE PFANNE
(Ø 30 CM)

// FÜR DIE WÜRZMISCHUNG

1 TL naturreines grobes Meersalz
1 TL Chilipulver (Gewürzmischung)
½ TL gemahlene Kreuzkümmelsamen
¼ TL frisch gemahlener schwarzer Pfeffer

1 Flank-Steak (aus der Dünnung geschnitten), etwa 500 g schwer und 2 cm dick
Öl

// FÜR DEN TEIG

225 g Masa harina (Maismehl zur
Herstellung von Maistortillas)
1 TL naturreines grobes Meersalz
1 TL gemahlene Kreuzkümmelsamen
½ TL Backpulver
60 g Butter, zerlassen

200 ml grüne oder rote Salsa (Fertigprodukt), mittelscharf oder scharf
200 g geröstete rote Paprikaschoten
(aus dem Glas)
300 g Chilikäse (vorzugsweise Pepper
Jack), gerieben

// Wenn Kinder mitessen, sollten Sie
anstelle des Chilikäses besser
Emmentaler oder eine andere milde
Käsesorte wählen.

// Lateinamerikanische Steak-Tamal-Pfanne

1. Die Zutaten für die Würzmischung vermengen. Das Steak auf beiden Seiten dünn mit Öl bestreichen und gleichmäßig mit der Würzmischung bestreuen. Vor dem Grillen das Fleisch 15–30 Min. Zimmertemperatur annehmen lassen.

2. Den Grill für direkte und indirekte mittlere Hitze (175–230 °C) vorbereiten.

3. Den Grillrost mit der Bürste reinigen. Das Steak über *direkter mittlerer Hitze* bei geschlossenem Deckel bis zum gewünschten Gargrad grillen, 8–10 Min. für rosa/rot bzw. *medium rare,* dabei ein- bis zweimal wenden. Bei Flammenbildung das Fleisch vorübergehend über indirekte Hitze legen. Vom Grill nehmen, 3–5 Min. ruhen lassen, anschließend quer zur Faser in 1 cm große Stücke schneiden.

4. Für den Teig Maismehl, Salz, Kreuzkümmel und Backpulver in einer großen Schüssel vermischen. 480 ml Wasser und die zerlassene Butter zufügen und alles mit einem Löffel in 2–3 Min. zu einem dicken, zähflüssigen Teig verarbeiten.

5. Die gusseiserne Pfanne dünn mit Öl ausstreichen. Den Teig hineingeben und auf eine gleichmäßige Höhe von etwa 2,5 cm verstreichen.

6. In einer großen Schüssel gegrillte Steakstreifen, Salsa, geröstete Paprika und 200 g Käse vermischen. Auf dem Teig in der Pfanne verteilen, dabei einen 1 cm breiten äußeren Rand lassen.

7. Die Pfanne über *indirekte mittlere Hitze* stellen und das Tamal bei geschlossenem Deckel etwa 40 Min. garen, bis der Teig zu bräunen beginnt, dabei die Pfanne gelegentlich drehen. Den restlichen Käse darüberstreuen und 5–10 Min. weitergaren, bis der Teig an den Rändern goldbraun ist und der Käse zu schmelzen beginnt. Die Pfanne vorsichtig vom Grill nehmen und 10 Min. abkühlen lassen. Tamal in Dreiecke schneiden und servieren.

Wenn Ihnen der Sinn nach einem schnell zubereiteten Steak steht, ist Skirt-Steak die richtige Wahl. Aus dem Rinderzwerchfell geschnittene Skirt-Steaks sind normalerweise etwa 1,5 cm dick und brauchen deshalb nur etwa 5 Minuten auf dem Grill – genug Zeit, um ein paar Tomaten und Avocados zu würfeln. Ein paar Tortillas dazu und fertig ist das Abendessen. // Etwas mehr Zeit braucht man für ein Backblech voll herrlicher Nachos, die üblicherweise als Snack oder Vorspeise serviert werden. Zusammen mit dem Steakfleisch ergeben sie jedoch eine vollwertige Mahlzeit.

// Skirt-Steak

MEXIKANISCH

FÜR **4** PERSONEN

ZUBEREITUNGSZEIT: **10** MIN.

GRILLZEIT: **4** BIS **6** MIN.

// FÜR DIE WÜRZMISCHUNG
1½ TL reines Chilipulver
1 TL dunkler Vollrohrzucker
1 TL Knoblauchpulver
½ TL naturreines grobes Meersalz
¼ TL gemahlene Kreuzkümmelsamen

700 g Skirt-Steak (aus dem Rinderzwerchfell geschnitten), etwa 1,5–2 cm dick, überschüssiges Fett entfernt, in 30 cm lange Stücke geschnitten
1 EL Olivenöl

1. Den Grill für direkte starke Hitze (230–290 °C) vorbereiten.

2. Die Zutaten für die Würzmischung in einer kleinen Schüssel vermengen. Die Steaks auf beiden Seiten dünn mit Öl bestreichen, anschließend gleichmäßig mit der Würzmischung bestreuen. Vor dem Grillen das Fleisch 15–30 Min. Zimmertemperatur annehmen lassen.

3. Den Grillrost mit der Bürste reinigen. Die Steaks über *direkter starker Hitze* bei geschlossenem Deckel bis zum gewünschten Gargrad grillen, 4–6 Min. für rosa/rot bzw. *medium rare,* dabei ein- bis zweimal wenden. Bei Flammenbildung das Fleisch vorübergehend über indirekte Hitze legen. Steaks vom Grill nehmen und 3–5 Min. ruhen lassen.

4. Die Steaks quer zur Faser in 1 cm dicke Scheiben schneiden und sofort warm servieren. Nach Belieben Tomaten- und Avocadowürfel sowie warme Tortillas als Beilage reichen.

// Käse-Nachos
MIT STEAKFLEISCH UND SCHWARZEN BOHNEN

FÜR **6** BIS **8** PERSONEN; FÜR **12** BIS

15 PERSONEN ALS VORSPEISE

ZUBEREITUNGSZEIT: **30** MIN.

GRILLZEIT: **14** BIS **16** MIN.

ZUBEHÖR: GROSSES BACKBLECH

// FÜR DIE WÜRZPASTE
1 EL Olivenöl
1 EL zerdrückte Knoblauchzehen
1 TL reines Chilipulver
1 TL dunkler Vollrohrzucker
½ TL naturreines grobes Meersalz
½ TL Chipotle-Chilipulver
¼ TL gemahlene Kreuzkümmelsamen

700 g Skirt-Steak (aus dem Rinder-
    zwerchfell geschnitten), etwa 1,5–2 cm
    dick, überschüssiges Fett entfernt,
    in 30 cm lange Stücke geschnitten

// FÜR DIE SALSA
2 reife Avocados, Fruchtfleisch gewürfelt
3 reife Eiertomaten, gewürfelt
1 kleine rote Zwiebel, sehr fein gewürfelt
1 kleine Handvoll fein gehackte frische
    Korianderblätter
2–3 eingelegte Chilischoten (vorzugs-
    weise Jalapeño), sehr fein gehackt
3 EL frisch gepresster Limettensaft
3 Knoblauchzehen, zerdrückt
naturreines grobes Meersalz

350 g Tortilla-Chips
1 Dose (440 g Inhalt) schwarze Bohnen,
    abgespült und abgetropft
250 g pikanter Cheddar, gerieben
250 g milder Cheddar (vorzugsweise
    kalifornischer Monterey Jack), gerieben

1. Die Zutaten für die Würzpaste in einer kleinen Schüssel vermischen und die Steaks auf beiden Seiten damit bestreichen. Vor dem Grillen 15–30 Min. Zimmertemperatur annehmen lassen.

2. Die Zutaten für die Salsa in einer mittelgroßen Schüssel vermengen und mit Salz abschmecken. Etwa 30 Min. bei Zimmertemperatur ziehen lassen, damit sich die Aromen verbinden können.

3. Den Grill für direkte starke Hitze (230–290 °C) vorbereiten.

4. Den Grillrost mit der Bürste reinigen. Die Steaks über *direkter starker Hitze* bei geschlossenem Deckel bis zum gewünschten Gargrad grillen, 4–6 Min. für rosa/rot bzw. *medium rare,* dabei ein- bis zweimal wenden. Bei Flammenbildung das Fleisch vorübergehend über indirekte Hitze legen. Die Steaks vom Grill nehmen und 3–5 Min. ruhen lassen, anschließend in mundgerechte Stücke schneiden.

5. In zwei Lagen jeweils Tortilla-Chips, Steakfleisch, schwarze Bohnen und Käse auf das Backblech schichten. Das Blech über *direkter starker Hitze* bei geschlossenem Deckel etwa 5 Min. auf den Grillrost stellen, bis der Käse geschmolzen ist. Die Nachos heiß auf dem Blech servieren und die Salsa dazu reichen.

Skirt-Steak ist nicht ganz so zart wie anderes Steakfleisch, punktet aber durch seinen intensiven Rindfleischgeschmack, der durch die Würzpaste zusätzlich gewinnt. Dazu schmecken gegrillte Eiertomaten, die vor dem Grillen mit derselben Würzpaste bestrichen wurden. Skirt-Steaks nach dem Grillen immer dünn aufschneiden, dann sind sie schön mürbe. // Sie können das Fleisch aber auch nur auf dem Grill anbraten und dann wie im Rezept rechts etwa 1 Stunde in einem Chili mitgaren.

1. Den Grill für direkte und indirekte mittlere Hitze (175–230 °C) vorbereiten.

2. Die Zutaten für die Würzpaste mit 1½ TL Salz in einer kleinen Schüssel verrühren. 2 EL von der Paste in einer mittelgroßen Schüssel beiseitestellen. Die Steaks auf beiden Seiten mit der restlichen Würzpaste bestreichen. Vor dem Grillen das Fleisch 15–30 Min. Zimmertemperatur annehmen lassen.

3. Tomaten in die mittelgroße Schüssel geben und behutsam in der Würzpaste wenden. Den Grillrost mit der Bürste reinigen. Tomaten über *indirekter mittlerer Hitze* bei geschlossenem Deckel 12–15 Min. grillen, bis sie sehr weich sind und stellenweise dunkel werden. Einmal wenden. Vom Grill nehmen und salzen.

4. Die Steaks über *direkter mittlerer Hitze* bei geschlossenem Deckel bis zum gewünschten Gargrad grillen, 4–6 Min. für rosa/rot bzw. *medium rare,* dabei ein- bis zweimal wenden. Bei Flammenbildung vorübergehend über indirekte Hitze legen. Vom Grill nehmen, 3–5 Min. ruhen lassen.

5. Das Fleisch quer zur Faser in 0,5 cm dicke Scheiben schneiden. Warm mit den Tomaten und nach Belieben mit den Kräutern bestreut servieren.

// Südstaatensteak
MIT GEGRILLTEN TOMATEN

FÜR **4** PERSONEN

ZUBEREITUNGSZEIT: **15** MIN.

GRILLZEIT: **16** BIS **21** MIN.

// FÜR DIE WÜRZPASTE
4 EL Olivenöl
1 EL Apfelessig
1 EL reines Chilipulver
1 EL geräuchertes Paprikapulver
2 TL Knoblauchpulver
1 TL gemahlene Kreuzkümmelsamen
½ TL frisch gemahlener schwarzer Pfeffer
naturreines grobes Meersalz

900 g Skirt-Steak (aus dem Rinderzwerchfell geschnitten) etwa 2 cm dick, überschüssiges Fett entfernt, in 30 cm lange Stücke geschnitten
4 mittelgroße Eiertomaten, entkernt, längs halbiert
2 EL fein gehackte glatte Petersilien- oder Basilikumblätter (nach Belieben)

// Chili mit Steakfleisch

UND BOHNEN

FÜR **6** BIS **8** PERSONEN

ZUBEREITUNGSZEIT: **30** MIN.

GRILLZEIT: **4** BIS **6** MIN.,
PLUS **60** BIS **75** MIN. FÜR DAS CHILI

// FÜR DIE WÜRZMISCHUNG
2 TL gemahlene Kreuzkümmelsamen
naturreines grobes Meersalz
frisch gemahlener schwarzer Pfeffer

450 g Skirt-Steak (aus dem Rinderzwerchfell geschnitten), etwa 2 cm dick,
überschüssiges Fett entfernt, in 30 cm
lange Stücke geschnitten
Öl

// FÜR DAS CHILI
3 Zwiebeln, fein gewürfelt
1 EL zerdrückte Knoblauchzehen
2 EL reines Chilipulver
2 TL getrockneter Oregano
2 Dosen (je 420 g Inhalt) Chilibohnen
in Sauce
1 große Dose (800 g Inhalt) stückige
Tomaten
350 ml Guinness (dunkles irisches Bier)
2 EL Apfelessig
½ TL Worcestersauce

225 g Cheddar, fein gerieben

1. Den Grill für direkte mittlere Hitze
(175–230 °C) vorbereiten.

2. Für die Würzmischung Kreuzkümmel,
1 TL Salz und 1 TL Pfeffer in einer kleinen
Schüssel vermischen. Die Steaks auf
beiden Seiten mit etwas Öl bestreichen
und gleichmäßig mit der Würzmischung
bestreuen. Vor dem Grillen 15–30 Min.
Zimmertemperatur annehmen lassen.

3. Den Grillrost mit der Bürste reinigen.
Die Steaks über *direkter mittlerer Hitze*
bei geschlossenem Deckel 4–6 Min. grillen,
bis sie rosa/rot bzw. *medium-rare* sind,
dabei einmal wenden. Steaks vom Grill
nehmen, 3–5 Min. ruhen lassen, anschließend in 1 cm große Stücke schneiden.

4. In einem großen Topf 1 EL Öl auf mittlerer Stufe erhitzen. Zwiebeln und Knoblauch darin in etwa 5 Min. weich dünsten,
dabei gelegentlich umrühren. Chilipulver
und Oregano einrühren und 1–2 Min. garen,
bis die Gewürze zu duften beginnen. Die
restlichen Zutaten für das Chili hinzufügen
und auf hoher Stufe zum Kochen bringen.
Die Hitze reduzieren, das Fleisch dazugeben und im verschlossenen Topf 20 Min.
köcheln lassen, anschließend ohne Deckel
40–50 Min. weiterköcheln lassen, bis das
Chili auf die gewünschte Konsistenz eingekocht ist. Gelegentlich durchrühren,
damit nichts ansetzt. Chili mit Salz und
Pfeffer abschmecken, mit geriebenem
Käse bestreuen und warm servieren.

Mit einem Stück Würzbutter lassen sich einfache Steaks schnell und unkompliziert aufwerten. Weiche Butter wird mit verschiedenen Zutaten und Gewürzen vermischt, nach Belieben zu einer Rolle geformt und kalt gestellt. Im unten stehenden Rezept verleihen Ziegenkäse und Tomatenmark der Butter eine herb-würzige Note. Es lohnt sich, gleich die doppelte Menge herzustellen, denn sie passt zu vielen Steak- und Fleischgerichten vom Grill. // Im Rezept rechts wird raumtemperierter Ziegenkäse direkt auf die Steaks gebröckelt. Zusammen mit kurz eingelegten roten Zwiebeln, Rucola und gegrillter Paprika bildet er ein raffiniertes Gegengewicht zum einfach gewürzten Fleisch.

// Falsches Filet

MIT ZIEGENKÄSE-TOMATEN-BUTTER

FÜR **6** PERSONEN

ZUBEREITUNGSZEIT: **20** MIN.,
PLUS ETWA **1** STD. ZUM KÜHLEN DER
BUTTER (NACH BELIEBEN)

GRILLZEIT: **4** BIS **6** MIN.

60 g weiche Butter
60 g Ziegenkäse, raumtemperiert
1 EL Tomatenmark
¼ TL fein gehackte frische Thymianblätter
naturreines grobes Meersalz
frisch gemahlener schwarzer Pfeffer

6 Steaks vom falschen Filet (Schulterfilet),
  175–225 g schwer und 2 cm dick, überschüssiges Fett und Sehnen entfernt
Olivenöl
½ TL Knoblauchpulver

1. Butter, Käse, Tomatenmark, Thymian und je 1 kräftige Prise Salz und Pfeffer in einer kleinen Schüssel mit einer Gabel zerdrücken und gut vermischen. Wer wenig Zeit hat, kann die gegrillten Steaks mit der jetzt servierfertigen Würzbutter bestreichen. Stilvoller ist es jedoch, die Butter in einer Lage Frischhaltefolie zu einer 4 cm dicken Rolle zu formen, 1 Std. kalt zu stellen und später in Scheiben auf die Steaks zu legen.

2. Den Grill für direkte mittlere Hitze (175–230 °C) vorbereiten.

3. Die Steaks auf beiden Seiten dünn mit Öl bestreichen und gleichmäßig mit Knoblauchpulver, Salz und Pfeffer würzen. Vor dem Grillen das Fleisch 15–30 Min. Zimmertemperatur annehmen lassen.

4. Den Grillrost mit der Bürste reinigen. Die Steaks über *direkter mittlerer Hitze* bei geschlossenem Deckel bis zum gewünschten Gargrad grillen, 4–6 Min. für rosa/rot bzw. *medium rare,* dabei ein- bis zweimal wenden. Bei Flammenbildung das Fleisch vorübergehend über indirekte Hitze legen. Die Steaks vom Grill nehmen, 3–5 Min. ruhen lassen, dann quer zur Faser in dünne Scheiben schneiden. Die Steakscheiben sofort mit Würzbutter bestreichen oder gekühlte Butterscheiben daraufgeben und warm servieren.

// Bistro-Steaks

MIT EINGELEGTEN ZWIEBELN UND RUCOLA

FÜR **4** PERSONEN

ZUBEREITUNGSZEIT: **30** MIN.

GRILLZEIT: **16** BIS **21** MIN.

½ kleine rote Zwiebel, in dünne Ringe
   geschnitten
125 ml Rotweinessig
1 TL Zucker
naturreines grobes Meersalz

¾ TL Knoblauchpulver
¾ TL fein gehackte frische Thymianblätter
¼ TL frisch gemahlener schwarzer Pfeffer

4 Steaks vom falschen Filet (Schulterfilet),
   175–225 g schwer und 2 cm dick, überschüssiges Fett und Sehnen entfernt
Olivenöl

1 große rote Paprikaschote
60 g zarte Rucolablätter
150 g Ziegenkäse, raumtemperiert

1. Zwiebeln, Essig, Zucker und ¼ TL Salz in einer kleinen Schüssel vermischen. Bis zum Servieren bei Zimmertemperatur beiseitestellen.

2. Den Grill für direkte mittlere Hitze (175–230 °C) vorbereiten.

3. Knoblauchpulver, Thymian, Pfeffer und ½ TL Salz in einer zweiten kleinen Schüssel vermengen. Die Steaks auf beiden Seiten dünn mit Öl bestreichen und gleichmäßig mit der Würzmischung bestreuen. Vor dem Grillen das Fleisch 15–30 Min. Zimmertemperatur annehmen lassen.

4. Den Grillrost mit der Bürste reinigen. Die Paprikaschote über *direkter mittlerer Hitze* bei geschlossenem Deckel 12–15 Min. grillen, dabei gelegentlich wenden, bis die Haut rundherum schwarz ist und Blasen wirft. Paprika in eine Schüssel legen, mit Frischhaltefolie abdecken und 10 Min. ausdampfen lassen. Die Schoten aus der Schüssel nehmen, die verkohlte Haut abziehen, Stielansatz und Kerne entfernen und das Fruchtfleisch klein schneiden.

5. Die Steaks über *direkter mittlerer Hitze* bei geschlossenem Deckel bis zum gewünschten Gargrad grillen, 4–6 Min. für rosa/rot bzw. *medium rare,* dabei ein- bis zweimal wenden. Bei Flammenbildung das Fleisch vorübergehend über indirekte Hitze legen. Die Steaks vom Grill nehmen, 3–5 Min. ruhen lassen, dann quer zur Faser in dünne Scheiben schneiden.

6. Eingelegte Zwiebeln, Steakfleisch, Rucola und Paprika auf vier Teller verteilen und den Ziegenkäse darüberbröckeln. Mit Salz und Pfeffer würzen. Warm servieren.

Wenn die Zeit knapp ist, konzentriert man sich am besten auf einfache, bewährte Aromen, wie zum Beispiel Lammkoteletts mit Minze und Zitrone. Frischer Minzejoghurt und gegrillter Chicorée schaffen ein Gegengewicht zur Reichhaltigkeit des Fleischs – und alles ist in 15 Minuten fertig. // Wirklich beeindrucken können Sie Ihre Gäste mit dem rechten Rezept, einem Lammkarree, das im Ganzen gegrillt und dann in Koteletts zerteilt auf Tabouleh serviert wird, plus einem orientalischen Salat aus gekochtem Bulgur mit Pistazien und getrockneten Früchten. Schneller geht es, wenn Sie sich vom Metzger das Fleisch küchenfertig vorbereiten lassen – die Knochen sollten freigeschabt, das Fleisch von überschüssigem Fett und Silberhaut befreit sein. Für Gäste mit größerem Appetit empfiehlt es sich, zwei Karrees zu grillen und dafür die doppelte Menge Würzpaste zuzubereiten.

// Lammkoteletts mit Chicorée

FÜR 4 PERSONEN

ZUBEREITUNGSZEIT: 15 MIN.

GRILLZEIT: ETWA 6 MIN.

1 EL plus 2 TL sehr fein gehackte frische
 Minzeblätter
2 TL frisch gepresster Zitronensaft
1 TL gemahlene Kreuzkümmelsamen
Olivenöl
naturreines grobes Meersalz
frisch gemahlener schwarzer Pfeffer
16 Lammkoteletts (vom Karree), je etwa
 2 cm dick, überschüssiges Fett entfernt
4 Köpfe Chicorée, längs halbiert
125 g griechischer Naturjoghurt

1. Den Grill für direkte mittlere Hitze (175–230 °C) vorbereiten.

2. In einer großen Schüssel 1 EL Minzeblätter, 1 TL Zitronensaft, den Kreuzkümmel, 1 EL Öl, ½ TL Salz und ½ TL Pfeffer mit dem Schneebesen verrühren. Die Lammkoteletts einlegen, in der Mischung wenden und vor dem Grillen 15–30 Min. Zimmertemperatur annehmen lassen. Halbierte Chicoréeköpfe auf beiden Seiten mit Öl bestreichen, salzen und pfeffern.

3. Joghurt, restliche Minze und restlichen Zitronensaft in einer kleinen Schüssel vermischen.

4. Den Grillrost mit der Bürste reinigen. Die Lammkoteletts und den Chicorée über *direkter mittlerer Hitze* bei geschlossenem Deckel etwa 6 Min. grillen, bis das Fleisch rosa/rot bzw. *medium rare* und der Chicorée weich ist, dabei Fleisch und Salathälften ein- bis zweimal wenden. Vom Grill nehmen und die Lammkoteletts 3–5 Min. ruhen lassen. Koteletts und Chicorée auf Tellern anrichten und warm mit dem Minzjoghurt servieren.

FÜR **4** PERSONEN

ZUBEREITUNGSZEIT: **40** MIN.

GRILLZEIT: **15** BIS **20** MIN.

// Türkisches Lammkarree

MIT TABOULEH

// FÜR DEN SALAT

1 TL naturreines grobes Meersalz

225 g Bulgur (vorgegarter grober Hartweizengrieß)

85 g geröstete Pistazienkerne ohne Salz

1 Handvoll frische Minzeblätter, gehackt

5 EL Korinthen

75 g getrocknete Aprikosen, gehackt

// FÜR DAS DRESSING

3 EL Olivenöl

3 EL frisch gepresster Zitronensaft

¾ TL gemahlene Kreuzkümmelsamen

¼ TL gemahlener Zimt

// FÜR DIE WÜRZPASTE

2 EL Olivenöl

1 EL getrocknete Minzeblätter

½ TL gemahlene Kreuzkümmelsamen

¼ TL gemahlener Zimt

¼ TL naturreines grobes Meersalz

¼ TL frisch gemahlener schwarzer Pfeffer

1 Lammkarree mit 8 Rippenknochen, etwa 700 g, küchenfertig vorbereitet, überschüssiges Fett entfernt

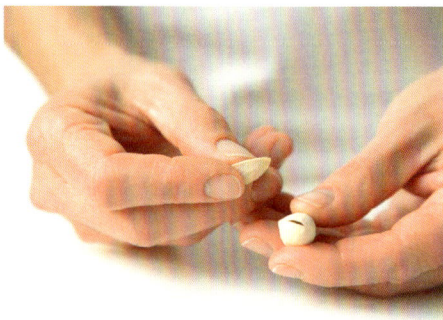

Um eine fest verschlossene Pistazie zu öffnen, schiebt man das spitze Ende einer halben Pistazienschale in die Öffnung und hebelt die Schale auf.

1. Einen großen Topf zu zwei Dritteln mit Wasser füllen und das Wasser aufkochen. Salz und Bulgur hinzufügen und den Bulgur in etwa 14 Min. weich, aber noch bissfest garen. Gelegentlich umrühren. Abgießen, unter kaltem Wasser abspülen und abtropfen lassen. Mit den Händen portionsweise überschüssiges Wasser ausdrücken und den Bulgur in eine große Schüssel geben. Die restlichen Zutaten für den Salat unterheben.

2. Die Zutaten für das Dressing in einer kleinen Schüssel verrühren und den Tabouleh-Salat damit anmachen.

3. Den Grill für direkte mittlere Hitze (175–230 °C) vorbereiten.

4. Die Zutaten für die Würzpaste in einer kleinen Schale gut vermischen und das Lammkarree damit auf allen Seiten bestreichen. Vor dem Grillen 15–30 Min. Zimmertemperatur annehmen lassen.

5. Den Grillrost mit der Bürste reinigen. Lammkarree zunächst mit der Knochenseite nach unten über **direkter mittlerer Hitze** bei geschlossenem Deckel bis zum gewünschten Gargrad grillen, 15–20 Min. für rosa/rot bzw. *medium rare,* dabei ein- bis zweimal wenden. Bei Flammenbildung das Karree über indirekte Hitze legen. Vom Grill nehmen und 3–5 Min. ruhen lassen. Das Fleisch zwischen den Knochen in einzelne Koteletts schneiden und warm mit dem Tabouleh-Salat servieren.

93

Die dunkle, aus fermentierten Sojabohnen gewonnene Teriyaki-Sauce hat einen unvergleichlichen Geschmack mit ihren salzigen, süßen und vor allem Umami-Noten, jener fünften Qualität des Geschmackssinns. Im unten stehenden Rezept wird die fertige Sauce noch mit Orangenschale verfeinert und ergibt so eine ideale Glasur für Lammkoteletts und Frühlingszwiebeln.
// Im Rezept rechts werden ganze Lammkarrees in einer selbst gemachten Teriyaki-Sauce mariniert, die mit etwas zusätzlichem Reisessig vermischt auch als Dressing für den Salat aus gegrillten Auberginen und Paprikaschoten dient.

// Teriyaki-Lammkoteletts
MIT GEGRILLTEN FRÜHLINGSZWIEBELN

FÜR **4** PERSONEN

ZUBEREITUNGSZEIT: **5** MIN.

GRILLZEIT: **8** BIS **10** MIN.

125 ml Teriyaki-Sauce (Asia-Laden)
fein abgeriebene Schale von
  1 Bio-Orange
8 Frühlingszwiebeln, Wurzelenden
  entfernt
8 Lammkoteletts (aus der Lende),
  je etwa 3 cm dick
2 TL Sesamsamen, geröstet

1. Den Grill für direkte mittlere Hitze (175–230 °C) vorbereiten.

2. Teriyaki-Sauce mit der Orangenschale in einer kleinen Schüssel verrühren.

3. Die Frühlingszwiebeln auf einem Teller mit etwas Orangen-Teriyaki bestreichen.

4. Die Lammkoteletts vor dem Grillen 15–30 Min. Zimmertemperatur annehmen lassen.

5. Den Grillrost mit der Bürste reinigen. Koteletts über *direkter mittlerer Hitze* bei geschlossenem Deckel bis zum gewünschten Gargrad grillen, 8–10 Min. für rosa/rot bzw. *medium rare,* dabei einmal wenden und mit Orangen-Teriyaki bestreichen. In den letzten 2–3 Min. die Frühlingszwiebeln über *direkter mittlerer Hitze* grillen, dabei ein- bis zweimal wenden, bis sie rundherum das typische Grillmuster angenommen haben und etwas zusammengefallen sind. Frühlingszwiebeln und Koteletts vom Rost nehmen, das Fleisch 3–5 Min. ruhen lassen.

6. Jeweils 2 Koteletts und 2 Frühlingszwiebeln auf Tellern anrichten und mit Sesam bestreuen. Warm servieren und nach Belieben Reis dazu reichen.

FÜR **4** PERSONEN

ZUBEREITUNGSZEIT: **30** MIN.

MARINIERZEIT: **4** BIS **6** STD.

GRILLZEIT: **21** BIS **28** MIN.

// Teriyaki-Lammkarrees
MIT GEGRILLTEM AUBERGINEN-PAPRIKA-SALAT

// FÜR DIE TERIYAKI-MARINADE
250 ml salzarme Sojasauce
100 g heller Vollrohrzucker
5 EL Reisessig
2 EL Sesamöl (geröstet)
2 EL fein gehackte Knoblauchzehen
2 EL fein geriebener frischer Ingwer

2 Lammkarrees mit jeweils 8 Rippenknochen, je etwa 700 g, küchenfertig
zubereitet, überschüssiges Fett entfernt

// FÜR DEN SALAT
3 lange, schlanke Auberginen,
(etwa 350 g)
1 rote und 1 gelbe Paprikaschote
1 EL Reisessig
2 Frühlingszwiebeln, nur die weißen und
hellgrünen Teile in dünne Scheiben
geschnitten
4 EL fein gehackte frische Korianderblätter
2 TL Sesamsamen, geröstet

1. Die Zutaten für die Marinade in einer
kleinen Schüssel verrühren, bis sich der
Zucker aufgelöst hat. Die Lammkarrees
in einen großen, wiederverschließbaren
Plastikbeutel geben und 300 ml von der
Marinade dazugießen. Restliche Marinade
beiseitestellen. Die Luft aus dem Beutel
streichen, den Beutel fest verschließen
und mehrmals wenden, bis sich die Marinade gleichmäßig verteilt hat. 4–6 Std.
kalt stellen, dabei den Beutel ein- bis
zweimal wenden. 15–30 Min. vor dem
Grillen aus dem Kühlschrank nehmen.

2. Die Auberginen längs in 1 cm dicke
Scheiben schneiden. Paprikaschoten

putzen und in 2 cm breite Streifen
schneiden. Das Gemüse in eine große
Schüssel füllen, 4 EL Marinade dazugeben
und gut vermischen.

3. Den Grill für direkte mittlere Hitze
(175–230 °C) vorbereiten.

4. Den Grillrost mit der Bürste reinigen.
Auberginen und Paprika über **direkter
mittlerer Hitze** bei geschlossenem Deckel
6–8 Min. grillen, bis sie weich und leicht
gebräunt sind, dabei ein- bis zweimal
wenden. In einer mit Alufolie abgedeckten
flachen Schale warm halten.

5. Die Lammkarrees aus der Marinade
nehmen, die Marinade wegschütten. Das
Fleisch zuerst mit der Knochenseite nach

unten über **direkte mittlere Hitze** legen
und bei geschlossenem Deckel bis zum
gewünschten Gargrad grillen, 15–20 Min.
für rosa/rot bzw. *medium rare,* dabei
ein- bis zweimal wenden. Bei Flammenbildung vorübergehend über indirekte
Hitze legen. Die gegrillten Karrees auf
einer locker mit Alufolie abgedeckten
Platte 5–10 Min. ruhen lassen.

6. Verkohlte Haut vom Gemüse entfernen,
das Fruchtfleisch in Stücke schneiden.

7. In einer großen Salatschüssel die restliche Marinade mit 1 EL Reisessig zu einem
Dressing verrühren. Auberginen, Paprika,
Frühlingszwiebeln, Koriander und Sesam
zufügen und vermischen. Das Lammkarree
warm mit dem Salat servieren.

// Lammkeule

MIT PESTO-AÏOLI

Zwei Rezepte, die sich besonders gut für ein Buffet eignen: Ausgelöste und flach aufgeschnittene Lammkeule kann ähnlich wie Roastbeef warm oder bei Zimmertemperatur serviert werden, dazu wird klassischerweise Pesto gereicht. Im unten stehenden Rezept wird fertiges Pesto aus dem Glas mit Knoblauch und Mayonnaise aufgepeppt – was auch einen ausgezeichneten Aufstrich für Sandwiche ergibt. // Im Rezept rechts werden die Grundzutaten für Pesto, also Basilikum, Knoblauch, Parmesan und Pinienkerne, wie ein Salat über das Fleisch gegeben.

1. Die Zutaten für die Aïoli in einer kleinen Schüssel vermischen. Beiseitestellen.

2. Das Lammfleisch auf allen Seiten mit Öl bestreichen und gleichmäßig mit Salz und Pfeffer würzen. Vor dem Grillen 15–30 Min. Zimmertemperatur annehmen lassen.

3. Den Grill für direkte und indirekte mittlere Hitze (175–230 °C) vorbereiten.

4. Den Grillrost mit der Bürste reinigen. Das Lammfleisch über *direkter mittlerer Hitze* bei geschlossenem Deckel 10 bis 15 Min. grillen, dabei einmal wenden, bis es auf beiden Seiten gut gebräunt ist. Anschließend über *indirekter mittlerer Hitze* bei geschlossenem Deckel bis zum gewünschten Gargrad fertig grillen, 20 bis 30 Min. für rosa/rot bzw. *medium rare*. Fleisch vom Grill nehmen und 5–10 Min. ruhen lassen.

5. Lammfleisch quer in 0,5 cm dicke Scheiben schneiden und warm mit der Pesto-Aïoli servieren.

FÜR **6** BIS **8** PERSONEN

ZUBEREITUNGSZEIT: **15** MIN.

GRILLZEIT: **30** BIS **45** MIN.

// FÜR DIE AÏOLI

200 g grünes Pesto (aus dem Glas)
125 ml Mayonnaise
1 Knoblauchzehe, zerdrückt

1,25 kg ausgelöste Lammkeule, flach aufgeschnitten (Schmetterlingsschnitt), überschüssiges Fett entfernt
3 EL Olivenöl
1 EL naturreines grobes Meersalz
1½ TL frisch gemahlener schwarzer Pfeffer

// Lammkeule

MIT PESTOZUTATEN

FÜR **6** BIS **8** PERSONEN

ZUBEREITUNGSZEIT: **30** MIN.

GRILLZEIT: **30** BIS **45** MIN.

3 EL Olivenöl
8 Knoblauchzehen, zerdrückt
1,25 kg ausgelöste Lammkeule,
   flach aufgeschnitten (Schmetterlingsschnitt), überschüssiges Fett entfernt
1 EL naturreines grobes Meersalz
1½ TL frisch gemahlener schwarzer Pfeffer

3 Eiertomaten, in feine Scheiben
   geschnitten
1 große Handvoll frische Basilikumblätter,
   in kleine Stücke gezupft
125 g entsteinte Kalamata-Oliven, halbiert

50 g Parmesan am Stück
5 EL Pinienkerne, geröstet

*Um eine ausgelöste Lammkeule gleich-
mäßig grillen zu können, müssen die dicksten Stellen flacher geschnitten bzw. schräg
eingeschnitten und wie ein Buch aufge-
klappt werden (Schmetterlingsschnitt).*

1. Öl und Knoblauch in einer kleinen
Schüssel vermischen und das aufgeschnit-
tene Lammfleisch auf allen Seiten damit
bestreichen, anschließend mit Salz und
Pfeffer würzen. Vor dem Grillen 15–30 Min.
Zimmertemperatur annehmen lassen.

2. Den Grill für direkte und indirekte mittlere Hitze (175–230 °C) vorbereiten.

3. Den Grillrost mit der Bürste reinigen.
Das Fleisch über *direkter mittlerer Hitze*
bei geschlossenem Deckel 10–15 Min.
grillen, dabei einmal wenden, bis es auf

beiden Seiten gut gebräunt ist. Über
indirekter mittlerer Hitze bei geschlossenem Deckel bis zum gewünschten Gargrad fertig grillen, 20–30 Min. für rosa/rot
bzw. *medium rare*. Vom Grill nehmen und
5–10 Min. ruhen lassen.

4. Das Lammfleisch quer in 0,5 cm dicke
Scheiben schneiden und auf einzelnen
Tellern mit Tomatenscheiben, Basilikum
und Oliven anrichten. Mit einem Spar-
schäler Parmesanspäne darüber abziehen, alles mit Pinienkernen bestreuen und
sofort servieren.

Das Pastoren- oder Bürgermeisterstück, englisch *tri-tip,* erfreut sich in Kalifornien und in anderen westlichen Bundesstaaten der USA großer Beliebtheit. In vielen anderen Haushalten ist dieses Bratenstück jedoch nahezu unbekannt, was schade ist, denn geschmacklich ist das Fleisch äußerst hochwertig und dabei vergleichsweise preiswert. Das unten stehende Rezept kombiniert dazu sahnige Zwiebel- und Chilistreifen aus der Pfanne. // Traditionell mexikanisch ist die Kombination mit schwarzen Bohnen, Mais-Salsa und mexikanischem Cotija-Käse wie im Rezept rechts. Wenn es in Ihrer Nähe keinen Cotija gibt, können Sie stattdessen Feta nehmen.

// Rinderbraten
MIT SAHNIGEN ZWIEBEL- UND CHILISTREIFEN

FÜR **4** BIS **6** PERSONEN

ZUBEREITUNGSZEIT: **15** MIN.

GRILLZEIT: **33** BIS **45** MIN.

// FÜR DAS GEMÜSE
3 mittelgroße milde Chilischoten
   (vorzugsweise Poblano)
3 EL Olivenöl
1 TL Chilipulver (Gewürzmischung)
naturreines grobes Meersalz
frisch gemahlener schwarzer Pfeffer

1 Rinderbraten (Bürgermeister- bzw. Pastorenstück), 700–900 g schwer, überschüssiges Fett und Silberhaut entfernt
1 mittelgroße rote Zwiebel, halbiert und in
   0,5 cm breite Streifen geschnitten
125 g Sahne
¼ TL getrockneter Oregano

1. Den Grill für direkte und indirekte mittlere Hitze (175–230 °C) vorbereiten.

2. Den Grillrost mit der Bürste reinigen. Die Chilischoten über *direkter mittlerer Hitze* bei geschlossenem Deckel 10–15 Min. grillen, bis die Haut stellenweise schwarz ist, dabei gelegentlich wenden. In eine Schüssel geben, mit Frischhaltefolie abdecken und mind. 10 Min. ausdampfen lassen. Die Schoten aus der Schüssel nehmen, die verkohlte Haut abziehen, Stielansätze und Samen entfernen. Fruchtfleisch in 1 cm breite Streifen schneiden.

3. In einer kleinen Schüssel 2 EL Öl, Chilipulver, 1 TL Salz und ½ TL Pfeffer vermischen. Den Braten auf allen Seiten damit bestreichen. Vor dem Grillen 15–30 Min. Zimmertemperatur annehmen lassen.

4. Inzwischen 1 EL Öl in einer großen schweren Pfanne auf mittlerer Stufe erhitzen. Zwiebel- und Chilistreifen darin in 5–10 Min. unter häufigem Rühren weich dünsten. Sahne und Oregano einrühren und mit Salz und Pfeffer würzen. Alles 3–5 Min. köcheln lassen, bis die Sahne leicht andickt und die Zwiebel- und Chilistreifen überzieht. Beiseitestellen.

5. Den Rinderbraten über *direkter mittlerer Hitze* bei geschlossenem Deckel 8–10 Min. anbraten, dabei einmal wenden. Das Fleisch über *indirekte mittlere Hitze* legen und bei geschlossenem Deckel bis zum gewünschten Gargrad fertig grillen, 15–20 Min. für rosa/rot bzw. *medium rare.* Vom Grill nehmen und etwa 5 Min. ruhen lassen.

6. Chili-Zwiebel-Mischung auf mittlerer Stufe erneut erhitzen. Den Braten quer zur Faser dünn aufschneiden und warm mit den sahnigen Zwiebel- und Chilistreifen servieren. Nach Belieben Reis und Limettenspalten dazu reichen

FÜR **4** BIS **6** PERSONEN

ZUBEREITUNGSZEIT: **30** MIN.

GRILLZEIT: **33** BIS **45** MIN.

// Rinderbraten
MIT SCHWARZEN BOHNEN, MAIS-SALSA UND COTIJA-KÄSE

// FÜR DIE SALSA
2 frische Maiskolben, Hüllblätter entfernt
125 g Kirschtomaten, geviertelt
1 kleine rote Zwiebel, fein gewürfelt
2 EL fein gehackte frische Basilikum-
   oder Korianderblätter
2–3 TL fein gehackte scharfe Chilischoten
   (vorzugsweise Serrano)
2 TL frisch gepresster Limettensaft
Olivenöl
naturreines grobes Meersalz
frisch gemahlener schwarzer Pfeffer

1 TL Ancho-Chilipulver
1 TL gemahlene Kreuzkümmelsamen
1 Rinderbraten (Bürgermeister- bzw. Pastorenstück), 700–900 g schwer, überschüssiges Fett und Silberhaut entfernt
1 Dose (440 g Inhalt) schwarze Bohnen,
   abgespült
1 Romanasalatherz, in feine
   Streifen geschnitten
60 g mexikanischer Cotija-Käse,
   (ersatzweise Feta), zerbröckelt

1. Den Grill für direkte und indirekte mittlere Hitze (175–230 °C) vorbereiten.

2. Den Grillrost mit der Bürste reinigen.
Den Mais über **direkter mittlerer Hitze** bei
geschlossenem Deckel 10–15 Min. grillen,
bis er stellenweise braun ist, dabei gelegentlich wenden. Vom Grill nehmen und
abkühlen lassen. Die Maiskörner von den
Kolben schneiden und in eine mittelgroße
Schüssel geben. Die restlichen Zutaten
für die Salsa, 2 EL Öl, ½ TL Salz und ¼ TL
Pfeffer hinzufügen und alles gut vermischen. (Die Salsa kann bis zu 6 Std. im
Voraus zubereitet werden. Abgedeckt im
Kühlschrank aufbewahren und 1 Std. vor

dem Servieren Zimmertemperatur
annehmen lassen).

3. 2 EL Öl in einer kleinen Schüssel mit
dem Chilipulver, Kreuzkümmel, 1 TL Salz
und ½ TL Pfeffer vermischen. Den Braten
auf allen Seiten damit bestreichen. Vor
dem Grillen 15–30 Min. Zimmertemperatur
annehmen lassen.

4. Den Rinderbraten über **direkter mittlerer Hitze** bei geschlossenem Deckel
8–10 Min. anbraten, dabei einmal wenden,
bis er auf beiden Seiten ein deutliches
Grillmuster angenommen hat. Anschließend über **indirekte mittlere Hitze** legen,

den Deckel wieder schließen und bis zum
gewünschten Gargrad fertig grillen, 15 bis
20 Min. für rosa/rot bzw. *medium rare*.
Vom Grill nehmen und etwa 5 Min. ruhen
lassen. Das Fleisch quer zur Faser dünn
aufschneiden.

5. Die Bohnen mit 1 EL Öl in einem mittelgroßen schweren Topf auf kleiner Stufe
etwa 5 Min. erhitzen, dabei ein- bis zweimal umrühren. Vom Herd nehmen und mit
Salz und Pfeffer würzen.

6. Das Fleisch mit schwarzen Bohnen,
Salat, Käse und Salsa auf Tellern anrichten
und servieren.

99

Richtig zubereitet, wird das Bürgermeister- oder Pastorenstück wunderbar saftig und zart. Dafür sollte es etwa 10 Minuten über direkter Hitze scharf angebraten und dann etwa 20 Minuten über indirekter Hitze sanft fertig gegrillt werden. Dünn aufgeschnitten ist es eine Delikatesse in Sandwiches. Wer weniger Zeit hat, sollte sein Bratensandwich aus Strip- oder Flank-Steaks zubereiten, die nach kaum 10 Minuten auf dem Grill fertig sind. // Wenn Sie etwas mehr Zeit haben, lassen Sie den Braten vor dem Grillen etwa 2 Stunden in einer trockenen Würzmischung im Kühlschrank ziehen, wie im Rezept rechts. Zum fertigen Braten schmecken Mangold und Spinat sehr gut.

// Bratensandwich
MIT CURRY-MAYONNAISE

FÜR **4** PERSONEN

ZUBEREITUNGSZEIT: **10** MIN.

GRILLZEIT: **28** BIS **40** MIN.

// FÜR DIE MAYONNAISE
125 ml Mayonnaise
1½ TL Currypulver
1 TL zerdrückte Knoblauchzehen
1 TL frisch gepresster Zitronensaft
naturreines grobes Meersalz

1 Rinderbraten (Bürgermeister- bzw. Pastorenstück), 700–900 g schwer und etwa 4 cm dick, Fett und Silberhaut entfernt
½ TL frisch gemahlener schwarzer Pfeffer

4 Ciabatta-Brötchen, aufgeschnitten
125 g zarte Rucolablätter oder frische Brunnenkresse
½ kleine rote Zwiebel, in dünne Ringe geschnitten

1. Die Zutaten für die Mayonnaise in einer mittelgroßen Schüssel mit ½ TL Salz vermischen. Bis zum Servieren kalt stellen.

2. Den Braten gleichmäßig mit ¾ TL Salz und dem Pfeffer würzen. Vor dem Grillen 15–30 Min. Zimmertemperatur annehmen lassen.

3. Den Grill für direkte und indirekte mittlere Hitze (175–230 °C) vorbereiten.

4. Den Grillrost mit der Bürste reinigen. Den Braten über *direkter mittlerer Hitze* bei geschlossenem Deckel 8–10 Min.

anbraten, dabei einmal wenden, bis er auf beiden Seiten ein deutliches Grillmuster angenommen hat. Anschließend über *indirekter mittlerer Hitze* bei geschlossenem Deckel bis zum gewünschten Gargrad fertig grillen, 20–30 Min. für rosa/rot bzw. *medium rare*. In der letzten Minute die Ciabatta-Brötchen über direkter Hitze rösten. Den Braten vom Grill nehmen und 3–5 Min. ruhen lassen. Das Fleisch quer zur Faser dünn aufschneiden.

5. Mayonnaise, Fleisch, Rucola und Zwiebeln in dieser Reihenfolge in die Brötchen geben und servieren.

// Rinderbraten
MIT GEDÄMPFTEM MANGOLD

FÜR **4** BIS **6** PERSONEN

ZUBEREITUNGSZEIT: **20** MIN.

MARINIERZEIT: **2** STD.

GRILLZEIT: **28** BIS **40** MIN.

ZUBEHÖR: GEWÜRZMÜHLE

2 TL schwarze Pfefferkörner
1 TL zerstoßene rote Chiliflocken
1 TL Zucker
2½ TL naturreines grobes Meersalz

1 Rinderbraten (Bürgermeister- bzw.
   Pastorenstück), 700–900 g schwer und
   4 cm dick, Fett und Silberhaut entfernt

// FÜR DEN MANGOLD
500 g Mangold
4 EL Olivenöl
1 rote Zwiebel, halbiert und in feine
   Ringe geschnitten
2 EL zerdrückte Knoblauchzehen
150 g zarte Spinatblätter

1. Pfefferkörner und Chiliflocken in der Gewürzmühle grob mahlen. In einer kleinen Schüssel mit dem Zucker und 1 TL Salz vermischen.

2. Die Würzmischung sanft ins Fleisch einmassieren. Den Braten in Frischhaltefolie schlagen und etwa 2 Std. kalt stellen. Vor dem Grillen 15–30 Min. Zimmertemperatur annehmen lassen.

3. Die Mangoldblätter von den Stielen trennen und in große Stücke reißen. Holzige Enden der Stiele entfernen, den Rest in feine Scheiben schneiden.

4. In einer großen Pfanne das Öl auf mittlerer Stufe erhitzen. Mangoldstiele, Zwiebel und Knoblauch darin mit ¾ TL Salz in 8–10 Min. weich dünsten. Bei Bedarf etwas Wasser zufügen, wenn die Pfanne zu trocken wird. Mangoldblätter, Spinat und die restlichen ¾ TL Salz unter die öligen Zwiebelringe mischen. Knapp 250 ml Wasser angießen und das Gemüse etwa 15 Min. dämpfen, bis es zusammengefallen und weich und das Wasser verdunstet ist. Beiseitestellen.

5. Den Grill für direkte und indirekte mittlere Hitze (175–230 °C) vorbereiten.

6. Den Grillrost mit der Bürste reinigen. Den Braten über *direkter mittlerer Hitze* bei geschlossenem Deckel 8–10 Min. anbraten, dabei einmal wenden, bis er auf beiden Seiten ein deutliches Grillmuster angenommen hat. Anschließend über *indirekter mittlerer Hitze* bei geschlossenem Deckel bis zum gewünschten Gargrad fertig grillen, 20–30 Min. für rosa/rot bzw. *medium rare*. Vom Grill nehmen und 3–5 Min. ruhen lassen. Den Braten auf einem Schneidbrett quer zur Faser dünn aufschneiden, den Fleischsaft dabei auffangen. Die Fleischscheiben auf einer Servierplatte auf dem Mangold-Spinat anrichten und mit dem Fleischsaft übergießen. Sofort servieren.

SCHWEIN

Süße und salzige Noten in einem Gericht zu kombinieren ist immer wieder eine spannende Sache – bei den folgenden beiden Rezepten benötigen Sie dafür nur zwischen 15 und 30 Minuten. Im Rezept unten werden gegrillte Birnen mit gegrilltem rohem Schinken – am besten italienischem Prosciutto – auf einer gerösteten Brotscheibe mit Ricotta und Blauschimmelkäse serviert. // Im Rezept rechts werden gegrillte Birnen zusammen mit Cranberrys, Zitrone und Zimt zu einem süßen Chutney verarbeitet. Es dient als Dip für die gegrillten, mit Prosciutto umwickelten Garnelen. Das Chutney können Sie einige Tage im Voraus zubereiten, die Garnelen schmecken am besten direkt vom Grill.

// Bruschetta mit gegrillten Birnen und Prosciutto

FÜR 6 BIS 8 PERSONEN

ZUBEREITUNGSZEIT: 10 MIN.

GRILLZEIT: 9 BIS 12 MIN.

2 reife, feste Birnen
   (insgesamt etwa 325 g)
1 EL frisch gepresster Zitronensaft
Olivenöl
1 Baguette, in 20 Scheiben geschnitten
4 dünne Scheiben Prosciutto
   (ital. roher Schinken)

200 g Ricotta (ital. Frischkäse)
50 g Blauschimmelkäse, zerbröckelt
3 EL Honig

1. Den Grill für direkte mittlere Hitze (175–230 °C) vorbereiten.

2. Birnen schälen, vierteln und das Kerngehäuse entfernen. In eine mittelgroße Schüssel geben, Zitronensaft hinzufügen und vermischen. Die Birnen auf allen Seiten dünn mit Öl bestreichen.

3. Die Baguettescheiben auf einer Seite dünn mit Öl bestreichen.

4. Den Grillrost mit der Bürste reinigen. Die Birnenviertel über *direkter mittlerer Hitze* bei geschlossenem Deckel 8–10 Min. grillen, bis sie knackig-zart sind, dabei gelegentlich wenden. Vom Grill nehmen und jedes Viertel längs in etwa 8 dünne Scheiben schneiden.

5. Die Baguettescheiben und den Prosciutto jeweils nur auf einer Seite über *direkter mittlerer Hitze* bei geöffnetem Deckel 1–2 Min. grillen, bis das Brot leicht geröstet ist und der Schinken knusprig wird. Vom Grill nehmen. Die Schinkenscheiben klein schneiden.

6. Ricotta und Blauschimmelkäse in einer kleinen Schüssel mit einer Gabel zerdrücken und dabei vermischen. Die Baguettescheiben auf der gerösteten Seite mit jeweils etwa 1 EL Käsemasse bestreichen, mit 3 Birnenscheiben belegen und etwas Prosciutto darüberstreuen. Honig darüberträufeln und servieren.

// Garnelen im Schinkenmantel mit Birnen-Chutney

FÜR **6** BIS **8** PERSONEN

ZUBEREITUNGSZEIT: **10** MIN.,
PLUS **20** BIS **30** MIN. FÜR DAS CHUTNEY

GRILLZEIT: **10** BIS **14** MIN.

// FÜR DAS CHUTNEY

3–4 reife, feste Birnen
  (insgesamt etwa 650 g)
Olivenöl
100 g dunkler Vollrohrzucker
5 EL getrocknete Cranberrys
4 EL fein gewürfelte Schalotten
4 EL Sherry-Essig
2 EL fein abgeriebene Bio-Zitronenschale
2 EL frisch gepresster Zitronensaft
1 EL fein gehackter kandierter Ingwer
1 EL Butter
1 Zimtstange
½ TL naturreines grobes Meersalz
1 kräftige Prise Cayennepfeffer

10 Scheiben Prosciutto (ital. roher
  Schinken; etwa 100–120 g)
20 große Garnelen (Größe 16/20),
  geschält, Darm entfernt, mit Schwanzsegment

1. Den Grill für direkte mittlere Hitze (175–230 °C) vorbereiten.

2. Birnen schälen, vierteln und das Kerngehäuse entfernen. Die Birnenviertel auf allen Seiten dünn mit Öl bestreichen.

3. Den Grillrost mit der Bürste reinigen. Die Birnenviertel über **direkter mittlerer Hitze** bei geschlossenem Deckel 8–10 Min. grillen, bis sie knackig-zart sind, dabei ein- bis zweimal wenden. Vom Grill nehmen, etwas abkühlen lassen und in feine Würfel schneiden oder in der Küchenmaschine mit dem Impulsschalter grob zerkleinern. Die Birnen und die restlichen Zutaten für das Chutney in einem mittelgroßen Topf auf mittlerer Stufe erhitzen, anschließend 20–30 Min. köcheln lassen, bis die Mischung etwas eindickt.

Gelegentlich umrühren. Chutney auf Zimmertemperatur abkühlen lassen.

4. Die Grilltemperatur auf starke Hitze (230–290°C) erhöhen.

5. Die Schinkenscheiben längs halbieren. Jeweils 1 Garnele an ein Ende einer halbierten Schinkenscheibe legen und den Schinken um die Garnele wickeln. Die eingewickelten Garnelen dünn mit Öl bestreichen.

6. Die Garnelen über **direkter starker Hitze** bei geschlossenem Deckel 2–4 Min. grillen, bis sie leicht gebräunt und auf Fingerdruck fest sind und das Fleisch im Kern nicht mehr glasig ist. Vom Grill nehmen und sofort warm mit dem Chutney servieren.

Gegrilltes Schweinefleisch mit Whisky und Senf ist eine typische Geschmackskombination aus den Südstaaten der USA. Im Rezept unten werden Koteletts mit einer Whisky-Senf-Glasur zusammen mit säuerlichen Äpfeln gegrillt. // Ein noch intensiveres Geschmackserlebnis erzielen Sie, wenn – wie im Rezept rechts – das Fleisch vor dem Grillen in einer Buttermilch-Senf-Lake zieht. Es wird dadurch überaus saftig und aromatisch. Besonders gut passt dazu der in Whisky geschmorte Apfelrotkohl.

FÜR **4** PERSONEN

ZUBEREITUNGSZEIT: **15** MIN.

GRILLZEIT: **12** BIS **16** MIN.

// FÜR DIE GLASUR
4 EL Whisky
50 g dunkler Vollrohrzucker
2 EL körniger Senf
1 TL flüssiges Vanilleextrakt

4 Schweinekoteletts mit Knochen (aus der Lende), je etwa 225 g schwer und 2,5 cm dick, überschüssiges Fett entfernt
Öl
1 TL naturreines grobes Meersalz
½ TL frisch gemahlener schwarzer Pfeffer

4 kochfeste Äpfel (z.B. Granny Smith), Kerngehäuse entfernt, in 1 cm breite Spalten geschnitten
1 EL fein gehackte frische Estragonblätter

// Koteletts mit Whisky-Senf-Glasur
UND GEGRILLTEN ÄPFELN

1. Die Zutaten für die Glasur in einer kleinen Schüssel verrühren, bis sich der Zucker aufgelöst hat. 3 EL von der Glasur in einer großen Schüssel beiseitestellen.

2. Die Schweinekoteletts auf beiden Seiten dünn mit Öl bestreichen, mit Salz und Pfeffer würzen und mit der Whisky-Senf-Glasur aus der kleinen Schüssel bestreichen. Vor dem Grillen 15–30 Min. Zimmertemperatur annehmen lassen.

3. Den Grill für direkte mittlere Hitze (175–230 °C) vorbereiten.

4. Die Apfelspalten auf beiden Seiten mit Öl bestreichen.

5. Den Grillrost mit der Bürste reinigen. Die Äpfel über *direkter mittlerer Hitze* bei geschlossenem Deckel 4–6 Min. grillen, bis sie weich, aber noch knackig sind, und das typische Grillmuster angenommen haben, dabei ein- bis zweimal wenden. Die Apfelstücke in die große Schüssel zu den 3 EL Glasur geben, den Estragon hinzufügen und alles vermischen.

6. Die Koteletts über *direkter mittlerer Hitze* bei geschlossenem Deckel 8–10 Min. grillen, bis sie gar, aber innen noch leicht rosa sind, dabei ein- bis zweimal wenden. Vom Grill nehmen und 3–5 Min. ruhen lassen. Koteletts mit den Apfelspalten auf Tellern anrichten und warm servieren.

// Lendensteaks in Buttermilchlake

MIT APFELROTKOHL

FÜR **4** PERSONEN

ZUBEREITUNGSZEIT: **30** MIN.

EINLEGEZEIT: **1** BIS **1½** STD.

GRILLZEIT: **8** BIS **10** MIN.

// FÜR DIE LAKE

500 ml kalte Buttermilch
100 g naturreines grobes Meersalz
1 EL körniger Senf
1 EL fein gehackte frische Estragonblätter

4 Schweinelendensteaks, je etwa 225 g
   schwer und 2,5 cm dick, überschüssiges
   Fett entfernt
Olivenöl

// FÜR DEN ROTKOHL

2 EL Butter
½ kleiner Rotkohl (etwa 500 g),
   in Streifen gehobelt
2 mittelgroße säuerliche Äpfel
   (z.B. Granny Smith), geschält, Kerngehäuse entfernt, grob geraspelt
5 EL Whisky
2 EL Aceto balsamico
¼ TL Selleriesamen (Gewürz)
¾ TL naturreines grobes Meersalz
¼ TL frisch gemahlener schwarzer Pfeffer

1. Die Zutaten für die Lake mit 250 ml Wasser in einer mittelgroßen Schüssel verrühren, bis sich das Salz aufgelöst hat.

2. Die Lendensteaks in einen großen, wiederverschließbaren Plastikbeutel geben und die Lake hineingießen. Die Luft aus dem Beutel streichen, den Beutel fest verschließen, in ein flaches Gefäß legen und 1–1½ Std. in den Kühlschrank stellen, dabei alle 30 Min. wenden.

3. Lake abgießen. Schweinesteaks aus dem Beutel nehmen und unter fließendem kaltem Wasser abspülen, anschließend mit Küchenpapier trockentupfen. Auf beiden Seiten dünn mit Öl bestreichen oder einsprühen. Vor dem Grillen 15–30 Min. Zimmertemperatur annehmen lassen.

4. Den Grill für direkte mittlere Hitze (175–230 °C) vorbereiten.

5. Für den Rotkohl die Butter in einer großen Pfanne auf mittlerer Stufe zerlassen. Rotkohl und Äpfel darin 2–3 Min. dünsten, bis der Kohl etwas zusammenfällt. Whisky, Essig und Selleriesamen einrühren und den Rotkohl in der verschlossenen Pfanne 10–12 Min. garen, bis er weich ist. Ab und zu umrühren. Vom Herd nehmen. Mit Salz und Pfeffer abschmecken und zugedeckt warm halten.

6. Den Grillrost mit der Bürste reinigen. Schweinesteaks über *direkter mittlerer Hitze* bei geschlossenem Deckel 8–10 Min. grillen, bis sie gar, aber innen noch leicht rosa sind, dabei ein- bis zweimal wenden. Vom Grill nehmen, 3–5 Min. ruhen lassen und warm mit dem Rotkohl servieren.

Komplexe Geschmacksnoten lassen sich leicht durch ein paar nicht alltägliche Gewürze herstellen. Im unten stehenden Rezept sind es die orientalischen Gewürze Kurkuma und Kreuzkümmel, die gewöhnlichen Lendensteaks das gewisse Etwas verleihen, abgerundet durch frische Früchte vom Grill, die zart-süße Aromen mit ins Spiel bringen. Da die Würzmischung Zucker enthält, sollten die Steaks über niedriger Hitze gegrillt werden, damit sie nicht zu schnell verkohlen. // Beim Rezept rechts gewinnt das Fleisch geschmacklich zusätzlich durch eine Füllung aus Trockenfrüchten, Weißwein und gerösteten Mandelstiften. Wem das zu kompliziert ist, kann die »Füllung« auch nach dem Grillen direkt auf den Schweinelendensteaks anrichten.

// Marokkanisch gewürzte Schweinelendensteaks
MIT APRIKOSEN

FÜR **4** PERSONEN

ZUBEREITUNGSZEIT: **15** MIN.

GRILLZEIT: **16** BIS **18** MIN.

// FÜR DIE WÜRZMISCHUNG
fein abgeriebene Schale von 1 großen
   Bio-Zitrone
1 EL dunkler Vollrohrzucker
1 TL naturreines grobes Meersalz
1 TL gemahlene Kurkuma
1 TL gemahlene Kreuzkümmelsamen
¾ TL frisch gemahlener schwarzer Pfeffer
½ TL gemahlener Zimt
½ TL Ingwerpulver

4 Schweinelendensteaks, je etwa 175 g
   schwer und 2,5 cm dick, überschüssiges
   Fett entfernt
Olivenöl

4 frische Aprikosen, halbiert
50 g Sultaninen

1. Den Grill für direkte niedrige Hitze (120–175 °C) vorbereiten.

2. Die Zutaten für die Würzmischung in einer kleinen Schüssel vermengen. Die Lendensteaks auf beiden Seiten dünn mit Öl bestreichen und gleichmäßig mit der Würzmischung bestreuen. Bei Zimmertemperatur 15–30 Min. einziehen lassen, während der Grill vorheizt.

3. Den Grillrost mit der Bürste reinigen. Die Aprikosen mit der Schnittfläche nach unten über *direkter niedriger Hitze* 6 bis 8 Min. bei geschlossenem Deckel grillen, bis sie heiß sind, dabei einmal wenden. Die Grillzeit der Aprikosen hängt davon ab, wie reif sie sind. Aprikosen vom Grill nehmen, auf Handwärme abkühlen lassen und in mundgerechte Stücke schneiden. In einer Schüssel mit den Sultaninen vermischen. Beiseitestellen.

4. Die Lendensteaks über *direkter niedriger Hitze* bei geschlossenem Deckel etwa 10 Min. grillen, bis sie gar, aber innen noch leicht rosa sind, dabei ein- bis zweimal wenden. Vom Grill nehmen, 3–5 Min. ruhen lassen. Aprikosen-Rosinen-Mix auf den Steaks anrichten und warm servieren.

FÜR **6** PERSONEN

ZUBEREITUNGSZEIT: **30** MIN.

GRILLZEIT: **12** BIS **16** MIN.

// FÜR DIE WÜRZMISCHUNG

1 EL mildes Currypulver
2 TL dunkler Vollrohrzucker
¾ TL naturreines grobes Meersalz
½ TL Ingwerpulver
½ TL frisch gemahlener schwarzer Pfeffer

6 Schweinelendensteaks, je etwa 225 g
   schwer und 3 cm dick
Olivenöl

// FÜR DIE FÜLLUNG

100 g getrocknete Aprikosen,
   fein gehackt
4 EL Sultaninen
½ mittelgroße Zwiebel, fein gehackt
2 Knoblauchzehen, zerdrückt
½ TL mildes Currypulver
¼ TL gemahlene Koriandersamen
¼ TL naturreines grobes Meersalz
1 kräftige Prise frisch gemahlener
   schwarzer Pfeffer
4 EL trockener Weißwein
4 EL jap. Panko-Paniermehl (Asia-Laden)
4 EL Mandelstifte, geröstet

1. Die Zutaten für die Würzmischung in einer kleinen Schüssel vermengen.

2. Die Lendensteaks auf der Seite ohne Fettrand mit einem kleinen scharfen Messer in der Mitte längs auf-, aber nicht ganz durchschneiden, und wie ein Buch aufklappen. Mit den Schnittflächen nach unten auf die Arbeitsfläche legen. Die Oberseite jeweils dünn mit Öl bestreichen und gleichmäßig mit der Würzmischung bestreuen. Vor dem Grillen 15–30 Min. Zimmertemperatur annehmen lassen.

// Schweinelendensteaks
GEFÜLLT MIT APRIKOSEN UND SULTANINEN

3. Den Grill für direkte und indirekte mittlere Hitze (175–230 °C) vorbereiten.

4. Inzwischen Aprikosen und Rosinen in einer kleinen hitzefesten Schüssel vermischen. Mit kochendem Wasser bedecken und 5 Min. einweichen. Abgießen und abtropfen lassen.

5. Eine große Pfanne auf mittlerer Stufe erhitzen. 1 EL Öl in die heiße Pfanne geben und die Zwiebel darin in etwa 5 Min. etwas weicher dünsten, gelegentlich umrühren. Knoblauch, Currypulver, Koriander, Salz, Pfeffer und die Trockenfrüchte gründlich unterrühren und 2 Min. mitdünsten. Wein angießen und 2–3 Min. einköcheln lassen. Pfanne vom Herd nehmen, Paniermehl und Mandeln unterrühren.

6. Die aufgeklappten Steaks umdrehen, auf die Innenseite jeweils etwas Füllung geben, dabei einen äußeren Rand frei lassen. Steaks zusammenklappen und rundherum an den Rändern behutsam andrücken.

7. Den Grillrost mit der Bürste reinigen. Die gefüllten Lendensteaks über *direkter mittlerer Hitze* bei geschlossenem Deckel 8–10 Min. grillen, bis sie auf beiden Seiten gebräunt sind, dabei ein- bis zweimal wenden. Das Fleisch über *indirekte mittlere Hitze* legen und 4–6 Min. weitergrillen, bis es gar, aber innen noch leicht rosa ist. Vom Grill nehmen und 3–5 Min. ruhen lassen. Warm servieren.

FÜR **4** PERSONEN

ZUBEREITUNGSZEIT: **15** MIN.

GRILLZEIT: **8** BIS **10** MIN.

ZUBEHÖR: GELOCHTE GRILLPFANNE

4 EL helles Shiromiso (jap. Sojabohnen-
paste)
2 EL fein geriebener frischer Ingwer
2 EL Sojasauce
2 EL Sesamöl (geröstet)

4 Schweinelendensteaks, je etwa 175 g
schwer und 2,5 cm dick,
überschüssiges Fett entfernt
Öl

// FÜR DIE BOHNEN
½ TL Wasabi (grüne jap. Meerrettichpaste)
450 g frische grüne Bohnen, geputzt
1 EL Sesamsamen (schwarz, weiß oder
gemischt)

1. Miso, Ingwer, 1 EL Sojasauce und 1 EL
Sesamöl in einer kleinen Schüssel verrühren. Lendensteaks auf beiden Seiten
mit der Paste bestreichen und 15–30 Min.
bei Zimmertemperatur marinieren.

2. Inzwischen den Grill für direkte mittlere
Hitze (175–230 °C) vorbereiten und die
Grillpfanne vorheizen.

3. In einer großen Schüssel Wasabi in der
restlichen Sojasauce und dem übrigen
Sesamöl unter Rühren auflösen. Grüne
Bohnen hinzufügen und darin wenden.
Sesamsamen darüberstreuen und gleich-
mäßig untermischen.

4. Den Grillrost mit der Bürste reinigen.
Mit Küchenpapier die Paste fast vollständig von den Lendensteaks abtupfen,
anschließend das Fleisch auf beiden

Schweinelendensteaks lassen sich auf vielfältige Weise zubereiten. Hier finden Sie
zwei asiatisch inspirierte Versionen. Im Rezept unten werden die Lendensteaks kurz
mit einer japanischen Miso-Ingwer-Paste mariniert, die dem Fleisch während des
Grillens süßliche Noten verleiht. // Das Rezept rechts orientiert sich an der chine-
sischen Küche, in der die Zutaten oft bei sehr hohen Temperaturen im Wok gegart
werden, weshalb Fleisch und Gemüse häufig bewegt und durchgerührt werden
müssen. Anstelle des geriebenen Ingwers können Sie auch fein gehackten Ingwer
verwenden.

// Japanische Lendensteaks
MIT GRÜNEN WASABI-SESAM-BOHNEN

Seiten dünn mit Öl bestreichen. Über
direkter mittlerer Hitze bei geschlossenem Deckel 8–10 Min. grillen, bis es gar,
aber innen noch leicht rosa ist, dabei ein-
bis zweimal wenden. Rasch die Bohnen
in einer Lage in der Grillpfanne verteilen,
überschüssige Wasabi-Marinade in der
Schüssel lassen. Die Bohnen über *direkter*

mittlerer Hitze 5–7 Min. grillen, bis sie
knackig-zart und stellenweise braun sind.
Fleisch und Bohnen vom Grill nehmen.
Steaks 3–5 Min. ruhen lassen.

5. Steaks und Bohnen auf Tellern anrichten, Bohnen mit der restlichen Wasabi-
Marinade beträufeln und servieren.

// Im Wok gegrillte Schweinelendchen mit Gemüse

FÜR **4** PERSONEN

ZUBEREITUNGSZEIT: **30** MIN.

GRILLZEIT: **9** BIS **12** MIN.

ZUBEHÖR: WOK (ERSATZWEISE GUSS-EISERNE PFANNE VON 30 CM Ø)

// FÜR DIE SAUCE

4 EL salzarme Sojasauce
2 EL fein geriebener frischer Ingwer
1 EL Sesamöl (geröstet)
2½ TL Speisestärke
2 Knoblauchzehen, zerdrückt
¾ TL scharfe Chili-Knoblauch-Sauce
   (z. B. Sriracha aus dem Asia-Laden)

// FÜR DEN WOK

2 EL Erdnuss- oder Rapsöl
3 Schweinelendensteaks, je etwa
   175 g schwer und 2,5 cm dick, Fett
   vollständig entfernt, in 0,5 cm breite
   Streifen geschnitten
150 g kleine Brokkoliröschen
   (von etwa ½ Kopf Brokkoli)
75 g Zuckerschoten, geputzt,
   quer halbiert
5 Frühlingszwiebeln, nur die weißen
   und hellgrünen Teile in 2,5 cm große
   Stücke geschnitten
1 große rote Paprikaschote, in mundgerechte Stücke geschnitten

750 g gegarter warmer Reis (entspricht
   etwa 250 g rohem Reis)

1. Die Zutaten für die Sauce zusammen mit 180 ml Wasser in einer mittelgroßen Schüssel verrühren. Beiseitestellen.

2. Den Grill für direkte starke Hitze (230–290 °C) vorbereiten.

3. Den Grillrost mit der Bürste reinigen. Den Wok auf dem Grill 5 Min. vorheizen. Alle Zutaten neben dem Grill bereitstellen.

4. Öl in den heißen Wok gießen und die Fleischstreifen kurz darin anbraten, dabei darauf achten, dass das Fleisch nicht aneinander oder am Wok haften bleibt.

Vorsicht vor heißen Spritzern! Dann den Grilldeckel schließen und das Fleisch im Wok über *direkter starker Hitze* etwa 2 Min. braten, bis es ein wenig gebräunt ist und sich leicht vom Wok lösen lässt. Das gesamte Gemüse einfüllen, durchrühren und alles bei geschlossenem Deckel weitere 3 Min. garen, dabei ein- bis zweimal umrühren. Sauce zugießen, den Deckel wieder schließen und 1–2 Min. weitergaren, bis die Sauce köchelt. Anschließend 3 bis 5 Min. offen köcheln lassen, bis sie leicht andickt und am Gemüse haften bleibt, dabei gelegentlich umrühren. Vom Grill nehmen und sofort mit Reis servieren.

Für das unten stehende Rezept brauchen Sie Schweinesteaks, die zu Schmetterlingssteaks geschnitten wurden. Lassen Sie das am besten Ihren Metzger erledigen. Vorteilhaft für das Grillen ist die größere Fleischoberfläche, die direkt mit dem heißen Rost in Kontakt kommt und so für besseren Geschmack und Bräune sorgt. Eine Salsa aus Pflaumen, Minze und ein wenig Chili ist der perfekte Begleiter dazu. // Im Rezept rechts spielen viele der genannten Aromen ebenso eine Rolle, doch hier wird ein ganzer Lendenbraten zusätzlich mit Salz eingerieben, das dann 12–24 Stunden einwirkt. Das Salz entzieht dem Braten zwar zunächst Flüssigkeit, doch der salzige Fleischsaft zieht allmählich wieder in den Braten ein und intensiviert dadurch seinen Geschmack. Die würzige Minzesauce passt wunderbar sowohl zum Braten als auch zu den süßen gegrillten Pflaumen.

// Schmetterlingssteaks

MIT PFLAUMEN-CHILI-SALSA

FÜR **4** BIS **6** PERSONEN

ZUBEREITUNGSZEIT: **15** MIN.

GRILLZEIT: **8** BIS **10** MIN.

4 Schweinelendensteaks, vom Metzger zu Schmetterlingssteaks geschnitten, je etwa 300 g schwer und 2–2,5 cm dick, überschüssiges Fett entfernt
1¼ TL naturreines grobes Meersalz

//FÜR DIE SALSA

4 reife Pflaumen, entsteint, in mundgerechte Stücke geschnitten
½ mittelgroße Chilischote (vorzugsweise Jalapeño), Samen entfernt, fein gehackt
4 EL fein gehackte frische Minzeblätter
1½ TL Zucker
¼ TL gemahlene Koriandersamen
¼ TL frisch gemahlener schwarzer Pfeffer

2 TL Olivenöl

1. Die Steaks mit insgesamt 1 TL Salz würzen und 15–30 Min. Zimmertemperatur annehmen lassen.

2. Den Grill für direkte mittlere Hitze (175–230 °C) vorbereiten.

3. Pflaumen, Chili, Minze, Zucker, Koriander, Pfeffer und das restliche Salz in einer mittelgroßen Schüssel vermischen und beiseitestellen.

4. Steaks auf beiden Seiten mit Öl bestreichen. Den Grillrost mit der Bürste reinigen. Das Fleisch über *direkter mittlerer Hitze* bei geschlossenem Deckel 8–10 Min. grillen, bis es gar, aber innen noch leicht rosa ist, dabei ein- bis zweimal wenden. Vom Grill nehmen und 3–5 Min. ruhen lassen. Steaks auf Tellern anrichten und warm mit der Pflaumen-Chili-Salsa servieren.

// Schweinelendenbraten

MIT GEGRILLTEN PFLAUMEN UND MINZESAUCE

FÜR 6 BIS 8 PERSONEN

ZUBEREITUNGSZEIT: **30** MIN.

EINZIEHZEIT: **12** BIS **24** STD.

GRILLZEIT: **43** BIS **57** MIN.

ZUBEHÖR: DIGITALES FLEISCH-THERMOMETER

1½ kg ausgelöster Schweinelendenbraten
2 TL naturreines grobes Meersalz
2 TL Rapsöl

// FÜR DIE MINZESAUCE
1 mittelgroße scharfe Chilischote
  (vorzugsweise Serrano)
4 Handvoll frische Minzeblätter
2 TL fein geriebener frischer Ingwer
2 Knoblauchzehen, geschält
2 EL frisch gepresster Zitronensaft
6 EL Olivenöl

6 reife Pflaumen, halbiert, entsteint

1. Den Lendenbraten rundherum mit 1 TL Salz einreiben. In einer Schüssel abgedeckt 12–24 Std. kalt stellen.

2. Fleisch mit Küchenpapier trockentupfen und auf allen Seiten mit 1 TL Öl bestreichen, anschließend etwa 30 Min. Zimmertemperatur annehmen lassen.

3. Den Grill für direkte und indirekte starke Hitze (230–290 °C) vorbereiten.

4. Den Grillrost mit der Bürste reinigen. Das Fleisch über *direkter starker Hitze* bei geschlossenem Deckel 10–12 Min. scharf anbraten, dabei gelegentlich wenden, bis es das typische Grillmuster angenommen hat, aber nicht verbrannt ist. Auf Flammenbildung achten, wenn die Seite mit dem Fettrand unten liegt! Den Braten anschließend mit der Fettseite nach oben über *indirekte starke Hitze* legen und bei geschlossenem Deckel 25–35 Min. grillen, bis er im Inneren eine Kerntemperatur von 65 °C erreicht hat. Braten auf ein Schneidbrett heben, locker mit Alufolie abdecken und 15 Min. ruhen lassen.

5. Stielansatz der Chilischote entfernen, das Fruchtfleisch in Stücke schneiden (für eine mildere Sauce auch die Samen entfernen). Chili, Minze, Ingwer, Knoblauch, Zitronensaft, Olivenöl und 1 TL Salz in der Küchenmaschine zu einer glatten Sauce verarbeiten. Beiseitestellen.

6. Die Pflaumen rundherum mit dem restlichen Rapsöl bestreichen. Mit den Schnittflächen nach unten über *indirekter starker Hitze* bei geschlossenem Deckel 8–10 Min. grillen, bis sie ein hübsches Grillmuster angenommen haben und beim Einstechen mit einem Messer weich sind. Nicht wenden. Vom Grill nehmen und die Pflaumenhälften nochmals halbieren.

7. Den Braten quer in 1 cm dicke Scheiben schneiden und warm mit den gegrillten Pflaumen und der Minzesauce servieren.

Schweinekoteletts am Knochen entwickeln auf dem Grill einen kräftigeren Geschmack und schmecken ganz besonders gut, wenn sie vorher mit einer duftenden Kombination aus Rosmarin, Salbei und Knoblauch eingerieben wurden. Diese mediterrane Mischung passt ausgezeichnet zu verschiedenen französischen oder italienischen Beilagen, etwa weißen Bohnen oder gegrilltem Gemüse.
// Fans der französischen Küche erkennen im nebenstehenden Rezept vielleicht die Zutaten eines *cassoulet* genannten Eintopfgerichts, das manchmal über Tage hinweg zubereitet wird. Seine Grundelemente – ein deftiges Bohnenragout, duftende Knoblauchbrösel und schmackhaftes Schweinefleisch – tragen hier zu einem raffinierten und doch unkomplizierten Gericht bei.

// Schweinekoteletts mit Kräuter-Knoblauch-Kruste

FÜR **4** PERSONEN

ZUBEREITUNGSZEIT: **10** MIN.

GRILLZEIT: **8** BIS **10** MIN.

// FÜR DIE WÜRZMISCHUNG
2 mittelgroße Knoblauchzehen
1 TL naturreines grobes Meersalz
3 EL Olivenöl
2 TL frische Rosmarinnadeln
2 TL frische Salbeiblätter
½ TL frisch gemahlener schwarzer Pfeffer

4 Schweinelendenkoteletts am Knochen, je etwa 225 g schwer und 2,5 cm dick, überschüssiges Fett entfernt

1. Den Grill für direkte mittlere Hitze (175–230 °C) vorbereiten.

2. Knoblauch schälen, mit einem Messer andrücken, anschließend fein zerkleinern. Salz darüberstreuen und den Knoblauch mit dem Messerrücken zu einer feinen Paste zerdrücken. Die Knoblauchpaste in eine kleine Schüssel geben, mit Öl, Rosmarin, Salbei und Pfeffer verrühren. Die Koteletts auf beiden Seiten mit der Würzmischung einreiben und 15–30 Min. Zimmertemperatur annehmen lassen.

3. Den Grillrost mit der Bürste reinigen. Die Koteletts über *direkter mittlerer Hitze* bei geschlossenem Deckel 8–10 Min. grillen, bis sie gar, aber innen noch leicht rosa sind, dabei ein- bis zweimal wenden. Vom Grill nehmen und 3–5 Min. ruhen lassen. Koteletts warm servieren und nach Belieben gegrillte Eiertomaten dazu reichen.

// Schweinekoteletts mit weißen Bohnen

FÜR **4** PERSONEN

ZUBEREITUNGSZEIT: **15** MIN.,
PLUS ETWA **25** MIN. FÜR DIE BOHNEN

GRILLZEIT: **8** BIS **10** MIN.

// FÜR DIE WÜRZPASTE
2 EL Dijon-Senf
Olivenöl
naturreines grobes Meersalz
frisch gemahlener schwarzer Pfeffer

4 Schweinelendenkoteletts am Knochen,
   je etwa 225 g schwer und 2,5 cm dick,
   überschüssiges Fett entfernt

// FÜR DIE BOHNEN
60 g Pancetta (ital. Bauchspeck) in dünnen Scheiben oder 2 dicke Scheiben
   Räucherspeck, in 0,5 cm große Würfel
   geschnitten
2 EL sehr fein gewürfelte Schalotten
2 Dosen (je 420 g Inhalt) weiße Kidney-
   oder Cannellini-Bohnen, abgespült
180 ml salzarme Hühnerbrühe
1 reife Eiertomate, Stielansatz und Kerne
   entfernt, in kleine Würfel geschnitten
3 EL trockener Weißwein oder trockener
   Wermut
½ TL gehackte frische Rosmarinnadeln
½ TL gehackte frische Salbeiblätter

2 Scheiben rustikales Weizenbrot,
   grob zerpflückt
1 Knoblauchzehe, fein gehackt

1. In einer kleinen Schüssel den Senf mit 3 EL Öl, 1 TL Salz und ½ TL Pfeffer verrühren und die Koteletts auf beiden Seiten damit bestreichen. Koteletts 15–30 Min. Zimmertemperatur annehmen lassen.

2. Den Grill für direkte mittlere Hitze (175–230 °C) vorbereiten.

3. In einem mittelgroßen Topf Pancetta oder Speckwürfel in 2 TL Öl auf mittlerer Stufe in etwa 5 Min. leicht bräunen, dabei mehrmals umrühren. Schalotten hinzufügen und etwa 2 Min. mitgaren, bis sie etwas weicher sind. Bohnen, Hühnerbrühe, Tomate, Wein oder Wermut, Rosmarin und Salbei unterrühren, zum Kochen bringen, dann auf mittlerer bis kleiner Stufe etwa 15 Min. köcheln lassen, bis die Flüssigkeit um etwa die Hälfte reduziert ist. Mit Salz und Pfeffer abschmecken. Topf vom Herd nehmen und abgedeckt warm stellen.

4. Das Brot in einer Küchenmaschine zu groben Bröseln verarbeiten. In einer großen Pfanne 2 EL Öl auf mittlerer Stufe erhitzen und den Knoblauch darin in etwa 3 Min. goldgelb braten, dabei häufig umrühren. Brösel einstreuen und in etwa 2 Min. knusprig rösten.

5. Den Grillrost mit der Bürste reinigen. Die Koteletts über *direkter mittlerer Hitze* bei geschlossenem Deckel 8–10 Min. grillen, bis sie gar, aber innen noch leicht rosa sind, dabei ein- bis zweimal wenden. Vom Grill nehmen und 3–5 Min. ruhen lassen.

6. Koteletts und Bohnen auf Tellern anrichten, mit den gerösteten Knoblauchbröseln bestreuen und warm servieren.

115

Das Rezept unten stellt eine unkomplizierte und schnelle Zubereitungsweise für Schweinekoteletts vor. Sie brauchen dafür nur qualitativ hochwertiges Fleisch, ein paar simple Gewürze, gutes Olivenöl und eine reife Ananas. Richten Sie Ihr Augenmerk bei der Zubereitung aber vor allem darauf, dass die Koteletts außen ein schönes Grillmuster annehmen, bevor sie innen übergart sind. Das erreichen Sie, wenn Sie möglichst häufig mit geschlossenem Deckel arbeiten. // Sollten Sie vor dem Essen etwas mehr Zeit haben, profitieren die Koteletts noch von einer kräftigen Marinade aus Orangen- und Granatapfelsaft wie im Rezept rechts und werden zusätzlich durch eine pikante Salsa aus gegrillten Früchten verfeinert.

// Einfache Schweinekoteletts
MIT GEGRILLTER ANANAS

FÜR **4** PERSONEN

ZUBEREITUNGSZEIT: **10** MIN.

GRILLZEIT: **8** BIS **10** MIN.

// FÜR DIE WÜRZMISCHUNG
1½ TL naturreines grobes Meersalz
1 TL getrockneter Oregano
¼ TL Knoblauchpulver
¼ TL Zwiebelpulver
¼ TL frisch gemahlener schwarzer Pfeffer

4 Schweinelendenkoteletts am Knochen,
    je etwa 225 g schwer und 2,5 cm dick,
    überschüssiges Fett entfernt
Olivenöl

4 Scheiben frische Ananas,
    je etwa 1–1,5 cm dick

1. Den Grill für direkte mittlere Hitze (175–230 °C) vorbereiten.

2. Die Zutaten für die Würzmischung in einer kleinen Schüssel vermengen. Die Koteletts auf beiden Seiten mit Öl bestreichen und gleichmäßig mit der Würzmischung bestreuen. Koteletts vor dem Grillen 15–30 Min. Zimmertemperatur annehmen lassen.

3. Den Grillrost mit der Bürste reinigen. Die Koteletts über *direkter mittlerer Hitze* bei geschlossenem Deckel 8–10 Min. grillen, bis sie gar, aber innen noch leicht rosa sind, dabei ein- bis zweimal wenden. Gleichzeitig die Ananasscheiben über *direkter mittlerer Hitze* 4–6 Min. grillen, bis sie auf beiden Seiten deutliche Grillmuster angenommen haben, dabei einmal wenden. Koteletts und Ananas vom Grill nehmen, die Koteletts 3–5 Min. ruhen lassen. Die Ananasscheiben vierteln und mit den Koteletts servieren.

// Marinierte Schweinekoteletts

MIT FRISCHER OBST-SALSA

FÜR **4** PERSONEN

ZUBEREITUNGSZEIT: **30** MIN.

MARINIERZEIT: **1** STD.

GRILLZEIT: **14** BIS **18** MIN.

// FÜR DIE MARINADE

250 ml gekühlter Granatapfelsaft
abgeriebene Schale und Saft von
    1 Bio-Orange
1 TL reines Chilipulver
1 TL naturreines grobes Meersalz
½ TL frisch gemahlener schwarzer Pfeffer

4 Schweinelendenkoteletts am Knochen,
    je etwa 225 g schwer und 2,5 cm dick,
    überschüssiges Fett entfernt

// FÜR DIE SALSA

4 Scheiben frische Ananas,
    je etwa 1–1,5 cm dick
4 frische Aprikosen, halbiert, entsteint
1 TL reines Chilipulver
½ TL zerstoßene rote Chiliflocken
½ TL naturreines grobes Meersalz

1. Die Zutaten für die Marinade in einer großen Schüssel verrühren. Koteletts einlegen, in der Marinade wenden und abgedeckt 1 Std. kalt stellen. Vor dem Grillen 15–30 Min. Zimmertemperatur annehmen lassen.

2. Den Grill für direkte mittlere Hitze (175–230 °C) vorbereiten.

3. Den Grillrost mit der Bürste reinigen. Ananas und Aprikosen über **direkter mittlerer Hitze** bei geschlossenem Deckel 6–8 Min. grillen, bis sie durch und durch heiß sind, dabei einmal wenden. Vom Grill nehmen und noch heiß grob würfeln. Mit den restlichen Zutaten für die Salsa in der Küchenmaschine oder im Mixer zu einem stückigen Püree verarbeiten.

4. Die Koteletts aus der Marinade nehmen, Marinade weggießen. Das Fleisch über **direkter mittlerer Hitze** bei geschlossenem Deckel 8–10 Min. grillen, bis es gar, aber innen noch leicht rosa ist, dabei ein- bis zweimal wenden. Vom Grill nehmen und 3–5 Min. ruhen lassen. Koteletts warm mit der Salsa servieren.

Der französische Ausdruck *au jus* bezeichnet eine einfache, leichte Sauce auf der Grundlage eines reduzierten Fonds. Im Rezept unten wird der nach dem Grillen austretende Fleischsaft der Schweinemedaillons zu einer Reduktion aus Weißwein und Hühnerbrühe hinzugefügt und die Sauce anschließend mit etwas Butter verfeinert. // Das Rezept rechts verlangt Ihnen eine bestimmte Schnitttechnik ab, um ein ganzes Schweinefilet mit zitronenfruchtigen und mit Thymian gewürzten Brotbröseln zu füllen, das anschließend zu einer Roulade aufgerollt gegrillt wird.

Die Filetspitzen gegenläufig nebeneinanderlegen, im Abstand von 4 cm mit Garn zusammenbinden, anschließend in 4 cm dicke Medaillons schneiden.

// Marinierte Schweinemedaillons au Jus

FÜR **4** PERSONEN

ZUBEREITUNGSZEIT: **20** MIN., PLUS ETWA **20** MIN. FÜR DIE SAUCE

MARINIERZEIT: **1** BIS **4** STD.

GRILLZEIT: **4** BIS **6** MIN.

ZUBEHÖR: KÜCHENGARN

// FÜR DIE MARINADE
500 ml trockener Weißwein
125 ml Hühnerbrühe
2 EL dunkler Vollrohrzucker
1 EL fein gehackte Knoblauchzehen
3 EL fein gehackte Rosmarinnadeln

2 Schweinefilets, je 350–450 g, überschüssiges Fett und Silberhaut entfernt
1 EL Olivenöl
½ TL naturreines grobes Meersalz
½ TL frisch gemahlener schwarzer Pfeffer
1 EL Butter

1. Für die Marinade Wein, Brühe, Zucker, Knoblauch und 2 EL Rosmarin in einer großen Schüssel verrühren. Schweinefilets, am dicken Ende beginnend, quer in 4 cm dicke Medaillons schneiden. Die dünnen Filetenden wie oben gezeigt zu Medaillons schneiden. Das Fleisch in der Marinade wenden und in der Schüssel abgedeckt 1–4 Std. im Kühlschrank marinieren.

2. Medaillons aus der Marinade nehmen (die Marinade aufbewahren), mit Küchenpapier trockentupfen und auf beiden Seiten dünn mit Öl bestreichen. Gleichmäßig mit Salz, Pfeffer und dem restlichen Rosmarin würzen. 15–30 Min. Zimmertemperatur annehmen lassen.

3. Den Grill für direkte mittlere Hitze (175–230 °C) vorbereiten.

4. Den Grillrost mit der Bürste reinigen. Medaillons über **direkter mittlerer Hitze** bei geschlossenem Deckel 4–6 Min. grillen, bis sie außen gut gebräunt, aber innen noch leicht rosa sind. Einmal wenden. Vom Grill nehmen, 3–5 Min. ruhen lassen, dabei den austretenden Fleischsaft auffangen. Die Marinade durch ein feines Sieb in einen kleinen Topf gießen und aufkochen. Bei reduzierter Hitze 15–17 Min. offen köcheln lassen, bis sie auf etwa 250 ml eingekocht ist. Entstehenden Schaum mit einem Schaumlöffel abheben. Topf vom Herd nehmen, den Fleischsaft zugießen und die Butter unterrühren. Die Medaillons warm mit der Sauce servieren.

Das Filet mit einem scharfen Messer horizontal über die gesamten Länge auf-, aber nicht durchschneiden, sodass man es wie ein Buch aufklappen kann.

Dickere Fleischteile mit einem zweiten horizontalen Schnitt nochmals auf-, aber nicht durchschneiden. Das Filet ist jetzt überall flach und dünn.

// Gefülltes Schweinefilet

MIT KNOBLAUCHWÜRZIGEN SÜSSKARTOFFELN

FÜR **4** PERSONEN

ZUBEREITUNGSZEIT: **30** MIN.

GRILLZEIT: **40** BIS **45** MIN.

ZUBEHÖR: KÜCHENGARN, DIGITALES FLEISCHTHERMOMETER

3 Knoblauchzehen, zerdrückt
Olivenöl
naturreines grobes Meersalz
frisch gemahlener schwarzer Pfeffer
700 g kleine Süßkartoffeln, abgebürstet, mit Schale quer in 2 cm dicke Scheiben geschnitten

200 g frisch geriebene Brotbrösel
abgeriebene Schale und 5 EL Saft von 2 Bio-Zitronen
2 TL fein gehackte frische Thymianblätter

2 Schweinefilets, je 350–450 g, überschüssiges Fett und Silberhaut entfernt

1. Knoblauch, 1 EL Öl, ½ TL Salz und ¼ TL Pfeffer in einer mittelgroßen Schüssel vermischen. Süßkartoffeln zufügen und mit den Gewürzen vermengen. Kartoffeln auf eine Hälfte eines 60 cm langen Stücks Alufolie häufen, die andere Hälfte darüberschlagen und die Folie an den Rändern dicht verschließen.

2. Brotbrösel, Schale und Saft der Zitronen, Thymian, ½ TL Salz, ¼ TL Pfeffer und 2 EL Öl in der mittelgroßen Schüssel gründlich vermischen, bis die Brösel gleichmäßig feucht sind.

3. Die Schweinefilets wie oben beschrieben zuschneiden. Anschließend mit dem Boden einer kleinen schweren Pfanne die Filets jeweils zwischen zwei Lagen Frischhaltefolie gleichmäßig auf 1–1,5 cm flach klopfen.

4. Den Grill für direkte und indirekte mittlere Hitze (175–230 °C) vorbereiten.

5. Die aufgeklappten Schweinefilets mit jeweils der Hälfte der Brösel bestreuen und die Brösel ins Fleisch drücken, dabei keine Ränder aussparen. Filets zu ihrer ursprünglichen Form aufrollen und im Abstand von etwa 5 cm mit Küchengarn zusammenbinden. Rundherum mit Öl bestreichen, salzen und pfeffern.

6. Den Grillrost mit der Bürste reinigen. Das Päckchen mit den Süßkartoffeln über *indirekter mittlerer Hitze* und die Filets über *direkter mittlerer Hitze* bei geschlossenem Deckel grillen, bis die Kartoffeln weich und die Filets außen gleichmäßig gebräunt sind und im Inneren eine Kerntemperatur von 65 °C haben. Die Zutaten in dieser Zeit gelegentlich wenden. Die Kartoffeln brauchen 40–45 Min., das Fleisch 25–30 Min. Kartoffeln und Fleisch sollten gleichzeitig fertig werden. Vom Grill nehmen und die Filets in etwa 1,5 cm dicke Scheiben schneiden. Mit den heißen Süßkartoffeln servieren.

Durch seine schmale, längliche Form wird Schweinefilet schnell gar. Seine relativ große Oberfläche fördert zudem die Entstehung großartiger Aromen beim Grillen. Für ein schnelles Abendessen unter der Woche eignet sich das unten stehende Rezept, in dem eine schön ausgewogene Chiliwürze dem Fleisch Schmackhaftigkeit verleiht. // Eine etwas gehaltvollere Mahlzeit mit ähnlichen Geschmacksnoten bietet der nebenstehende mexikanische Eintopf Pozole, der traditionell mehrere Stunden lang mit gerösteten, gemahlenen Chilischoten vor sich hin köchelt. Die hier vorgestellte Version mit gegrilltem Schweinefleisch und Chipotle-Chilis aus der Dose ist schnell und unkompliziert in der Zubereitung. Eine überraschende Geschmacksnote bekommt das Gericht durch die Zugabe von gemahlenen Gewürznelken. Milder wird der Pozole, wenn Sie weniger Chili verwenden.

// Schweinefilets mit Chilikruste

FÜR **4** PERSONEN

ZUBEREITUNGSZEIT: **10** MIN.

GRILLZEIT: **15** BIS **20** MIN.

ZUBEHÖR: DIGITALES FLEISCH-
THERMOMETER

// FÜR DIE WÜRZMISCHUNG
1 EL dunkler Vollrohrzucker
1 EL reines Chilipulver
1 TL gemahlene Kreuzkümmelsamen
¾ TL naturreines grobes Meersalz
½ TL Knoblauchpulver
¼ TL frisch gemahlener schwarzer Pfeffer

2 Schweinefilets, je 350–450 g,
    überschüssiges Fett und Silberhaut
    entfernt
2 TL Olivenöl
1 EL fein gehackte frische Oreganoblätter

1. In einer kleinen Schüssel die Zutaten für die Würzmischung gründlich vermengen. Die Filets rundherum mit Öl bestreichen und gleichmäßig mit der Würzmischung bestreuen. Das Fleisch 15–30 Min. Zimmertemperatur annehmen lassen.

2. Den Grill für direkte mittlere Hitze (175–230 °C) vorbereiten.

3. Den Grillrost mit der Bürste reinigen. Die Schweinefilets über *direkter mittlerer Hitze* bei geschlossenem Deckel 15 bis 20 Min. grillen, dabei etwa alle 5 Min. wenden, bis sie außen gleichmäßig gut gebräunt sind und im Inneren eine Kerntemperatur von 65 °C haben. Vom Grill nehmen und 3–5 Min. ruhen lassen.

4. Filets mit gehacktem Oregano bestreuen, in 1,5 cm dicke Scheiben schneiden und warm servieren.

FÜR **4** BIS **6** PERSONEN

ZUBEREITUNGSZEIT: **25** MIN.,
PLUS ETWA **35** MIN. AUF DEM HERD

GRILLZEIT: ETWA **6** MIN.

ZUBEHÖR: GELOCHTE GRILLPFANNE,
GUSSEISERNER BRÄTER (5–7 LITER
INHALT)

2 Schweinefilets, je 350–450 g, über-
    schüssiges Fett und Silberhaut entfernt,
    oder 1 ausgelöster Schweinebraten
    von etwa 700 g, überschüssiges Fett
    entfernt
Olivenöl
1 TL naturreines grobes Meersalz
¼ TL frisch gemahlener schwarzer Pfeffer
3 fleischige Chilischoten zum Grillen
    (vorzugsweise Anaheim)
1 mittelgroße Zwiebel, gewürfelt
2 Knoblauchzehen, zerdrückt
2 TL gemahlene Kreuzkümmelsamen
¼ TL gemahlene Gewürznelken
2 Chipotle-Schoten in Adobo-Sauce
    (eingelegte TexMex-Chilischoten aus
    der Dose), fein gehackt
1 EL Adobo-Sauce (aus der Dose mit
    den Chipotle-Schoten)
1 l Hühnerbrühe
1 Dose (etwa 800 g Inhalt) Pozole-
    Mais (eingelegte weiße Maiskörner),
    abgespült (ersatzweise gelber Mais
    aus der Dose)
1 Dose (220 g) passierte Tomaten

gewürfelte Avocado, fein gehobelter
    Weißkohl, Schmand, Limettenspalten
    und Maistortillas als Beilagen

// Tortilla-Chips zubereiten: 6 Mais-
    tortillas auf beiden Seiten mit Öl be-
    streichen und jede Seite über ***direk-
    ter mittlerer Hitze*** 2–3 Min. grillen,
    bis die Ränder dunkel und die Tor-
    tillas knusprig sind. Mit Salz würzen.

// Mexikanischer Maiseintopf Pozole

1. Den Grill für direkte starke Hitze
(230–290 °C) vorbereiten und die Grillpfanne vorheizen.

2. Das Schweinefleisch in 2,5–3 cm große
Stücke schneiden und in einer Schüssel
mit 1 EL Olivenöl, ½ TL Salz und dem Pfeffer vermischen. Die Chilischoten dünn mit
Öl bestreichen.

3. Das Fleisch in einer Lage in der Grillpfanne verteilen und über ***direkter starker
Hitze*** bei geschlossenem Deckel 3–5 Min.
anbraten, bis es gebräunt, aber noch nicht
durchgegart ist. Ab und zu wenden. Chilischoten gleichzeitig über ***direkter starker
Hitze*** in etwa 6 Min. von allen Seiten bräunen. Pfanne vorsichtig vom Grill nehmen,
Fleisch in eine Schüssel füllen und beiseitestellen. Chilischoten in eine mittelgroße Schüssel geben, Schüssel mit Frischhaltefolie abdecken und die Chilis 10 bis
15 Min. ausdampfen lassen.

4. Auf dem Herd den Bräter auf mittlerer
Stufe erhitzen. 1 EL Öl hineingießen und
die Zwiebel darin in etwa 10 Min. weich
dünsten, dabei gelegentlich umrühren.
½ TL Salz, Knoblauch, Kreuzkümmel,
Nelken, Chipotle-Chili und Adobo-Sauce
hinzufügen und 1 Min. unter ständigem
Rühren garen. Hühnerbrühe zugießen,
Mais, Tomaten und Schweinefleisch dazugeben und zum Kochen bringen. Die Hitze
reduzieren und den Eintopf etwa 15 Min.
köcheln lassen. Inzwischen von den gegrillten Chilischoten die Haut abziehen,
Samen entfernen, das Fruchtfleisch fein
würfeln und in den Eintopf rühren.

5. Den Pozole heiß mit Avocadowürfeln,
gehobeltem Weißkohl, Schmand, Limettenspalten und gegrillten Tortillachips
(siehe Tipp links) servieren.

 121

Jerk bezeichnet einen bestimmten Stil der Küche Jamaikas, der vor allem von den auf der Insel wild wachsenden Pimentbäumen dominiert wird. Die einheimischen Köche legen Pimentzweige auf den Holzkohlegrill, um unterschiedlichste Fisch- und Fleischgerichte damit zu aromatisieren, die zuvor großzügig mit Chili, Knoblauch, Thymian, Muskatnuss und Piment, den getrockneten Beeren des Pimentbaums, gewürzt werden. Mit etwas Glück finden Sie eine fertige Jerk-Würzmischung im Feinkosthandel oder über das Internet. // Oder Sie vermischen die trockenen Gewürze der Würzpaste wie im Rezept rechts. Der Gurkensalat, aber auch die bunte Mais-Salsa schaffen einen wunderbaren Ausgleich zum pikant gewürzten Fleisch.

FÜR **4** PERSONEN

ZUBEREITUNGSZEIT: **15** MIN.

GRILLZEIT: **15** BIS **20** MIN.

ZUBEHÖR: DIGITALES FLEISCH-THERMOMETER

2 Schweinefilets, je 350–450 g, überschüssiges Fett und Silberhaut entfernt
4 EL Olivenöl
4 EL karibische Jerk-Würzmischung (ersatzweise alle trockenen Gewürze von der Würzpaste im Rezept rechts)

2 EL Weißweinessig
1 TL Zucker
1 TL Dijon-Senf
2 EL fein gehackte frische Dillspitzen
1 Salatgurke (etwa 400 g), längs halbiert und in feine Halbmonde geschnitten
½ kleine rote Paprikaschote, fein gewürfelt
1¼ TL naturreines grobes Meersalz

// Jerk-Schweinefilet
MIT GURKENSALAT

1. Die Schweinefilets rundherum mit 2 EL Öl bestreichen und auf allen Seiten mit der Würzmischung bestreuen. Das Fleisch vor dem Grillen 15–30 Min. Zimmertemperatur annehmen lassen.

2. Den Grill für direkte mittlere Hitze (175–230 °C) vorbereiten.

3. Essig, Zucker, Senf, Dill und die restlichen 2 EL Öl in einer mittelgroßen Schüssel verrühren, bis sich der Zucker aufgelöst hat. Gurke und Paprika hinzufügen, gut mit dem Dressing vermischen und bis zum Servieren kalt stellen.

4. Den Grillrost mit der Bürste reinigen. Die Filets über *direkter mittlerer Hitze* bei geschlossenem Deckel 15–20 Min. grillen, dabei alle 5 Min. wenden, bis sie außen gleichmäßig schön gebräunt sind und im Inneren eine Kerntemperatur von 65 °C erreicht haben. Vom Grill nehmen und 3–5 Min. ruhen lassen. Die Filets quer in 1,5 cm dicke Scheiben schneiden.

5. Den Gurkensalat mit Salz abschmecken, mit den Filetscheiben auf Tellern anrichten und servieren.

// Jerk-Schweinemedaillons

MIT BUNTER MAIS-SALSA

FÜR **4** PERSONEN

ZUBEREITUNGSZEIT: **30** MIN.

GRILLZEIT: **14** BIS **21** MIN.

// FÜR DIE SALSA

2 Maiskolben, Hüllblätter entfernt
Olivenöl
½ Salatgurke, in mittelgroße Würfel
  geschnitten
½ mittelgroße rote Paprikaschote,
  fein gewürfelt
70 g Feta, zerbröckelt
2 EL Apfelessig
2 EL fein gehackte frische Oreganoblätter
½ TL naturreines grobes Meersalz
¼ TL Cayennepfeffer
¼ TL frisch gemahlener schwarzer Pfeffer

// FÜR DIE WÜRZPASTE

3 EL Olivenöl
2 EL Sojasauce
1 EL Zwiebelpulver
1 EL dunkler Vollrohrzucker
2 TL getrockneter Thymian
2 TL gemahlener Piment
1 TL Cayennepfeffer
1 TL frisch gemahlener schwarzer Pfeffer
1 TL Knoblauchpulver
½ TL gemahlene Muskatnuss
½ TL gemahlener Zimt

2 Schweinefilets, je 350–450 g, überschüssiges Fett und Silberhaut entfernt

1. Den Grill für direkte mittlere Hitze
(175–230 °C) vorbereiten.

2. Für die Salsa die Maiskolben rundherum
dünn mit Öl bestreichen. Den Grillrost mit
der Bürste reinigen. Die Maiskolben über
direkter mittlerer Hitze bei geschlossenem Deckel 10–15 Min. grillen, bis sie weich
und stellenweise braun sind, dabei ab und
zu wenden. Vom Grill nehmen und etwas
abkühlen lassen. Die Maiskörner mit einem
Messer vom Kolben schneiden und in eine
mittelgroße Schüssel füllen. Die restlichen
Zutaten für die Salsa und 2 EL Öl zufügen,
gut vermischen und bis zum Servieren
beiseitestellen.

3. Die Zutaten für die Würzpaste in einer
kleinen Schüssel vermengen.

4. Die dünnen, sich verjüngenden Enden
der Filets abschneiden und entweder
anderweitig verwenden oder zusammen
mit den Medaillons grillen. Die Filets in
sechs gleich große, etwa 4 cm dicke
Medaillons schneiden und die Medaillons
rundherum mit der Würzpaste bestreichen. In Frischhaltefolie schlagen und vor
dem Grillen 15–30 Min. Zimmertemperatur
annehmen lassen.

5. Die Medaillons über *direkter mittlerer
Hitze* bei geschlossenem Deckel 4–6 Min.
grillen, bis sie außen gleichmäßig schön
gebräunt, im Kern aber noch zartrosa sind.
Vom Grill nehmen, 3–5 Min. ruhen lassen
und warm mit der Salsa servieren.

// Vietnamesischer Filetsalat
MIT WÜRZIGEM ERDNUSSDRESSING

Salatblätter, knackige Erdnüsse, saftige Möhren und frische Gurkenscheiben bilden die Grundlage eines vietnamesischen Salats. Im Rezept unten wird er mit gegrillten Schweinemedaillons und einem gehaltvollen Erdnussdressing, das Sie sehr scharf oder auch mild zubereiten können, kombiniert und ergibt so eine vollwertige Mahlzeit. Besonders stilvoll gelingt der Salat, wenn Sie die Möhren und Gurken hauchdünn hobeln. // Die Sandwiche rechts enthalten die gleichen frischen Zutaten, werden aber durch etwas herzhaftere Noten abgerundet. Wer in Eile ist, kann die Sandwiche auch mit fertiger Erdnusssauce bestreichen – was den Genuss der Bánh-mì-Brote allerdings schmälert.

FÜR **4** PERSONEN

ZUBEREITUNGSZEIT: **15** MIN.

GRILLZEIT: **4** BIS **6** MIN.

// FÜR DAS DRESSING
125 ml Rapsöl
4 EL stückige Erdnusscreme ohne Salz
3 EL Reisessig
3 EL fein gehackte frische Korianderblätter
2 TL Sojasauce
1 TL scharfe Chili-Knoblauch-Sauce (z. B. Sriracha aus dem Asia-Laden)

2 Schweinefilets, je 350–450 g, überschüssiges Fett und Silberhaut entfernt, quer in etwa 4 cm dicke Medaillons geschnitten

// FÜR DEN SALAT
1 Kopf krauser grüner Salat, die Blätter in mundgerechte Stücke zerpflückt
2 Möhren, geschält, in feine Stifte geschnitten
½ Salatgurke, in feine Scheiben geschnitten

Frühlingszwiebeln, in Ringe geschnitten (nach Belieben)

1. Die Zutaten für das Dressing in eine mittelgroße Schüssel geben und mit einem Schneebesen aufschlagen. 5 EL Dressing zum Bestreichen der Medaillons während des Grillens, 5 EL zum Servieren beiseitestellen. Die Medaillons rundherum mit der restlichen Vinaigrette einpinseln und 15–30 Min. Zimmertemperatur annehmen lassen.

2. Den Grill für direkte mittlere Hitze (175–230 °C) vorbereiten.

3. Den Grillrost mit der Bürste reinigen. Die Medaillons über **direkter mittlerer Hitze** bei geschlossenem Deckel 4–6 Min. grillen, bis sie außen gleichmäßig schön gebräunt, im Kern aber noch zartrosa sind. In dieser Zeit einmal wenden und mit Dressing bestreichen. Vom Grill nehmen und 3–5 Min. ruhen lassen.

4. Die Zutaten für den Salat gleichmäßig auf vier Tellern anrichten, die Medaillons daraufsetzen und Salat und Fleisch mit Dressing beträufeln. Nach Belieben die Salate mit Frühlingszwiebeln bestreuen und servieren.

FÜR **4** PERSONEN

ZUBEREITUNGSZEIT: **20** MIN.

GRILLZEIT: **16** BIS **22** MIN.

ZUBEHÖR: DIGITALES FLEISCH-
THERMOMETER

1 Schweinefilet, etwa 450 g, überschüssiges Fett und Silberhaut entfernt
4 EL plus 2 TL Rapsöl
½ TL naturreines grobes Meersalz
¼ TL frisch gemahlener schwarzer Pfeffer

// FÜR DIE SANDWICH-SAUCEN
125 g feine Erdnusscreme ohne Salz
4 EL Reisessig
2 TL Sojasauce
2 TL scharfe Chili-Knoblauch-Sauce
  (z.B. Sriracha aus dem Asia-Laden)
4 EL Mayonnaise

4 Baguettebrötchen oder 1 großes
  Baguette, in vier je 20 cm lange
  Stücke geschnitten
4 grüne Salatblätter
2 Möhren, geschält und grob geraspelt
½ Salatgurke, in sehr dünne Scheiben
  geschnitten
1 große Handvoll frische Korianderblätter

// Vietnamesisches Bánh-mì-Sandwich

1. Das Schweinefilet rundherum dünn mit 2 TL Öl bestreichen und mit Salz und Pfeffer würzen. Anschließend 15–30 Min. Zimmertemperatur annehmen lassen.

2. Den Grill für direkte mittlere Hitze (175–230 °C) vorbereiten.

3. Den Grillrost mit der Bürste reinigen. Das Fleisch über *direkter mittlerer Hitze* bei geschlossenem Deckel 15–20 Min. grillen, dabei alle 5 Min. wenden, bis es außen gleichmäßig gebräunt ist und im Inneren eine Kerntemperatur von 65 °C hat. Vom Grill nehmen, 3–5 Min. ruhen lassen, dann in 0,5 cm dicke Scheiben schneiden.

4. Für die Sandwichsaucen 4 EL Öl, Erdnusscreme, Essig, Sojasauce und 1 TL Chili-Knoblauch-Sauce in einer kleinen Schüssel glatt rühren. In einer zweiten kleinen Schüssel die Mayonnaise mit 1 TL Chili-Knoblauch-Sauce verrühren.

5. Die Brötchen oder Baguettestücke längs auf-, aber nicht ganz durchschneiden, aufklappen und mit den Schnittflächen nach unten über *direkter mittlerer Hitze* 1–2 Min. rösten. Vom Grill nehmen. Eine Brötchenhälfte jeweils großzügig mit der Erdnusssauce, die anderen Hälften mit je 1 EL Chili-Mayonnaise bestreichen. Brötchen jeweils mit Salat, Möhren, Gurke, Koriander und Fleischscheiben belegen, nach Belieben noch übrige Erdnusssauce darüberträufeln und servieren.

FÜR **4** BIS **6** PERSONEN

ZUBEREITUNGSZEIT: **15** MIN.

GRILLZEIT: **15** BIS **20** MIN.

ZUBEHÖR: FLEISCHTHERMOMETER

// FÜR DIE SAUCE

250 ml Ketchup
2 EL Butter
2 EL Apfelessig
1 EL Melasse (Reformhaus)
1 EL Worcestersauce
1 TL Knoblauchpulver
½ TL frisch gemahlener schwarzer Pfeffer

// FÜR DIE WÜRZMISCHUNG

1 TL naturreines grobes Meersalz
1 TL Chilipulver (Gewürzmischung)
¼ TL Knoblauchpulver
½ TL frisch gemahlener schwarzer Pfeffer

2 Schweinefilets, je 350–450 g, überschüssiges Fett und Silberhaut entfernt
2 EL Olivenöl

Auf der rechten Seite finden Sie das vollständige Rezept für eine authentische amerikanische Barbecue-Spezialität: Pulled Pork Sandwich. Ein Schulterbraten gart ganz langsam über mittlerer bis niedriger indirekter Hitze, wodurch das Bindegewebe im Fleisch schmilzt und Feuchtigkeit an das Fleisch abgibt. Das überaus zarte Schweinefleisch kann anschließend leicht zerteilt werden (engl. *pulled pork*). **//** Für Tage, an denen Sie nicht mehrere Stunden am Grill verbringen können, empfiehlt sich das unten stehende Rezept mit Schweinefilet. Sie werden überrascht sein, wie einfach auch hier das gegrillte Fleisch, nachdem es eine Weile in Alufolie geruht hat, zerteilt werden kann. Diese schnelle Version eines Pulled Pork schmeckt ebenso ausgezeichnet auf weicher Polenta.

// Schnelles Pulled Pork vom Filet

1. Die Zutaten für die Sauce mit 125 ml Wasser in einem kleinen Topf mit dem Schneebesen verrühren, auf mittlerer Stufe aufkochen und etwa 5 Min. köcheln lassen, dabei ab und zu erneut mit dem Schneebesen kräftig verrühren. Beiseitestellen und auf Zimmertemperatur abkühlen lassen.

2. Die Zutaten für die Würzmischung in einer kleinen Schüssel vermengen.

3. Die Schweinefilets auf allen Seiten dünn mit Öl bestreichen, gleichmäßig mit der Würzmischung bestreuen und 15–30 Min. Zimmertemperatur annehmen lassen.

4. Den Grill für direkte mittlere Hitze (175–230 °C) vorbereiten.

5. Den Grillrost mit der Bürste reinigen. Die Schweinefilets über *direkter mittlerer Hitze* bei geschlossenem Deckel 15 bis 20 Min. grillen, dabei etwa alle 5 Min. wenden, bis sie außen gleichmäßig gebräunt sind und im Inneren eine Kerntemperatur von 65 °C haben. Vom Grill nehmen, in Alufolie wickeln und etwa 15 Min. ruhen und auf Handwärme abkühlen lassen.

6. Die Schweinefilets quer in jeweils vier Stücke schneiden. Das warme Fleisch mit den Fingern oder zwei Gabeln in Streifen zerteilen. In eine große Schüssel geben und nach Geschmack mit der entsprechenden Menge Sauce vermischen. Nach Belieben auf weicher Polenta servieren.

// Pulled Pork Sandwich

FÜR **10** BIS **12** PERSONEN

ZUBEREITUNGSZEIT: **30** MIN.

GRILLZEIT: **3** BIS **4** STD.

// FÜR DIE SAUCE

500 ml Ketchup
150 ml Guiness (dunkles irisches Bier)
125 ml Apfelessig
50 g dunkler Vollrohrzucker
2 EL Melasse (Reformhaus)
1 EL Worcestersauce
1 EL Sojasauce
2 TL Dijon-Senf
1 TL Cayennepfeffer

2 kg ausgelöster Schulterrollbraten
   im Netz
naturreines grobes Meersalz
frisch gemahlener schwarzer Pfeffer

// FÜR DEN KRAUTSALAT

½ Kopf Weißkohl, gehobelt
3 mittelgroße Möhren, geraspelt
1 rote Paprikaschote, in feine Streifen
   geschnitten
½ milde Zwiebel, in feine Streifen
   geschnitten
125 ml Olivenöl
2 EL Apfelessig
¾ TL Dijon-Senf
2 EL Selleriesamen (Gewürz)

Kaiser- oder Burger-Brötchen

1. Die Zutaten für die Sauce in einem kleinen Topf mit dem Schneebesen verrühren. Die Sauce bei niedriger Hitze aufkochen, anschließend etwa 15 Min. sanft köcheln lassen, dabei ab und zu kräftig durchrühren. Beiseitestellen und auf Zimmertemperatur abkühlen lassen.

2. Den Braten rundherum großzügig mit Salz und Pfeffer würzen. Vor dem Grillen etwa 30 Min. Zimmertemperatur annehmen lassen.

3. Den Grill für indirekte mittlere bis niedrige Hitze (etwa 160 °C) vorbereiten.

4. Den Grillrost mit der Bürste reinigen. Den Braten mit der Fettseite nach oben über *indirekter mittlerer bis niedriger Hitze* bei geschlossenem Deckel 3–4 Std. grillen, bis seine Kerntemperatur etwa 85 °C erreicht hat. Die Temperatur im Grill sollte über die gesamte Zeit möglichst konstant 160 °C betragen. Das Fleisch sollte am Ende so weich sein, dass es fast auseinanderfällt. Braten auf ein Schneidbrett heben, locker mit Alufolie abdecken und 20 Min. ruhen lassen. Die Brötchen über direkter Hitze etwa 1 Min. rösten.

5. In der Zwischenzeit Weißkohl, Möhren, Paprika und Zwiebel in einer großen Schüssel vermengen. Öl, Essig, Senf und Selleriesamen in einer kleinen Schüssel aufschlagen. Nach Geschmack den Krautsalat mit entsprechend viel Dressing anmachen und beiseitestellen.

6. Mit zwei Gabeln oder den Fingern das Fleisch zerteilen, Fettklumpen wegwerfen. In einer großen Schüssel nach Geschmack mit der entsprechenden Menge Sauce vermischen. Brötchen mit Fleisch und Krautsalat füllen und servieren.

Schinkensteaks entwickeln auf dem Grill in etwa 10 Minuten einen herrlich krossen Rand, können jedoch etwas trocken werden. Das lässt sich mit ein paar süßen gegrillten Birnen und einer würzigen Glasur ausgleichen. Die Essigglasur im unten stehenden Rezept schmeckt übrigens auch auf Spareribs sehr gut. // Ein ganzer Schinken ist auf dem Grill schnell zubereitet und reicht gleich für mehrere Personen. Während er über indirekter Hitze heiß wird, bleibt Zeit für das einfache Birnen-Chutney, das aber auch einen Tag im Voraus zubereitet werden kann. Es eignet sich zudem als Aufstrich für ein Schinkensandwich mit Emmentaler.

// Schinkensteaks

MIT GEGRILLTEN BIRNEN UND ESSIGGLASUR

1. Den Grill für direkte mittlere Hitze (175–230 °C) vorbereiten.

2. Die Schinkenscheiben trockentupfen. Schinken und Birnen mit Öl einpinseln.

3. Die Zutaten für die Glasur in einem kleinen Topf auf mittlerer Stufe verrühren und aufkochen. Die Hitze reduzieren und 8–9 Min. sanft köcheln lassen, bis die Glasur sirupartig eindickt.

4. Den Grillrost mit der Bürste reinigen. Schinkenscheiben und Birnenviertel über *direkter mittlerer Hitze* bei geschlossenem Deckel 8–12 Min. grillen, dabei einmal wenden, bis der Schinken durch und durch heiß ist, die Birnen weich sind und beide Zutaten hübsch gemustert sind. Die Schinkenscheiben in die gewünschte Größe schneiden, mit den Birnenvierteln anrichten, etwas Glasur darüberträufeln und heiß servieren.

FÜR **4** PERSONEN

ZUBEREITUNGSZEIT: **15** MIN.

GRILLZEIT: **8** BIS **12** MIN.

2 große Scheiben Kochschinken, je etwa 450 g und etwa 1 cm dick
2 feste, reife Birnen, geschält, geviertelt, Kerngehäuse entfernt
1 EL Öl

// FÜR DIE GLASUR

75 g dunkler Vollrohrzucker
6 EL Apfelessig
3 EL Dijon-Senf
1 kräftige Prise zerstoßene rote Chiliflocken

// Ganzer Schinken

MIT BIRNEN-CHUTNEY

FÜR **6** BIS **8** PERSONEN

ZUBEREITUNGSZEIT: **15** MIN.,
PLUS ETWA **20** MIN. FÜR DAS CHUTNEY

GRILLZEIT: **30** BIS **40** MIN.

ZUBEHÖR: GROSSE EINWEG-
ALUSCHALE; SCHWERE PFANNE
(Ø 30 CM), DIGITALES FLEISCH-
THERMOMETER

1,5–1,8 kg geräucherter Kochschinken
   am Stück ohne Knochen
2 TL Öl

// FÜR DAS CHUTNEY
4 reife, feste Birnen, halbiert, geschält,
   Kerngehäuse entfernt, in mundgerechte
   Stücke geschnitten
150 g dunkler Vollrohrzucker
175 ml Apfelessig
1 EL Dijon-Senf
2 TL fein geriebener frischer Ingwer
¼ TL zerstoßene rote Chiliflocken

1. Den Schinken vor dem Grillen etwa 30 Min. Zimmertemperatur annehmen lassen.

2. Den Grill für indirekte mittlere Hitze (175–230 °C) vorbereiten.

3. Den Grillrost mit der Bürste reinigen. Den Schinken mit der flachen Seite nach unten in die große Einweg-Aluschale setzen und 125 ml Wasser in die Schale gießen, damit der Schinken während des Grillens nicht austrocknet. Die Aluschale

über *indirekte mittlere Hitze* stellen, den Deckel schließen und den Schinken 30 bis 40 Min. grillen, bis seine Kerntemperatur 70 °C erreicht hat.

4. Inzwischen das Chutney zubereiten. Das Öl in der schweren Pfanne auf mittlerer Stufe erhitzen und die Birnenstücke darin unter Rühren 4–5 Min. dünsten, bis sie weich, aber noch formfest sind. Mit einem Schaumlöffel etwa die Hälfte der Birnen herausheben und in einer Schüssel beiseitestellen. Zucker, Essig, Senf, Ingwer

und Chili in die Pfanne geben und gut vermengen. Die Mischung 8–10 Min. köcheln lassen, bis sie leicht eindickt und dunkler wird. Ab und zu umrühren. Die restlichen Birnen mitsamt dem ausgetretenen Saft hinzufügen und das Chutney weitere 5 Min. köcheln lassen. Gelegentlich durchrühren, damit es nicht ansetzt. In einer Servierschale etwas abkühlen lassen.

5. Den Schinken vom Grill nehmen und 3–5 Min. ruhen lassen. In Scheiben schneiden und warm mit dem Chutney servieren.

 129

Manch einem Puristen mag der Gedanke, Ribs in der Folie zu grillen, Schauer über den Rücken jagen, aber wer in etwas mehr als 1 Stunde anstelle der üblichen 3–4 (oder mehr) Stunden fertig sein möchte, für den bietet das unten stehende Rezept eine echte Alternative. Kleinere Rippenstücke werden jeweils in eine doppelte Lage Alufolie verpackt und garen auf diese Weise im eigenen Saft und austretenden Fett. Anschließend werden sie aus der Folie genommen, auf dem Rost knusprig gegrillt und dabei immer wieder mit Glasur bestrichen. Die typischen Barbecue-Noten erhalten die Ribs durch Räucherchips, die auf die Glut oder in die Räucherbox des Gasgrills gegeben werden. // Bis zu 4 Stunden über indirekter niedriger Hitze grillen die Ribs dann im Rezept rechts und werden in dieser Zeit immer wieder mit einer karibischen süß-pikanten Früchteglasur bestrichen.

// In Folie gegrillte Baby Back Ribs

NUR FÜR HOLZKOHLE- ODER GASGRILLS MIT INTEGRIERTER RÄUCHERBOX GEEIGNET

FÜR **4** PERSONEN

ZUBEREITUNGSZEIT: **15** MIN.

GRILLZEIT: ETWA **1¼** STD.

ZUBEHÖR: EXTRABREITE (44 CM) UND EXTRASTARKE ALUFOLIE

// FÜR DIE WÜRZMISCHUNG
1 EL naturreines grobes Meersalz
2 TL Paprikapulver
2 TL Knoblauchpulver
2 TL getrockneter Thymian
½ TL frisch gemahlener schwarzer Pfeffer

2 Baby Back Ribs (aus der Kotelettrippe), je etwa 1–1,25 kg
2 Handvoll Hickoryholz-Räucherchips, mind. 30 Min. gewässert
225 ml Grillsauce (Fertigprodukt)

1. Den Grill für direkte mittlere Hitze (175–230 °C) vorbereiten.

2. Die Zutaten für die Würzmischung in einer kleinen Schüssel vermengen.

3. Die dünne Haut der Rippen abziehen (siehe Foto und Anleitung unten rechts). Rippen halbieren, um insgesamt vier kleinere Stücke zu erhalten.

4. Rippchen gleichmäßig mit der Würzmischung einreiben und jedes Stück in eine doppelte Lage Alufolie einwickeln.

5. Den Grillrost mit der Bürste reinigen. Die Rippenstücke in der Folie über **direkter mittlerer Hitze** 1 Std. bei geschlossenem Deckel grillen und zum gleichmäßigen Garen gelegentlich wenden. Dabei möglichst keine Löcher in die Folie reißen.

6. Vom Grill nehmen und in der Folie etwa 10 Min. ruhen lassen. Vorsichtig öffnen und die Rippenstücke aus dem Fett heben.

7. Räucherchips abtropfen lassen und direkt auf die heiße Glut legen oder nach Herstelleranweisung in die Räucherbox des Gasgrills geben. Sobald sie zu schwelen beginnen, die Rippchen mit der Knochenseite nach unten auf den Grill legen und über **direkter mittlerer Hitze** bei geschlossenem Deckel 10–12 Min. grillen, bis sie schön gebräunt sind, dabei ein- bis zweimal wenden und jedesmal mit der Grillsauce bestreichen. Vom Grill nehmen und etwa 5 Min. ruhen lassen. In einzelne Ribs schneiden und warm mit gegebenenfalls übriger Grillsauce servieren.

// Karibische Baby Back Ribs

MIT FRÜCHTEGLASUR

FÜR 4 PERSONEN

ZUBEREITUNGSZEIT: 15 MIN.

GRILLZEIT: 3 BIS 4 STD.

ZUBEHÖR: SPARE-RIB-HALTER

// FÜR DIE WÜRZMISCHUNG
1 EL naturreines grobes Meersalz
2 TL getrockneter Oregano
½ TL Knoblauchpulver
½ TL Zwiebelpulver
½ TL frisch gemahlener schwarzer Pfeffer

2 Baby Back Ribs (aus der Kotelettrippe),
  je etwa 1–1,25 kg

// FÜR DIE GLASUR
325 g Guavengelee oder Aprikosen-
  konfitüre
125 ml plus 1 EL Ketchup
3 EL Butter
3 Frühlingszwiebeln, nur die weißen und
  hellgrünen Teile fein gehackt
1 EL fein geriebener frischer Ingwer
1½ TL fein gehackte sehr scharfe Chilischoten (z.B. Habanero) oder 2 TL
  fein gehackte mittelscharfe Chilischoten
  (z.B. Jalapeño), Samen entfernt
1 große Knoblauchzehe, fein gerieben

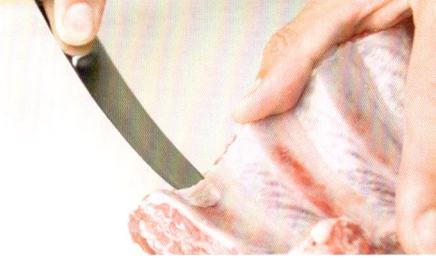

Am Ende der Rippe ein Tafelmesser unter die Haut am Knochen schieben. Anheben und lockern, bis sie reißt. Eine Ecke mit Küchenpapier festhalten und die Haut möglichst an einem Stück abziehen.

1. Den Grill für indirekte niedrige Hitze (120–150 °C) vorbereiten.

2. Die Zutaten für die Würzmischung in einer kleinen Schüssel vermengen.

3. Die dünne Haut von den Rippen abziehen (siehe Anleitung und Foto unten links). Rippen auf beiden Seiten mit der Würzmischung einreiben, dabei mehr auf die Fleisch- als auf die Knochenseite auftragen. Die Rippen gleich ausgerichtet in den Spare-Rib-Halter stecken und 30 Min. Zimmertemperatur annehmen lassen. Inzwischen die Glasur vorbereiten.

4. Die Zutaten für die Glasur in einem kleinen Topf auf mittlerer Stufe unter Rühren vermischen und erhitzen. Beiseitestellen.

5. Den Grillrost mit der Bürste reinigen. Den Spare-Rib-Halter über *indirekte niedrige Hitze* stellen. Die Rippen sollten so weit wie möglich von der Glut entfernt und mit der Knochenseite der Hitze zugewandt sein. Den Grilldeckel schließen. Nach 3 Std. die erste Garprobe machen: Die Rippchen oder einen Teil davon vom Grill nehmen, wenn ihre Knochenenden mind. 1 cm frei liegen und sie sich beim Anheben mit einer Grillzange in der Mitte biegen. Zudem sollte das Fleisch so zart sein, dass es reißt, wenn man die Ribs auseinanderbiegt (siehe S. 31). Andernfalls bis zu 1 Std. weitergrillen

6. Rippchen aus dem Halter nehmen und auf ein sauberes Backblech legen. Auf beiden Seiten dünn mit der Glasur bestreichen und einzeln flach auf den Grillrost über direkte Hitze legen. Bei geschlossenem Deckel 10–15 Min. grillen, bis sie außen leicht knusprig sind. Ab und zu wenden und auf dem Rost umplatzieren, dabei jedesmal mit Glasur bestreichen. Rippchen zurück auf das Backblech legen, noch einmal mit Glasur bestreichen und mit Folie abgedeckt mind. 15 Min. ruhen lassen und dabei 'warm halten. In einzelne Ribs schneiden und sofort servieren.

131

Wer herrlich zarte Spareribs vom Grill in weniger als 2 Stunden zubereiten möchte, sollte die im unten stehenden Rezept vorgestellte einfache Methode des Grillens in Folie ausprobieren. Die Ribs garen dicht verpackt in Wein, Knoblauch, Kräutern und ihrem eigenen Saft etwa 1½ Stunden, anschließend werden sie direkt auf dem Rost noch gebräunt und knusprig gegrillt. // Die langsame Methode im Räuchergrill wie im Rezept rechts ist nicht schwieriger, erfordert aber etwas mehr Zeit. Der Lohn ist butterweiches Fleisch, das von wunderbaren Raucharomen durchdrungen ist.

// Spareribs in der Folie gegrillt

FÜR **4** PERSONEN

ZUBEREITUNGSZEIT: **30** MIN.

GRILLZEIT: ETWA **1½** STD.

ZUBEHÖR: EXTRABREITE (44 CM) UND EXTRASTARKE ALUFOLIE

// FÜR DIE WÜRZPASTE
4 EL trockener Weißwein
2 EL zerdrückter Knoblauch
2 EL fein gehackte frische Oreganoblätter
1 EL fein gehackte frische Rosmarinnadeln
1 EL fein gehackte frische Thymianblätter
1 EL Fenchelsamen
1 EL naturreines grobes Meersalz
2 TL zerstoßene rote Chiliflocken
1 TL frisch gemahlener schwarzer Pfeffer
80 ml Olivenöl

2 Spareribs (Schälrippen), nach St.-Louis-Art vorbereitet (Fleischlappen auf der Knochenseite und an den seitlichen Enden sowie Brustrippchen am unteren Ende entfernt), je etwa 1,5 kg

1. Den Grill für direkte mittlere Hitze (175–230 °C) vorbereiten.

2. Die Zutaten für die Würzpaste in einer kleinen Schüssel vermengen.

3. Die dünne Haut von den Rippen abziehen (siehe Anleitung und Foto S. 131). Rippen halbieren und jede Hälfte gleichmäßig mit Würzpaste bestreichen. Acht etwa 50 cm lange Stücke extrabreite Alufolie zuschneiden. Die Rippenstücke jeweils in eine doppelte Lage Folie einwickeln und die Folie gut verschließen.

4. Den Grillrost mit der Bürste reinigen. Die Folienpakete über **direkte mittlere**

Hitze legen und die Spareribs 1½ Std. bei geschlossenem Deckel in der Folie grillen. Ab und zu wenden, dabei möglichst keine Löcher in die Folie reißen.

5. Die Folienpakete vom Grill nehmen und die Spareribs darin etwa 10 Min. ruhen lassen. Folie vorsichtig öffnen, Rippenstücke aus dem Fett heben und mit der Knochenseite nach unten zurück auf den Grill legen. Über **direkter mittlerer Hitze** bei geschlossenem Deckel in 10–12 Min. braun und knusprig werden lassen, dabei ein- bis zweimal wenden. Vom Grill nehmen und etwa 5 Min. ruhen lassen. In einzelne Ribs teilen und warm servieren. Nach Belieben Brokkolini dazu reichen.

// Spareribs vom Räuchergrill

MIT KRÄUTERWÜRZSAUCE

NUR FÜR HOLZKOHLEGRILLS GEEIGNET

FÜR **6** PERSONEN

ZUBEREITUNGSZEIT: **30** MIN.

GRILLZEIT: **3** BIS **4** STD.

// FÜR DIE WÜRZMISCHUNG
2 EL naturreines grobes Meersalz
2 EL reines Chilipulver
2 EL heller Vollrohrzucker
1 EL getrockneter Thymian
2 TL frisch gemahlener schwarzer Pfeffer

3 Spareribs (Schälrippen), nach St.-Louis-Art vorbereitet (Fleischlappen auf der Knochenseite und an den seitlichen Enden sowie Brustrippchen am unteren Ende entfernt), je etwa 1,5 kg

// FÜR DIE WÜRZSAUCE
1 Bund frische glatte Petersilie, Blätter samt zarten Stielen abgezupft
1 Handvoll frische Oreganoblätter
80 g sonnengetrocknete Tomaten in Öl
3 Knoblauchzehen, geschält
1 TL naturreines grobes Meersalz
½ TL zerstoßene rote Chiliflocken
350 ml trockener Weißwein
4 EL Olivenöl
2 EL Weißweinessig

3 faustgroße Stücke getrocknetes Hickory- oder Apfelholz

1. Den Räuchergrill nach Anweisung des Herstellers für niedrige Hitze vorbereiten.

2. Die Zutaten für die Würzmischung in einer mittelgroßen Schüssel vermengen.

3. Die dünne Haut der Spareribs abziehen (siehe Anleitung und Foto S. 131). Die Rippen rundherum mit der Würzmischung einreiben, dabei mehr auf der Fleischseite als auf der Knochenseite auftragen.

4. Für die Würzsauce die Kräuter mit den getrockneten Tomaten, Knoblauch, Salz und Chiliflocken in der Küchenmaschine oder im Mixer fein hacken. Wein, Öl und Essig hinzufügen und mit dem Impulsschalter kurz durchmixen.

5. Die Spareribs auf den Grillrost legen, zwei Holzstücke direkt auf die Glut geben. Den Deckel schließen und die Spareribs

3–4 Std. räuchern, dabei die Temperatur im Räuchergrill durch Öffnen und Schließen der unteren Lüftungsschieber konstant zwischen 120 und 150 °C halten. Das Fleisch ist fertig, wenn die Knochenenden stellenweise mind. 6 mm frei liegen und das Fleisch so zart ist, dass es beim Anheben der Rippen leicht reißt. Nicht alle Rippen werden gleichzeitig fertig. Nach 1 Std. das letzte Holzstück auf die Glut legen und die Spareribs auf beiden Seiten mit der Würzsauce bestreichen. Das Bestreichen der Ribs ab jetzt stündlich wiederholen.

6. Spareribs vom Grill nehmen und 10 Min. bei Zimmertemperatur ruhen lassen. Locker mit Alufolie abgedeckt, bleiben sie etwa 30 Min. warm, fest in Folie verpackt etwa 1 Std. Die Rippen zwischen den Knochen in einzelne Ribs schneiden und warm servieren.

133

GEFLÜGEL

Hähnchenflügel sind ideal für einen spontanen, zwanglosen Grillabend und zudem simpel in der Zubereitung. Man muss sie nur über direkter Hitze 10 Minuten anbraten und dann etwa genauso lang über indirekter Hitze fertig grillen. Selbst 5–10 Minuten länger über indirekter Hitze kann ihnen nichts anhaben, da das Fleisch praktisch nicht übergart werden kann. // Die Zubereitung der Filetspieße im Rezept rechts mag da vergleichweise anspruchsvoller sein, denn das magere Brustfleisch ist empfindlicher und verlangt ein genaueres Timing. Die im Rezept vorgeschlagenen Innenfilets, zartes Muskelfleisch, das als Streifen jeweils an der Unterseite einer halben Hähnchenbrust hängt, ersparen Ihnen dafür die Mühe, Hähnchenbrüste in Streifen zu schneiden.

// Hähnchenflügel

MIT PIKANTER HONIGGLASUR

FÜR **4** FÜR **6** PERSONEN

ZUBEREITUNGSZEIT: **10** MIN.

GRILLZEIT: **20** BIS **25** MIN.

// FÜR DIE GLASUR

175 ml Ketchup
4 EL Honig
2 EL scharfer Senf
3 EL Apfelessig
1 TL Cayennepfeffer

1,25 kg Hähnchenflügel, jeweils am Gelenk zerteilt, Flügelspitzen abgeschnitten
¾ TL Knoblauchpulver
½ TL naturreines grobes Meersalz

1. Den Grill für direkte und indirekte mittlere Hitze (175–230 °C) vorbereiten.

2. Die Zutaten für die Sauce in einem kleinen Topf vermischen. Auf mittlerer Stufe zum Kochen bringen, dabei gelegentlich umrühren. Etwa 30 Sek. unter häufigem Rühren sanft köcheln lassen, bis sich der Honig vollständig aufgelöst hat. Den Topf vom Herd nehmen.

3. Die Hähnchenflügel gleichmäßig mit Knoblauchpulver und Salz würzen.

4. Den Grillrost mit der Bürste reinigen. Die Hähnchenflügel über *direkter mittlerer Hitze* bei geschlossenem Deckel in 10–15 Min. goldbraun grillen, dabei ein- bis zweimal wenden. Anschließend über *indirekte mittlere Hitze* legen und bei geschlossenem Deckel weitere 10 Min. grillen, bis die Haut kräftig gebräunt und knusprig ist und das Fleisch im Kern nicht mehr rosa. In den letzten 5 Min. Grillzeit die Hähnchenflügel ein- bis zweimal wenden und gleichmäßig mit der Glasur bestreichen. Warm servieren.

FÜR **4** FÜR **6** PERSONEN

ZUBEREITUNGSZEIT: **20** MIN.

GRILLZEIT: **4** BIS **6** MIN.

ZUBEHÖR: METALL- ODER HOLZ-SPIESSE (HOLZSPIESSE MIND. 30 MIN. GEWÄSSERT)

// FÜR DIE GLASUR
4 EL Honig
4 EL Sojasauce
2 EL Reisessig
1 EL fein geriebener frischer Ingwer
2 Knoblauchzehen, zerdrückt
½–1 TL scharfe Chili-Knoblauch-Sauce
   (z.B. Sriracha aus dem Asia-Laden)

900 g Innenfilets von Hähnchenbrüsten
   (ersatzweise ausgelöste Hähnchen-brüste ohne Haut, in 1 cm breite Streifen geschnitten)
Öl
½ TL naturreines grobes Meersalz
½ TL frisch gemahlener schwarzer Pfeffer

1 Limette, in Spalten geschnitten

// Diese Glasur passt auch ausgezeichnet zu gegrillten Garnelen. Mit ein wenig Mayonnaise vermischt, eignet sie sich als interessanter Sandwichaufstrich oder als Dressing für Hähnchensalat oder Shrimpscocktail.

// Filetstreifen am Spieß
MIT HONIG-INGWER-GLASUR

1. Den Grill für direkte und indirekte starke Hitze (230–290 °C) vorbereiten.

2. Die Zutaten für die Glasur in einem kleinen Topf verrühren und auf mittlerer Stufe zum Kochen bringen. Die Hitze reduzieren und die Glasur etwa 3 Min. sanft köcheln lassen. Beiseitestellen.

3. Die Filetstreifen der Länge nach und durch die Mitte auf Spieße ziehen. Dünn mit Öl bestreichen und gleichmäßig mit dem Salz und Pfeffer würzen.

4. Den Grillrost mit der Bürste reinigen. Die Spieße über *direkter starker Hitze* bei geschlossenem Deckel 2–3 Min. grillen, bis das Fleisch das typische Grillmuster angenommen hat, dabei einmal wenden. Die Spieße über *indirekte starke Hitze* legen, Hähnchenfleisch auf beiden Seiten mit der Glasur bestreichen und weitere 2–3 Min. bei geschlossenem Deckel grillen, bis es durchgebraten und mit glänzender Glasur überzogen ist, dabei einmal wenden. Vom Grill nehmen und warm mit Limettenspalten servieren.

// Kräuterhähnchen

MIT GEGRILLTEN MAISKOLBEN

An stressigen Abenden, wenn Sie nicht wissen, wie Sie das Essen rechtzeitig auf den Tisch bringen sollen, hilft das schnelle Rezept unten mit Hähnchen und Mais, das mit frischen Kräutern zusätzliche Aromen ins Spiel bringt. Anstelle von Thymian und Rosmarin können Sie auch Oregano, Majoran, Estragon oder Salbei verwenden. // Im Rezept rechts kommen Hähnchenfleisch und Mais in einem amerikanischen *chowder* zusammen, einer gehaltvollen Suppe, die trotzdem nicht schwer ist. Bei kühler Witterung ersetzen Sie die Milch durch Sahne und geben noch gebratene Speckwürfel über die Suppe. Sie lässt sich gut im Voraus zubereiten und schmeckt am nächsten Tag sogar noch besser.

1. Den Grill für direkte mittlere Hitze (175–230 °C) vorbereiten.

2. Knoblauch und Butter in einer kleinen Schüssel mit einer Gabel gut vermischen.

3. Die Brustfilets auf beiden Seiten dünn mit Öl bestreichen und gleichmäßig mit Kräutern, Salz und Pfeffer würzen.

4. Den Grillrost mit der Bürste reinigen. Die Hähnchenfilets mit der glatten Seite nach unten über *direkter mittlerer Hitze* bei geschlossenem Deckel 8–12 Min. grillen, bis sie sich auf Druck fest anfühlen und das Fleisch im Kern nicht mehr glasig ist, dabei ein- bis zweimal wenden. Gleichzeitig den Mais über *direkter mittlerer Hitze* 10–15 Min. grillen, dabei mehrmals auf dem Rost drehen, bis die Körner rundherum stellenweise braun sind. Hähnchen und Mais vom Grill nehmen, das Fleisch 3–5 Min. ruhen lassen.

5. Maiskolben mit der Knoblauchbutter bestreichen und mit den Hähnchenfilets servieren.

FÜR **4** PERSONEN

ZUBEREITUNGSZEIT: **15** MIN.

GRILLZEIT: **10** BIS **15** MIN.

60 g weiche Butter
2 große Knoblauchzehen, zerdrückt
4 Hähnchenbrustfilets, je etwa 175 g
2 EL Olivenöl
2 EL fein gehackte gemischte frische Kräuter (z. B. Rosmarin und Thymian)
½ TL naturreines grobes Meersalz
¼ TL frisch gemahlener schwarzer Pfeffer
4 Maiskolben, Hüllblätter entfernt

// Hähnchen-Mais-Chowder

MIT PARMESAN-KNOBLAUCH-BAGUETTE

FÜR 4 BIS 6 PERSONEN

ZUBEREITUNGSZEIT: 30 MIN.,
PLUS ETWA 30 MIN. FÜR DEN CHOWDER

GRILLZEIT: 10 BIS 16 MIN.

3 Hähnchenbrustfilets, je etwa 175 g
1½ EL Olivenöl
1½ EL gehackte frische Thymianblätter
naturreines grobes Meersalz
frisch gemahlener schwarzer Pfeffer
4 Maiskolben, Hüllblätter entfernt
2 EL Butter
1 mittelgroße Zwiebel, fein gewürfelt
2 Knoblauchzehen, zerdrückt
500 ml Milch
900 g festkochende Kartoffeln,
   in 1 cm große Würfel geschnitten
1 l Hühnerbrühe

// FÜR DAS BAGUETTE
60 g Butter, zerlassen
2 große Knoblauchzehen, zerdrückt
½ Baguette
4 EL frisch geriebener Parmesan

1. Den Grill für direkte mittlere Hitze
(175–230 °C) vorbereiten.

2. Die Hähnchenbrustfilets auf beiden
Seiten dünn mit Öl bestreichen und
gleichmäßig mit Thymian, ½ TL Salz und
¼ TL Pfeffer würzen.

3. Den Grillrost mit der Bürste reinigen.
Die Hähnchenbrustfilets zunächst mit der
glatten Seite nach unten über *direkter
mittlerer Hitze* bei geschlossenem Deckel
8–12 Min. grillen, bis sie sich auf Druck fest
anfühlen und das Fleisch im Kern nicht
mehr glasig ist, dabei ein- bis zweimal

wenden. Gleichzeitig die Maiskolben über
direkter mittlerer Hitze 8–10 Min. grillen,
dabei mehrmals auf dem Rost drehen, bis
die Körner rundherum stellenweise braun
sind. Vom Grill nehmen.

4. Die Butter in einem großen Topf auf
mittlerer Stufe zerlassen. Zwiebeln und
Knoblauch darin mit etwas Salz und Pfeffer in etwa 5 Min. weich schwitzen, gelegentlich umrühren. Milch, Kartoffeln und
Brühe einfüllen, kurz aufkochen, anschließend offen 15–20 Min. köcheln lassen, bis
die Kartoffeln weich sind. Für eine dickere
Konsistenz etwa ein Viertel der Suppe im
Topf mit einem Stabmixer pürieren oder
etwa 500 ml Suppe im Mixer pürieren und
zurück in den Topf geben.

5. Während die Suppe köchelt, die gegrillten Hähnchenfilets in etwa 1 cm große

Stücke schneiden, die Körner von den
Maiskolben schneiden und die Knoblauchbutter für das Baguette zubereiten.

6. In einer kleinen Schüssel mit einer
Gabel die zerlassene Butter mit dem
Knoblauch vermischen. Mit Salz und
Pfeffer abschmecken. Das Baguette in
etwa 2,5 cm dicke Scheiben schneiden
und jede Scheibe auf beiden Seiten
mit etwas Butter bestreichen. Über *direkter mittlerer Hitze* bei geöffnetem Deckel
in 1–2 Min. goldbraun rösten (auf Flammenbildung achten!), wenden und die
gerösteten Seiten jeweils dünn mit Parmesan bestreuen. 1–2 Min. weitergrillen,
bis der Käse anfängt zu schmelzen.

7. Hähnchenfleisch und Maiskörner in
die Suppe rühren und die Suppe warm
mit den Baguettescheiben servieren.

Die gerösteten Panini mit Hähnchen lassen sich bereits eine Stunde vor dem Servieren gut vorbereiten. Anschließend müssen sie nur noch unter einem Gewicht – im Rezept unten ein Backblech, das mit einer gusseisernen Pfanne oder mit Ziegelsteinen beschwert wird – über niedriger Hitze gegrillt werden. Das geröstete Brot mit seinem durch das Gewicht kompakt gewordenen Belag verspricht ein besonderes Geschmackserlebnis. // Gleichermaßen köstlich sind die gegrillten Hähnchenfilets rechts in einer cremigen Pasta, mit karamellisierten Kirschtomaten, frischen Spinatblättern und gerösteten frischen Brotbröseln. Sie können aber auch fertige Semmelbrösel verwenden – einfach in der Pfanne mit etwas fein geriebener Zitronenschale knusprig rösten.

// Hähnchen-Panini
MIT TOMATE UND RUCOLA

FÜR **4** PERSONEN

ZUBEREITUNGSZEIT: **15** MIN.

GRILLZEIT: **10** BIS **13** MIN.

ZUBEHÖR: BACKBLECH, GUSSEISERNE PFANNE ODER ZWEI IN ALUFOLIE EINGEWICKELTE ZIEGELSTEINE

2 Hähnchenbrustfilets, je etwa 175 g
Olivenöl
½ TL naturreines grobes Meersalz
¼ TL frisch gemahlener schwarzer Pfeffer

125 g Frischkäse mit Knoblauch und
    Kräutern
1 Handvoll zarte Rucolablätter, gewaschen
    und trockengeschleudert
2 Eiertomaten, in 0,5 cm dicke Scheiben
    geschnitten
8 Scheiben Weizenvollkornbrot
    (etwa 450 g), je 1 cm dick

1. Den Grill für direkte mittlere Hitze (175–230 °C) vorbereiten.

2. Die an der Unterseite der Brustfilets hängenden Innenfilets entfernen und anderweitig verwenden. Brustfilets längs halbieren und die Fleischstreifen einzeln mit der glatten Seite nach unten zwischen zwei Lagen Frischhaltefolie auf etwa 6 mm flachklopfen. Auf beiden Seiten mit Öl bestreichen, salzen und pfeffern.

3. Den Grillrost mit der Bürste reinigen. Hähnchenfleisch über *direkter mittlerer Hitze* bei geschlossenem Deckel 4–5 Min. grillen, bis es sich auf Druck fest anfühlt und auch im Kern nicht mehr glasig ist, dabei einmal wenden. Vom Grill nehmen und ruhen lassen.

4. Die Grilltemperatur auf niedrige Hitze (120–175 °C) absenken.

5. Die Brotscheiben mit Frischkäse bestreichen. Auf vier Scheiben jeweils etwas Rucola, 3 Tomatenscheiben und 1 Hähnchenstreifen geben. Mit den übrigen Scheiben (Frischkäseseite nach unten) bedecken und fest andrücken, anschließend die Panini auf beiden Seiten dünn mit Öl bestreichen.

6. Den Grillrost mit der Bürste reinigen. Die Panini nebeneinander über *direkte niedrige Hitze* legen. Mit dem Backblech und mit der gusseisernen Pfanne oder den Ziegelsteinen darin beschweren und 6 bis 8 Min. grillen, dabei einmal wenden und erneut beschweren, bis sie goldbraun geröstet sind. Vom Grill nehmen und sofort servieren.

FÜR **4** PERSONEN

ZUBEREITUNGSZEIT: **30** MIN.

GRILLZEIT: **10** BIS **15** MIN.

ZUBEHÖR: GELOCHTE GRILLPFANNE

2 Scheiben Weizenvollkornbrot,
  je etwa 1,5 cm dick, grob zerpflückt
Olivenöl
1 EL fein abgeriebene Bio-Zitronenschale
naturreines grobes Meersalz

50 g dunkler Vollrohrzucker
4 EL trockener Sherry
300 g Datteltomaten

4 Hähnchenbrustfilets, je etwa 175 g
½ TL frisch gemahlener schwarzer Pfeffer

250 g Linguine, Fettuccine oder
  Spaghetti
175 g zarte junge Spinatblätter
125 g Frischkäse mit Knoblauch und
  Kräutern

1. Den Grill für direkte mittlere Hitze (175–230 °C) vorbereiten und die Grillpfanne vorheizen.

2. Das Brot in der Küchenmaschine zu groben Bröseln verarbeiten. Die Brösel in einer kleinen Pfanne mit 1 EL Öl vermischen und auf mittlerer bis hoher Stufe in 3–4 Min. unter häufigem Rühren goldbraun und knusprig rösten. Vom Herd nehmen, Zitronenschale und ¼ TL Salz unterrühren. Beiseitestellen.

3. Zucker und Sherry in einer kleinen Schüssel verrühren, bis sich der Zucker aufgelöst hat. Tomaten in eine mittelgroße Schüssel geben und mit 2 EL der Sherry-Mischung behutsam vermischen. Die rest-

// Cremige Hähnchennudeln
MIT KARAMELLISIERTEN TOMATEN

liche Sherry-Mischung als Glasur für die Hähnchenbrustfilets beiseitestellen.

4. Die Tomaten mit einem Schaumlöffel aus der Schüssel heben und in einer Lage in der heißen Grillpfanne verteilen. Über *direkter mittlerer Hitze* bei geöffnetem Deckel 2–3 Min. grillen, bis die Tomaten weich und leicht karamellisiert sind, dabei häufig in der Pfanne hin und her schieben. Mit einem Grillwender die Tomaten zurück in die mittelgroße Schüssel mit der übrigen Sherry-Mischung geben. Mit ¼ TL Salz würzen und behutsam durchrühren. Die Grillpfanne mit isolierten Grillhandschuhen vom Rost nehmen.

5. Die Hähnchenfilets auf beiden Seiten mit Öl bestreichen und gleichmäßig mit Salz und Pfeffer würzen.

6. Den Grillrost mit der Bürste reinigen. Die Hähnchenbrustfilets mit der glatten Seite nach unten über *direkter mittlerer* Hitze bei geschlossenem Deckel 8–12 Min.

grillen, bis sich das Fleisch auf Druck fest anfühlt und auch im Kern nicht mehr glasig ist, dabei ein- bis zweimal wenden und mehrmals mit der beiseitegestellten Sherry-Mischung bestreichen. Vom Grill nehmen und 3–5 Min. ruhen lassen. Hähnchenfilets in 1 cm große Würfel schneiden.

7. In der Zwischenzeit die Nudeln in einem großen Topf mit sprudelnd kochendem Salzwasser nach Packungsanweisung garen. Etwa 1 Min. bevor sie fertig sind, Spinat in den Topf zu den Nudeln geben und die Blätter unter Rühren zusammenfallen lassen. Nudeln und Spinat abgießen, dabei 250 ml vom Kochwasser auffangen, anschließend zurück in den Topf geben und sofort Tomaten, Hähnchenwürfel und Frischkäse untermischen. Bei Bedarf die Nudeln mit etwas oder dem gesamten Kochwasser auflockern.

8. Pasta gleichmäßig auf Teller verteilen, mit den knusprigen Bröseln bestreuen und sofort servieren.

141

FÜR **4** PERSONEN

ZUBEREITUNGSZEIT: **15** MIN.

GRILLZEIT: **16** BIS **22** MIN.

// FÜR DAS DRESSING
150 ml Dijon-Senf mit Honig
2 Knoblauchzehen, zerdrückt
2 TL scharfe Chilisauce
2 TL frisch gepresster Zitronensaft
Olivenöl
naturreines grobes Meersalz
frisch gemahlener schwarzer Pfeffer

4 reife Pfirsiche, halbiert, entkernt
1 Zwiebel, quer in 1 cm dicke Scheiben
  geschnitten
4 Hähnchenbrustfilets, je etwa 175 g
150 g Feldsalat oder Rucola

Ein Teil des Senfdressings im Rezept unten dient als Glasur für das Hähnchenfleisch, die Pfirsiche und die Zwiebelscheiben. Der andere Teil wird als Dressing zum fertigen Salat gereicht. Beim zarten Blattsalat haben Sie freie Wahl: nicht nur Feldsalat oder Rucola eignen sich, sondern auch Brunnenkresse. // Im Rezept rechts kommen die robusten Blätter von Blattkohl, Rote-Bete-Blätter oder Mangold zum Einsatz, die während des Garens in der Pfanne kaum Aufmerksamkeit brauchen.

// Hähnchen-Pfirsich-Salat
MIT PIKANT-SÜSSEM SENFDRESSING

1. Senf, Knoblauch, Chilisauce und Zitronensaft in einer mittelgroßen Schüssel vermengen. 125 ml Öl langsam mit einer Gabel unterschlagen. Mit Salz und Pfeffer abschmecken. Etwa 125 ml Dressing als Glasur neben den Grill stellen, restliches Dressing später separat zum Salat reichen.

2. Den Grill für direkte mittlere Hitze (175–230 °C) vorbereiten.

3. Zuerst Pfirsichhälften und Zwiebelscheiben, anschließend die Hähnchenfilets jeweils auf beiden Seiten dünn mit Öl bestreichen und gleichmäßig mit Salz und Pfeffer würzen.

4. Den Grillrost mit der Bürste reinigen. Pfirsiche und Zwiebel über *direkter mittlerer Hitze* bei geschlossenem Deckel 8–10 Min. grillen, bis die Pfirsiche leicht gebräunt und die Zwiebelscheiben weich sind, dabei ein- bis zweimal wenden und in der letzten Minute mit der Senfglasur bestreichen. Vom Grill nehmen. Pfirsichhälften in Spalten schneiden, Zwiebelscheiben grob würfeln.

5. Die Hähnchenbrustfilets mit der glatten Seite nach unten über *direkter mittlerer Hitze* bei geschlossenem Deckel 8–12 Min. grillen, dabei ein- bis zweimal wenden und mit der Senfglasur bestreichen, bis sich das Fleisch auf Druck fest anfühlt und auch im Kern nicht mehr glasig ist. Vom Grill nehmen und 3–5 Min. ruhen lassen. Übrige Glasur nicht mehr verwenden. Die Hähnchenfilets dünn aufschneiden.

6. Den Salat auf vier Schalen verteilen, Hähnchenfleisch, Pfirsiche und Zwiebelscheiben darauf anrichten. Mit Salz und Pfeffer würzen und servieren. Das Dressing separat dazu reichen.

// Glasiertes Hähnchenfilet und Pfirsich

MIT SÜSSKARTOFFELN UND BLATTGEMÜSE

FÜR 4 PERSONEN

ZUBEREITUNGSZEIT: 30 MIN.

GRILLZEIT: 8 BIS 12 MIN.

ZUBEHÖR: GROSSE TIEFE PFANNE

// FÜR DIE GLASUR
6 EL Honig
4 EL frisch gepresster Zitronensaft
3–4 TL fein gehackte Chipotle-Schoten
  in Adobo-Sauce (eingelegte TexMex-
  Chilischoten aus der Dose)
¼ TL Cayennepfeffer
¼ TL gemahlene Gewürznelken
Olivenöl

naturreines grobes Meersalz
frisch gemahlener schwarzer Pfeffer

1 große Süßkartoffel, etwa 400 g schwer
  und 5 cm im Durchmesser
2 reife Pfirsiche, halbiert, entkernt
4 Hähnchenbrustfilets, je etwa 175 g
6 Scheiben mild geräucherter Frühstücksspeck, fein gewürfelt
700 g küchenfertiger Blattkohl oder
  Blattmangold

1. Den Grill für direkte mittlere Hitze
(175–230 °C) vorbereiten.

2. Die Zutaten für die Glasur mit 6 EL Öl
in einer kleinen Schüssel verrühren. Mit
Salz und Pfeffer abschmecken. 5 EL davon
als Glasur neben den Grill stellen, den
Rest später zu den gegrillten Hähnchenfilets und dem Blattgemüse servieren.

3. Süßkartoffel schälen und quer in
1 cm dicke Scheiben schneiden. Zuerst

Kartoffelscheiben und Pfirsiche, anschließend die Hähnchenfilets jeweils auf beiden Seiten dünn mit Öl bestreichen und
gleichmäßig mit Salz und Pfeffer würzen.

4. Speck in der großen tiefen Pfanne auf
mittlerer bis hoher Stufe etwa 4 Min. unter
häufigem Rühren anbraten, bis er Farbe
annimmt. Ein Viertel des Blattgemüses
in die Pfanne geben und etwa 3 Min. unter
Rühren dünsten, bis die Blätter eben zusammenfallen. Das nächste Viertel einfüllen und wie beschrieben dünsten. Restliches Blattgemüse genauso garen, bis
nach etwa 12 Min. alle Kohl- oder Mangoldblätter verarbeitet sind. Mit Salz und Pfeffer würzen. 60 ml Wasser angießen, die
Pfanne verschließen und das Gemüse auf
mittlerer Stufe etwa 10 Min. dünsten, bis
es weich ist, ab und zu umrühren. Pfanne
vom Herd nehmen und beiseitestellen.

5. Den Grillrost mit der Bürste reinigen.
Süßkartoffelscheiben, Pfirsichhälften und
Hähnchenbrustfilets über *direkter mittlerer Hitze* bei geschlossenem Deckel
grillen, bis Kartoffel und Pfirsiche leicht
gebräunt sind und sich das Fleisch auf
Druck fest anfühlt und auch im Kern nicht
mehr glasig ist, dabei alle Zutaten einmal
wenden und in der letzten Minute auf dem
Grill mit der Glasur bestreichen. Kartoffelscheiben und Hähnchenfleisch brauchen
etwa 8–12 Min., die Pfirsiche 8–10 Min.
Vom Rost nehmen und die Süßkartoffelscheiben vierteln.

6. Blattgemüse und Kartoffelstücke auf
vier Teller verteilen, jeweils 1 Hähnchenfilet und 1 Pfirsichhälfte daneben anrichten
und Fleisch und Gemüse großzügig mit
dem beiseitegestellten Dressing beträufeln. Sofort servieren.

143

Verwenden Sie Romanasalatherzen, wenn Sie den Caesar Salad mit zitronigen Hähnchenfilets im Rezept unten als schnelles Mittagessen zubereiten wollen. Und mit einer gelochten Grillpfanne erledigen Sie das Rösten der Brotwürfel und das Grillen der Kirschtomaten gleichsam nebenher.
// Im Rezept rechts wird der Salat aus gegrilltem Hähnchenfleisch, Weintrauben und Walnusskernen zusammengestellt, mit einer kräuterwürzigen Aïoli angemacht und dann in Tortillas gewickelt. Wichtig dabei ist, die Tortillas vorher durchzuwärmen und damit elastisch zu machen, da sie sonst brechen.

// Zitronenhähnchen

AUF CAESAR SALAD

FÜR **4** PERSONEN

ZUBEREITUNGSZEIT: **15** MIN.

GRILLZEIT: **8** BIS **12** MIN.

ZUBEHÖR: GELOCHTE GRILLPFANNE

// FÜR DAS DRESSING
5 EL frisch gepresster Zitronensaft
3 große Knoblauchzehen, zerdrückt
1 EL Dijon-Senf
1 EL Worcestersauce
¾ TL naturreines grobes Meersalz
½ TL frisch gemahlener schwarzer Pfeffer
180 ml Olivenöl

150 g kleine Kirschtomaten
3 Scheiben Roggen- oder Mischbrot, in 1 cm große Würfel geschnitten
4 Hähnchenbrustfilets, je etwa 175 g

1 großer Kopf Romanasalat oder 3 Romanasalatherzen, in mundgerechte Stücke zerpflückt
100 g Parmesan, frisch gerieben

1. Den Grill für direkte mittlere Hitze (175–230 °C) vorbereiten und die Grillpfanne vorheizen.

2. Für das Dressing Zitronensaft, Knoblauch, Senf, Worcestersauce, Salz und Pfeffer im Mixer oder mit dem Stabmixer verquirlen. Bei laufendem Motor das Öl in dünnem Strahl dazugießen, bis sich alles zu einer Emulsion verbunden hat.

3. Tomaten und Brotwürfel mit 2 EL Dressing in einer mittelgroßen Schüssel vermischen. Hähnchenfilets mit insgesamt 2 EL Dressing auf beiden Seiten gleichmäßig bestreichen.

4. Den Grillrost mit der Bürste reinigen. Die Hähnchenbrustfilets mit der glatten Seite nach unten über *direkter mittlerer*

Hitze bei geschlossenem Deckel 8–12 Min. grillen, bis sich das Fleisch auf Druck fest anfühlt und auch im Kern nicht mehr glasig ist, dabei ein- bis zweimal wenden. In den letzten 2–3 Min. Tomaten und Brotwürfel in einer Lage in der vorgeheizten Grillpfanne verteilen und unter gelegentlichem Wenden grillen, bis die Haut der Tomaten Blasen wirft und die Brotwürfel geröstet sind. Alles vom Grill nehmen. Hähnchenfleisch 3–5 Min. ruhen lassen, anschließend quer in 1 cm dicke Scheiben schneiden.

5. In einer großen Schüssel Salatblätter und Parmesan vermischen und mit dem restlichen Dressing anmachen. Auf Teller verteilen, jeweils Hähnchenfleisch, Tomaten und Brotwürfel darauf anrichten und sofort servieren.

// Hähnchensalat-Wraps

MIT KRÄUTER-AÏOLI UND BRUNNENKRESSE

FÜR **4** BIS **6** PERSONEN

ZUBEREITUNGSZEIT: **30** MIN.

GRILLZEIT: **8** BIS **12** MIN.

3 Hähnchenbrustfilets, je etwa 175 g
Olivenöl
1 TL gehackte frische Thymianblätter
¼ TL naturreines grobes Meersalz
frisch gemahlener schwarzer Pfeffer

12 Weizentortillas (15 cm Ø)

// FÜR DIE AÏOLI
5 EL Mayonnaise
1 TL Dijon-Senf
1 kleine Knoblauchzehe, zerdrückt
1 EL fein gehackte frische Basilikumblätter
1 EL fein gehackte frische glatte
    Petersilienblätter

100 g kleine blaue Weintrauben, halbiert
50 g Walnusskerne, gehackt
2 Frühlingszwiebeln, nur die weißen und
    hellgrünen Teile in dünne Scheiben
    geschnitten
1 Bund (etwa 125 g) Brunnenkresse,
    nur die Blätter und zarten Stiele

1. Den Grill für direkte mittlere Hitze (175–230 °C) vorbereiten. Den Backofen auf 100 °C vorheizen.

2. Die Hähnchenbrustfilets auf beiden Seiten dünn mit Öl bestreichen und mit Thymian, Salz und 1 kräftigen Prise Pfeffer würzen.

3. Die Tortillas in leicht angefeuchtetes Küchenpapier schlagen, anschließend fest in Alufolie verpacken. Tortilla-Päckchen in den warmen Backofen legen. Inzwischen Hähnchenfilets und Aïoli zubereiten.

4. Den Grillrost mit der Bürste reinigen. Die Hähnchenbrustfilets mit der glatten Seite nach unten über **direkter mittlerer Hitze** bei geschlossenem Deckel 8–12 Min.

grillen, bis sich das Fleisch auf Druck fest anfühlt und auch im Kern nicht mehr glasig ist, dabei einmal wenden. Vom Grill nehmen und abkühlen lassen, dann in 0,5 cm große Würfel schneiden.

5. Für die Aïoli in einer mittelgroßen Schüssel Mayonnaise mit Senf, Knoblauch, Basilikum, Petersilie, 2 EL Öl und 1 kräftigen Prise Pfeffer verschlagen.

6. Die Hähnchenwürfel in einer großen Schüssel mit Weintrauben, Walnusskernen und Frühlingszwiebeln vermischen und nach Geschmack mit Aïoli anmachen. Die Tortillas aus dem Ofen nehmen und auswickeln. Jeweils Brunnenkresse und Hähnchensalat darauf verteilen, aufrollen und servieren.

In weniger als 5 Minuten lässt sich eine fantastische Buttersauce mit Weißwein und Kapern zubereiten, die normale Hähnchenbrustfilets in eine Delikatesse verwandelt. Eine geschmeidige Buttersauce gelingt aber nur dann, wenn die Butter nicht zu stark erhitzt wird. Andernfalls gerinnt sie, d.h., das Fett trennt sich von den anderen Bestandteilen. Nehmen Sie also die Pfanne vom Herd, bevor Sie die kalten Butterstückchen einzeln unter die Weißwein-Schalotten-Mischung schlagen. // Im Rezept rechts werden die Hähnchenfilets mit dem sogenannten Schmetterlingsschnitt aufgeschnitten und dann gefüllt – eine raffinierte, aber dennoch unkomplizierte Art der Zubereitung. Die Zutaten für die Füllung lassen sich nach eigenen Vorlieben variieren, Sie können die Oliven und Kapern beispielsweise auch durch marinierte Artischockenherzen ersetzen.

// Hähnchenbrust mit Weißwein-Kapern-Sauce

FÜR **4** PERSONEN

ZUBEREITUNGSZEIT: **10** MIN.

GRILLZEIT: **8** BIS **12** MIN.

4 Hähnchenbrustfilets, je etwa 175 g
2 EL Olivenöl
¾ TL naturreines grobes Meersalz
frisch gemahlener schwarzer Pfeffer

// FÜR DIE SAUCE
60 ml trockener Weißwein
2 EL sehr fein gewürfelte Schalotten
2 TL Dijon-Senf
60 g kalte Butter, in 4 Stücke geschnitten
2 EL feinste Kapern (Nonpareilles),
   abgespült
1 EL fein gehackte frische glatte
   Petersilienblätter

1. Den Grill für direkte mittlere Hitze (175–230 °C) vorbereiten.

2. Hähnchenbrustfilets auf beiden Seiten dünn mit Öl bestreichen und gleichmäßig mit dem Salz und ½ TL Pfeffer würzen. Den Grillrost mit der Bürste reinigen. Die Hähnchenbrustfilets mit der glatten Seite nach unten über *direkter mittlerer Hitze* bei geschlossenem Deckel 8–12 Min. grillen, bis sich das Fleisch auf Druck fest anfühlt und auch im Kern nicht mehr glasig ist, dabei ein- bis zweimal wenden. Vom Grill nehmen und mit Alufolie abgedeckt warm halten.

3. Für die Sauce Wein, Schalotten und Senf in einer kleinen Pfanne verrühren, auf mittlerer Stufe bis zum Siedepunkt erhitzen und 30 Sek. köcheln lassen. Vom Herd nehmen und die Butter stückchenweise unterschlagen, bis die Butterstücke jeweils vollständig geschmolzen sind. Kapern und Petersilie unterrühren und die Sauce mit Pfeffer abschmecken.

4. Hähnchenfilets auf Tellern anrichten, Sauce darüberlöffeln und warm servieren. Nach Belieben einen Rucola-Tomaten-Salat dazu reichen.

// Hähnchenbrust mit mediterraner Füllung

FÜR **4** PERSONEN

ZUBEREITUNGSZEIT: **20** MIN.

GRILLZEIT: **10** BIS **14** MIN.

// FÜR DIE FÜLLUNG

4 EL entsteinte schwarze Kalamata-
   Oliven, abgespült
4 EL sonnengetrocknete Tomaten in Öl,
   abgetropft
2 EL feinste Kapern (Nonpareilles),
   abgespült
abgeriebene Schale von 1 Bio-Zitrone
80 g Feta, zerbröckelt

4 dicke Hähnchenbrustfilets,
   je etwa 225 g
Olivenöl
¾ TL naturreines grobes Meersalz
½ TL frisch gemahlener schwarzer Pfeffer

1. Für die Füllung Oliven, getrocknete Tomaten, Kapern und Zitronenschale in der Küchenmaschine oder im Blitz-hacker fein zerkleinern, aber nicht pürie-ren. Die Mischung in eine Schüssel um-füllen, den Feta unterrühren und die Schüssel beiseitestellen.

2. Den Grill für direkte mittlere Hitze (175–230 °C) vorbereiten.

3. Die Hähnchenbrustfilets mit der glatten Seite nach unten auf ein Schneidbrett legen und mit dem Schmetterlingsschnitt in der Mitte waagerecht auf-, aber nicht durchschneiden (Schnitttechnik siehe S. 28). Die Hähnchenfilets außen mit Öl bestreichen und gleichmäßig mit dem Salz und Pfeffer würzen. Filets aufklappen und jeweils 2–3 EL Füllung (je nach Größe der Filets) auf einer Hälfte verteilen, dabei einen schmalen äußeren Rand aussparen. Filets wieder zusammenklappen (sie soll-ten nicht zu prall gefüllt sein) und an den Rändern sanft zusammendrücken, damit nichts von der Füllung austreten kann.

4. Den Grillrost mit der Bürste reinigen. Die gefüllten Filets mit der glatten Seite nach unten über **direkter mittlerer Hitze** bei geschlossenem Deckel 10–14 Min. grillen, bis das Fleisch sich auf Druck fest anfühlt und durch und durch gar, aber noch saftig ist, dabei einmal wenden (dafür die Filets am besten über die geschlossene Seite drehen, damit keine Füllung herausfällt). Vom Grill nehmen, 3–5 Min. ruhen lassen und warm servieren.

147

Zwei Rezepte, in denen mit Currypulver gewürztes Hähnchenfleisch auf indisch inspirierte Gemüsekombinationen trifft. Die Hähnchenbrustfilets im Rezept unten brauchen nur etwa 10 Minuten auf dem Grill; sie lassen sich auch durch ausgelöste Hähnchenbrüste mit Haut ersetzen, wenn Ihnen ein wenig mehr Fett eher zusagt. Geschmackshighlight hier sind die in süß-sauren Aromen gegarten Auberginen und Tomaten. // Im Rezept rechts werden Hähnchenbrüste mit Knochen und Haut verwendet, die zwar etwas länger auf dem Grill liegen müssen, dafür aber die intensiven Currynoten der Würzpaste besser aufnehmen. Die Tomaten und Bohnen grillt man am besten in einer gelochten Grillpfanne, da insbesondere die Bohnen leicht durch den Rost fallen.

FÜR **4** PERSONEN

ZUBEREITUNGSZEIT: **15** MIN.

GRILLZEIT: **8** BIS **12** MIN.

4 Hähnchenbrustfilets, je etwa 175 g
4 EL Rapsöl
4½ TL Currypulver
1¼ TL naturreines grobes Meersalz
350–450 g Auberginen,
   in 1 cm große Würfel geschnitten
4 EL sehr fein gewürfelte Schalotten
1 EL sehr fein gehackte scharfe Chilischoten (vorzugsweise Serrano),
   Samen nicht entfernt
150 g Datteltomaten, geviertelt
1 EL Honig
1 TL Rotweinessig
¼ TL frisch gemahlener schwarzer Pfeffer
2 EL fein gehackte frische Korianderblätter

// Curry-Hähnchenfilets
MIT AUBERGINEN UND TOMATEN

1. Den Grill für direkte mittlere Hitze (175–230 °C) vorbereiten.

2. Die Hähnchenfilets auf beiden Seiten dünn mit 1 EL Rapsöl bestreichen, dann gleichmäßig mit 4 TL Currypulver und ¾ TL Salz würzen.

3. In einer großen Pfanne das restliche Öl auf mittlerer Stufe erhitzen. Auberginen, Schalotten, Chilis und ½ TL Currypulver einfüllen und 4–6 Min. anbraten, bis die Auberginen leicht braun werden. Tomaten, Honig, Essig, Pfeffer und ½ TL Salz hinzufügen und mit 125 ml Wasser verrühren. Das Gemüse etwa 4 Min. köcheln lassen, bis die Auberginen weich sind und die Flüssigkeit verdunstet ist. Gehackten Koriander untermischen. Die Pfanne vom Herd nehmen und beiseitestellen.

4. Den Grillrost mit der Bürste reinigen. Die Hähnchenbrustfilets mit der glatten Seite nach unten über *direkter mittlerer Hitze* bei geschlossenem Deckel 8–12 Min. grillen, bis das Fleisch sich auf Druck fest anfühlt und auch im Kern nicht mehr glasig ist, dabei ein- bis zweimal wenden. Vom Grill nehmen und 3–5 Min. ruhen lassen. Hähnchenfilets und Auberginen-Tomaten-Gemüse auf Tellern anrichten und warm servieren.

// Indische Hähnchenbrust
MIT GRÜNEN BOHNEN UND TOMATEN

FÜR **4** PERSONEN

ZUBEREITUNGSZEIT: **30** MIN.

GRILLZEIT: **35** BIS **47** MIN.

ZUBEHÖR: GELOCHTE GRILLPFANNE

// FÜR DIE WÜRZPASTE
2 EL Rapsöl
4 TL Currypulver
2 Knoblauchzehen, zerdrückt
1 TL Senfpulver
1 TL Honig
1 TL naturreines grobes Meersalz

4 halbe Hähnchenbrüste mit Knochen
 und Haut, je etwa 300 g

// FÜR DAS DRESSING
3 EL Rapsöl
1 EL Rotweinessig
2 TL fein gehackte scharfe Chilischoten
 (vorzugsweise Serrano), Samen nicht
 entfernt
½ TL Currypulver
¼ TL naturreines grobes Meersalz
1 kräftige Prise frisch gemahlener
 schwarzer Pfeffer

250 g frische feine grüne Bohnen,
 geputzt
250 g Datteltomaten

1. Die Zutaten für die Würzpaste in einer kleinen Schüssel verrühren.

2. Die Haut der Hähnchenbrüste mit den Fingerspitzen vorsichtig anheben, ohne sie in der Nähe des Brustbeins abzulösen. Das Brustfleisch mit je 1 TL Würzpaste einreiben, die Haut wieder zurückklappen und die Hähnchenbrüste gleichmäßig mit der übrigen Paste einreiben.

3. Den Grill für direkte und indirekte mittlere Hitze (175–230 °C) vorbereiten und die Grillpfanne vorheizen.

4. Die Zutaten für das Dressing in einer kleinen Schüssel aufschlagen.

5. Bohnen und Tomaten in einer großen Schüssel vermengen und mit etwa der Hälfte des Dressings vermischen, sodass sie nur leicht davon überzogen sind. Das Gemüse in einer Lage in der Grillpfanne verteilen und über *direkter mittlerer Hitze* bei geschlossenem Deckel grillen, dabei gelegentlich wenden, bis die Bohnen knackig-zart und stellenweise braun sind und die Tomaten ihre Form verlieren. Die Bohnen benötigen 5–7 Min., die Tomaten 2–3 Min. Das Gemüse zurück in die große Schüssel füllen und abkühlen lassen. Die Grillpfanne vom Rost nehmen.

6. Den Grillrost mit der Bürste reinigen. Die Hähnchenbrüste mit der Hautseite nach oben über *indirekter mittlerer Hitze* bei geschlossenem Deckel 30–40 Min. grillen, bis das Fleisch sich auf Druck fest anfühlt und auch am Knochen nicht mehr glasig ist. Für eine knusprige Haut in den letzten 5–10 Min. die Brüste mit der Hautseite nach unten über *direkte mittlere Hitze* legen und einmal wenden. Vom Grill nehmen und 3–5 Min. ruhen lassen.

7. Restliches Dressing kurz aufschlagen und Tomaten und Bohnen in der Schüssel dünn damit beträufeln. Gemüse und Hähnchenbrüste auf Tellern anrichten, nach Belieben noch übriges Dressing über das Fleisch geben und sofort servieren.

149

// Hähnchen-sandwich

MIT SCHNELLEM COLESLAW

FÜR **4** BIS **6** PERSONEN

ZUBEREITUNGSZEIT: **15** MIN.

GRILLZEIT: **8** BIS **12** MIN.

Wonach steht Ihnen heute Abend der Sinn? Nach einem einfachen und schnell zubereiteten Hähnchensandwich mit *coleslaw* – aus Zeitgründen mit bereits fertig geschnittenen Kohl- und Möhrenstreifen –, für das in Streifen gerissenes gegrilltes Hähnchenbrustfilet mit einer fertigen Grillsauce verfeinert wird? // Oder nach über indirekter Hitze langsam im Rauch gegrillten Hähnchenschenkeln, zu denen Sie selbst gemachten amerikanischen *coleslaw* und eine mit Rauchnoten aromatisierte Grillsauce servieren? Die hierfür notwendige Zutat heißt in den USA *liquid smoke* (Bezugsquelle siehe S. 303).

// FÜR DIE WÜRZMISCHUNG

1 TL Paprikapulver
1 TL Knoblauchpulver
naturreines grobes Meersalz
frisch gemahlener schwarzer
   Pfeffer

4 Hähnchenbrustfilets,
   je etwa 175 g
Öl

// FÜR DEN KRAUTSALAT

4 EL Mayonnaise
1 EL Apfelessig
½ TL Zucker
225 g geschnittene Weißkohl-, Rotkohl-
   und Möhrenstreifen

4–6 Brötchen, aufgeschnitten
120 ml Grillsauce nach Wahl,
   raumtemperiert

1. Den Grill für direkte mittlere Hitze (175–230 °C) vorbereiten.

2. Für die Würzmischung Paprikapulver, Knoblauchpulver, 1 TL Salz und ½ TL Pfeffer in einer kleinen Schüssel vermischen. Die Hähnchenbrustfilets auf beiden Seiten dünn mit Öl bestreichen und mit der Würzmischung bestreuen.

3. Für den Krautsalat Mayonnaise, Essig, Zucker, ¼ TL Salz und 1 kräftige Prise Pfeffer in einer großen Schüssel zu einem glatten Dressing verrühren. Kohl- und Möhrenstreifen in die Schüssel geben und mit dem Dressing vermischen.

4. Den Grillrost mit der Bürste reinigen. Die Hähnchenbrustfilets mit der glatten Seite nach unten über **direkter mittlerer Hitze** bei geschlossenem Deckel 8–12 Min. grillen, bis das Fleisch sich auf Druck fest anfühlt und auch im Kern nicht mehr glasig ist, dabei ein- bis zweimal wenden. In den letzten 30–60 Sek. die Brötchenhälften jeweils mit der Schnittfläche nach unten über direkter Hitze rösten. Hähnchen und Brötchen vom Rost nehmen, das Fleisch 3–5 Min. ruhen lassen. Hähnchenfleisch in feine Streifen schneiden oder reißen und in einer zweiten großen Schüssel mit der Grillsauce vermischen. Fleisch und Krautsalat jeweils auf den Brötchenunterseiten anrichten, mit der anderen Hälfte abdecken und servieren.

NUR FÜR HOLZKOHLE- ODER GASGRILLS
MIT INTEGRIERTER RÄUCHERBOX
GEEIGNET

FÜR **4** BIS **6** PERSONEN

ZUBEREITUNGSZEIT: **30** MIN.

GRILLZEIT: **45** BIS **50** MIN.

// FÜR DIE SAUCE

250 ml Ketchup
4 EL Rotweinessig
4 EL Melasse (Reformhaus)
2 EL Senf
1½ TL Worcestersauce
1½ TL reines Chilipulver (vorzugsweise
    Ancho-Chilipulver)
½ TL flüssiges Raucharoma (Liquid
    Smoke; Bezugsquelle siehe S. 303)
½ TL Knoblauchpulver

naturreines grobes Meersalz
frisch gemahlener schwarzer Pfeffer

6 ganze Hähnchenschenkel,
    je etwa 300 g, in Ober- und
    Unterschenkel geteilt
Öl

2 Handvoll Hickory-Holzchips,
    mind. 30 Min. gewässert

// FÜR DEN KRAUTSALAT

5 EL Mayonnaise
1½ EL Apfelessig
1 TL Zucker
¼ TL Selleriesamen (Gewürz)
200 g Weißkohl, fein gehobelt
100 g Rotkohl, fein gehobelt
100 g Möhren, grob geraspelt

1. Den Grill für direkte und indirekte
mittlere Hitze (175–230 °C) vorbereiten.

2. Die Zutaten für die Sauce in einem
mittelgroßen Topf verrühren und auf
mittlerer Stufe kurz aufkochen. Mit Salz
und Pfeffer abschmecken. Beiseitestellen.

// Geräucherte Hähnchenschenkel
MIT SELBST GEMACHTEM COLESLAW

3. Die Hähnchenschenkel auf allen Seiten
dünn mit Öl bestreichen und gleichmäßig
mit Salz und Pfeffer würzen.

4. Den Grillrost mit der Bürste reinigen.
Die Hähnchenschenkel mit der Hautseite
nach unten über *direkter mittlerer Hitze*
bei geschlossenem Deckel etwa 10 Min.
grillen, bis sie goldbraun sind, dabei ein-
bis zweimal wenden (auf Flammenbildung
achten!). Über *indirekte mittlere Hitze*
legen, die Holzchips abtropfen lassen und
direkt auf die heiße Glut legen oder nach
Herstelleranweisung in die Räucherbox
des Gasgrills geben. Die Hähnchenschenkel bei geschlossenem Deckel 20 Min.
weitergrillen, ab und zu wenden. In der
Zwischenzeit den Krautsalat zubereiten.

5. Mayonnaise mit Essig, Zucker, Selleriesamen, ½ TL Salz und ¼ TL Pfeffer in einer
großen Schüssel verrühren. Kohl und Möhren hinzufügen und gründlich mit dem
Mayonnaisedressing vermischen. Bis zum
Servieren in den Kühlschrank stellen.

6. Hähnchenschenkel nach den 20 Min.
über indirekter Hitze auf beiden Seiten
dünn mit der Sauce bestreichen und
weitere 15–20 Min. über indirekter Hitze
grillen, bis beim Einstechen klarer
Fleischsaft austritt und das Fleisch auch
am Knochen nicht mehr rosa ist. Dabei
gelegentlich wenden und erneut mit
Sauce bestreichen. Hähnchenschenkel
warm oder lauwarm mit der restlichen
Sauce und dem Krautsalat servieren.

Der intensive Geschmack von konzentriertem Tomatenmark eignet sich ideal als Marinade für Hähnchenbrustfilets, wenn für ihre Zubereitung nicht viel Zeit bleibt. Heute kann man die Paste in praktischen, wiederverschließbaren Tuben kaufen, aus denen sich die zu verwendende Menge genau dosieren lässt, während die früheren Dosen häufig halbvoll in einer Ecke des Kühlschranks verdarben. Essig, Chiliflocken und Kräuter runden das etwas süßliche Tomatenmark in dieser schnellen Marinade perfekt ab. // Im Rezept rechts wird ebenfalls eine Marinade zubereitet, hier aber spielen Zitrone, Chili und frische Kräuter die Hauptrolle im italienischen *pollo al mattone* – ein unter Ziegelsteinen gegrilltes, flach aufgeklapptes Hähnchen. Ausführliche Informationen für diese Zubereitungsart eines Hähnchens finden Sie auch auf Seite 28. Zeit sparen Sie, wenn Sie den Salat einen halben Tag im Voraus waschen, trockenschleudern und in Küchenpapier eingeschlagen in einem Plastikbeutel im Kühlschrank aufbewahren.

// Rot marinierte Hähnchenbrust

FÜR **4** PERSONEN

ZUBEREITUNGSZEIT: **15** MIN.

MARINIERZEIT: **20** BIS **30** MIN.

GRILLZEIT: **8** BIS **12** MIN.

// FÜR DIE MARINADE
3 EL Olivenöl
2 EL fein geriebene Schalotten
1 EL Rotweinessig
2 TL Tomatenmark
1 TL zerstoßene rote Chiliflocken
1 TL naturreines grobes Meersalz
½ TL getrockneter Oregano oder getrocknetes Basilikum
¼ TL frisch gemahlener schwarzer Pfeffer

4 Hähnchenbrustfilets, je etwa 175 g

1. Die Zutaten für die Marinade in einer großen Schüssel gründlich verrühren. Hähnchenbrustfilets einlegen und auf allen Seiten gleichmäßig mit der Marinade überziehen. 20–30 Min. bei Zimmertemperatur marinieren lassen.

2. Den Grill für direkte mittlere Hitze (175–230 °C) vorbereiten.

3. Den Grillrost mit der Bürste reinigen. Die Hähnchenbrustfilets aus der Marinade nehmen (Marinade weggießen) und mit der glatten Seite nach unten über *direkter mittlerer Hitze* bei geschlossenem Deckel 8–12 Min. grillen, bis sie sich auf Druck fest anfühlen und das Fleisch auch im Kern nicht mehr glasig ist, dabei ein- bis zweimal wenden. Vom Grill nehmen und 3–5 Min. ruhen lassen. Warm servieren und nach Belieben gegrillte Parmesan-Auberginenscheiben dazu reichen (siehe Anleitung unten).

// Auberginenscheiben 4 Min. über *direkter mittlerer Hitze* grillen. Wenden und auf jede Scheibe 1 TL frisch geriebenen Parmesan geben. Etwa 4 Min. weitergrillen, bis der Käse geschmolzen ist.

FÜR **4** PERSONEN

ZUBEREITUNGSZEIT: **30** MIN.

MARINIERZEIT: **30** MIN.

GRILLZEIT: ETWA **35** MIN.

ZUBEHÖR: GEFLÜGELSCHERE,
ZWEI IN ALUFOLIE EINGEWICKELTE
ZIEGELSTEINE ODER EINE GUSS-
EISERNE PFANNE, DIGITALES FLEISCH-
THERMOMETER

// FÜR DIE MARINADE

1 TL fein abgeriebene Bio-Zitronenschale
1 EL frisch gepresster Zitronensaft
1 EL zerdrückte Knoblauchzehen
1 EL fein gehackte frische Oregano-
    oder Basilikumblätter
1 TL zerstoßene rote Chiliflocken
Olivenöl
naturreines grobes Meersalz
frisch gemahlener schwarzer Pfeffer

1 ganzes küchenfertiges Hähnchen,
    etwa 1,8 kg

2 EL Rotweinessig
1 EL fein gewürfelte Schalotten
2 Navelorangen
½ Lollo rosso, Blätter in mundgerechte
    Stücke zerpflückt

1. In einer mittelgroßen Schüssel die
Zutaten für die Marinade mit 4 EL Öl,
2 TL Salz und ½ TL Pfeffer verrühren.

2. Das Hähnchen mit der Brust nach
unten auf eine Arbeitsfläche legen. Mit
der Geflügelschere an der Halsöffnung
beginnend auf beiden Seiten des Rückgrats entlangschneiden. Rückgrat entfernen und wegwerfen. Das knorpelige untere
Ende des Brustbeins etwas einschneiden.
Hähnchen schmetterlingsförmig aufklappen und mit den Händen flach drücken.

// Pollo al Mattone

Mit zwei Fingern auf beiden Seiten des
Brustbeins entlangfahren, um es freizulegen, Brustbein vorsichtig vom Fleisch
lösen und herausziehen. Das Hähnchen
sollte nun flach auf der Arbeitsfläche liegen (siehe auch Anleitung S. 28). An der
Halsöffnung beginnend mit den Fingern
vorsichtig unter die Brusthaut fahren, die
Haut anheben und lockern. Brustfleisch
mit einem Viertel der Marinade einreiben,
mit der übrigen Marinade das restliche
Hähnchen außen einreiben. Bei Zimmertemperatur 30 Min. marinieren.

3. Den Grill für direkte mittlere bis niedrige Hitze (etwa 175 °C) vorbereiten.

4. Essig, Schalotten, 3 EL Öl, ¼ TL Salz
und 1 kräftige Prise Pfeffer in einer mittelgroßen Schüssel kräftig verrühren. Orangen schälen (auch die bittere weiße Haut
entfernen), über der Schüssel mit dem
Dressing filetieren und die Filets in die
Schüssel fallen lassen. Die Salatblätter in
eine große Schüssel geben.

5. Den Grillrost mit der Bürste reinigen.
Das flache Hähnchen mit der Brustseite
nach oben über **direkte mittlere bis
niedrige Hitze** legen und mit den beiden
Ziegelsteinen oder der gusseisernen
Pfanne beschweren. Bei geschlossenem
Deckel etwa 15 Min. grillen. Gewicht
abnehmen, Hähnchen vorsichtig wenden,
wieder beschweren und bei geschlossenem Deckel 20 Min. weitergrillen, bis beim
Einstechen klarer Fleischsaft austritt und
die Kerntemperatur an der dicksten Stelle
(ohne mit dem Thermometer den Knochen zu berühren) 70–75 °C anzeigt. Bei
Bedarf die Hitze im Grill regulieren, damit
das Fleisch nicht anbrennt. Hähnchen vom
Grill nehmen und 5–10 Min. ruhen lassen
(die Kerntemperatur steigt in dieser Zeit
noch um 2–5 °C). In Portionen zerlegen.

6. Orangenfilets aus dem Dressing nehmen, das Dressing nochmals aufschlagen.
Salatblätter dünn mit Dressing beträufeln,
die Orangenfilets darübergeben. Das
Hähnchen warm mit dem Salat servieren.

 153

Bei der Zubereitung von Spießen wird häufig der Fehler gemacht, zu viele verschiedene Zutaten auf einmal an einem Spieß grillen zu wollen, die jedoch unterschiedlich lange Garzeiten haben. Am Ende ist das eine oder andere etwas zu trocken oder noch nicht ganz fertig. Das Rezept unten gelingt dagegen immer, denn das Fleisch der Hähnchenschenkel und die Schinkenwürfel müssen gleich lange auf dem Grill bleiben, und die kinderfreundliche Sauce passt zu beiden Arten von Fleisch. // Der Hähnchensalat im Rezept rechts bietet ein ähnliches Geschmacksprofil, aber es kommt eine Menge knackiges, buntes Gemüse dazu. Die Romanasalatherzen können Sie durch beliebige andere Blattsalate oder zarte kleine Spinatblätter ersetzen.

// Hähnchen-Schinken-Spieße
MIT HONIG-SENF-DIP

FÜR **6** PERSONEN

ZUBEREITUNGSZEIT: **15** MIN.

GRILLZEIT: **8** BIS **10** MIN.

ZUBEHÖR: METALL- ODER HOLZ-SPIESSE (HOLZSPIESSE MIND. 30 MIN. GEWÄSSERT)

3 EL Olivenöl
1 TL Knoblauchpulver
naturreines grobes Meersalz
frisch gemahlener schwarzer Pfeffer
900 g ausgelöste Hähnchenoberschenkel ohne Haut, jeweils
   in 4 cm große Stücke geschnitten
1 dicke Scheibe Kochschinken,
   etwa 450 g schwer und 1,5 cm dick,
   in 2 cm große Würfel geschnitten

// FÜR DEN DIP
10 EL (etwa 150 ml) Mayonnaise
4 EL Dijon-Senf
3 EL Honig

1. Den Grill für direkte mittlere Hitze (175–230 °C) vorbereiten.

2. Öl mit Knoblauchpulver, ½ TL Salz und ¼ TL Pfeffer in einer großen Schüssel aufschlagen. Hähnchenstücke und Schinkenwürfel einfüllen und darin wenden. Hähnchen und Schinken abwechselnd auf Spieße ziehen, sodass sie sich zwar berühren, aber nicht zusammengedrückt werden. Nach Belieben Fleisch und Schinken auch auf getrennte Spieße ziehen.

3. Die Zutaten für den Dip in einer kleinen Schüssel verrühren und mit Salz und Pfeffer würzen.

4. Den Grillrost mit der Bürste reinigen. Die Spieße über *direkter mittlerer Hitze* bei geschlossenem Deckel 8–10 Min. grillen, bis das Hähnchenfleisch fest ist und beim Einstechen klarer Fleischsaft austritt und der Schinken durch und durch heiß ist, dabei zwei- bis dreimal wenden. Die Spieße sofort mit dem Dip servieren.

FÜR **6** PERSONEN

ZUBEREITUNGSZEIT: **35** MIN.

MARINIERZEIT: ETWA **1** STD.

GRILLZEIT: **8** BIS **10** MIN.

// FÜR DIE MARINADE

2 EL Olivenöl
2 EL fein gehackte frische Rosmarinnadeln
1 EL frisch gepresster Zitronensaft
1 EL zerdrückte Knoblauchzehen
1½ TL naturreines grobes Meersalz
¼ TL frisch gemahlener schwarzer Pfeffer

500 g ausgelöste Hähnchenoberschenkel
   ohne Haut

// FÜR DAS DRESSING

250 ml Mayonnaise
6 EL Dijon-Senf
4 EL Honig
2 EL frisch gepresster Zitronensaft

naturreines grobes Meersalz
frisch gemahlener schwarzer Pfeffer

3 Romanasalatherzen, fein geschnitten
300 g Kirschtomaten, geviertelt
2 große Avocados, das Fruchtfleisch
   gewürfelt
½ kleine rote Zwiebel, fein gewürfelt
8 dünne Scheiben Räucherspeck,
   knusprig gebraten und zerbröselt
3 hart gekochte Eier (siehe Anleitung
   unten), geviertelt

// **Hart gekochte Eier:** Die Eier in einem
   Topf vollständig mit Wasser bede-
   cken, Wasser zum Kochen bringen.
   Herd ausschalten, Eier 15 Min. im
   verschlossenen Topf stehen lassen.
   Eier sofort kalt abspülen, um den
   Garprozess zu unterbrechen.

// Hähnchensalat
MIT HONIG-SENF-DRESSING

1. Die Zutaten für die Marinade in einer
kleinen Schüssel verrühren. Das Häh-
chenfleisch in einen großen, wiederverschließbaren Plastikbeutel geben und
die Marinade dazugießen. Die Luft aus
dem Beutel streichen und den Beutel
fest verschließen. Den Beutel mehrmals
wenden, um die Marinade gleichmäßig
zu verteilen. Etwa 1 Std. kalt stellen.

2. Den Grill für direkte mittlere Hitze
(175–230 °C) vorbereiten.

3. Die Zutaten für das Dressing in einer
kleinen Schüssel verschlagen. Mit Salz
und Pfeffer abschmecken.

4. Den Grillrost mit der Bürste reinigen.
Hähnchenschenkel aus der Marinade
nehmen (Marinade weggießen) und mit
der glatten Seite nach unten über *direkter
mittlerer Hitze* bei geschlossenem Deckel
8–10 Min. grillen, bis das Fleisch fest ist
und beim Einstechen klarer Fleischsaft
austritt, dabei ein- bis zweimal wenden.
Vom Grill nehmen und 3–5 Min. ruhen
lassen. Hähnchenfleisch in mundgerechte
Stücke schneiden.

5. Hähnchen, Romanasalat, Tomaten,
Avocados, Zwiebeln, Speck und Eier auf
Tellern anrichten, Dressing darüberlöffeln
und sofort servieren.

Auch einfache Gerichte können mit großer Geschmacksfülle überzeugen. Die Spieße im unten stehenden Rezept sind ein ausgezeichnetes Beispiel für die Ausgewogenheit von sauren, kräftigen, salzigen und leicht süßen Aromen. Sie können mit Couscous oder in warmen Pita-Broten mit Humus und kleinen Tomatenwürfeln serviert werden. // Gegrillte marinierte Zitronenscheiben und grüne Oliven bringen im Rezept rechts neben frischer Farbe eine faszinierende Aromenvielfalt auf den Teller.

FÜR **4** PERSONEN

ZUBEREITUNGSZEIT: **15** MIN.

MARINIERZEIT: **5** BIS **30** MIN.

GRILLZEIT: **8** BIS **10** MIN.

ZUBEHÖR: METALL- ODER HOLZSPIESSE (HOLZSPIESSE MIND. 30 MIN. GEWÄSSERT)

// FÜR DIE MARINADE
2 EL Olivenöl
1 TL fein abgeriebene Schale von
    1 Bio-Zitrone
1 EL frisch gepresster Zitronensaft
1 TL naturreines grobes Meersalz
½ TL frisch gemahlener schwarzer Pfeffer

650 g ausgelöste Hähnchenoberschenkel ohne Haut, in etwa 4 cm große Stücke geschnitten
175 g große schwarze Oliven ohne Stein, abgetropft

// Hähnchen-Oliven-Spieße
MIT ZITRONENMARINADE

1. Die Zutaten für die Marinade in einer mittelgroßen Schüssel verrühren. Hähnchenstücke dazugeben und in der Marinade wenden. 5–30 Min. bei Zimmertemperatur marinieren.

2. Den Grill für direkte mittlere Hitze (175–230 °C) vorbereiten.

3. Hähnchenstücke abwechselnd mit Oliven auf Spieße ziehen. Den Grillrost mit der Bürste reinigen. Die Spieße über *direkter mittlerer Hitze* bei geschlossenem Deckel 8–10 Min. grillen, bis das Fleisch fest ist und beim Einstechen klarer Fleischsaft austritt, dabei ein- bis zweimal wenden. Vom Grill nehmen und 3–5 Min. ruhen lassen. Warm servieren.

156

// Hähnchenschenkel und Oliven-Fenchel-Salat

MIT GEGRILLTEN ZITRONENSCHEIBEN

FÜR **4** PERSONEN

ZUBEREITUNGSZEIT: **20** MIN.

MARINIERZEIT: **1** STD. ODER
ÜBER NACHT

GRILLZEIT: **8** BIS **10** MIN.

1 Bio-Zitrone, quer in 0,5 cm dicke
   Scheiben geschnitten
1 TL Zucker
naturreines grobes Meersalz

// FÜR DEN SALAT

1 kleine Fenchelknolle
175 g grüne Oliven ohne Stein, halbiert
   (sehr salzige Oliven vor dem Halbieren
   abspülen und abtropfen lassen)
Schale von 1 Bio-Zitrone in langen,
   dünnen Streifen
1 EL frisch gepresster Zitronensaft
1 TL sehr fein gehackte frische
   Oreganoblätter
1 TL zerdrückte Knoblauchzehen
½ TL fein gehackte frische Rosmarinnadeln
Olivenöl
frisch gemahlener schwarzer Pfeffer

650 g ausgelöste Hähnchenoberschenkel
   ohne Haut

1. Zitronenscheiben mit Zucker und 1 EL
Salz in einer kleinen Schüssel vermischen
und 1 Std. bei Zimmertemperatur marinieren oder über Nacht abgedeckt in den
Kühlschrank stellen.

2. Den Grill für direkte mittlere Hitze
(175–230 °C) vorbereiten.

3. Stängel und Wurzelansatz vom Fenchel
abschneiden und wegwerfen. Fenchel
der Länge nach vierteln und den harten
Strunk keilfömig herausschneiden. Die
Fenchelviertel in feine Streifen schneiden.
In einer mittelgroßen Schüssel mit den
restlichen Salatzutaten sowie 1 EL Öl und
¼ TL Pfeffer vermischen. Beiseitestellen.

4. Zitronenscheiben kurz abtropfen lassen
(nicht abspülen!) und auf beiden Seiten

mit Öl bestreichen. Das Hähnchenfleisch
auf beiden Seiten mit Öl bestreichen und
gleichmäßig mit Salz und Pfeffer würzen.

5. Den Grillrost mit der Bürste reinigen.
Hähnchenschenkel mit der glatten Seite
nach unten und Zitronenscheiben auf den
Rost über *direkte mittlere Hitze* legen
und bei geschlossenem Deckel 8–10 Min.
grillen, bis das Fleisch fest ist und beim
Einstechen klarer Fleischsaft austritt und
die Zitronenscheiben schön gebräunt sind.
Die Zutaten ein- bis zweimal wenden. Vom
Grill nehmen, das Fleisch 3–5 Min. ruhen
lassen. Mit dem Fenchel-Oliven-Salat und
den Zitronen auf einer Servierplatte anrichten und warm servieren.

157

Indisches Garam Masala, das es heute fast in jedem Supermarkt zu kaufen gibt, ist ähnlich wie Currypulver eine Mischung verschiedener Gewürze, wobei sich Anzahl und Mengenverhältnis der einzelnen Gewürze von Hersteller zu Hersteller unterscheiden. Garam Masala enthält viele »süße« Gewürze wie Kardamom oder Gewürznelken im Gegensatz zu scharfem Currypulver, das von Chiligewürzen dominiert wird. Im Rezept unten wird das Dressing für einen feinen Hähnchenaufstrich mit Garam Masala gewürzt.
// Im Rezept rechts kommt Garam Masala in die Marinade, in der die Hähnchenschenkel ziehen, bevor sie am Knochen gegrillt und dann mit einer reichhaltigen Minzesauce serviert werden.

// Hähnchenaufstrich indisch

FÜR **4** PERSONEN,
FÜR **6** PERSONEN ALS VORSPEISE

ZUBEREITUNGSZEIT: **15** MIN.

GRILLZEIT: **8** BIS **10** MIN.

500 g ausgelöste Hähnchenoberschenkel
　ohne Haut
Olivenöl
naturreines grobes Meersalz
frisch gemahlener schwarzer Pfeffer

4 EL griechischer Naturjoghurt
4 EL Mayonnaise
abgeriebene Schale und Saft von
　1 Bio-Zitrone
1 TL Garam Masala (indische Gewürz-
　mischung)
4 EL zerbröckelter Feta
2 EL fein gehackte frische glatte
　Petersilienblätter

Pita-Chips, Crostini oder Cracker
frische Basilikumblätter
Gurken und rote Paprikaschoten,
　in Streifen geschnitten

1. Den Grill für direkte mittlere Hitze (175–230 °C) vorbereiten.

2. Das Hähnchenfleisch auf beiden Seiten dünn mit Öl bestreichen und gleichmäßig mit Salz und Pfeffer würzen.

3. Den Grillrost mit der Bürste reinigen. Die Hähnchenschenkel über **direkter mittlerer Hitze** bei geschlossenem Deckel 8–10 Min. grillen, bis das Fleisch fest ist und beim Einstechen klarer Fleischsaft austritt, dabei ein- bis zweimal wenden. Vom Grill nehmen und 3–5 Min. ruhen lassen. Hähnchenfleisch grob zerkleinern.

4. In einer mittelgroßen Schüssel den Joghurt mit Mayonnaise, Zitronenschale und -saft, Garam Masala, Schafskäse und Petersilie vermischen.

5. Hähnchenfleisch in der Küchenmaschine fein hacken und mit der Joghurt-Mischung in der Schüssel vermengen. Mit Salz abschmecken.

6. Den Hähnchenaufstrich warm oder gekühlt mit Pita-Chips, Crostini oder Crackern, Basilikumblättern, in Streifen geschnittenen Gurken und Paprikaschoten servieren.

// Hähnchenschenkel indisch

MIT MINZESAUCE

FÜR **4** PERSONEN

ZUBEREITUNGSZEIT: **30** MIN.

MARINIERZEIT: **1** BIS **2** STD.

GRILLZEIT: **36** BIS **40** MIN.

// FÜR DIE MARINADE

125 g griechischer Naturjoghurt
½ rote Zwiebel, fein gerieben
1 EL frisch gepresster Zitronensaft
1 EL Garam Masala (indische Gewürzmischung)
2 TL zerdrückte Knoblauchzehen
2 TL reines Chilipulver
naturreines grobes Meersalz

8 Hähnchenoberschenkel mit Knochen
  und Haut, je etwa 140 g, überschüssiges
  Fett und überhängende Haut entfernt
Olivenöl

// FÜR DIE SAUCE

1 große Knoblauchzehe
4 EL griechischer Naturjoghurt
4 EL Tahin (Sesampaste aus dem Asia-
  Laden oder Reformhaus)
2 EL frisch gepresster Zitronensaft
2 große Handvoll frische Minzeblätter

1. Die Zutaten für die Marinade mit 1 TL Salz in einer mittelgroßen Schüssel gründlich vermischen.

2. Die Hähnchenoberschenkel in einen großen, wiederverschließbaren Plastikbeutel geben und die Marinade hinzufügen. Die Luft aus dem Beutel streichen, den Beutel fest verschließen und mehrmals wenden, bis sich die Marinade gleichmäßig verteilt hat. 1–2 Std. kalt stellen, dabei gelegentlich wenden.

3. Den Grill für direkte und indirekte mittlere Hitze (175–230 °C) vorbereiten.

4. Für die Sauce den Knoblauch in der Küchenmaschine oder mit dem Blitzhacker fein zerkleinern. Joghurt, Tahin, Zitronensaft und 4 EL Wasser dazugeben und durchmixen. Minze mit ½ TL Salz hinzufügen und mixen, bis die Minzeblätter sehr fein gehackt sind und eine glatte Sauce entstanden ist.

5. Die Hähnchenoberschenkel aus dem Beutel nehmen und den Großteil der Marinade mit Küchenpapier abtupfen. Restliche Marinade wegwerfen. Das Fleisch rundherum mit Öl bestreichen.

6. Den Grillrost mit der Bürste reinigen. Die Hähnchenoberschenkel mit der Hautseite nach unten über *direkter mittlerer Hitze* bei geschlossenem Deckel 6–10 Min. goldbraun anbraten, dabei ein- bis zweimal wenden. Anschließend über *indirekte mittlere Hitze* legen und etwa 30 Min. bei geschlossenem Deckel weitergrillen, bis beim Einstechen klarer Fleischsaft austritt und das Fleisch auch am Knochen nicht mehr rosa ist. Vom Grill nehmen und 3 bis 5 Min. ruhen lassen. Auf Tellern anrichten und warm mit der Minzesauce servieren. Nach Belieben einen Gurkensalat dazu reichen.

Die klassische mexikanische Sauce *mole,* deren wesentliche Bestandteile gemahlene Chilischoten, Nüsse und Schokolade sind, wird traditionell zu allen Arten von Fleisch gereicht. Im Rezept unten treffen ihre Grundzutaten in einer Würzmischung zusammen, mit der eine Hähnchenbrust aromatisiert wird. // Die ähnliche Würzmischung im Rezept rechts schmeckt ausgezeichnet auf einem ganzen Hähnchen, das zuvor gespalten und dann flach gedrückt wird. Mehr zu dieser Technik finden Sie auf Seite 28.

FÜR **4** PERSONEN

ZUBEREITUNGSZEIT: **10** MIN.

GRILLZEIT: **33** BIS **45** MIN.

// FÜR DIE WÜRZMISCHUNG
2 EL reines Chilipulver
2 TL ungesüßtes Kakaopulver
2 TL dunkler Vollrohrzucker
1 TL naturreines grobes Meersalz
1 TL frisch gemahlener schwarzer Pfeffer

2 Bio-Limetten, halbiert
4 Eiertomaten, längs halbiert
2 Zucchini, schräg in 1 cm dicke Scheiben geschnitten
4 halbe Hähnchenbrüste mit Knochen und Haut, je etwa 300 g
2 EL Olivenöl

1. Den Grill für direkte und indirekte mittlere Hitze (175–230 °C) vorbereiten.

2. Die Zutaten für die Würzmischung in einer kleinen Schüssel vermengen. Die Schnittflächen der Limetten und Tomaten

// Hähnchenbrust
MEXIKANISCH GEWÜRZT

und die Zucchinischeiben damit würzen. Hähnchenbrüste auf beiden Seiten dünn mit Öl bestreichen und gleichmäßig mit der restlichen Würzmischung bestreuen.

3. Den Grillrost mit der Bürste reinigen. Hähnchenbrüste mit der Knochenseite nach unten über *indirekte mittlere Hitze* legen und bei geschlossenem Deckel 30–40 Min. grillen, bis das Fleisch auch im Kern nicht mehr glasig und am Knochen nicht mehr rosa ist. Für eine knusprige Haut die Hähnchenbrüste nach Belieben in den letzten 5–10 Min. mit der Hautseite

nach unten über *direkte mittlere Hitze* legen. Vom Grill nehmen und 3–5 Min. ruhen lassen.

4. Inzwischen Limetten, Tomaten und Zucchini über *direkter mittlerer Hitze* bei geschlossenem Deckel 3–5 Min. grillen, bis die Limetten und Tomaten warm und die Zucchini knackig-zart sind, dabei die Zutaten einmal wenden.

5. Etwas Saft aus den gegrillten Limetten über das Hähnchenfleisch träufeln und warm mit Tomaten und Zucchini servieren.

// Hähnchen mit mexikanischer Würzpaste

FÜR **4** PERSONEN

ZUBEREITUNGSZEIT: **20** MIN.

MARINIERZEIT: **24** STD.

GRILLZEIT: ETWA **40** MIN.

ZUBEHÖR: DIGITALES FLEISCH-
THERMOMETER, GEFLÜGELSCHERE

// FÜR DIE MARINADE
abgeriebene Schale von 1 Bio-Orange
125 ml frisch gepresster Orangensaft
4 EL Olivenöl
3 EL fein gehackte frische Koriander-
    blätter samt zarten Stielen
1 EL naturreines grobes Meersalz
1 TL frisch gemahlener schwarzer Pfeffer

1 küchenfertiges Hähnchen, etwa 1,8 kg

// FÜR DIE WÜRZMISCHUNG
2 EL naturreines grobes Meersalz
2 EL reines Chilipulver
1 EL ungesüßtes Kakaopulver
1 EL frisch gemahlener schwarzer Pfeffer
1 EL Zucker
1 TL Paprikapulver

100 g Schmand, mit etwas Milch
    flüssig gerührt

1. Die Zutaten für die Marinade in einer
32 x 22 cm großen Auflaufform aus Glas
verrühren.

2. Das Hähnchen mit der Brust nach
unten auf eine Arbeitsfläche legen. Mit
der Geflügelschere an der Halsöffnung
beginnend auf beiden Seiten des Rückgrats entlangschneiden. Rückgrat entfernen und wegwerfen. Das knorpelige untere
Ende des Brustbeins etwas einschneiden.
Hähnchen schmetterlingsförmig aufklappen und mit den Händen flach drücken.

Mit zwei Fingern auf beiden Seiten des
Brustbeins entlangfahren, um es freizulegen, Brustbein vorsichtig vom Fleisch
lösen und herausziehen. Das Hähnchen
sollte nun flach auf der Arbeitsfläche
liegen (siehe auch Anleitung S. 28). Hähnchen in die Auflaufform legen, mit der
Marinade übergießen und darin wenden,
bis es gleichmäßig mit Marinade überzogen ist. Mit Frischhaltefolie abdecken und
24 Std. kalt stellen.

3. Den Grill für indirekte mittlere Hitze
(etwa 175 °C) vorbereiten. Die Zutaten für
die Würzmischung in einer kleinen Schüssel vermengen.

4. Hähnchen aus der Form nehmen (die
Marinade weggießen) und auf allen Seiten
mit der Würzmischung einreiben, die auf
dem feuchten Hähnchen pastenartig wird.

5. Den Grillrost mit der Bürste reinigen.
Das Hähnchen mit der Hautseite nach
oben über *indirekter mittlerer Hitze* bei
geschlossenem Deckel etwa 40 Min. grillen, bis beim Einstechen klarer Fleischsaft
austritt und ein Fleischthermometer an
der dicksten Stelle (ohne den Knochen
zu berühren) 72–75 °C anzeigt. Für eine
kross gebratene Haut nach Belieben das
Hähnchen in den letzten 5–10 Min. mit der
Hautseite nach unten über *direkte mittlere Hitze* legen, dabei einmal wenden.
Vom Grill nehmen und 5–10 Min. ruhen
lassen (die Kerntemperatur erhöht sich in
dieser Zeit noch um 2–5 °C).

6. Das Hähnchen in servierfertige Portionen teilen und warm mit dem flüssigen
Schmand servieren. Nach Belieben einen
Salat mit schwarzen Bohnen und Avocadowürfeln dazu reichen.

Beide Rezepte dieser Seite spielen mit Aromen der karibischen Küche. Zunächst ergeben Piment, Zimt und andere duftende Gewürze eine Würzpaste, mit der das Fleisch unter der Haut und die Haut der Hähnchenbrüste eingerieben wird. Hierfür sollten Zwiebeln und Chilis so fein wie möglich gewürfelt und dann mit dem Rücken einer Gabel in der Paste zerdrückt und vermischt werden, damit sie schön glatt wird. // Im Rezept rechts werden die Hähnchenbrüste einfacher gewürzt, hier aber kommen mit der Salsa viel tropische Süße und ein Schuss Ingwer und Chili ins Spiel. Je länger die Salsa vor dem Servieren steht, desto mehr Saft zieht das Salz.

FÜR **4** PERSONEN

ZUBEREITUNGSZEIT: **15** MIN.

GRILLZEIT: **23** BIS **35** MIN.

// FÜR DIE WÜRZPASTE

2 EL Olivenöl
2 EL sehr fein gewürfelte weiße Zwiebeln
2 kleine Chilischoten (vorzugsweise Jalapeño), Stiel und Samen entfernt, sehr fein gehackt
2 TL getrockneter Thymian
2 TL gemahlener Piment
2 TL frisch gemahlener schwarzer Pfeffer
½ TL Cayennepfeffer
½ TL gemahlener Zimt
½ TL naturreines grobes Meersalz
Saft von 1 Limette

4 halbe Hähnchenbrüste mit Knochen und Haut, je etwa 300 g

// Hähnchenbrust Barbados

1. Den Grill für direkte und indirekte mittlere Hitze (175–230 °C) vorbereiten.

2. Die Zutaten für die Würzpaste in einer mittelgroßen Schüssel vermengen. Die Haut der Hähnchenbrüste mit den Fingerspitzen vorsichtig anheben und lockern, ohne sie in der Nähe des Brustbeins abzulösen. Auf dem freigelegten Brustfleisch je 1 TL Würzpaste verstreichen, die Haut zurückklappen und die Brüste gleichmäßig mit der übrigen Paste einreiben.

3. Den Grillrost mit der Bürste reinigen. Die Hähnchenbrüste mit der Hautseite nach unten über *direkter mittlerer Hitze* bei geschlossenem Deckel 3–5 Min. grillen, bis die Haut goldbraun ist. Hähnchenbrüste wenden, über *indirekte mittlere Hitze* legen und bei geschlossenem Deckel 20–30 Min. weitergrillen, bis das Fleisch auch im Kern nicht mehr glasig und am Knochen nicht mehr rosa ist. Vom Grill nehmen und 3–5 Min. ruhen lassen. Warm servieren und nach Belieben gegarten Reis und Bohnen dazu reichen.

// Hähnchenbrust karibisch

MIT MANGO-INGWER-SALSA

FÜR **4** PERSONEN

ZUBEREITUNGSZEIT: **30** MIN.

GRILLZEIT: **23** BIS **35** MIN.

// FÜR DIE SALSA

600 g reifes Mangofruchtfleisch
   (ersatzweise Pfirsichfruchtfleisch),
   mittelgroß gewürfelt
1 kleine rote Paprikaschote, fein gewürfelt
½ weiße Zwiebel, fein gewürfelt
1 mittelgroße Chilischote (vorzugsweise
   Jalapeño), Stiel und Samen entfernt,
   fein gehackt
2 EL fein gehackte frische Korianderblätter
1 EL frisch gepresster Limettensaft
1 TL fein geriebener frischer Ingwer
¼ TL Cayennepfeffer
¼ TL naturreines grobes Meersalz

// FÜR DIE WÜRZMISCHUNG

1 TL naturreines grobes Meersalz
1 TL getrockneter Thymian
½ TL frisch gemahlener schwarzer Pfeffer

4 halbe Hähnchenbrüste mit Knochen
   und Haut, je etwa 300 g
2 EL Olivenöl

1. Den Grill für direkte und indirekte mittlere Hitze (175–230 °C) vorbereiten.

2. Die Zutaten für die Salsa in einer großen Schüssel vermischen. Abdecken und bis zum Servieren kalt stellen.

3. Die Zutaten für die Würzmischung in einer kleinen Schüssel vermengen. Die Hähnchenbrüste auf beiden Seiten dünn mit Öl bestreichen und gleichmäßig mit der Würzmischung bestreuen.

4. Den Grillrost mit der Bürste reinigen. Die Hähnchenbrüste mit der Hautseite nach unten über *direkter mittlerer Hitze* bei geschlossenem Deckel 3–5 Min. anbraten, bis die Haut goldbraun ist. Wenden, über *indirekte mittlere Hitze* legen und bei geschlossenem Deckel 20–30 Min. grillen, bis das Fleisch auch im Kern nicht mehr glasig und am Knochen nicht mehr rosa ist. Vom Grill nehmen und 3–5 Min. ruhen lassen. Mit der Salsa anrichten und warm servieren.

163

Die relativ flüssige Würzpaste im Rezept unten mit intensivem Zitronenaroma lässt sich rasch aus meist vorrätigen Zutaten herstellen. Auf die einzelnen Hähnchenteile aufgetragen, wirkt sie Wunder, und innerhalb von nur einer Stunde kommt eine herrliche Mahlzeit auf den Tisch. // Wenn Sie Zeit haben, den Vogel im Ganzen zu grillen, sollten Sie den Trick mit der Limonadendose im Rezept rechts ausprobieren. Das Hähnchen nimmt die aromatische Feuchtigkeit der Zitronenlimonade auf, ähnlich wie beim bekannten Bierdosen-Hähnchen. Zitrone gibt auch in diesem Rezept die Geschmacksrichtung vor, das sich mit der Verwendung von Orangenschale und -limonade abwandeln lässt.

// Zitronen-Pfeffer-Hähnchen

FÜR **4** PERSONEN

ZUBEREITUNGSZEIT: **15** MIN.

GRILLZEIT: **30** BIS **50** MIN.

// FÜR DIE WÜRZPASTE
fein abgeriebene Schale von
   2 Bio-Zitronen
2 EL frisch gepresster Zitronensaft
2 EL Olivenöl
2 EL körniger Senf
1½ TL naturreines grobes Meersalz
1 EL getrockneter Oregano
2 Knoblauchzehen, zerdrückt
¾ TL zerstoßene rote Chiliflocken

1 ganzes küchenfertiges Hähnchen,
   etwa 1,8 kg
1 Zitrone, in acht Spalten geschnitten

1. Den Grill für indirekte mittlere Hitze (175–230 °C) vorbereiten.

2. Die Zutaten für die Würzpaste in einer großen Schüssel verrühren.

3. Das Hähnchen in acht Stücke zerlegen, sodass Sie zwei Brusthälften, zwei Oberschenkel, zwei Unterschenkel und zwei Flügel (Flügelspitzen abschneiden und wegwerfen) erhalten. Die Stücke in die Schüssel zur Würzpaste geben und gut darin wenden.

4. Den Grillrost mit der Bürste reinigen. Hähnchenstücke mit der Haut nach unten über *indirekte mittlere Hitze* legen und bei geschlossenem Deckel grillen, bis das gesamte Fleisch vollständig durchgegart ist. Brust und Flügel brauchen 30–40 Min., die Schenkel 40–50 Min. Für eine knusprige Haut die Hähnchenstücke nach Belieben in den letzten 5–10 Min. mit der Hautseite nach unten über *direkte mittlere Hitze* legen, dabei einmal wenden. Das fertige Hähnchenfleisch vom Grill nehmen und 3–5 Min. ruhen lassen. Hähnchenstücke auf einer Servierplatte anrichten und warm mit den Zitronenspalten servieren.

NUR FÜR HOLZKOHLE- ODER GASGRILLS MIT INTEGRIERTER RÄUCHERBOX GEEIGNET

FÜR **4** PERSONEN

ZUBEREITUNGSZEIT: **10** MIN.

GRILLZEIT: **1¼** BIS **1½** STD.

ZUBEHÖR: DIGITALES FLEISCH-THERMOMETER

// FÜR DIE WÜRZPASTE

abgeriebene Schale von 2 Bio-Zitronen
2 EL frisch gepresster Zitronensaft
2 EL fein gehackte frische Oreganoblätter
2 EL fein gehackte frische Salbeiblätter
1½ TL naturreines grobes Meersalz
1 EL dunkler Vollrohrzucker
½ TL Cayennepfeffer
1 TL frisch gemahlener schwarzer Pfeffer
4 EL Olivenöl

1 ganzes küchenfertiges Hähnchen, etwa 1,8 kg
1 Dose (330 ml) Zitronenlimonade (nicht light), raumtemperiert
2 Handvoll Hickory-Holzchips, mind. 30 Min. gewässert

// Dosen-Hähnchen

1. Die Zutaten für die Würzpaste in einer kleinen Schüssel vermischen.

2. An der Halsöffnung des Hähnchens beginnend, mit den Fingern vorsichtig unter die Haut der Brust fahren und die Haut vom Fleisch lösen, aber nicht zerreißen. Die Haut der Schenkel, beginnend am Oberschenkelansatz, ebenfalls behutsam lockern.

3. Die Würzpaste gleichmäßig auf dem Fleisch unter der Haut verstreichen, dabei so viel Fleisch wie möglich mit der Paste einreiben. Mit der restlichen Paste das Hähnchen außen einreiben. Flügelspitzen auf den Rücken drehen.

4. Den Grill für indirekte mittlere Hitze (175–230 °C) vorbereiten.

5. Die Limonadendose öffnen und die Hälfte des Inhalts abgießen. Mit einem Dosenöffner ein paar zusätzliche Löcher in den Dosendeckel stanzen. Die Dose auf eine feste Unterlage stellen und das Hähnchen mit der Bauchhöhle über die Dose stülpen.

6. Den Grillrost mit der Bürste reinigen. Die Holzchips abtropfen lassen und auf die Glut legen oder nach Herstelleranweisung in die Räucherbox des Gasgrills geben. Wenn die Holzchips zu rauchen beginnen, die Dose mit dem Hähnchen

so auf den Grill stellen, dass die Beine mit der Dose eine Art Dreifuß bilden. Über *indirekter mittlerer Hitze* bei geschlossenem Deckel 1¼–1½ Std. grillen, bis beim Einstechen klarer Fleischsaft austritt und die Kerntemperatur an der dicksten Stelle des Schenkels (ohne mit dem Thermometer den Knochen zu berühren) 72–75 °C beträgt. Das Hähnchen mit der Dose vorsichtig vom Grill heben (Achtung! Die Limonade ist sehr heiß, also nichts verschütten!) und etwa 10–15 Min. ruhen lassen (die Kerntemperatur erhöht sich in dieser Zeit noch um 2–5 °C). Das Hähnchen von der Dose heben, in Portionen teilen und warm servieren.

 165

Zerteilt man ein Hähnchen vor dem Grillen, können die einzelnen Stücke mit einer Würzpaste wie im Rezept unten auf allen Seiten eingerieben werden – das Fleisch nimmt dadurch die Aromen schneller und gleichmäßiger auf. // Wer zu den glücklichen Besitzern eines Rotisseriegrills gehört, weiß, dass ein zuvor in Lake eingelegtes ganzes Hähnchen, das sich langsam am Spieß über der Glut dreht und sich bei jeder Drehung mit dem eigenen Fleischsaft »bestreicht«, durch nichts zu übertreffen ist. Einen noch kräftigeren Geschmack erzielen Sie, wenn Sie einige Holzchips auf die Glut legen.

// Einfaches Rosmarinhähnchen

1. Die Zutaten für die Marinade in einer kleinen Schüssel verrühren.

2. Das Hähnchen in sechs Stücke teilen: zwei Brusthälften, zwei ganze Schenkel und zwei Flügel (Flügelspitzen abschneiden und wegwerfen). Die Hähnchenteile auf beiden Seiten mit Marinade bestreichen. Vorzugsweise bis zu 4 Std. abgedeckt im Kühlschrank marinieren oder sofort grillen.

3. Den Grill für direkte und indirekte mittlere Hitze (175–230 °C) vorbereiten.

4. Den Grillrost mit der Bürste reinigen. Die Hähnchenteile mit der Hautseite nach unten über *indirekter mittlerer Hitze* bei geschlossenem Deckel grillen, bis sie vollständig durchgegart sind. Bruststücke und Flügel brauchen 30–40 Min., Schenkel 40–50 Min. In den letzten 5–10 Min. das Fleisch über *direkter mittlerer Hitze* knusprig braten, dabei ein- bis zweimal mal wenden. Warm servieren.

FÜR **4** PERSONEN

ZUBEREITUNGSZEIT: **15** MIN.

MARINIERZEIT: BIS ZU **4** STD.

GRILLZEIT: **30** BIS **50** MIN.

// FÜR DIE MARINADE
2 EL Olivenöl
1 EL Dijon-Senf
1 EL Worcestersauce
1 EL Apfelessig
1 EL fein gehackte frische Rosmarinnadeln
½ TL naturreines grobes Meersalz
¼ TL frisch gemahlener schwarzer Pfeffer

1 ganzes küchenfertiges Hähnchen, etwa 1,8 kg

FÜR **4** PERSONEN

ZUBEREITUNGSZEIT: **20** MIN.

EINLEGEZEIT: **6** BIS **12** STD.

GRILLZEIT: **1¼** BIS **1½** STD.

ZUBEHÖR: KÜCHENGARN,
GROSSE EINWEG-ALUSCHALE,
DREHSPIESS, DIGITALES FLEISCH-
THERMOMETER

// FÜR DIE LAKE
100 g naturreines grobes Meersalz
100 g Zucker
2 EL getrockneter Rosmarin
1 EL Kümmelsamen
1 EL Knoblauchpulver
2 TL frisch gemahlener schwarzer Pfeffer

1 ganzes küchenfertiges Hähnchen,
    etwa 1,8 kg, Flügelspitzen entfernt

// Ein ganzes Rosmarinhähnchen am Spieß

1. Die Zutaten für die Lake in einem großen Topf mit 4 l Wasser verrühren, bis sich Salz und Zucker aufgelöst haben.

2. Hähnchen mit der Brustseite nach unten in die Lake legen und den Topf für 6–12 Std. in den Kühlschrank stellen.

3. Den Grill für indirekte mittlere Hitze (175–230 °C) vorbereiten.

4. Hähnchen herausnehmen (Lake weggießen), mit Küchenpapier trockentupfen und dressieren (siehe Anleitung S. 29).

5. Das Hähnchen nach den Anweisungen des Herstellers mittig auf den Drehspieß

ziehen, den Spieß einlegen und den Motor anschalten. Die große Einweg-Aluschale unter das Hähnchen stellen, um abtropfendes Fett aufzufangen. Das Hähnchen über *indirekter mittlerer* Hitze bei geschlossenem Deckel 1 Std. grillen.

6. Wenn Sie einen Gasgrill mit Infrarotbrenner haben, schalten Sie diesen nach 1 Std. auf mittlerer Stufe dazu (den mittleren Brenner abgeschaltet lassen). Mit oder ohne Infrarotbrenner das Hähnchen weitergrillen, bis es rundherum goldbraun ist und die Kerntemperatur an der dicksten Stelle des Schenkels (ohne mit dem Thermometer den Knochen zu berühren) 72–75 °C beträgt. Mit Infrarotbrenner

braucht das Hähnchen noch etwa 10 bis 20 Min., ohne etwa 20–30 Min. Achten Sie darauf, dass das Hähnchen nicht anbrennt.

7. Wenn das Hähnchen gar ist, den Motor ausschalten und den Spieß vorsichtig aus dem Grill heben. Das Hähnchen über der Aluschale kurz aufrichten, damit die Flüssigkeit aus der Bauchhöhle in die Schale tropfen kann. Anschließend 10–15 Min. ruhen lassen (die Kerntemperatur erhöht sich in dieser Zeit noch um 2–5 °C). Vom Spieß auf ein Schneidbrett gleiten lassen, tranchieren und warm servieren.

Für das unten stehende Rezept muss nur die Entenbrust gegrillt werden, alle anderen Salatzutaten werden einfach miteinander vermischt. Sollten Sie nicht alles vorrätig haben, lässt sich der Spinat durch Blattsalate ersetzen, die Kichererbsen durch weiße Canellini-Bohnen und anstelle der Minze können Sie Basilikum nehmen. Selbst die Entenbrust lässt sich durch Hähnchenbrustfilets austauschen. // Entenbrust und Pilaw im Rezept rechts ergeben ein Hauptgericht mit nahöstlichem Einschlag. Die Glasur lässt sich gut im Voraus herstellen, den Pilaw sollten Sie jedoch zubereiten, bevor die Entenbrust auf den Grill kommt, damit alles gleichzeitig fertig wird.

// Entenbrust auf Spinatsalat

FÜR **4** PERSONEN

ZUBEREITUNGSZEIT: **15** MIN.

GRILLZEIT: **8** BIS **10** MIN.

150 g zarte junge Spinatblätter
1 Dose (420 g Inhalt) Kichererbsen,
    abgespült und abgetropft
1½ rote Zwiebeln, in feine Streifen
geschnitten
1 Handvoll frische Minzeblätter,
    grob gehackt
80 g Feta, zerbröckelt

Olivenöl
1 EL Rotweinessig

2 Entenbrustfilets, je etwa 150 g,
    ohne Haut, trockengetupft
1 TL gemahlene Kreuzkümmelsamen
naturreines grobes Meersalz
frisch gemahlener schwarzer Pfeffer

1. Spinatblätter, Kichererbsen, Zwiebeln, Minze und 4 EL Feta in einer großen Schüssel vermischen. Abdecken und kalt stellen.

2. In einer kleinen Schüssel 3 EL Öl mit dem Essig verrühren. Beiseitestellen.

3. Den Grill für direkte mittlere bis niedrige Hitze (etwa 175 °C) vorbereiten.

4. Die Entenbrustfilets auf beiden Seiten dünn mit Öl bestreichen und gleichmäßig mit Kreuzkümmel, Salz und Pfeffer würzen. Den Grillrost mit der Bürste reinigen. Die Brustfilets mit der glatten Seite nach unten über *direkter mittlerer bis niedriger Hitze* bei geschlossenem Deckel bis zum gewünschten Gargrad grillen, 8–10 Min. für rosa bzw. *medium,* dabei einmal wenden. Auf einem Schneidbrett zugedeckt 3–5 Min. ruhen lassen, anschließend quer in 1 cm dicke Scheiben schneiden.

5. Den Spinatsalat mit dem Entenfleisch auf einer Servierplatte anrichten. Öl und Essig noch einmal aufschlagen und Salat und Fleisch dünn damit beträufeln. Mit Salz und Pfeffer würzen. Den restlichen Feta über den Salat streuen und servieren.

FÜR **4** PERSONEN

ZUBEREITUNGSZEIT: **30** MIN.,
PLUS **10** BIS **15** MIN. FÜR DIE GLASUR

GRILLZEIT: **10** BIS **12** MIN.

350 ml Granatapfelsaft, gekühlt
50 g heller Vollrohrzucker
2 EL Aceto balsamico
1½ TL gemahlene Kreuzkümmelsamen

3 Entenbrustfilets mit Haut, je etwa 175 g,
    trockengetupft
½ TL naturreines grobes Meersalz
¼ TL frisch gemahlener schwarzer Pfeffer

// FÜR DEN PILAW
1 EL Öl
1½ Zwiebeln, gewürfelt
¼ TL gemahlene Kurkuma (Gelbwurz)
¼ TL gemahlener Kardamom
200 g Basmatireis
425 ml Hühnerbrühe
½ TL naturreines grobes Meersalz
5 EL Rosinen oder Korinthen
4 EL gehackte frische Minzeblätter
4 EL gehackte Pistazienkerne
    ohne Salz

// Glasierte Entenbrust
MIT ORIENTALISCHEM PISTAZIEN-MINZE-PILAW

1. Granatapfelsaft, Zucker und Essig in einem kleinen Topf vermischen und auf hoher Stufe aufkochen, dabei rühren, bis sich der Zucker aufgelöst hat. Die Temperatur herunterschalten und die Mischung 10–15 Min. köcheln lassen, bis sie auf etwa 125 ml sirupartig eingekocht ist, dabei häufig umrühren. ½ TL gemahlenen Kreuzkümmel in die Glasur rühren. Topf vom Herd nehmen und 4 EL Glasur zum Servieren beiseitestellen.

2. Den Grill für direkte mittlere bis niedrige Hitze (etwa 175 °C) vorbereiten.

3. Die Haut der Entenbrustfilets mit einem scharfen Messer rautenförmig einschneiden (dabei nicht ins Fleisch schneiden).

Die Brustfilets auf beiden Seiten mit dem restlichen Kreuzkümmel, Salz und Pfeffer würzen und mit etwas Glasur bestreichen.

4. Für den Pilaw das Öl in einem mittelgroßen schweren Topf auf mittlerer Stufe erhitzen und die Zwiebeln darin in 4 bis 5 Min. goldgelb und weich schwitzen. Kurkuma und Kardamom 15 Sek. unterrühren, dann den Reis dazugeben und unter Rühren 30 Sek. braten. Brühe und Salz einrühren, aufkochen, die Hitze reduzieren und den Reis auf kleiner Stufe im verschlossenen Topf etwa 15 Min. köcheln lassen, bis er weich ist und die Flüssigkeit aufgenommen hat. Vom Herd nehmen, Rosinen oder Korinthen untermischen und den Pilaw 5 Min. abgedeckt ruhen lassen.

5. Den Grillrost mit der Bürste reinigen. Die Entenbrustfilets mit der Hautseite nach unten über *direkter mittlerer bis niedriger Hitze* bei geschlossenem Deckel bis zum gewünschten Gargrad grillen, 10–12 Min. für rosa bzw. *medium,* dabei ein- bis zweimal wenden und gelegentlich mit der Glasur bestreichen. Bei Flammenbildung das Fleisch vorübergehend über indirekte Hitze legen. Vom Grill nehmen und 3–5 Min. zugedeckt ruhen lassen.

6. Pilaw auf Tellern anrichten und jeweils mit Minze und Pistazienkernen bestreuen. Entenbrüste quer in 1 cm dicke Scheiben schneiden, auf die Teller verteilen und warm servieren. Die beiseitegestellte Glasur als Sauce dazu reichen.

// Truthahn-Köfte

MIT MANGO-CHUTNEY

Fertiges Mango-Chutney ist eine praktische Alternative, wenn Zeit knapp ist. Das herbsüße Chutney namens Major Grey aus Mango, Rosinen, Essig und Tamarinde passt besonders gut zu den Köfte aus Putenhackfleisch. // Richtig eindrucksvoll werden die Bällchen, wenn sie wie im Rezept rechts in Naan (indischem Fladenbrot) mit frischem Minze-Chutney und Mango serviert werden.

Um Holzspieße nicht jedes Mal neu wässern zu müssen, weichen Sie eine größere Anzahl etwa 1 Stunde in Wasser ein. Abtropfen lassen und in einem Plastikbeutel einfrieren. Kurz vor dem Grillen die entsprechende Menge Spieße entnehmen.

FÜR **4** BIS **6** PERSONEN

ZUBEREITUNGSZEIT: **15** MIN.

GRILLZEIT: ETWA **6** MIN.

ZUBEHÖR: KURZE HOLZSPIESSE (MIND. 30 MIN. GEWÄSSERT)

// FÜR DIE KÖFTE

550 g Putenhackfleisch (vorzugsweise Schenkelfleisch)
4 EL fein gehackte frische Korianderblätter
1 EL zerdrückte Knoblauchzehen
1 EL Currypulver
½ TL Cayennepfeffer
1 TL naturreines grobes Meersalz

125 g mildes Mango-Chutney (vorzugsweise indisches Major Grey)

1. Den Grill für direkte mittlere Hitze (175–230 °C) vorbereiten.

2. Die Zutaten für die Köfte in einer großen Schüssel behutsam mit den Händen vermischen. Aus der Farce 24 Fleischbällchen mit einem Durchmesser von 2,5 cm formen. Je 2 Fleischbällchen nebeneinander legen, seitlich einen Spieß durchstechen, einen zweiten Spieß parallel dazu.

3. Den Grillrost mit der Bürste reinigen. Fleischbällchen über *direkter mittlerer Hitze* bei geschlossenem Deckel etwa 6 Min. grillen, bis das Fleisch durchgegart, aber noch saftig ist, dabei einmal wenden. Vom Grill nehmen und warm mit Mango-Chutney servieren.

// Truthahn-Wraps mit Minze-Chutney und Mango

FÜR **4** BIS **6** PERSONEN

ZUBEREITUNGSZEIT: **30** MIN.

GRILLZEIT: ETWA **6** MIN.

550 g Putenhackfleisch (vorzugsweise
    Schenkelfleisch)
2 TL zerdrückte Knoblauchzehen
1 kleine Chilischote (vorzugsweise
    Jalapeño), Stiel und Samen entfernt,
    fein gehackt
1 EL fein gehackter frischer Ingwer
1 EL Garam Masala (indische Gewürz-
    mischung)
1 TL naturreines grobes Meersalz

4 EL Olivenöl

// FÜR DAS CHUTNEY
2 Handvoll frische Minzeblätter
1 große Handvoll frische Korianderblätter
4 scharfe Chilischoten (vorzugsweise
    Serrano), Stiel und Samen entfernt,
    grob gehackt (sollte etwa 5 EL
    ergeben)
2 Zwiebeln, grob gewürfelt
2 EL frisch gepresster Limettensaft
½ TL gemahlene Kreuzkümmelsamen
½ TL naturreines grobes Meersalz

8 Naan-Brote
2 feste, aber reife Mangos, Fruchtfleisch
    in 0,5 cm dicke Scheiben geschnitten

1. Putenhackfleisch mit Knoblauch, Chili, Ingwer, Garam Masala und Salz in einer großen Schüssel behutsam vermischen.

2. Das Öl auf der gesamten Fläche eines Backblechs gleichmäßig verstreichen. Aus der Fleischfarce mit zwei Löffeln 24 kleine ovale Bällchen formen und auf dem Backblech rundherum im Öl wenden. Bis zum Grillen in den Kühlschrank stellen.

3. Den Grill für direkte mittlere Hitze (175–230 °C) vorbereiten.

4. Für das Chutney die frischen Kräuter, die Chilis, Zwiebeln, Limettensaft und Gewürze im Mixer oder mit dem Stabmixer zu einem stückigen Püree verarbeiten.

5. Den Grillrost mit der Bürste reinigen. Die Bällchen auf dem Rost über *direkter mittlerer Hitze* bei geschlossenem Deckel etwa 6 Min. grillen, bis das Fleisch fest und durchgegart, aber noch saftig ist, dabei alle 2 Min. wenden. In der letzten Minute die Naan-Brote über direkter Hitze leicht anrösten. Bällchen und Brote vom Grill nehmen.

6. Jeweils 3 Hackfleischbällchen auf ein Naan-Brot legen, großzügig Minze-Chutney daraufgeben, mit den Mangoscheiben anrichten und servieren.

Putenschnitzel brauchen auf dem Grill gerade einmal 5 Minuten und werden mit der Zubereitung im Rezept unten zur wahren Delikatesse. // Etwas pompöser gibt sich rechts die ausgelöste Putenbrust im Schmetterlingsschnitt, die gefüllt und mit Speckstreifen umwickelt und dann etwa 1½ Stunden über indirekter Hitze gegrillt wird. Sollten frische Cranberrys keine Saison haben, nehmen Sie die Hälfte der Menge an Trockenfrüchten und weichen Sie diese vorher in Apfelsaft ein.

FÜR **4** BIS **6** PERSONEN

ZUBEREITUNGSZEIT: **15** MIN.

GRILLZEIT: **4** BIS **6** MIN.

3 EL Olivenöl
1 EL fein gehackte frische Salbeiblätter
2 TL zerdrückte Knoblauchzehen
1¾ TL naturreines grobes Meersalz
½ TL frisch gemahlener schwarzer Pfeffer

8 kleine Putenschnitzel, je etwa 100 g schwer und 1,5 cm dick

// FÜR DIE SAUCE

1 grüner Apfel (Granny Smith), geschält, Kerngehäuse entfernt, in 1 cm dicke Scheiben geschnitten
350 g frische Cranberrys, abgespült und abgetropft
125 ml Apfelsaft
100 g Zucker
¼ TL gemahlene Gewürznelken

// Knoblauch-Salbei-Putenschnitzel
MIT CRANBERRYSAUCE

1. Den Grill für direkte mittlere Hitze (175–230 °C) vorbereiten.

2. Öl mit Salbei, Knoblauch, 1½ TL Salz und dem Pfeffer in einer flachen Form verrühren. Die Schnitzel hineinlegen und im Knoblauch-Salbei-Öl wenden. Bis zu 20 Min. bei Zimmertemperatur marinieren lassen. Inzwischen die Sauce zubereiten.

3. Die Zutaten für die Sauce mit den restlichen ¼ TL Salz in einem kleinen Topf vermischen, aufkochen und im verschlossenen Topf 6–10 Min. sanft köcheln lassen, bis die Cranberrys aufgeplatzt sind. Topf vom Herd nehmen und zum Abkühlen beiseitestellen.

4. Den Grillrost mit der Bürste reinigen. Die Putenschnitzel über *direkter mittlerer Hitze* bei geschlossenem Deckel 4–6 Min. grillen, bis die Schnitzel sich auf Druck fest anfühlen und im Kern nicht mehr rosa sind, dabei ein- bis zweimal wenden. Vom Grill nehmen und warm mit der Cranberrysauce servieren.

172

FÜR **6** PERSONEN

ZUBEREITUNGSZEIT: **30** MIN.

GRILLZEIT: ETWA **1½** STD.

ZUBEHÖR: KÜCHENGARN,
GROSSE EINWEG-ALUSCHALE,
DIGITALES FLEISCHTHERMOMETER

// FÜR DIE FÜLLUNG
3 EL Butter
1 mittelgroße Zwiebel, grob gewürfelt
1 großer Apfel, geschält, Kerngehäuse
   entfernt, in Stücke geschnitten
1 EL fein gehackte frische Salbeiblätter
3 EL zerdrückte Knoblauchzehen
½ TL naturreines grobes Meersalz
¼ TL frisch gemahlener schwarzer Pfeffer

1,3 kg ausgelöste Putenbrust ohne Haut,
   im Schmetterlingsschnitt (vom Metzger
   vorbereiten lassen)
12 dünne Scheiben Räucherspeck

// FÜR DIE SAUCE
225 g frische Cranberrys, abgespült
   und abgetropft
250 ml Apfelsaft
3 EL dunkler Vollrohrzucker
¼ TL naturreines grobes Meersalz
¼ TL frisch gemahlener schwarzer Pfeffer

*Die Speckscheiben in sechs aneinander-
liegenden langen Streifen aus jeweils zwei
Scheiben, deren Enden sich überlappen,
anordnen. Die aufgerollte Putenbrust längs
in die Mitte legen und die Speckscheiben
kreuzweise über das Fleisch klappen.*

// Putenbrust im Speckmantel
MIT APFEL-SALBEI-FÜLLUNG

1. Für die Füllung Butter in einer großen
Pfanne auf mittlerer Stufe zerlassen.
Zwiebel und Apfel darin 3–4 Min. dünsten,
gelegentlich umrühren. Salbei, Knoblauch,
Salz und Pfeffer unterrühren und weitere
2 Min. unter gelegentlichem Rühren garen.
In eine mittelgroße Schüssel geben und
etwas abkühlen lassen.

2. Die aufgeklappte Putenbrust zwischen
zwei Lagen Frischhaltefolie gleichmäßig
flach klopfen. Die Füllung auf dem Fleisch
verteilen, dann das Fleisch der Länge
nach wie einen Zylinder aufrollen. Den
Braten wie im Bild und in der Anleitung
links unten mit Speck umwickeln und mit
Küchengarn umwickeln.

3. Vor dem Anzünden des Grills eine große Einweg-Aluschale unter den Rost stellen, um das vom Speck abtropfende Fett
aufzufangen. Den Grill für indirekte mittlere Hitze (etwa 200 °C) vorbereiten.

4. Den Grillrost mit der Bürste reinigen.
Den Putenbraten über der Aluschale und
über *indirekter mittlerer Hitze* bei geschlossenem Deckel etwa 1½ Std. grillen,
bis die Kerntemperatur 72–75 °C erreicht
hat, dabei ein- bis zweimal drehen, damit
der Speckmantel auf allen Seiten knusprig
wird. Inzwischen die Sauce zubereiten.

5. Die Zutaten für die Sauce in einem
mittelgroßen Topf auf mittlerer Stufe aufkochen. Hitze reduzieren und 10–12 Min.
köcheln lassen, bis die Cranberrys aufplatzen und die Sauce eindickt, gelegentlich
umrühren. Abkühlen lassen.

6. Den fertigen Putenbraten vom Grill
nehmen, auf ein Schneidbrett legen und
5–10 Min. ruhen lassen (die Kerntemperatur erhöht sich in dieser Zeit noch um
2–5 °C). Das Küchengarn entfernen und
den Braten in 2,5 cm dicke Scheiben
schneiden. Warm mit der Sauce servieren.

Eine Aïoli mit Speck und Mayonnaise mag zunächst als übermäßig reichhaltig erscheinen, aber sparsam verwendet, passt sie wunderbar zu den mageren, kurz gegrillten Putenfilets. Die Whiskyglasur, die sich auch für Hähnchen- oder Schweinefleisch eignet, brennt aufgrund des Zuckers leicht an, deshalb sollte sie nur in den letzten 5–10 Minuten aufgetragen werden. // Im Rezept rechts wird Putenfilet vor dem Grillen in eine aromareiche Lake eingelegt – wer dafür keine Zeit hat, kann die Filets lediglich mit Salz und Pfeffer würzen, denn der Mais-Paprika-Salat, eine Variante des aus Louisiana stammenden *maque choux*, ist ebenfalls reich an Geschmack.

// Putenfilets mit Whiskyglasur

FÜR 4 PERSONEN

ZUBEREITUNGSZEIT: 15 MIN.

GRILLZEIT: 13 BIS 16 MIN.

ZUBEHÖR: DIGITALES FLEISCH-THERMOMETER

// FÜR DIE AÏOLI
2 Scheiben geräucherter Frühstücks-
    speck, grob gewürfelt
2 Knoblauchzehen
1 Frühlingszwiebel, geputzt, klein gehackt
1 EL Sherry
125 ml Mayonnaise
naturreines grobes Meersalz

// FÜR DIE GLASUR
2 EL dunkler Vollrohrzucker
2 EL Ketchup
2 EL Apfelessig
2 EL Whisky
1 TL Worcestersauce

2 Putenfilets, insgesamt etwa 550 g
frisch gemahlener schwarzer Pfeffer

1. Für die Aïoli den Speck in einer kleinen Pfanne auf mittlerer Stufe etwa 6 Min. braten, bis er knusprig, aber nicht zu dunkel ist. Gelegentlich umrühren. Mit einem Schaumlöffel herausheben und auf Küchenpapier entfetten. Das ausgelassene Speckfett in der Pfanne aufbewahren.

2. In der Küchenmaschine, im Blitzhacker oder im Mixer den Knoblauch fein hacken. Speck, Frühlingszwiebel, Sherry, Mayonnaise und ¼ TL Salz untermixen.

3. Den Grill für direkte mittlere Hitze (175–230 °C) vorbereiten.

4. Die Zutaten für die Glasur in einer mittelgroßen Schüssel verrühren, bis sich der Zucker aufgelöst hat.

5. Die Putenfilets auf beiden Seiten mit dem Speckfett aus der Pfanne bestreichen, gegebenenfalls zusätzlich Öl verwenden. Salzen und pfeffern.

6. Den Grillrost mit der Bürste reinigen. Putenfilets über *direkter mittlerer Hitze* bei geschlossenem Deckel 8 Min. grillen, dabei einmal wenden. Die Filets großzügig mit der Glasur bestreichen und weitere 5–8 Min. grillen, bis das Fleisch im Kern nicht mehr rosa ist und eine Temperatur von 72–75 °C erreicht hat, dabei häufig wenden und mit Glasur bestreichen. Vom Grill nehmen und 5–10 Min. ruhen lassen (die Kerntemperatur erhöht sich dabei noch um 2–5 °C). In Scheiben schneiden und mit der Aïoli servieren.

174

FÜR **4** BIS **6** PERSONEN

ZUBEREITUNGSZEIT: **30** MIN.

EINLEGEZEIT: **2** STD.

GRILLZEIT: **10** BIS **12** MIN.

ZUBEHÖR: DIGITALES FLEISCH-
THERMOMETER

// FÜR DIE LAKE

125 ml Whisky
50 g dunkler Vollrohrzucker
2 EL naturreines grobes Meersalz
½ TL zerstoßene rote Chiliflocken

2 Putenfilets, insgesamt etwa 550 g
Olivenöl

// FÜR DEN SALAT

4 dünne Scheiben Räucherspeck,
   fein gewürfelt
1 rote Paprikaschote (etwa 150 g),
   fein gewürfelt
1 rote Zwiebel, fein gewürfelt
4 EL Sherry
800 g TK-Maiskörner oder frische
   Maiskörner (von 4–5 Kolben)
250 g Sahne
½ TL naturreines grobes Meersalz
¼ TL Cayennepfeffer
½ kleines Bund frische glatte Petersilie,
   Blätter abgezupft und gehackt

1. Für die Lake Whisky, Wasser, Zucker, Salz und zerstoßene Chiliflocken mit 125 ml Wasser in einem mittelgroßen Topf auf mittlerer Stufe unter Rühren erwärmen, bis sich Zucker und Salz aufgelöst haben. Vom Herd nehmen. 10 Eiswürfel einrühren, um die Lake abzukühlen.

2. Die Putenfilets in einen großen, wiederverschließbaren Plastikbeutel geben und die abgekühlte Lake hinzugießen. Die Luft aus dem Beutel streichen, den Beutel fest verschließen und in einer

// Eingelegte Putenfilets
MIT WARMEM MAIS-PAPRIKA-SALAT

flachen Schale 2 Std. in den Kühlschrank stellen. Den Beutel alle 30 Min. wenden.

3. Die Filets aus der Lake nehmen (Lake weggießen), unter kaltem Wasser abspülen und mit Küchenpapier trockentupfen. Auf beiden Seiten mit Öl bestreichen.

4. Den Grill für direkte mittlere Hitze (175–230 °C) vorbereiten.

5. Für den Salat den Speck in einer großen Pfanne auf mittlerer Stufe etwa 6 Min. braten, bis er knusprig, aber nicht zu dunkel ist, dabei gelegentlich umrühren. Mit einem Schaumlöffel herausheben und auf Küchenpapier entfetten. Bis auf 1 EL das ausgelassene Fett in der Pfanne abgießen. Paprika und Zwiebel in die Pfanne geben und 4–5 Min. weich schwitzen. Mit

Sherry ablöschen und den Bratensatz am Pfannenboden loskochen. 2–3 Min. köcheln lassen, bis der Sherry verdunstet ist. Mais und Sahne dazugeben und weitere 5 Min. unter häufigem Rühren köcheln lassen, bis die Sahne eingekocht ist. Mit Salz und Cayennepfeffer würzen, abgedeckt beiseitestellen. Kurz vor dem Servieren Speck und Petersilie unterrühren.

6. Den Grillrost mit der Bürste reinigen. Die Putenfilets über *direkter mittlerer Hitze* bei geschlossenem Deckel 10–12 Min. grillen, bis das Fleisch im Kern nicht mehr rosa ist und eine Temperatur von 72–75 °C erreicht hat. Vom Grill nehmen und 5 bis 10 Min. ruhen lassen (die Kerntemperatur erhöht sich dabei noch um 2–5 °C). Die Filets quer in Scheiben schneiden, auf dem Salat anrichten und servieren.

Wer schon einmal einen ganzen Truthahn gegrillt hat, wird diesen einmaligen Genuss nie wieder missen wollen, vor allem dann, wenn man sich die Zeit genommen hat, ihn vorher in einer kalten Lake ziehen zu lassen. Das Rezept rechts packt den ganzen Vogel dafür in eine mit Eis bestückte große Kühlbox – das ist einfacher, als den Kühlschrank komplett auszuräumen. Wichtig bei diesem Rezept ist zudem die Bratensauce, für die u.a. ein Fond aus dem klein geschnittenen Hals und den Innereien des Truthahns zubereitet wird. Freuen Sie sich auf ein echtes Festmahl. // An normalen Tagen, wenn man einfach nur ein schön gegrilltes Stück Truthahn möchte, halten Sie sich an das Rezept unten. Die Truthahnbrust sollte am Knochen, also mit den Brustrippen gekauft werden, eventuell müssen Sie sie bei Ihrem Metzger vorbestellen. Die italienische Salsa verde ist einfach in der Zubereitung, und es lohnt sich, eine größere Menge auf Vorrat herzustellen, denn sie passt zu Geflügel, Rindfleisch und Fisch. Zum Aufbewahren im Kühlschrank die Oberfläche mit einer dünnen Schicht Olivenöl bedecken und den Essig erst kurz vor dem Servieren unterrühren, sonst verliert sie ihre frische Farbe.

// Truthahnbrust

MIT SALSA VERDE

FÜR **6** BIS **8** PERSONEN

ZUBEREITUNGSZEIT: **15** MIN.

GRILLZEIT: **1½** BIS **2** STD.

ZUBEHÖR: GROSSE EINWEG-ALUSCHALE, DIGITALES FLEISCH-THERMOMETER

// FÜR DIE SALSA

1 großes Bund glatte Petersilie,
　Blätter abgezupft
2 EL Kapern (Nonpareilles), abgespült
1 TL Sardellenpaste
1 Knoblauchzehe, zerdrückt
naturreines grobes Meersalz
frisch gemahlener schwarzer Pfeffer
Olivenöl
2 EL Rotweinessig

3 kg Truthahnbrust mit Knochen und Haut
　(ersatzweise tiefgefroren und aufgetaut)

1. Die Aluschale unter den Rost legen, um abtropfendes Fett aufzufangen. Den Grill für indirekte mittlere bis niedrige Hitze (etwa 175 °C) vorbereiten.

2. Für die Salsa Petersilienblätter, Kapern, Sardellenpaste, Knoblauch, ¼ TL Salz und ¼ TL Pfeffer in der Küchenmaschine fein zerkleinern, dann bei laufendem Motor etwa 125 ml Öl in dünnem Strahl langsam untermixen, bis eine fast glatte Sauce entsteht. In einer Schüssel abgedeckt bei Zimmertemperatur beiseitestellen.

3. Truthahnbrust mit Öl bestreichen und gleichmäßig mit Salz und Pfeffer würzen. Den Grillrost mit der Bürste reinigen. Die Brust auf den Rost mittig über die Tropfschale legen und über *indirekter mittlerer bis niedriger Hitze* bei geschlossenem Deckel und möglichst konstanten 175°C 1½–2 Std. grillen, bis sie an der dicksten Stelle (ohne den Knochen zu berühren) eine Kerntemperatur von 72–75 °C erreicht hat. Auf ein Schneidbrett heben und 5 bis 10 Min. ruhen lassen (die Kerntemperatur erhöht sich dabei noch um 2–5 °C).

4. Die Brusthälften voneinander trennen. Dafür auf beiden Seiten entlang des Brustbeins in das Fleisch schneiden. Die Hälften jeweils wegklappen und mit einem scharfen Messer vorsichtig ablösen. Das Fleisch quer zur Faser in 1,5 cm dicke Scheiben schneiden. Den Essig unter die Salsa verde rühren. Die Brust warm oder bei Zimmertemperatur mit der Salsa servieren.

// Eingelegter ganzer Truthahn
MIT KRÄUTERWÜRZIGER BRATENSAUCE

FÜR 8 BIS 12 PERSONEN

ZUBEREITUNGSZEIT: 15 MIN., PLUS 2 STD. ZUBEREITUNGS- UND ABKÜHLZEIT FÜR DIE LAKE, 1 STD. UND 10 MIN. FÜR DEN SAUCENFOND, 30 MIN. FÜR DIE SAUCE UND ZUM TRANCHIEREN DES TRUTHAHNS

EINLEGEZEIT: 12 BIS 14 STD.

GRILLZEIT: ETWA 2¾ STD.

ZUBEHÖR: GROSSER EDELSTAHLTOPF ODER SAUBERER EIMER MIT MIND. 10 L FASSUNGSVERMÖGEN, REISSFESTER GROSSER PLASTIKBEUTEL, GROSSE KÜHLBOX, KÜCHENGARN, ZWEI GROSSE EINWEG-ALUSCHALEN, BRATENKORB, DIGITALES FLEISCHTHERMOMETER, FETTTRENNER FÜR DIE SAUCE

Den Truthahn mit der Brustseite nach unten in den Plastikbeutel legen und den Beutel in eine mit Eis gefüllte Kühlbox setzen. Die Lake über den Vogel gießen.

// FÜR DIE LAKE

225 g naturreines grobes Meersalz
200 g heller Vollrohrzucker
1 EL ganze schwarze Pfefferkörner

1 großer Truthahn, etwa 6 kg (ersatzweise
   tiefgefroren und aufgetaut)
4,5 kg Eiswürfel

2 kleine Zwiebeln, gewürfelt
1 EL Öl
2 l Hühnerbrühe
3 EL Butter, zerlassen (bei Bedarf)
60 g Mehl
2 TL gehackte frische Kräuter
   (z.B. Rosmarin, Thymian, Salbei oder
   eine Mischung davon)
naturreines grobes Meersalz
frisch gemahlener schwarzer Pfeffer

1. Am Vorabend die Lake zubereiten und den Truthahn einlegen. Dafür in dem großen Edelstahltopf Salz, Zucker und Pfefferkörner in 3 l Wasser auf hoher Stufe unter Rühren aufkochen. Topf vom Herd nehmen und abkühlen lassen, bis die Lake lauwarm ist. 6 l Eiswasser einrühren. (Sollte Ihr Topf nicht 10 l Flüssigkeit fassen, lauwarme Lake in einen sauberen Eimer umfüllen und das Eiswasser dazugeben.)

2. Vom Truthahn den Hals entfernen, die Innereien herausnehmen und überschüssiges Fett wegschneiden. Sie werden am nächsten Tag für den Fond verwendet und zunächst in einer Schüssel mit Frischhaltefolie abgedeckt kalt gestellt. Den Truthahn mit der Brust nach unten in den reißfesten großen Plastikbeutel legen. Den Boden der Kühlbox mit einer dünnen Schicht Eiswürfel bedecken und den Truthahnbeutel in die Kühlbox setzen. Den Truthahn mit so viel kalter Lake übergießen, dass er möglichst vollständig mit Flüssigkeit bedeckt ist, wenn der Beutel fest verschlossen ist. Überschüssige Lake weggießen. Den Beutel auf allen Seiten mit Eis und/oder Eisakkus einpacken, den Deckel der Kühlbox schließen und den Truthahn mind. 12, aber nicht länger als 24 Std. ziehen lassen.

Die Seiten des Plastikbeutels so nach oben zuammenführen und eindrehen, dass der Truthahn möglichst vollständig mit Flüssigkeit bedeckt ist. Den Beutel fest verknoten und den Deckel der Kühlbox schließen.

3. Den Truthahn aus der Lake heben und innen und außen mit Küchenpapier trockentupfen. Lake weggießen. Die Flügelspitzen auf den Rücken drehen. Die Hälfte der gewürfelten Zwiebeln in die Bauchhöhle füllen, die Schenkel mit Küchengarn zusammenbinden. Den Truthahn mit der Brust nach oben auf den Bratenkorb, den Bratenkorb in zwei ineinandergestapelte Einweg-Aluschalen setzen. Truthahn 1 Std. vor dem Grillen Zimmertemperatur annehmen lassen.

4. Den Grill für indirekte mittlere bis niedrige Hitze (etwa 175 °C) vorbereiten. Das am Vortag entfernte Fett in die Aluschale geben. Den Truthahn über *indirekter mittlerer bis niedriger Hitze* bei geschlossenem Deckel und möglichst konstanten 175°C etwa 2¾ Std. grillen, bis er an der dicksten Stelle des Schenkels (ohne den Knochen zu berühren) eine Kerntemperatur von 72–75 °C erreicht hat. In dieser Zeit den Truthahn gelegentlich etwas nach unten kippen, damit der angesammelte Fleischsaft in der Bauchhöhle in die Aluschale ablaufen kann. Fleischsaft und Fett

in der Schale kochen während des Grillens ein und werden dunkel. Dieser Bratenfond dient später als Basis für die Bratensauce.

5. In der Zwischenzeit in einem großen Topf 1 EL Öl auf mittlerer Stufe erhitzen. Den Hals des Truthahns in 5 cm große Stücke schneiden und zusammen mit den Innereien 5–6 Min. im Öl anbraten, dabei gelegentlich wenden. Die restlichen Zwiebeln hinzufügen und etwa 3 Min. anschwitzen. Die Brühe zugießen, aufkochen lassen und auf kleiner Stufe etwa 1 Std. köcheln lassen, bis sie um die Hälfte reduziert ist. Durch ein feines Sieb passieren und beiseitestellen. Feste Bestandteile im Sieb wegwerfen.

6. Wenn der Truthahn gar ist, auf eine Platte heben, locker mit Alufolie abdecken und 20–30 Min. ruhen lassen (die Kerntemperatur erhöht sich in dieser Zeit noch um 2–5 °C). Inzwischen den Bratenfond aus der Aluschale in den Fetttrenner gießen und 3 Min. stehen lassen, damit das Fett an die Oberfläche steigen kann. Den entfetteten Fond in einen 1-l-Mess-

becher gießen, das Bratfett aufbewahren. Den Fond im Messbecher mit der vorbereiteten Brühe (siehe Schritt 5) auf 1 l aufgießen.

7. Von dem Bratfett 125 ml abmessen, bei Bedarf mit flüssiger Butter auffüllen. Das Fett in einem mittelgroßen Topf auf mittlerer Stufe erhitzen, Mehl einrühren und 1 Min. unter ständigem Rühren kochen lassen. Den Fond unter Rühren zugießen und aufkochen. Die Temperatur auf mittlere bis kleine Stufe herunterschalten und die Sauce 5 Min. sanft köcheln lassen. In die Aluschale gießen und mit einem Silikon-Küchenspatel den Bratensatz in der Schale loskochen – dabei die Aluschale nicht verletzen. Die Sauce zurück in den Topf gießen, die frischen Kräuter unterrühren und weitere 5 Min. unter häufigem Rühren köcheln lassen. Behutsam mit Salz und Pfeffer würzen und abschmecken (möglicherweise ist die Sauce wegen der Lake schon salzig genug).

8. Den Truthahn tranchieren und mit der Sauce servieren.

Indirekte Hitze ist für einen saftigen, gleichmäßig gegarten Truthahn unerlässlich. Ordnen Sie die Glut so an, dass die Kohle auf beiden Seiten des Rosts liegt und in der Mitte eine breite Lücke bleibt.

Fügen Sie auf jeder Seite stündlich 5–8 Briketts hinzu. Dadurch bleibt die Hitze relativ konstant. Die Briketts vorsichtig auf die Glut legen, damit keine Asche auffliegt und den Truthahn verschmutzt.

Wenn der Deckel geöffnet ist, den Truthahn vorsichtig kippen, um den in der Bauchhöhle angesammelten Fleischsaft in die Aluschale ablaufen zu lassen – er bildet die Basis für die spätere Bratensauce.

SEAFOOD

// Ceviche mit gegrilltem Heilbutt

Wenn roher Fisch für längere Zeit in eine säurehaltige Marinade gelegt wird, gart sein Fleisch, und zwar ganz ohne Hitze. Klassiker dieser »Garmethode« ist das in Lateinamerika überaus beliebte Fischgericht namens »Ceviche«. Im Rezept unten werden Heilbuttfilets noch kurz auf dem heißen Grill angebraten, bevor sie in Stücke zerpflückt in Limettensaft garen. // Heilbutt und zitruswürzige Aromen treffen auch im vietnamesischen Rezept rechts aufeinander. Die Fischfilets werden mit ganz fein geschnittenem Gemüse in Reispapier gewickelt und später in eine Limettensauce getunkt. Mit einem scharfen Gemüsehobel gelingen die feinen Gemüsestreifen (Julienne) in wenigen Minuten.

1. Den Grill für direkte starke Hitze (230–290 °C) vorbereiten.

2. Die Fischfilets auf beiden Seiten mit Öl bestreichen.

3. Den Grillrost mit der Bürste reinigen. Filets über *direkter starker Hitze* bei geschlossenem Deckel 4–5 Min. grillen, dabei einmal wenden, bis sie auf beiden Seiten leicht gebräunt sind. Vom Grill nehmen und abkühlen lassen. Filets in 1 cm große Stücke zerteilen und in einer Schüssel mit 180 ml Limettensaft übergießen. Bei Bedarf weiteren Limettensaft zugießen, bis die Fischstücke davon bedeckt sind. Abdecken und 2 Std. kalt stellen, dabei ein- bis zweimal umrühren. Das Fischfleisch soll gar, also innen nicht mehr glasig sein.

4. Limettensaft abgießen und die restlichen Zutaten untermengen. Ceviche sofort servieren oder (ohne die Radieschen) abgedeckt bis zu mehreren Stunden kalt stellen. Mit Tortilla-Chips servieren.

FÜR **4** BIS **6** PERSONEN

ZUBEREITUNGSZEIT: **20** MIN.

MARINIERZEIT: ETWA **2** STD.

GRILLZEIT: **4** BIS **5** MIN.

500 g Heilbuttfilets ohne Haut, etwa 2,5 cm dick
Olivenöl
180–250 ml frisch gepresster Limettensaft (von 6–8 Limetten)
1 mittelgroße Tomate, entkernt, gewürfelt
1 kleine rote Zwiebel, sehr fein gehackt
3 Radieschen, in feine Spalten geschnitten
½–1 Chilischote (vorzugsweise Jalapeño), Stielansatz und Kerne entfernt, fein gehackt
1 Knoblauchzehe, zerdrückt
¼ TL naturreines grobes Meersalz
1 kräftige Prise Zucker

1 Tüte Tortilla-Chips

// Vietnamesische Frühlingsrollen

MIT HEILBUTT, ZITRONENGRAS UND RADIESCHEN

FÜR **4** BIS **6** PERSONEN

ZUBEREITUNGSZEIT: **45** MIN.

GRILLZEIT: **6** BIS **7** MIN.

// FÜR DIE FRÜHLINGSROLLEN

350 g Heilbuttfilets ohne Haut,
   etwa 2,5 cm dick
3 EL scharfe Chili-Knoblauch-Sauce
   (z. B. Sriracha aus dem Asia-Laden)
Olivenöl
8 große runde Reispapierblätter
   (22–28 cm Ø)
1 Salatgurke, in Julienne-Streifen
1 Möhre, in Julienne-Streifen
2 große Radieschen, in Julienne-Streifen
2 Frühlingszwiebeln, nur die weißen und
   hellgrünen Teile in Julienne-Streifen
8 mittelgroße schöne Blätter Kopfsalat,
   grob zerpflückt
3 EL gehackte frische Minzeblätter
3 EL gehackte frische Korianderblätter

// FÜR DEN DIP

125 ml frisch gepresster Limettensaft
   (von etwa 4 Limetten)
2 EL Zucker
4½ TL Fischsauce oder 1 EL Sojasauce
1 EL fein gehacktes Zitronengras
1 TL fein geriebener frischer Ingwer
1 Knoblauchzehe, zerdrückt

!

// Reispapier klebt zusammen, sobald
es feucht ist. Weichen Sie die Blätter
daher einzeln ein und verarbeiten Sie
sie im Anschluss gleich zu einer Frühlingsrolle. Bei Bedarf die Rollen mit
Frischhaltefolie voneinander trennen.

1. Den Grill für direkte starke Hitze
(230–290 °C) vorbereiten.

2. Die Fischfilets auf beiden Seiten zuerst
mit 2 EL Chili-Knoblauch-Sauce, dann mit
Öl bestreichen.

3. Den Grillrost mit der Bürste reinigen.
Die Filets über **direkter starker Hitze** bei
geschlossenem Deckel etwa 4 Min. grillen,
bis sich der Fisch leicht vom Rost lösen
lässt. Wenden und weitere 2–3 Min. grillen,
bis das Fischfleisch auch im Kern nicht
mehr glasig ist. In 1 cm große Stücke zerteilen. In einer Schüssel mit der übrigen
Chili-Knoblauch-Sauce vermischen.

4. Jede Frühlingsrolle einzeln zusammen-
bauen und mit einem Achtel der Zutaten
füllen. Dafür 1 Blatt Reispapier 30 Sek. in
heißem (aber nicht kochendem) Wasser
einweichen, behutsam aus dem Wasser
auf ein Schneidbrett heben und trockentupfen. Die Fischstücke knapp unterhalb
der Mitte des Reispapiers horizontal auf
das Blatt geben, darauf Gemüsestreifen,
Salat, Minze und Koriander. Den unteren
Teil des Blatts über die Füllung klappen,
die Seiten einfalten und das Blatt behutsam, aber fest aufrollen. Restliche Blätter
genauso verarbeiten. Die Rollen können
so vorbereitet abgedeckt mehrere Stunden im Kühlschrank aufbewahrt werden.

5. Vor dem Servieren die Zutaten für den
Dip in einer kleinen Schüssel verrühren.
Frühlingsrollen schräg halbieren und mit
dem Dip servieren.

Mit Speck umwickelt, nehmen zarte Fischfilets einen etwas kräftigeren Geschmack an und lassen sich zudem leichter auf dem Grillrost wenden. Die Gefahr der Flammenbildung steigt jedoch, weshalb Sie eine Zone mit indirekter Hitze vorbereiten sollten, über der der Fisch weitergaren kann. // Im Rezept rechts grillt das zarte Fischfleisch auf einem Bett von Rosmarinzweigen, die es u.a. vor Flammen schützen. Knuspriger Speck kommt hier in einen Salat, der zu jeder Art Fisch passt.

// Heilbuttfilets im Speckmantel

FÜR **4** PERSONEN

ZUBEREITUNGSZEIT: **10** MIN.

MARINIERZEIT: **5** BIS **30** MIN.

GRILLZEIT: ETWA **10** MIN.

ZUBEHÖR: 4–8 ZAHNSTOCHER

// FÜR DIE MARINADE
2 EL Olivenöl
1 TL fein gehackte frische Rosmarinnadeln
1 TL fein gehackte frische Oreganoblätter
1 Knoblauchzehe, zerdrückt
¼ TL naturreines grobes Meersalz
¼ TL frisch gemahlener schwarzer Pfeffer

4 Heilbuttfilets, je knapp 200 g schwer und 3 cm dick
1 Bio-Zitrone, in feine Scheiben geschnitten
8 dünne Scheiben Räucherspeck

1. Den Grill für direkte und indirekte mittlere Hitze (175–230 °C) vorbereiten.

2. Die Zutaten für die Marinade in einer mittelgroßen Schüssel vermischen. Die Heilbuttfilets einlegen und in der Marinade wenden. 5–30 Min. bei Zimmertemperatur marinieren.

3. Filets aus der Marinade nehmen und überschüssige Marinade abtropfen lassen (Marinade weggießen). Jedes Filet mit 1–2 Zitronenscheiben belegen, anschließend so mit 2 Speckscheiben umwickeln, dass sie die Oberseite der Filets möglichst vollständig bedecken und sich ihre Enden auf der Unterseite knapp überlappen. Speckscheiben auf der Unterseite mit Zahnstochern fixieren.

4. Den Grillrost mit der Bürste reinigen. Die Fischfilets mit der Unterseite nach unten über *direkter mittlerer Hitze* bei geschlossenem Deckel etwa 10 Min. grillen, bis der Speck braun und knusprig und das Fischfleisch im Kern nicht mehr glasig ist, dabei ein- bis zweimal wenden (bei Flammenbildung die Filets vorübergehend über indirekte Hitze legen). Vom Grill nehmen und warm servieren.

FÜR **4** PERSONEN

ZUBEREITUNGSZEIT: **20** MIN.

GRILLZEIT: **23** BIS **27** MIN.

4 mittelgroße vorwiegend festkochende
   Kartoffeln (insgesamt etwa 500 g),
   in 1 cm dicke Scheiben geschnitten
4 Heilbuttfilets (mit oder ohne Haut),
   etwa 200 g schwer und 3 cm dick
Olivenöl
naturreines grobes Meersalz
frisch gemahlener schwarzer Pfeffer

12 Zweige frischer Rosmarin, je 12–15 cm
   lang, etwa 30 Min. gewässert

4 dicke Scheiben Räucherspeck, sanft
   gebraten und grob gewürfelt
1 rote Paprikaschote, fein gewürfelt
1 Handvoll frische glatte Petersilienblätter,
   fein gehackt
1 EL feinste Kapern (Nonpareilles),
   abgetropft, grob gehackt
2 EL Apfelessig

// Heilbuttfilets auf Rosmarin
MIT WARMEM KARTOFFEL-SPECK-SALAT

*Rosmarinzweige schützen das zarte Heil-
buttfleisch vor aufsteigenden Flammen
und verleihen dem Fisch gleichzeitig ein
sanft rauchiges Rosmarinaroma.*

1. Den Grill für direkte und indirekte
mittlere Hitze (175–230 °C) vorbereiten.

2. Kartoffelscheiben und Heilbuttfilets
auf allen Seiten mit Öl bestreichen, die
Kartoffelscheiben salzen, den Fisch salzen
und pfeffern. Rosmarinzweige abtropfen
lassen und jeweils 3 Zweige dicht nebeneinander legen. Auf jedes Rosmarinbett
1 Fischfilet mit der Haut- bzw. der gehäuteten Seite nach unten legen.

3. Den Grillrost mit der Bürste reinigen.
Kartoffelscheiben über *direkter mittlerer
Hitze* bei geschlossenem Deckel 3–5 Min.
grillen, bis sie ein hübsches Grillmuster
angenommen haben, dabei einmal wenden. Über *indirekter mittlerer Hitze* etwa

10 Min. weitergrillen, dabei ein- bis zweimal wenden, bis sie goldbraun und weich
sind. Vom Grill nehmen und in mundgerechte Stücke schneiden.

4. Kartoffeln, Speck, Pfeffer, Petersilie
und Kapern in einer Schüssel vermischen.
Den Salat mit 2 EL Öl und Essig anmachen, mit Pfeffer abschmecken.

5. Heilbuttfilets auf den Rosmarinbetten
über *indirekter mittlerer* Hitze bei geschlossenem Deckel 10–12 Min. grillen,
dabei nicht wenden, bis das Fleisch im
Kern nicht mehr glasig ist und fast blättrig
zerfällt. Die Filets mit einem Grillwender
vom Rosmarin heben und warm mit dem
Kartoffel-Speck-Salat servieren.

Obwohl Lachs besonders gut zur Fenchel-Oliven-Paste auf dieser Seite und zu der seidig-cremigen Zitrussauce des Rezepts auf der rechten Seite passt, kann man ihn in beiden Fällen auch durch anderen Fisch ersetzen – beispielsweise Schwertfisch, Thunfisch oder Zackenbarsch. Aufgrund ihres festen Fleisches sind diese Fische einfacher zu grillen als zarter Heilbutt, Makrele oder Seebarsch. Zarte Filets sind trotzdem eine Option, wenn Sie gern Fisch grillen.

// Lachsfilets mit Fenchel-Oliven-Paste

FÜR **6** PERSONEN

ZUBEREITUNGSZEIT: **15** MIN.

GRILLZEIT: **8** BIS **12** MIN.

// FÜR DIE PASTE
500 g Fenchelknollen, mit Fenchelgrün (nach Belieben)
20 grüne, mit Knoblauch gefüllte Oliven
fein abgeriebene Schale von 1 Bio-Orange
2 EL frisch gepresster Orangensaft
2 TL grob gehackte frische Estragonblätter
Olivenöl
naturreines grobes Meersalz
frisch gemahlener schwarzer Pfeffer

6 Lachsfilets mit Haut, je etwa 200 g schwer und 3 cm dick, Gräten entfernt

1. Von den Fenchelknollen die trockenen Stiele abschneiden, nach Belieben das fedrige Fenchelgrün zum Garnieren beiseitelegen. Die Knolle halbieren, harten Strunk und Wurzelansatz keilförmig herausschneiden und wegwerfen. Fenchel klein schneiden und in einem mittelgroßen Topf 3 Min. in kochendem Salzwasser blanchieren. In ein Sieb abgießen und unter fließendem kaltem Wasser abschrecken, um den Garprozess zu unterbrechen.

2. Fenchel mit Oliven, Orangenschale und -saft, Estragon und 3 EL Öl mit dem Stabmixer zu einer stückigen Paste verarbeiten, an der Schüsselwand haftende Reste ab und zu mit dem Teigschaber nach unten streichen und in die Mischung einarbeiten. Paste mit Salz und Pfeffer abschmecken.

3. Den Grill für direkte starke Hitze (230–290 °C) vorbereiten.

4. Die Lachsfilets auf beiden Seiten großzügig mit Öl bestreichen und gleichmäßig mit Salz und Pfeffer würzen.

5. Den Grillrost mit der Bürste reinigen. Filets mit der Hautseite nach oben über *direkter starker Hitze* bei geschlossenem Deckel 6–8 Min. grillen, bis sie sich mit einer Grillzange vom Rost lösen lassen, ohne haften zu bleiben. Filets wenden und bis zum gewünschten Gargrad weitergrillen, 2–4 Min. für *medium rare* (halb durchgebraten). Einen Grillwender zwischen Haut und Fleisch schieben und den Lachs von der Haut auf Teller heben. Warm mit der Paste und nach Belieben mit fein gehacktem Fenchelgrün bestreut servieren.

// Lachsspieße mit cremiger Zitrussauce

FÜR **4** BIS **6** PERSONEN

ZUBEREITUNGSZEIT: **30** MIN.

GRILLZEIT: **3** BIS **6** MIN.

ZUBEHÖR: 12 METALL- ODER HOLZ-SPIESSE (HOLZSPIESSE MIND. 30 MIN. GEWÄSSERT)

// FÜR DIE SAUCE

1 mittelgroße Bio-Orange
1 TL Speisestärke
125 ml Muschelfond (ersatzweise Fischfond)
4 Eigelb (Größe L)
2 EL fein gehackte frische Estragon-blätter
1 EL Butter
fein abgeriebene Schale von 1 Bio-Zitrone
2 EL frisch gepresster Zitronensaft
naturreines grobes Meersalz
frisch gemahlener schwarzer Pfeffer

1 Lachsfilet ohne Haut, etwa 1 kg, Gräten entfernt
Olivenöl

1. Schale der Orange fein abreiben und beiseitestellen. Die Orange auspressen, 125 ml Saft abmessen und in einen mittel-großen schweren Topf gießen. Speise-stärke hinzufügen und mit einem Schnee-besen glatt rühren. Muschelfond und Eigelb unterschlagen. Die Sauce auf mitt-lerer Stufe unter ständigem Rühren erhit-zen, bis sie nach etwa 4 Min. dickflüssig wird und sanft köchelt. Den Topf vom Herd nehmen. Estragon, Butter, Orangen- und Zitronenschale und den Zitronensaft zur Sauce geben und rühren, bis die But-ter vollständig geschmolzen ist. Sauce mit Salz und Pfeffer abschmecken und im ver-schlossenen Topf warm halten. Gelegent-lich erneut aufschlagen.

2. Den Grill für direkte starke Hitze (230–290 °C) vorbereiten.

3. Lachsfilet in 2 cm dicke Scheiben schneiden und auf Spieße ziehen. Rund-herum großzügig mit Öl bestreichen und gleichmäßig mit Salz und Pfeffer würzen.

4. Den Grillrost mit der Bürste reinigen. Die Lachsspieße über *direkter starker Hitze* bei geschlossenem Deckel 2–4 Min. grillen, bis sie sich ohne haften zu bleiben mit einer Grillzange vom Rost lösen lassen. Wenden und bis zum gewünschten Gar-grad weitergrillen, 1–2 Min. für *medium* (nicht ganz durchgebraten). Die Sauce auf kleiner Stufe nochmals kurz erhitzen und aufschlagen. Lachsspieße auf Tellern anrichten, Sauce darüberlöffeln und warm servieren. Dazu passt gegrillter grüner Spargel.

Nicht jeder Fisch verträgt sich mit dem kräftigen, rauchigen Geschmack von Chipotle-Chilis – deshalb ist Lachs für beide Rezepte erste Wahl. Im Rezept unten wird mit den Chilis eine Würzbutter zubereitet, die dann langsam auf den gegrillten Lachsfilets schmilzt. Bereiten Sie gleich die doppelte Menge an Butter zu und frieren Sie einen Teil davon portionsweise ein. Dann ist sie beim nächsten Grillevent im Handumdrehen servierfertig. // Im Rezept rechts sind Chipotle-Chilis Teil einer cremigen Pastasauce, die mit frischem Mais und gegrillten Poblano-Chilis langsam köchelt, während die Nudeln zubereitet werden. Dazu kommen in Stücke zerpflückte gegrillte Lachsfilets – ein elegantes Nudelgericht.

FÜR **4** PERSONEN

ZUBEREITUNGSZEIT: **10** MIN.

GRILLZEIT: **8** BIS **11** MIN.

// FÜR DIE BUTTER

100 g weiche Butter
2–3 Chipotle-Schoten in Adobo-Sauce (eingelegte TexMex-Chilischoten aus der Dose), überschüssige Sauce abgetupft, Samen entfernt, klein gehackt
1 Knoblauchzehe, zerdrückt

naturreines grobes Meersalz

4 Lachsfilets mit Haut, je etwa 200 g schwer und 2,5 cm dick, Gräten entfernt
2 EL Öl
frisch gemahlener schwarzer Pfeffer
1 Limette, in Spalten geschnitten

// Lachs mit Chilibutter

1. In einer Schüssel die Zutaten für die Butter und ½ TL Salz gründlich vermischen.

2. Den Grill für direkte starke Hitze (230–290 °C) vorbereiten.

3. Die Lachsfilets auf beiden Seiten großzügig mit dem Öl bestreichen und gleichmäßig mit Salz und Pfeffer würzen. Den Grillrost mit der Bürste reinigen. Die Filets mit der Hautseite nach oben über *direkter*

starker Hitze bei geschlossenem Deckel 6–8 Min. grillen, bis sie sich mit einer Grillzange vom Rost lösen lassen, ohne haften zu bleiben. Filets wenden und bis zum gewünschten Gargrad weitergrillen, 2–3 Min. für *medium* (nicht ganz durchgebraten). Einen Grillwender zwischen Haut und Fleisch schieben und den Lachs von der Haut auf Teller heben. Etwas Chilibutter auf jedes Filet geben und warm mit den Limettenspalten servieren.

188

FÜR **6** PERSONEN

ZUBEREITUNGSZEIT: **30** MIN.

GRILLZEIT: **8** BIS **11** MIN.

3 große milde Chilischoten
   (vorzugsweise Poblano)

500 g Linguine (flache ital. Spaghetti)

3 Lachsfilets mit Haut, je etwa 200 g
   schwer und 2,5 cm dick, Gräten entfernt
2 EL Öl
naturreines grobes Meersalz
frisch gemahlener schwarzer Pfeffer

// FÜR DIE SAUCE

350 g Sahne
3–4 Chipotle-Schoten in Adobo-Sauce
   (eingelegte TexMex-Chilischoten aus
   der Dose), überschüssige Sauce abgetupft, Samen entfernt, klein gehackt
2 EL Tomatenmark
2 Knoblauchzehen, zerdrückt
¼ TL gemahlene Kreuzkümmelsamen
¼ TL getrockneter Oregano

Maiskörner von 2–3 frischen Maiskolben
   (etwa 400 g)
1 EL frisch gepresster Limettensaft
100 g mexikanischer Cotija-Käse
   (ersatzweise Feta), zerbröckelt

1. Den Grill für direkte starke Hitze
(230–290 °C) vorbereiten.

2. Die Chilischoten über *direkter starker
Hitze* bei geschlossenem Deckel 10 Min.
grillen, dabei gelegentlich wenden, bis die
Haut rundherum stellenweise schwarz ist.
In eine Schüssel geben, mit Frischhaltefolie abdecken und mind. 10 Min. ausdampfen lassen. Anschließend die Haut abziehen, Stiel und Samen entfernen und die
Chilis in mundgerechte Stücke schneiden.

// Lachsnudeln mit gegrillten Chilis

3. In einem großen Topf das Wasser für
die Linguine aufsetzen.

4. Lachsfilets auf beiden Seiten mit Öl
bestreichen und gleichmäßig mit Salz
und Pfeffer würzen. Den Grillrost mit der
Bürste reinigen. Filets mit der Hautseite
nach oben über *direkter starker Hitze*
bei geschlossenem Deckel 6–8 Min. grillen,
bis sie sich mit einer Grillzange vom Rost
lösen lassen, ohne haften zu bleiben. Filets
wenden und bis zum gewünschten Gargrad weitergrillen, 2–3 Min. für *medium*
(nicht ganz durchgebraten). Einen Grillwender zwischen Haut und Fleisch schieben und die Lachsfilets von der Haut auf
einen Teller heben. Mit Alufolie abgedeckt
warm halten.

5. Die Zutaten für die Sauce in einer großen schweren Kasserole vermischen, zum

Kochen bringen und etwa 6 Min. köcheln
lassen, bis die Sauce dickflüssig wird.

6. In der Zwischenzeit die Linguine nach
Packungsanweisung bissfest garen, abgießen und dabei 125 ml Nudelwasser
auffangen.

7. Gegrillte Chilischoten und Mais in die
Sauce geben und 3–4 Min. köcheln lassen,
bis der Mais eine kräftige gelbe Farbe
angenommen hat. Limettensaft einrühren
und die Sauce mit Salz abschmecken.

8. Nudeln zur Sauce geben und mit 4 EL
Nudelwasser vermischen. Nach Bedarf
die Pasta löffelweise mit weiterem Nudelwasser auflockern. Die gegrillten Lachsfilets in mundgerechte Stücke zerpflücken
und vorsichtig unter die Pasta heben. Mit
dem Käse bestreuen und sofort servieren.

Wie Senf oder Oliven sollten auch sonnengetrocknete, in Öl eingelegte Tomaten in keinem Kühlschrank fehlen. Die ziegelroten, herbsüßen Tomaten bringen geschmacklich in jeder Jahreszeit ein wenig Sommerlaune auf den Tisch. Im Rezept unten tun sie das in einem unkomplizierten Dressing, das zu gegrillten Lachssteaks serviert wird. // Im Rezept rechts werden sie mit Paprika, Zucchini und Kapern vermischt und dann zusammen mit Lachs in einem Folienpäckchen gegrillt. Die Zutaten werden auf diese Weise im eigenen Saft gegart, und ihre Aromen verbinden sich dabei aufs Herrlichste. Das Grillen in Folie ist übrigens vor allem für Fisch eine gute Garmethode, denn so bleibt er bestimmt nicht am Rost haften.

// Lachssteaks mit Tomatendressing

FÜR **4** PERSONEN

ZUBEREITUNGSZEIT: **10** MIN.

GRILLZEIT: **8** BIS **11** MIN.

1 EL Rotweinessig
2 TL gehackte frische Oreganoblätter
1 kräftige Prise zerstoßene rote Chiliflocken
naturreines grobes Meersalz
Olivenöl
6 EL sonnengetrocknete Tomaten in
   Öl, abgetropft, trockengetupft, grob
   gewürfelt

4 Lachssteaks, je etwa 200 g schwer
   und 2,5 cm dick, Gräten entfernt
frisch gemahlener schwarzer Pfeffer

1. Den Grill für direkte starke Hitze (230–290 °C) vorbereiten.

2. Essig, Oregano, Chiliflocken und ¼ TL Salz in einer kleinen Schüssel verrühren. 4 EL Öl nacheinander langsam mit einer Gabel unterschlagen. Die getrockneten Tomaten unterrühren und bis zum Servieren beiseitestellen.

3. Lachssteaks auf beiden Seiten mit Öl bestreichen und gleichmäßig mit Salz und Pfeffer würzen.

4. Den Grillrost mit der Bürste reinigen. Lachssteaks über **direkter starker Hitze** bei geschlossenem Deckel 6–8 Min. grillen, bis sie sich mit einer Grillzange vom Rost lösen lassen, ohne haften zu bleiben. Wenden und bis zum gewünschten Gargrad weitergrillen, 2–3 Min. für *medium* (nicht ganz durchgebraten).

5. Die Lachssteaks auf Tellern anrichten, jeweils etwas Tomatendressing darübergeben und sofort servieren.

// Lachs und sonnengetrocknete Tomaten in der Folie

FÜR **4** PERSONEN

ZUBEREITUNGSZEIT: **20** MIN.

GRILLZEIT: **27** BIS **35** MIN.

1 rote Paprikaschote
3 EL sonnengetrocknete Tomaten in Öl,
   abgetropft, gewürfelt
3 EL klein geschnittene schwarze
   Kalamata-Oliven
2 EL feinste Kapern (Nonpareilles),
   abgetropft
2 TL fein gehackte frische Oreganoblätter
1 Knoblauchzehe, zerdrückt

4 Lachssteaks, je etwa 200 g schwer
   und 2,5 cm dick, Gräten entfernt
naturreines grobes Meersalz
frisch gemahlener schwarzer Pfeffer
1 große Zucchini, Enden abgeschnitten,
   längs halbiert, in 0,5 cm dicke halb-
   mondförmige Scheiben geschnitten
4 TL Olivenöl
1 Zitrone, geviertelt

1. Den Grill für direkte mittlere Hitze (175–230 °C) vorbereiten.

2. Den Grillrost mit der Bürste reinigen. Die Paprikaschote über *direkter mittlerer Hitze* bei geschlossenem Deckel 12–15 Min. grillen, dabei gelegentlich wenden, bis sie rundherum stellenweise schwarz ist und ihre Haut Blasen wirft. In einer mit Frischhaltefolie abgedeckten Schüssel 10 Min. ausdampfen lassen. Dann die Haut von der Paprika abziehen, Stiel und Samen entfernen und die Paprika klein schneiden.

3. In einer mittelgroßen Schüssel Paprika, Tomaten, Oliven, Kapern, Oregano und Knoblauch vermischen.

4. Die Lachssteaks gleichmäßig mit insgesamt ½ TL Salz und ½ TL Pfeffer würzen. Zucchini in eine zweite mittelgroße Schüssel geben und mit ¼ TL Salz und 1 kräftigen Prise Pfeffer vermengen.

5. Vier 50 cm lange Bögen extrastarke Alufolie vorbereiten. Jeweils einen Bogen auf einer Arbeitsfläche auslegen, in der Mitte falten und wieder aufklappen. 1 TL Öl in die Mitte einer Folienhälfte geben und 1 Lachssteak darin wenden. Auf das Steak je ein Viertel der Paprika-Tomaten-Mischung und der Zucchini geben, die leere Folienhälfte darüberschlagen und die Folientasche an den drei offenen Seiten fest verschließen.

6. Den Grillrost mit der Bürste reinigen. Die vier Folienpäckchen über *direkter mittlerer Hitze* bei geschlossenem Deckel 15–20 Min. grillen, bis das Fleisch an der dicksten Stelle im Kern kaum noch glasig ist (zur Garprobe ein kleines Loch in die Folienoberseite schneiden und mit der Spitze eines Messers das Fischfleisch auseinanderziehen). Vom Grill nehmen.

7. Inhalt der Päckchen jeweils auf Tellern anrichten, mit dem Saft 1 Zitronenspalte beträufeln und warm servieren.

191

Die Kokosmilch in der Marinade des unten stehenden Rezepts verleiht dem Lachs in erster Linie zusätzliche Feuchtigkeit, geschmacklich dominiert eher die grüne Thai-Currypaste, die für die Marinade und die Sauce verwendet wird. Currypaste findet man übrigens immer häufiger im Asia-Regal der Supermärkte. // Die kleinen Lachsburger im Rezept rechts eignen sich besonders gut als Partysnack. Lassen Sie sich dafür das Lachsfilet gleich an der Fischtheke häuten, dann muss es nur noch sorgfältig entgrätet und mit Küchenpapier trockengetupft werden – die Burger halten mit trockengetupftem Fleisch besser zusammen. Die hauchdünnen Gurkenscheiben gelingen am besten mit einer Mandoline oder mit der 1-mm-Scheibe Ihrer Küchenmaschine.

FÜR **4** PERSONEN

ZUBEREITUNGSZEIT: **15** MIN.

MARINIERZEIT: **15** BIS **30** MIN.

GRILLZEIT: **14** BIS **19** MIN.

// FÜR DIE MARINADE

400 ml Kokosmilch
fein abgeriebene Schale und Saft von
　2 großen Bio-Limetten
2 EL heller Vollrohrzucker
2 EL grüne Thai-Currypaste (Asia-Laden)
1 EL Sojasauce
1 TL scharfe Chili-Knoblauch-Sauce
　(z. B. Sriracha aus dem Asia-Laden)

4 Lachsfilets mit Haut, je etwa 200 g
　schwer und 2,5 cm dick, Gräten entfernt

500 g Pattisons (kleine Kürbisse),
　längs halbiert
1 TL Olivenöl

// Kokos-Curry-Lachs
MIT KLEINEN KÜRBISSEN

1. Den Grill für direkte starke Hitze (230–290 °C) vorbereiten.

2. Die Zutaten für die Marinade in einer großen Glasform vermischen, die Lachsfilets nebeneinander hineinlegen und in der Marinade wenden. 15–30 Min. bei Zimmertemperatur marinieren, während der Grill vorheizt.

3. Lachsfilets aus der Marinade nehmen, überschüssige Marinade in die Form abtropfen lassen. Marinade aufbewahren. Den Grillrost mit der Bürste reinigen.

Die Filets mit der Hautseite nach oben über *direkter starker Hitze* bei geschlossenem Deckel 6–8 Min. grillen, bis sie sich mit einer Grillzange vom Rost lösen lassen, ohne haften zu bleiben. Filets wenden und bis zum gewünschten Gargrad weitergrillen, 2–3 Min. für *medium* (nicht ganz durchgebraten). Einen Grillwender zwischen Haut und Fleisch schieben und die Filets von der Haut auf einzelne Teller heben.

4. Während der Lachs auf dem Grill liegt, die Marinade in einen Topf gießen, auf

mittlerer Stufe zum Kochen bringen, die Hitze reduzieren und die Marinade in 6 bis 8 Min. zu einer dickflüssigen Sauce einköcheln lassen, die den Rücken eines Holzlöffels überzieht. Ab und zu umrühren.

5. Die Kürbisse dünn mit Öl bestreichen und über *direkter starker Hitze* bei geschlossenem Deckel 6–8 Min. grillen, bis sie knackig-zart und ein wenig gebräunt sind, dabei gelegentlich wenden. Kürbisse auf den Tellern neben den Fischfilets anrichten, Sauce darübergeben und warm servieren.

// Lachsburger

MIT INGWERMAYONNAISE UND EINGELEGTEM GEMÜSE

FÜR **6** BIS **8** PERSONEN

ZUBEREITUNGSZEIT: **30** MIN.

MARINIERZEIT: **1** STD.

KÜHLZEIT: **30** MIN.

GRILLZEIT: **6** BIS **8** MIN.

250 ml Reisessig
2 EL Zucker
1 TL naturreines grobes Meersalz
½ Salatgurke, in hauchdünnen Scheiben
½ mittelgroße rote Zwiebel
1 kleine rote Paprikaschote, längs halbiert

// FÜR DIE MAYONNAISE

125 ml Mayonnaise
2 TL fein geriebener frischer Ingwer
1 TL scharfe Chili-Knoblauch-Sauce
   (z. B. Sriracha aus dem Asia-Laden)

1 Lachsfilet ohne Haut, etwa 1 kg, Gräten
   entfernt, trockengetupft, in 2,5 cm
   große Stücke geschnitten
100 g Frühlingszwiebeln, nur die weißen
   und hellgrünen Teile in feine Ringe
   geschnitten
1 Handvoll frische Korianderblätter,
   fein gehackt
1 EL fein geriebener frischer Ingwer
2 EL frisch gepresster Limettensaft
2 EL Sojasauce
1 EL Sesamöl (geröstet)
1 TL scharfe Chili-Knoblauch-Sauce
   (z. B. Sriracha aus dem Asia-Laden)
1 Ei (Größe L)
25 g jap. Panko-Paniermehl (Asia-Laden)

18 Partybrötchen (etwa 5 cm Ø)
Rapsöl (aus der Sprühflasche)

1. Essig mit Zucker und Salz in einer mittelgroßen Schüssel verrühren. Gurkenscheiben kräftig ausdrücken. Zwiebel halbieren, jedes Viertel in 3 mm dünne Scheiben, dann in 2,5 cm große Stücke schneiden. Paprikahälften putzen, der Länge nach in 3 mm dünne Streifen schneiden, dann in 2,5 cm lange Stifte teilen. Gurke, Zwiebel und Paprika mit dem gewürzten Essig in der Schüssel vermischen, 1 Std. bei Zimmertemperatur marinieren und ab und zu durchrühren. Gut abtropfen lassen.

2. Die Zutaten für die Mayonnaise in einer kleinen Schüssel verrühren. Abdecken und kalt stellen.

3. Lachsstücke in der Küchenmaschine oder im Blitzhacker grob zerkleinern. Frühlingszwiebeln, Koriander, Ingwer, Limettensaft, Sojasauce, Sesamöl, Chili-Knoblauch-Sauce und das Ei hinzufügen und die Zutaten mit der Impulstaste mehrmals durchmixen (aber nicht pürieren!). Die

Mischung in eine große Schüssel geben, Paniermehl unterrühren und aus der Fischfarce insgesamt 18 etwa 1,5 cm dicke Burger in der Größe der Brötchen formen. Burger auf einem Backblech 30 Min. kalt stellen. Inzwischen den Grill vorheizen und die Brötchen aufschneiden.

4. Den Grill für direkte mittlere Hitze (175–230 °C) vorbereiten.

5. Den Grillrost mit der Bürste reinigen. Den Rost mit einer Lage extrastarker Alufolie bedecken. Die Lachsburger auf beiden Seiten großzügig mit Rapsöl besprühen oder einpinseln und über *direkter mittlerer Hitze* bei geschlossenem Deckel 6–8 Min. grillen, dabei nach etwa 4 Min. einmal wenden, bis sie sich mit einem Grillwender leicht von der Folie abheben lassen. In der letzten Minute die Brötchen mit den Schnittflächen nach unten rösten.

6. Die untere Hälfte der Brötchen jeweils großzügig mit Mayonnaise bestreichen, mit je 1 Burger und eingelegtem Gemüse belegen und mit einer Brötchenoberseite abdecken. Sofort servieren.

Werden in Rezepten sowohl die abgeriebene Schale als auch der Saft von Zitrusfrüchten verlangt, sollten Sie auf jeden Fall zuerst die Schale abreiben und dann erst den Saft auspressen – die unbehandelten Früchte vor dem Abreiben zudem heiß abwaschen und trockentupfen! Beide Rezepte auf dieser Doppelseite greifen die miteinander harmonierenden Geschmacksnoten von Schwertfisch und Tomaten auf, im Rezept rechts nach sizilianischer Art mit Korinthen und Pinienkernen. Falls Sie knuspriges Weißbrot vom Vortag übrig haben, kommt es ungeröstet in kleinen Würfeln in die Salsa.

// Schwertfisch-Tomaten-Spieße

FÜR **4** PERSONEN

ZUBEREITUNGSZEIT: **15** MIN.

MARINIERZEIT: **15** BIS **30** MIN.

GRILLZEIT: **8** BIS **10** MIN.

ZUBEHÖR: 8 METALL- ODER HOLZSPIESSE (HOLZSPIESSE MIND. 30 MIN. GEWÄSSERT)

// **FÜR DIE MARINADE**

1 Handvoll frische glatte Petersilienblätter, fein gehackt
fein abgeriebene Schale und Saft von 1 Bio-Zitrone
1 EL Rotweinessig
1 kleine Schalotte, fein gewürfelt
1 TL naturreines grobes Meersalz
½ TL frisch gemahlener schwarzer Pfeffer

4 Schwertfischsteaks, je etwa 250 g schwer und 2,5 cm dick, in 2,5 cm große Würfel geschnitten
24 Datteltomaten (etwa 300 g)

1. Den Grill für direkte mittlere Hitze (175–230 °C) vorbereiten.

2. Inzwischen die Zutaten für die Marinade in einer mittelgroßen Schüssel verrühren. Fischwürfel dazugeben und behutsam in die Marinade wenden. Abgedeckt 15 bis 30 Min. bei Zimmertemperatur marinieren, während der Grill vorheizt.

3. Fischwürfel aus der Marinade nehmen und mit den Tomaten abwechselnd auf die Spieße ziehen. Übrige Marinade in der Schüssel weggießen.

4. Den Grillrost mit der Bürste reinigen. Die Spieße über *direkter mittlerer Hitze* bei geschlossenem Deckel 8–10 Min. grillen, bis das Fischfleisch im Kern nicht mehr glasig, aber noch saftig ist, dabei mehrmals auf dem Rost drehen. Vom Grill nehmen und sofort servieren.

Korinthen sind die getrockneten Früchte der kernlosen Traubensorte Korinthiaki und kleiner als Rosinen.

FÜR **4** PERSONEN

ZUBEREITUNGSZEIT: **30** MIN.

GRILLZEIT: **8** BIS **10** MIN.

// FÜR DIE SALSA
1 große Scheibe rustikales Weißbrot
   (etwa 50 g)
Olivenöl
300 g Datteltomaten, je nach Größe
   halbiert oder geviertelt
4 EL Pinienkerne, leicht geröstet
1 Handvoll frische glatte Petersilienblätter,
   fein gehackt
4 EL sehr fein gewürfelte rote Zwiebeln
2 EL Korinthen (ersatzweise Rosinen)
fein abgeriebene Schale von 1 Bio-Zitrone
2 EL frisch gepresster Zitronensaft
1 EL Rotweinessig
naturreines grobes Meersalz

4 Schwertfischsteaks, je etwa 250 g
   schwer und 2,5 cm dick
frisch gemahlener schwarzer Pfeffer

// Schwertfischsteaks
MIT SIZILIANISCHER SALSA

1. Den Grill für direkte mittlere Hitze (175–230 °C) vorbereiten.

2. Für die Salsa das Brot auf beiden Seiten mit Öl bestreichen und beiseitestellen. Die restlichen Zutaten mit 1 TL Salz in einer mittelgroßen Schüssel vermischen.

3. Schwertfischsteaks auf beiden Seiten mit Öl bestreichen und gleichmäßig mit Salz und Pfeffer würzen.

4. Den Grillrost mit der Bürste reinigen. Brot und Fischsteaks über *direkter mittlerer Hitze* bei geschlossenem Deckel grillen, bis das Brot goldbraun geröstet und knusprig und das Fischfleisch im Kern nicht mehr glasig, aber noch saftig ist. Die Zutaten auf dem Grill einmal wenden. Das Brot braucht etwa 4–6 Min., der Schwertfisch 8–10 Min.

5. Brot vom Rost nehmen, in kleine Würfel schneiden und unter die Salsa heben. Die Schwertfischsteaks vom Rost nehmen und warm mit der Salsa servieren.

195

// Thunfischsteaks
MIT ZITRONENVINAIGRETTE

Unten ein schnelles Thunfischrezept für geschäftige Wochentage: Der Fisch wird vor dem Grillen mit einer Zitronenvinaigrette bestrichen, die in der Zubereitung völlig unkompliziert, im Ergebnis aber viel eleganter ist als bloßes Öl. Ein Teelöffel Dijon-Senf und/oder Sojasauce macht sie geschmacklich noch ein weniger intensiver. Und wenn Sie gleich die doppelte Menge Vinaigrette herstellen, haben Sie bei Tisch auch noch eine Sauce für die gegrillten Thunfischsteaks. // Im Rezept rechts werden dicke Steaks nur kurz »angegrillt« und auf einem zitronenfruchtigen Salatbett mit Cannellini-Bohnen, Oliven und Paprika serviert.

Mit einer feinen Küchenreibe lässt sich die ölhaltige, sehr aromatische gelbe Schale von Zitronen leicht abreiben. Die bittere weiße Schicht darunter sollte jedoch nicht in den Abrieb gelangen.

FÜR **4** PERSONEN

ZUBEREITUNGSZEIT: **15** MIN.

GRILLZEIT: ETWA **8** MIN.

// FÜR DIE VINAIGRETTE
2 EL Olivenöl
fein abgeriebene Schale und Saft von
　1 Bio-Zitrone
1 kleine Schalotte, fein gewürfelt

4 Thunfischsteaks, je etwa 225 g schwer
　und 2,5 cm dick
½ TL naturreines grobes Meersalz
¼ TL frisch gemahlener schwarzer Pfeffer
4 EL frische kleine Basilikumblätter oder
　grob zerpflückte Basilikumblätter
Zitronenspalten

1. Den Grill für direkte starke Hitze (230–290 °C) vorbereiten.

2. Die Zutaten für die Vinaigrette in einer kleinen Schüssel zu einer Emulsion schlagen. Thunfischsteaks auf beiden Seiten damit bestreichen und gleichmäßig mit Salz und Pfeffer würzen.

3. Den Grillrost mit der Bürste reinigen. Thunfischsteaks über *direkter starker Hitze* bei geschlossenem Deckel etwa 8 Min. grillen, dabei einmal wenden, bis das Fischfleisch im Kern gerade nicht mehr glasig ist. Vom Grill nehmen.

4. Mit Basilikum bestreuen und warm mit Zitronenspalten zum Beträufeln servieren.

// Thunfisch mit Bohnen-Oliven-Salat

FÜR **4** BIS **6** PERSONEN

ZUBEREITUNGSZEIT: **30** MIN.

GRILLZEIT: ETWA **4** MIN.

1 EL weißer Aceto balsamico
Olivenöl
150 g geröstete rote Paprikaschoten
  (aus dem Glas), abgetropft,
  in 1 cm große Würfel geschnitten,
50 g eingelegte entsteinte grüne Oliven,
  abgetropft, geviertelt
50 g entsteinte schwarze Kalamata-
  Oliven, geviertelt
1 mittelgroße rote Zwiebel, fein gewürfelt
2 TL fein abgeriebene Schale von
  1 Bio-Zitrone
1 Dose (400 g Inhalt) Cannellini-Bohnen,
  abgespült
naturreines grobes Meersalz
frisch gemahlener schwarzer Pfeffer

2 Thunfischsteaks (in Sushi-Qualität),
  je etwa 450 g schwer und 3 cm dick
4 EL grob gehackte frische Basilikumblätter
12 schöne Blätter Kopfsalat

1. Den Essig mit 2 EL Öl in einer großen Schüssel gründlich verrühren. Mit Paprika, Oliven, Zwiebel und Zitronenschale vermischen, dann die Bohnen unterheben. Mit Salz und Pfeffer abschmecken und beiseitestellen.

2. Den Grill für direkte starke Hitze (230–290 °C) vorbereiten.

3. Die Thunfischsteaks auf beiden Seiten mit Öl bestreichen, leicht salzen und pfeffern. Den Grillrost mit der Bürste reinigen.

Thunfisch über *direkter starker Hitze* bei geschlossenem Deckel etwa 4 Min. grillen, dabei einmal wenden, bis er außen etwas gebräunt, aber innen noch roh ist. Nach Belieben aber auch bis zum gewünschten Gargrad grillen. Vom Grill nehmen und die Steaks in 1 cm dicke Scheiben schneiden. Basilikum unter den Bohnensalat mischen.

4. Zum Servieren je 2–3 Salatblätter auf Tellern anrichten. Bohnensalat in die Mitte der Salatblätter häufen, die Thunfischscheiben daraufgeben und servieren.

Das unten stehende Gericht erfordert so wenig Zubereitungszeit, dass kaum ein anderes Rezept dieses Buchs in dieser Hinsicht mit ihm konkurrieren kann. Dafür müssen Sie womöglich beim Einkaufen ein wenig mehr Zeit kalkulieren, denn hier darf nur allerfrischester Thunfisch auf den Grill. Er wird nämlich nur kurz angebraten, bleibt im Kern also roh. // Das Rezept rechts stellt eine besondere Form des Grillens vor, bei der das Zedernholzbrett den Fisch um eine ungemein köstliche Holznote bereichert.

// Kurz gegrillter Thunfisch
MIT GURKEN-RADIESCHEN-SALAT

FÜR **4** PERSONEN

ZUBEREITUNGSZEIT: **15** MIN.

GRILLZEIT: **2** BIS **4** MIN.

// FÜR DEN SALAT
1 Schalotte, in feine Ringe geschnitten
1 Salatgurke, in feine Scheiben
  geschnitten
6 Radieschen, in feine Scheiben
  geschnitten
1 EL körniger Senf
naturreines grobes Meersalz

// FÜR DIE SAUCE
1 EL Aceto balsamico
1 EL Honig

4 Thunfischfilets (in Sushi-Qualität), je
  etwa 200 g schwer und 2,5–3 cm dick
Öl
frisch gemahlener schwarzer Pfeffer

Mit einem guten Gemüsehobel oder der feinen Schneidescheibe einer Küchenmaschine lassen sich Gurken leicht in sehr feine Scheiben schneiden.

1. Die Zutaten für den Salat in einer großen Schüssel vermischen und mit Salz abschmecken. Bei Zimmertemperatur bis zum Servieren beiseitestellen, gelegentlich durchmischen.

2. Den Grill für direkte starke Hitze (230–290 °C) vorbereiten.

3. Die Zutaten für die Sauce in einer kleinen Schüssel vermischen.

4. Thunfischfilets auf beiden Seiten dünn mit Öl bestreichen und gleichmäßig mit Salz und Pfeffer würzen.

5. Den Grillrost mit der Bürste reinigen. Die Fischfilets über *direkter starker Hitze* bei geöffnetem Deckel 2–4 Min. grillen, bis sie außen gebräunt, aber innen noch roh sind, dabei einmal wenden. Vom Grill nehmen und quer in dünne Scheiben schneiden. Den Salat auf Teller verteilen, die gegrillten Thunfischscheiben darauf anrichten, mit Sauce beträufeln und sofort servieren.

// Auf dem Zedernbrett gegrillter Thunfisch

MIT KNACKIGEM GEMÜSE

FÜR **4** PERSONEN

ZUBEREITUNGSZEIT: **20** MIN.

GRILLZEIT: **21** BIS **28** MIN.

ZUBEHÖR: EIN UNBEHANDELTES ZEDERNHOLZBRETT, 30–40 CM LANG UND ETWA 1,5 CM DICK (MIND. 1 STD. GEWÄSSERT)

// FÜR DAS DRESSING
2 EL Aceto balsamico
2 EL frisch gepresster Zitronensaft
1 EL körniger Senf
naturreines grobes Meersalz
frisch gemahlener schwarzer Pfeffer
Olivenöl

500 g grüner Spargel

4 Thunfischsteaks, je etwa 225 g schwer
   und 2,5 cm dick
½ TL edelsüßes Paprikapulver

4 Frühlingszwiebeln, nur die weißen
   und hellgrünen Teile in feine Scheiben
   geschnitten
4-6 Radieschen, in feine Scheiben
   geschnitten
150 g zarte Rucolablätter

1. Den Grill für direkte mittlere Hitze (175–230 °C) vorbereiten. Eine kleine Schüssel mit Wasser zum Löschen bereitstellen, falls das Zedernholzbrett Feuer fängt.

2. Für das Dressing Essig, Zitronensaft, Senf, ¼ TL Salz und ½ TL Pfeffer in einer kleinen Schüssel verrühren. Nach und nach 4 EL Öl unterschlagen, bis es zu einer Emulsion bindet. Beiseitestellen.

3. Die harten Enden der Spargelstangen entfernen. Dafür das untere Ende jeder Stange umbiegen, der Spargel bricht dort, wo er gerade noch zart ist, etwa im unteren Drittel. Spargelstangen dünn mit Öl bestreichen und gleichmäßig mit Salz und Pfeffer würzen.

4. Die Thunfischsteaks auf beiden Seiten mit Öl bestreichen und gleichmäßig mit insgesamt 1 TL Salz, ½ TL Pfeffer und dem Paprikapulver würzen.

5. Das gewässerte Holzbrett über *direkte mittlere Hitze* legen und den Grilldeckel schließen. Wenn sich nach 5–10 Min. Rauch entwickelt, das Brett umdrehen und die Thunfischsteaks nebeneinander darauflegen. Den Deckel wieder schließen und die Steaks etwa 10 Min. grillen, bis ihr

Fleisch fest, aber noch saftig ist. Sollte das Zedernbrett Feuer fangen, mit etwas Wasser besprühen. Thunfischsteaks auf eine Servierplatte geben. Verkohltes Brett vom Grill nehmen.

6. Den Grillrost mit der Bürste reinigen. Den Spargel über *direkter mittlerer Hitze* bei geschlossenem Deckel in 6–8 Min. knackig-zart grillen, dabei die Stangen einmal wenden. Vom Grill nehmen und in 2,5 cm lange Stücke schneiden.

7. Spargelstücke in einer großen Schüssel mit Frühlingszwiebeln, Radieschen und Rucola vermischen und mit der Vinaigrette anmachen. Auf einer Servierplatte anrichten, Thunfischsteaks darauflegen und servieren.

// In Bier marinierte Goldmakrele

MIT GUACAMOLE

FÜR **4** PERSONEN

ZUBEREITUNGSZEIT: **15** MIN.

GRILLZEIT: **6** BIS **8** MIN.

!

// Die Goldmakrelenfilets können auch durch andere festfleischige weiße Fischfilets vom Wolfs- oder Zackenbarsch ersetzt werden.

250 ml helles Bier
1 mittelgroße Chilischote (vorzugsweise Jalapeño), in feine Ringe geschnitten
5 EL frisch gepresster Limettensaft
4 Goldmakrelenfilets ohne Haut, je etwa 200 g schwer und 2 cm dick

2 mittelgroße Avocados
1 mittelgroße Eiertomate, gewürfelt
1 EL grob gehackte frische Korianderblätter
naturreines grobes Meersalz
frisch gemahlener schwarzer Pfeffer
Olivenöl

In der Zeit, in der die Guacamole frisch zubereitet wird, marinieren die Goldmakrelenfilets im Rezept unten in einer typisch mexikanischen Marinade. Die Farben des fertigen Gerichts entsprechen den Farben der mexikanischen Flagge (grün, weiß, rot). Wer mag, kann dazu auch noch gedämpften Reis oder Kartoffelstäbchen reichen.
// Im Rezept rechts werden die Fischfilets noch auf dem Grill mit einem *pepita* genannten mexikanischen Pesto bestrichen und mit einer in Buttermilch glatt gerührten würzigen Avocadocreme serviert.

1. Den Grill für direkte starke Hitze (230–290 °C) vorbereiten.

2. Bier, Chili und 3 EL Limettensaft in einer Glasschale vermischen. Fischfilets einlegen und abgedeckt 15 Min. bei Zimmertemperatur marinieren, dabei einmal wenden. (Nicht länger als 15 Min. marinieren, sonst wird der Fisch durch die Säure des Limettensafts »gegart«.)

3. In der Zwischenzeit die Guacamole zubereiten. Die Avocados halbieren, den Kern entfernen und das Fruchtfleisch mit einem Löffel in eine mittelgroße Schüssel geben. Die restlichen 2 EL Limettensaft, Tomate, Koriander, ½ TL Salz und 1 kräftige Prise Pfeffer hinzufügen, mit einer Gabel zerdrücken und dabei vermischen.

4. Die Filets aus der Marinade nehmen, abtropfen lassen (Marinade anschließend weggießen), auf beiden Seiten dünn mit Öl bestreichen und gleichmäßig mit Salz und Pfeffer würzen. Den Grillrost mit der Bürste reinigen. Die Filets über *direkter starker Hitze* bei geschlossenem Deckel 6–8 Min. grillen, dabei einmal wenden, bis das Fischfleisch im Kern nicht mehr glasig, aber noch saftig ist. Vom Grill nehmen und warm mit der Guacamole servieren.

// Goldmakrele mit mexikanischem Pesto

UND AVOCADOCREME

FÜR **4** PERSONEN

ZUBEREITUNGSZEIT: **30** MIN.

GRILLZEIT: **6** BIS **8** MIN.

2 Knoblauchzehen, grob gehackt
2 Chilischoten (vorzugsweise Jalapeño),
 Stiel und Samen entfernt, grob gehackt
1 mittelgroße Avocado, Fruchtfleisch
 ausgelöst
125 ml Buttermilch
1 EL Weißweinessig
1 EL frisch gepresster Limettensaft
¼ TL gemahlene Kreuzkümmelsamen
naturreines grobes Meersalz

// FÜR DAS PESTO

70 g Kürbiskerne ohne Schale
½ Bund frisches Koriandergrün, Blätter
 abgezupft
½ Bund frische glatte Petersilie, Blätter
 abgezupft
2 EL frisch geriebener Parmesan
2 TL frisch gepresster Limettensaft
¼ TL Tabasco®
Olivenöl

4 Goldmakrelenfilets, je etwa 200 g
 schwer und 2 cm dick

frisch gemahlener schwarzer Pfeffer

1. Den Grill für direkte starke Hitze
(230–290 °C) vorbereiten.

2. Die Hälfte des Knoblauchs und der
Chilischoten in der Küchenmaschine oder
mit dem Stabmixer fein hacken. Avocado,
Buttermilch, Essig, Limettensaft, Kreuzkümmel und ½ TL Salz hinzufügen und
glatt mixen. Nach Belieben die Creme mit

2–4 EL Wasser verdünnen. In eine Schüssel umfüllen und bis zum Servieren kalt
stellen.

3. Die Kürbiskerne in einer großen Pfanne
auf mittlerer Stufe in 1–2 Min. rösten, dabei
gelegentlich umrühren. Vom Herd nehmen
und abkühlen lassen.

4. Restlichen Knoblauch und übrige Chilis
mit Kürbiskernen, Koriander, Petersilie,
Parmesan, Limettensaft, Tabasco und
1 kräftigen Prise Salz zu einem stückigen
Püree mixen. Bei laufendem Motor 80 ml
Öl in dünnem Strahl einarbeiten.

5. Fischfilets auf beiden Seiten dünn mit
Öl bestreichen und gleichmäßig mit Salz

und Pfeffer würzen. Den Grillrost mit der
Bürste reinigen. Die Filets über *direkter
starker Hitze* bei geschlossenem Deckel
4–5 Min. grillen, bis die Unterseite das
typische Grillmuster angenommen hat
und sich leicht vom Rost abheben lässt.
Die Filets wenden und mit einem Löffel
großzügig Pesto auf der Oberseite verstreichen. Bei geschlossenem Deckel
2–3 Min. weitergrillen, bis das Fleisch im
Kern nicht mehr glasig, aber noch saftig
ist. Vom Grill nehmen.

6. Auf jeden Teller 3–4 EL Avocadocreme
geben, die Filets jeweils darauf anrichten
und warm mit der restlichen Avocadocreme servieren. Nach Belieben gegrillte
Kartoffeln dazu reichen.

Fertig gekauftes Pesto ist geschmacklich natürlich nicht vergleichbar mit selbst gemachtem, aber mit etwas Weißwein aufgepeppt eignet es sich ausgezeichnet zum Marinieren der Wolfsbarschfilets im Rezept unten. Grillen Sie die Datteltomaten in einer Grillpfanne, das erspart Ihnen das langwierige Aufziehen auf Spieße. Und wer befürchtet, dass der Fisch auf dem Rost zerfällt, kann ihn gleich mit in die Grillpfanne legen. // Im Rezept rechts garen die Filets *en papillote* auf dem Grill, das heißt in einer Tasche aus Backpapier, zusammen mit sehr fein geschnittenem Gemüse, Tomaten und selbst gemachtem Pesto.

FÜR **4** PERSONEN

ZUBEREITUNGSZEIT: **15** MIN.

MARINIERZEIT: ETWA **20** MIN.

GRILLZEIT: ETWA **6** MIN.

ZUBEHÖR: GELOCHTE GRILLPFANNE

// In Pesto marinierte Wolfsbarschfilets
MIT WARMEN TOMATEN

// FÜR DIE MARINADE
125 ml Weißwein
4 EL grünes Pesto (aus dem Glas)
1 TL zerstoßene rote Chiliflocken
½ TL naturreines grobes Meersalz

4 Wolfsbarschfilets mit Haut, je etwa
   175 g schwer und gut 1 cm dick
450 g Datteltomaten

1. Die Zutaten für die Marinade in einer kleinen Schüssel verrühren. Die Fischfilets nebeneinander auf ein Backblech legen und die Marinade über den Fisch löffeln. Die Filets bei Zimmertemperatur etwa 20 Min. marinieren lassen.

2. Inzwischen den Grill für direkte mittlere Hitze (175–230 °C) vorbereiten und die Grillpfanne vorheizen.

3. Mit einem Grillwender die Filets vom Backblech direkt auf den Grillrost heben. Restliche Marinade auf dem Blech weggießen. Die Tomaten in einer Lage in der Grillpfanne verteilen. Fischfilets und Tomaten über **direkter mittlerer Hitze** bei geschlossenem Deckel etwa 6 Min. grillen, bis der Fisch im Kern nicht mehr glasig ist und die Tomaten weich sind und ihre Form verlieren, nur die Tomaten dabei ein- bis zweimal wenden. Vom Grill nehmen. Fischfilets und Tomaten auf einer Servierplatte anrichten und warm servieren.

FÜR **4** PERSONEN

ZUBEREITUNGSZEIT: **35** MIN.

GRILLZEIT: **20** BIS **25** MIN.

// FÜR DAS PESTO

125 ml plus 1 EL Olivenöl
1 Knoblauchzehe, geschält
4 EL Pinienkerne
2 Bund (etwa 150 g) Basilikum, Blätter
  abgezupft
50 g Parmesan, frisch gerieben
¼ TL zerstoßene rote Chiliflocken
naturreines grobes Meersalz

4 mittelgroße festkochende Kartoffeln,
  in sehr feine Scheiben geschnitten
  (etwa 3 mm)
4 Wolfsbarschfilets ohne Haut,
  je etwa 175 g schwer und gut 1 cm dick
1 Möhre, in feine Stifte geschnitten
100 g Zuckerschoten, quer in kurze,
  dünne Streifen geschnitten
1 Zucchini, in feine Stifte geschnitten
300 g Datteltomaten
frisch gemahlener schwarzer Pfeffer

// Wolfsbarsch en papillote
MIT PESTO UND GEMÜSE

1. In einer kleinen Pfanne 1 EL Öl auf mitt-lerer Stufe erhitzen und den Knoblauch 2 Min. darin dünsten. Die Pinienkerne hin-zufügen und in 2–3 Min. goldbraun rösten. Vom Herd nehmen und abkühlen lassen.

2. Die abgekühlte Pinienkern-Mischung mit Basilikum, Parmesan, Chiliflocken und ½ TL Salz in der Küchenmaschine oder mit dem Stabmixer 30 Sek. zerkleinern, anschließend bei laufendem Motor etwa 125 ml Öl in dünnem Strahl zugießen, bis das Pesto die gewünschte Konsistenz hat.

3. Den Grill für indirekte mittlere Hitze (175–230 °C) vorbereiten.

4. Vier 40 x 40 cm große Backpapier-quadrate zuschneiden. Auf der unteren Hälfte jeweils ein Viertel Kartoffelschei-ben auslegen, 1 Fischfilet darauf platzieren und jeweils ein Viertel des Pestos, des fein geschnittenen Gemüses und der Tomaten darauf verteilen. Mit Salz und Pfeffer wür-zen. Die andere Hälfte des Backpapiers darüberklappen und an den drei offenen Seiten die Tasche fest zusammenfalten.

5. Den Grillrost mit der Bürste reinigen. Die Fischpakete über *indirekte mittlere Hitze* legen und die Zutaten bei geschlos-senem Deckel 20–25 Min. grillen, bis die Kartoffeln gar sind. Zur Garprobe vor-sichtig eine Tasche auffalten (Achtung heißer Dampf!) und mit einer Grillzange eine Kartoffelscheibe entnehmen, ohne den Boden der Tasche zu verletzen. Wenn die Kartoffel beim Einstechen mit einem Messer weich ist, Fischpakete vom Grill nehmen, öffnen und Fisch und Gemüse auf Tellern anrichten. Sofort servieren.

// Filets vom Red Snapper

MIT KAPERN-PETERSILIEN-BUTTER

Fischfilets zu grillen erfordert die richtige Technik, denn sie beeinflusst das Endergebnis fast ebenso stark wie die Qualität der Zutaten: Die Seite des Fischs, die zuerst auf den Rost kommt, sollte etwas länger grillen als die zweite. Der Fisch lässt sich so leichter vom Rost lösen, da seine Unterseite von einer (schmackhaften) Kruste überzogen ist. // Bei dem im Ganzen gegrillten Fisch sollten Sie die Garprobe am Fleisch des Rückgrats machen und dafür den Fisch mit einem spitzen Messer etwas einschneiden: Wenn das Fischfleisch nicht mehr glasig ist, können Sie den Fisch vom Rost nehmen.

1. Den Grill für direkte starke Hitze (230–290 °C) vorbereiten.

2. Die Butter in einem kleinen Topf auf mittlerer Stufe zerlassen. Petersilie, Zitronensaft und Kapern einrühren. Vom Herd nehmen und warm halten.

3. Die Fischfilets auf beiden Seiten mit Öl bestreichen und gleichmäßig mit Salz und Pfeffer würzen. Den Grillrost mit der Bürste reinigen. Filets mit der Hautseite nach oben über *direkter starker Hitze* bei geschlossenem Deckel 4–5 Min. grillen, dabei nach 3 Min. vorsichtig wenden, bis das Fischfleisch fast blättrig zerfällt, wenn man mit einer Messerspitze hineinsticht. Vom Grill nehmen, auf Tellern anrichten und warme Butter darüberlöffeln. Sofort servieren und nach Belieben gedünsteten Blattspinat dazu reichen.

FÜR **4** PERSONEN

ZUBEREITUNGSZEIT: **10** MIN.

GRILLZEIT: **4** BIS **5** MIN.

// FÜR DIE BUTTER

125 g Butter
2 EL fein gehackte frische glatte
   Petersilienblätter
1 EL frisch gepresster Zitronensaft
1 EL feinste Kapern (Nonpareilles),
   abgespült

4 Filets vom Red Snapper mit Haut,
   je etwa 120–150 g und 1,5 cm dick
Olivenöl
naturreines grobes Meersalz
frisch gemahlener schwarzer Pfeffer

// Red Snapper mit Zitronenfüllung

UND GRILLTOMATENSAUCE

FÜR **4** PERSONEN

ZUBEREITUNGSZEIT: **30** MIN.

GRILLZEIT: **53** BIS **60** MIN.

ZUBEHÖR: KÜCHENGARN

// FÜR DIE SAUCE

1 große Schalotte, durch den Wurzelansatz halbiert
7 Eiertomaten (etwa 450 g), längs halbiert
Olivenöl
1 Handvoll frische glatte Petersilienblätter
4 EL geröstete Pinienkerne
2 EL frisch gepresster Zitronensaft
1 EL Sherry-Essig
¼ TL Cayennepfeffer
naturreines grobes Meersalz

1 ganzer Red Snapper, 1,3–1,5 kg schwer,
  entschuppt und ausgenommen
frisch gemahlener schwarzer Pfeffer
1 EL Tomatenmark
1 Bio-Zitrone, in 4 Scheiben geschnitten
1 Handvoll frische glatte Petersilienblätter

1. Den Grill für direkte und indirekte mittlere Hitze (175–230 °C) vorbereiten.

2. Für die Sauce Schalotten- und Toma-tenhälften dünn mit Öl bestreichen. Den Grillrost mit der Bürste reinigen. Das Gemüse über *direkter mittlerer Hitze* bei geschlossenem Deckel 8–10 Min. grillen, bis die Haut der Tomaten Blasen wirft und die Schalotte weich ist, dabei ein- bis zweimal wenden. Den Wurzelansatz der Schalottenhälften abschneiden, Schalotte zerkleinern. Tomaten, Schalottenstücke, Petersilie, Pinienkerne, Zitronensaft, Essig und Cayennepfeffer mit dem Stabmixer glatt pürieren, anschließend salzen.

3. Den Fisch innen gleichmäßig mit 1 TL Salz und 1 TL Pfeffer würzen und mit Tomatenmark bestreichen. Den Fisch mit Zitronenscheiben und Petersilie füllen, mit Küchengarn verschließen und außen dünn mit Öl bestreichen.

4. Den Grillrost mit der Bürste reinigen. Den Fisch über *indirekter mittlerer Hitze* bei geschlossenem Deckel 45–50 Min. grillen, bis das Fleisch nahe am Rückgrat nicht mehr glasig, aber noch saftig ist, dabei einmal wenden. Auf ein Schneid-brett legen und 3–5 Min. ruhen lassen.

5. Das Küchengarn vorsichtig abnehmen, Kopf und Schwanz entfernen. Fisch ent-lang des Rückgrats einschneiden und wie ein Buch aufklappen. Wirbelsäule und Gräten entfernen, die Filets von der Haut heben und warm mit der Sauce servieren.

Das Rückgrat behutsam aus dem Fleisch herausheben.

205

Beide Rezepte können Sie auch mit ausgelösten Jakobsmuscheln zubereiten. Als Beilage zu den Garnelen im unten stehenden Rezept passen gegrillte Auberginen und gedämpfter Reis. // Wer einen Farbtupfer und eine zusätzliche Proteinquelle für die Garnelen im rechten Rezept möchte, sollte noch gegarte asiatische Edamame-Bohnen untermischen.

FÜR **4** PERSONEN,
FÜR **6** PERSONEN ALS VORSPEISE

ZUBEREITUNGSZEIT: **15** MIN.

GRILLZEIT: **2** BIS **4** MIN.

// FÜR DIE SAUCE
4 EL Sojasauce
1 Frühlingszwiebel, nur die weißen und hellgrünen Teile in feine Scheiben geschnitten
1 EL Reisessig
1 TL Chili-Öl

// FÜR DIE GLASUR
3 EL Honig
1 EL Reisessig
1 TL fein geriebener frischer Ingwer

900 g große Garnelen (Größe 21/30), geschält, Darm entfernt, mit Schwanzsegment
2 EL Öl
naturreines grobes Meersalz
frisch gemahlener schwarzer Pfeffer

// Garnelen mit Ingwer-Honig-Glasur

1. Den Grill für direkte starke Hitze (230–290 °C) vorbereiten.

2. Die Zutaten für die Sauce in einer kleinen Servierschale verrühren.

3. Die Zutaten für die Glasur in einer großen Schüssel glatt rühren.

4. In einer zweiten großen Schüssel die Garnelen jeweils mit etwas Öl beträufeln und gleichmäßig salzen und pfeffern.

5. Den Grillrost mit der Bürste reinigen. Die Garnelen über *direkter starker Hitze* bei geschlossenem Deckel 2–4 Min. grillen, bis sie sich auf Druck etwas fest anfühlen und das Fleisch im Kern nicht mehr glasig ist, dabei ein- bis zweimal wenden. Heiße Garnelen in der großen Schüssel mit der Glasur vermischen.

6. Garnelen auf einer Platte anrichten und warm mit der Sauce servieren.

// Garnelen und Shiitake-Pilze mit japanischen Nudeln

FÜR **4** PERSONEN

ZUBEREITUNGSZEIT: **30** MIN.

GRILLZEIT: **2** BIS **4** MIN.

ZUBEHÖR: GELOCHTE GRILLPFANNE

// FÜR DIE SAUCE
4 EL Sojasauce
2 EL Sake
1 EL Reisessig
1 EL fein geriebener frischer Ingwer
1 TL Sesamöl (geröstet)
1 TL Wasabi (jap. grüne Meerrettichpaste)
1 Knoblauchzehe, zerdrückt

250 g Soba-Nudeln
   (jap. Buchweizennudeln)

100 g frische Shiitake-Pilze, Stiele entfernt
550 g große Garnelen (Größe 21/30),
   geschält, Darm und Schwanzsegment
   entfernt
Öl
naturreines grobes Meersalz
frisch gemahlener schwarzer Pfeffer

3 Frühlingszwiebeln, in feine Scheiben
   geschnitten
1 EL Sesamsamen, geröstet
1 geröstetes Nori-Blatt (jap. getrocknetes
   Algenblatt), in 0,5 cm breite Streifen
   geschnitten (nach Belieben)

1. Die Zutaten für die Sauce in einer mittelgroßen Schüssel verrühren, bis die Wasabipaste vollständig aufgelöst ist.

2. Die Soba-Nudeln in einem großen Topf mit Salzwasser nach Packungsanweisung garen, in ein Sieb abgießen und unter fließendem kaltem Wasser abspülen, um den Garprozess zu unterbrechen.

3. Den Grill für direkte starke Hitze (230–290 °C) vorbereiten und die Grillpfanne vorheizen.

4. Pilze und Garnelen auf allen Seiten mit Öl bestreichen und gleichmäßig mit Salz und Pfeffer würzen.

5. Pilze und Garnelen in einer Lage in der Grillpfanne verteilen und über *direkter starker Hitze* bei geschlossenem Deckel 2–4 Min. grillen, dabei ein- bis zweimal wenden, bis die Pilze gebräunt und weich sind, die Garnelen sich auf Druck etwas fest anfühlen, gebräunt und im Kern nicht mehr glasig sind. Vom Grill nehmen. Die Pilze in dünne Scheiben schneiden.

6. Nudeln, Pilze und Sauce in einer großen Schüssel vermischen, auf Teller geben, mit gegrillten Garnelen, Frühlingszwiebeln und Sesam und nach Belieben Noristreifen anrichten. Sofort servieren.

Mit dem unten stehenden Rezept bringen Sie eine farbenfrohe, pikante und gesunde Vorspeise auf den Tisch. In Tortillas gewickelt oder mit Reis und schwarzen Bohnen serviert, lassen sich die marinierten Garnelen aber ebenso in eine köstliche Hauptspeise verwandeln. Die Marinade passt übrigens auch gut zu Fisch, Hähnchen, Schwein und sogar Rind. Es lohnt sich also, gleich eine größere Menge davon zuzubereiten und einen Teil davon einzufrieren. // Die gegrillten Garnelen ersetzen im Rezept rechts das sonst übliche Hähnchenfleisch in einer Tortilla-Suppe. Halten Sie zusätzliche Chips und Käse bereit, denn hier wird bestimmt nach mehr verlangt.

// In Koriander marinierte Garnelen

FÜR **4** PERSONEN

ZUBEREITUNGSZEIT: **20** MIN.

MARINIERZEIT: **10** BIS **15** MIN.

GRILLZEIT: **2** BIS **4** MIN.

ZUBEHÖR: METALL- ODER HOLZ-SPIESSE (HOLZSPIESSE MIND. 30 MIN. GEWÄSSERT)

// FÜR DIE MARINADE

1 mittelgroße Zwiebel, grob gewürfelt
1 große Handvoll frische Korianderblätter
2 EL Öl
2 EL frisch gepresster Limettensaft
1 Chilischote (vorzugsweise Jalapeño), Stiel und Samen entfernt, grob gehackt
3 Knoblauchzehen, zerdrückt
1½ TL naturreines grobes Meersalz
1 TL gemahlene Kreuzkümmelsamen

550 g große Garnelen (Größe 21/30), geschält, Darm entfernt, mit Schwanzsegment

Salsa nach Wahl

1. Den Grill für direkte starke Hitze (230–290 °C) vorbereiten.

2. Die Zutaten für die Marinade in der Küchenmaschine oder mit dem Stabmixer glatt pürieren. Garnelen in einen großen, wiederverschließbaren Plastikbeutel geben und die Marinade dazugießen. Die Luft aus dem Beutel streichen, den Beutel fest verschließen und mehrmals wenden, bis sich die Marinade gleichmäßig verteilt hat. Den Beutel in eine Schüssel legen und die Garnelen 10–15 Min. bei Zimmertemperatur marinieren, während der Grill vorheizt.

3. Die Garnelen aus der Marinade nehmen und auf Spieße ziehen. Marinade weggießen. Den Grillrost mit der Bürste reinigen. Die Garnelen über *direkter starker Hitze* bei geschlossenem Deckel 2–4 Min. grillen, bis sie sich auf Druck etwas fest anfühlen, leicht gebräunt und im Kern nicht mehr glasig sind, dabei ein- bis zweimal wenden. Vom Grill nehmen und warm mit der Salsa Ihrer Wahl servieren.

Die erste Garnele am Vorder- und am Schwanzende durchstechen. Die nächste und alle weiteren Garnelen nur am Vorderende aufspießen, wobei das Schwanzende in die andere Richtung als bei der ersten Garnele zeigt.

FÜR **6** PERSONEN

ZUBEREITUNGSZEIT: **20** MIN.,
PLUS ETWA **30** MIN. FÜR DIE SUPPE

GRILLZEIT: **2** BIS **4** MIN.

4 EL Öl
2 Zwiebeln, fein gewürfelt
2 Knoblauchzehen, zerdrückt
1 EL Tomatenmark
1 EL reines Chilipulver
1 TL gemahlene Kreuzkümmelsamen
½ TL getrockneter Oregano
2 l Hühnerbrühe
1 Dose (400 g Inhalt) stückige Tomaten
100 g gewürfelte grüne Chilis
   (aus der Dose; TexMex-Regal)
300 g TK-Maiskörner oder frische
   Maiskörner (von 2 Kolben)

550 g große Garnelen (Größe 21/30),
   geschält, Darm entfernt
naturreines grobes Meersalz
frisch gemahlener schwarzer Pfeffer

2 EL frisch gepresster Limettensaft
250 g Tortilla-Chips
175 g milder Cheddar (vorzugsweise
   kalifornischer Monterey Jack), gerieben
2 große Avocados, das Fruchtfleisch
   gewürfelt
4–6 EL fein gehackte frische Korianderblätter

// Tortilla-Suppe
MIT GARNELEN, AVOCADO UND KORIANDER

1. Eine große Pfanne auf mittlerer Stufe sehr heiß werden (aber nicht rauchen) lassen. 2 EL Öl durch Schwenken in der Pfanne verteilen, anschließend die Zwiebeln darin in 5 Min. leicht glasig dünsten. Knoblauch dazugeben und etwa 1–2 Min. mitdünsten, bis er weich ist. Tomatenmark, Chilipulver, Kreuzkümmel und Oregano einrühren, 1–2 Min. garen, bis die Gewürze zu duften beginnen. Brühe, Tomaten aus der Dose, Chiliwürfel und Maiskörner hinzufügen, die Suppe aufkochen und 20–25 Min. köcheln lassen.

2. Den Grill für direkte starke Hitze (230–290 °C) vorbereiten.

3. Die Garnelen dünn mit den restlichen 2 EL Öl bestreichen und gleichmäßig mit Salz und Pfeffer würzen.

4. Den Grillrost mit der Bürste reinigen. Garnelen über *direkter starker Hitze* bei geschlossenem Deckel 2–4 Min. grillen, dabei ein- bis zweimal wenden, bis sie sich auf Druck etwas fest anfühlen, leicht gebräunt und im Kern nicht mehr glasig sind. Vom Grill nehmen.

5. Suppe mit Limettensaft, Salz und Pfeffer abschmecken. Je 1 Handvoll Tortilla-Chips in Suppenschalen geben, Käse darüberstreuen und Garnelen darauf anrichten, Suppe darüberschöpfen und zuletzt mit Avocado und Koriander bestreuen.

Sie haben die Wahl: Beide Rezepte führen kulinarisch nach Spanien, aber auf unterschiedlich langen Wegen. Die katalanische Romesco-Sauce etwa im unten stehenden Rezept lässt sich in wenigen Minuten aus leicht erhältlichen oder gar vorrätigen Zutaten wie gerösteter Paprika aus dem Glas, Mandelstiften und Sherry-Essig herstellen – sie ist ein Klassiker zu Meeresfrüchten, die hier noch mit spanischer Chorizo kombiniert werden. // Ein wenig mehr Zeit brauchen Sie für die Zubereitung der Paella rechts. Sie enthält ähnliche Zutaten, dazu kommen noch Reis und Muscheln. Gleich, wofür Sie sich entscheiden – das rauchige Grillaroma verleiht den Garnelen und der Chorizo das besondere Etwas.

FÜR **4** BIS **6** PERSONEN

ZUBEREITUNGSZEIT: **15** MIN.

GRILLZEIT: **2** BIS **4** MIN.

ZUBEHÖR: 8 METALL- ODER HOLZ-SPIESSE (HOLZSPIESSE MIND. 30 MIN. GEWÄSSERT)

// FÜR DIE SAUCE

2 Knoblauchzehen
150 g eingelegte geröstete rote Paprika-schoten (aus dem Glas), abgetropft
1–2 Scheiben Bauernbrot, Kruste entfernt, gewürfelt
5 EL Mandelstifte, geröstet
1 EL Sherry-Essig
1 TL geräuchertes Paprikapulver (Bezugsquelle siehe S. 303)
½ TL naturreines grobes Meersalz
Olivenöl

450 g große Garnelen (Größe 21/30), geschält, Darm entfernt, mit Schwanz-segment
450 g Chorizo (span. Paprikawurst), in 1 cm dicke Scheiben geschnitten

1 Zitrone, in Spalten geschnitten

// Spanische Garnelen-Wurst-Spieße
MIT ROMESCO-SAUCE

1. Knoblauch in der Küchenmaschine oder im Mixer fein hacken. Paprika, Brot und Mandeln dazugeben und durchmixen. Essig, Paprikapulver und Salz hinzufügen, anschließend bei laufendem Motor lang-sam etwa 60 ml Öl unterrühren, bis eine fast glatte Sauce entstanden ist. Sollte sie zu dick sein, 1 EL Wasser untermixen.

2. Den Grill für direkte starke Hitze (230–290 °C) vorbereiten.

3. Garnelen und Wurststücke abwech-selnd auf Spieße ziehen und rundherum dünn mit Öl bestreichen.

4. Den Grillrost mit der Bürste reinigen. Die Spieße über *direkter starker Hitze* bei geschlossenem Deckel 2–4 Min. grillen, dabei ein- bis zweimal wenden, bis die Garnelen sich auf Druck fest anfühlen und im Kern nicht mehr glasig sind. Vom Grill nehmen und warm mit der Sauce und Zitronenspalten servieren.

// Paella

MIT GARNELEN, CHORIZO UND MUSCHELN

FÜR 6 PERSONEN

ZUBEREITUNGSZEIT: 30 MIN.

GRILLZEIT: 33 BIS 39 MIN.

ZUBEHÖR: GUSSEISERNE PFANNE
(30 CM Ø)

225 g große Garnelen (Größe 21/30),
   geschält, Darm entfernt, mit Schwanzsegment
3 EL Olivenöl
naturreines grobes Meersalz
frisch gemahlener schwarzer Pfeffer

450 g Chorizo
   (span. Paprikawurst)

3 Zwiebeln, fein gewürfelt
2 rote Paprikaschoten, fein gewürfelt
3 Knoblauchzehen, zerdrückt
1 TL geräuchertes Paprikapulver
   (Bezugsquelle siehe S. 303)
¼ TL gemahlener Safran
400 g Risotto-Reis (vorzugsweise
   Arborio)
1 l Hühnerbrühe
225 ml Muschelfond (ersatzweise
   Fischfond)

85 g kleine grüne, mit Paprikapaste
   gefüllte Oliven
12 frische Venusmuscheln
   (1 Std. gewässert; siehe Kasten S. 220),
   abgespült und abgebürstet

1. Den Grill für direkte mittlere Hitze
(175–230 °C) vorbereiten.

2. In einer mittelgroßen Schüssel die Garnelen mit 1 EL Öl vermischen und mit Salz
und Pfeffer würzen.

3. Den Grillrost mit der Bürste reinigen.
Garnelen und Chorizo über *direkter mittlerer Hitze* bei geschlossenem Deckel
etwa 2 Min. grillen, dabei einmal wenden,
bis die Garnelen halb durchgegart sind
und die Chorizo nur leicht gebräunt ist.
Vom Grill nehmen und abkühlen lassen.
Chorizo in 1 cm dicke Scheiben schneiden.

4. Die gusseiserne Pfanne über *direkte
mittlere Hitze* stellen und die restlichen
2 EL Öl darin erhitzen. Zwiebeln und

Paprika in der Pfanne etwa 5 Min. andünsten, dabei gelegentlich umrühren
und die Pfanne auf dem Rost drehen,
damit alles gleichmäßig gart. Knoblauch,
Paprikapulver, Safran, Reis und 1 TL Salz
1–2 Min. unterrühren, bis der Reis glasig
wird. Brühe und Fond langsam dazurüh-
ren, den Grilldeckel schließen und alles
etwa 15 Min. lebhaft köcheln lassen, bis
die Reiskörner bissfest gegart sind. Zuerst
die Garnelen, Chorizo und Oliven, dann
die Muscheln unterheben und bei geschlossenem Deckel weitere 10–15 Min. köcheln
lassen, bis die Muscheln sich geöffnet
haben und das Garnelenfleisch im Kern
nicht mehr glasig ist. Muscheln, die sich
nicht geöffnet haben, aussortieren und
wegwerfen.

5. Mit isolierten Grillhandschuhen die
Pfanne vom Rost auf eine hitzebeständige
Unterlage stellen. Die Paella heiß in der
Pfanne servieren.

Auf Spieße gezogene Garnelen lassen sich auf dem Rost leichter und schneller wenden, was vor allem bei größeren Mengen von Vorteil ist. Damit sich die Garnelen auf dem Spieß nicht verdrehen, zieht man sie am besten auf zwei parallele Spieße. // Der gebratene Reis im Rezept rechts gelingt nur dann, wenn im Voraus gegarter und gut gekühlter Reis verwendet wird. Frisch zubereiteter, warmer Reis wird beim Braten leicht klebrig. Wie bei allen pfannengerührten Gerichten sollten Sie die Zutaten wie beschrieben vorbereiten und neben dem Grill bereitstellen.

FÜR **4** PERSONEN

ZUBEREITUNGSZEIT: **15** MIN.

MARINIERZEIT: **10** BIS **15** MIN.

GRILLZEIT: **2** BIS **4** MIN.

ZUBEHÖR: METALL- ODER HOLZSPIESSE (HOLZSPIESSE MIND. 30 MIN. GEWÄSSERT)

// FÜR DIE VINAIGRETTE
4 EL frisch gepresster Limettensaft
2 EL Erdnussöl
1 EL gesüßter Reisessig (Sushi-Essig)
1 TL abgeriebene Bio-Limettenschale
1 TL Chilipulver (Gewürzmischung)
1 TL Sojasauce

450 g große Garnelen (Größe 21/30), geschält, Darm entfernt, mit Schwanzsegment
1 kleine Ananas, Fruchtfleisch in größere Stücke geschnitten (etwa 300 g)
1 Bund Frühlingszwiebeln, nur die weißen und hellgrünen Teile in 5 cm lange Stücke geschnitten
2 EL fein gehackte frische Minzeblätter

// Ananas-Garnelen-Spieße

1. Die Zutaten für die Vinaigrette in einer großen Schüssel mit dem Schneebesen verrühren. 4 EL davon in einer kleinen Schale beiseitestellen.

2. Den Grill für direkte starke Hitze (230–290 °C) vorbereiten.

3. Garnelen, Ananas und Frühlingszwiebeln in die große Schüssel zur Vinaigrette geben und gut vermischen. 10–15 Min. bei Zimmertemperatur marinieren, während der Grill vorheizt.

4. Garnelen, Ananas und Frühlingszwiebeln abwechselnd auf Spieße ziehen, restliche Vinaigrette in der großen Schüssel weggießen.

5. Den Grillrost mit der Bürste reinigen. Die Spieße über **direkter starker Hitze** bei geschlossenem Deckel 2–4 Min. grillen, dabei ein- bis zweimal wenden, bis die Garnelen sich auf Druck etwas fest anfühlen und im Kern nicht mehr glasig sind und Ananas und Frühlingszwiebeln ein wenig gebräunt sind. Vom Grill nehmen, die Spieße auf Tellern anrichten und mit der beiseitegestellten Vinaigrette beträufeln. Mit Minze garnieren und warm servieren.

// Gebratener Reis mit Ananas und gegrillten Garnelen

FÜR **4** BIS **6** PERSONEN

ZUBEREITUNGSZEIT: **30** MIN.

GRILLZEIT: **16** BIS **21** MIN.

ZUBEHÖR: GUSSEISERNE PFANNE
(30 CM Ø) ODER WOK

700 g große Garnelen (Größe 21/30),
  geschält, Darm entfernt, mit Schwanzsegment
Erdnussöl
naturreines grobes Meersalz
frisch gemahlener schwarzer Pfeffer
2 kleine rote Zwiebeln, in feine Streifen
  geschnitten
3 Knoblauchzehen, zerdrückt
2 TL fein gehackte scharfe Chilischoten
  (vorzugsweise Serrano), Samen entfernt
2 Eier (Größe L), leicht verquirlt
650 g gegarter Jasminreis (entspricht
  etwa 200 g rohem Reis), gut gekühlt
3 EL Sojasauce
1 TL Sesamöl (geröstet)
1 kleine Ananas, Fruchtfleisch in kleine
  Stücke geschnitten (etwa 300 g)
4 EL fein gehackte frische Minzeblätter
4 EL fein gehackte frische Korianderblätter
125 g Cashewkerne, geröstet und grob
  gehackt

// Warmer oder raumtemperierter Reis
wird beim Braten in der Pfanne oder
im Wok schnell klebrig. Kalter Reis
bleibt in der Pfanne körnig.

1. Den Grill für direkte starke Hitze
(230–290 °C) vorbereiten.

2. Die Garnelen in einer großen Schüssel
dünn mit Erdnussöl einpinseln und gleichmäßig salzen und pfeffern.

3. Den Grillrost mit der Bürste reinigen.
Die Garnelen über *direkter starker Hitze*
bei geschlossenem Deckel 2–4 Min. grillen,
bis sie sich auf Druck etwas fest anfühlen
und im Kern nicht mehr glasig sind, dabei
ein- bis zweimal wenden. Vom Grill nehmen und beiseitestellen. Die Temperatur
auf mittlere Hitze (175–230 °C) absenken.

4. In der gusseisernen Pfanne oder im
Wok 4 EL Erdnussöl über *direkter mitt-*

lerer Hitze heiß werden lassen. Zwiebeln
mit Knoblauch und Chilis in etwa 5 Min.
darin glasig dünsten, dabei gelegentlich
umrühren und Pfanne oder Wok auf dem
Rost drehen, damit alles gleichmäßig gart.
Die Eier unterrühren, 1–2 Min. stocken
lassen, dann Reis, Sojasauce und Sesamöl
gründlich untermischen und 8–10 Min.
unter gelegentlichem Rühren braten, bis
der Reis leicht gebräunt ist. Den Grilldeckel in dieser Zeit so häufig wie möglich
geschlossen halten.

5. Pfanne oder Wok vom Rost nehmen.
Garnelen, Ananas, Minze und Koriander
unter den Reis mischen und mit Salz und
Pfeffer würzen. Mit den Cashewkernen
bestreut heiß in der Pfanne servieren.

Kleine Tintenfische sind in nur wenigen Minuten gar und schmecken vom Grill ganz besonders köstlich. Für beide Rezepte sollten Sie Ihren Fischhändler bitten, sie küchenfertig vorzubereiten und in Körperbeutel (auch Tube genannt) und Fangarme zu zerteilen. Da sich die Tuben auf dem heißen Grill wölben, entweder wie im Rezept unten mit Ziegelsteinen beschweren oder wie im Rezept rechts mehrmals einschneiden. In Ringe geschnittene kleine Kalmare nennt man auch Calamari.

FÜR **4** BIS **6** PERSONEN

ZUBEREITUNGSZEIT: **15** MIN.

GRILLZEIT: **2** BIS **4** MIN. JE DURCHGANG

ZUBEHÖR: ZWEI IN ALUFOLIE EINGEWICKELTE ZIEGELSTEINE

// FÜR DIE SAUCE
1 mittelgroße Bio-Orange (etwa 225 g; vorzugsweise die Sorte Navel)
2 EL Weißweinessig
1 EL Dijon-Senf
Olivenöl
naturreines grobes Meersalz

900 g kleine Kalmare, küchenfertig vorbereitet, in Körperbeutel und Fangarme zerteilt, trockengetupft
½ TL frisch gemahlener schwarzer Pfeffer

2 mittelgroße Bio-Orangen (je etwa 225 g; vorzugsweise die Sorte Navel), quer in 0,5 cm dicke Scheiben geschnitten

// Kleine Kalmare mit Orangensauce

1. Mit einem scharfen Messer an beiden Enden der Orange bis zum Fruchtfleischansatz einen Deckel abschneiden. Die Orange senkrecht auf ein Schneidbrett stellen und mit dem Messer von oben nach unten die Schale rundherum so dick abschneiden, dass auch die bittere weiße Haut entfernt wird. Orange halbieren und bei Bedarf die Kerne entfernen. Die Orangenhälften mit Essig und Senf im Mixer oder in der Küchenmaschine zerkleinern. dann bei laufendem Motor 180 ml Öl in dünnem Strahl zugießen und weitermixen, bis es zu einer Emulsion bindet. Die Sauce mit ½ TL Salz würzen.

2. Den Grill für direkte starke Hitze (230–290 °C) vorbereiten.

3. Die Kalmare in einer Schüssel mit 3 EL Öl, 1 TL Salz und dem Pfeffer vermischen.

4. Körperbeutel portionsweise grillen, vor jedem neuen Durchgang den Grillrost mit der Bürste reinigen. Die Körperbeutel jeweils in zwei Reihen zu 3–4 Stück nebeneinander über *direkte starke Hitze* legen, mit einem Ziegelstein beschweren (glatte Folienseite nach unten) und bei geschlossenem Deckel 1–2 Min. grillen, bis sie sich leicht vom Rost lösen lassen. Mit isolierten Grillhandschuhen und einer Grillzange die Ziegelsteine vorsichtig von den Körperbeuteln wegklappen, die Tuben wenden und erneut beschweren. Den Deckel schließen und 1–2 Min. weitergrillen. Fertige Tuben auf eine Servierplatte geben. Im letzten Durchgang die Fangarme und Orangenscheiben neben den Ziegelsteinen über *direkter starker Hitze* 4 Min. grillen, dabei einmal wenden. Die Kalmare warm mit der Sauce und den gegrillten Orangenscheiben servieren.

FÜR **4** BIS **6** PERSONEN

ZUBEREITUNGSZEIT: **25** MIN.

GRILLZEIT: **2** BIS **4** MIN.

// FÜR DIE VINAIGRETTE

2 mittelgroße Chilischoten (vorzugsweise Jalapeño), längs halbiert, Trennhäute und Samen entfernt
1 EL fein abgeriebene Schale von 1 Bio-Orange
4 EL frisch gepresster Orangensaft
2 EL Weißweinessig
½ TL Paprikapulver
naturreines grobes Meersalz
Olivenöl

1 Dose (420 g Inhalt) Kichererbsen, abgespült
150 g kleine Kirsch- oder Datteltomaten, längs halbiert
1 Schalotte, in feine Ringe geschnitten

700 g kleine Kalmare, küchenfertig vorbereitet, in Körperbeutel und Fangarme zerteilt, trockengetupft
½ TL frisch gemahlener schwarzer Pfeffer
4 EL frische Minzeblätter, grob gehackt

// Calamari-Kichererbsen-Salat

MIT SCHARFER ORANGENVINAIGRETTE

1. Für die Vinaigrette die Chilischoten in der Küchenmaschine oder mit dem Stabmixer fein zerkleinern. Orangenschale und -saft, Essig, Paprikapulver und 2 TL Salz untermixen. Bei laufendem Motor 60 ml Öl in dünnem Strahl zugießen und weitermixen, bis es zu einer Emulsion bindet.

2. Den Grill für direkte starke Hitze (230–290 °C) vorbereiten.

3. Kichererbsen, Tomaten und Schalottenringe in einer großen Schüssel vermengen und mit 4 EL Vinaigrette anmachen. Die Schüssel beiseitestellen.

4. Die Körperbeutel mit ihrer Spitze nach oben legen und außen mehrmals einschneiden. Dafür eine entsprechend breite Messerklinge in den Beutel stecken und mit einem zweiten Messer auf der Oberseite horizontale Einschnitte im Abstand von etwa 1 cm machen. Die Messerklinge im Inneren der Tube verhindert, dass sie zerteilt wird. Eingeschnittene Tuben mit den Fangarmen in eine Schüssel geben, 2 EL Öl, 1 TL Salz und den Pfeffer zufügen und gründlich vermischen.

5. Den Grillrost mit der Bürste reinigen. Kalmare über *direkter starker Hitze* bei geschlossenem Deckel 2–4 Min. grillen, bis sie gar sind und nicht mehr glasig aussehen, dabei einmal wenden. (Vorsicht! Die Fangarme der Kalmare garen in der Regel etwas schneller als die Körperbeutel und können leicht durch den Rost fallen.) Vom Grill nehmen und die Tuben in etwa 1 cm breite Ringe schneiden. Calamariringe und Fangarme zum Salat geben, die restliche Vinaigrette darüberträufeln und alles behutsam vermischen. Den Salat mit Minze bestreuen und sofort servieren.

Ein fertiges italienisches Dressing auf der Basis von Olivenöl, Essig und Gewürzen eignet sich ausgezeichnet zum Marinieren von unterschiedlichen Meeresfrüchten oder Geflügel. Auch fertige italienische Tomatensauce ist ein praktischer und zeitsparender Küchenhelfer, besonders dann, wenn man nur geringe Mengen davon benötigt und es sich deswegen kaum lohnt, sie selbst herzustellen. Als Faustregel für Fertigprodukte dieser Art gilt: Je weniger Zutaten und Geschmacksverstärker darin sind, desto besser ist die Qualität. Sollten Sie tiefgefrorene Jakobsmuscheln verwenden, tauen Sie sie über Nacht in einer Schüssel im Kühlschrank auf.

// Gegrillte Jakobsmuscheln
AUF TOMATENSAUCE UND PROSCIUTTO

FÜR **4** PERSONEN

ZUBEREITUNGSZEIT: **10** MIN.

GRILLZEIT: **5** BIS **9** MIN.

12 ausgelöste Jakobsmuscheln,
  je etwa 30–40 g
1 EL Olivenöl
½ TL naturreines grobes Meersalz
¼ TL frisch gemahlener schwarzer Pfeffer
2 hauchdünne Scheiben Prosciutto
  (ital. roher Schinken)
225 ml ital. Tomatensauce
  (Fertigprodukt)
2 EL fein gehackte frische glatte
  Petersilien- oder Basilikumblätter

1. Den Grill für direkte mittlere Hitze (175–230 °C) vorbereiten.

2. Den kleinen, harten Seitenmuskel, falls noch vorhanden, von den Jakobsmuscheln entfernen. Die Muschelfilets mit Öl einpinseln und gleichmäßig mit Salz und Pfeffer würzen.

3. Den Grillrost mit der Bürste reinigen. Die Schinkenscheiben über *direkter mittlerer Hitze* bei geöffnetem Deckel 1–3 Min. grillen, bis die Ränder braun und knusprig werden, dabei ein- bis zweimal wenden. Vom Grill nehmen und abkühlen lassen, anschließend in kleine Stücke schneiden.

4. Die Jakobsmuscheln über *direkter mittlerer Hitze* bei geschlossenem Deckel 4–6 Min. grillen, bis das Muschelfleisch im Kern nicht mehr glasig ist, dabei ein- bis zweimal wenden. Vom Grill nehmen.

5. Die Tomatensauce in einem kleinen Topf auf mittlerer Stufe erhitzen. Zum Servieren auf vier Tellern anrichten, jeweils 3 gegrillte Jakobsmuscheln daraufsetzen, mit Prosciutto und Kräutern bestreuen und warm servieren.

// Gegrillte Jakobsmuscheln

AUF NUDELN, SPECK UND ZWIEBELN

FÜR **4** PERSONEN

ZUBEREITUNGSZEIT: **25** MIN.

GRILLZEIT: **2** BIS **4** MIN.

6 dicke Scheiben mild geräucherter
  Frühstücksspeck, in 2,5 cm große
  Stücke geschnitten
1 große Zwiebel, quer halbiert und in
  dünne Streifen geschnitten
125 ml trockener Weißwein
12 ausgelöste Jakobsmuscheln,
  je etwa 30–40 g
1 EL Olivenöl
naturreines grobes Meersalz
frisch gemahlener schwarzer Pfeffer
250 g Fettuccine (ital. Bandnudeln)
10 Stängel frische glatte Petersilie,
  Blätter abgezupft
1–2 EL frisch gepresster Zitronensaft

1. Den Grill für direkte mittlere Hitze
(175–230 °C) vorbereiten.

2. Einen großen Topf Wasser für die
Nudeln aufsetzen.

3. Den Speck in einer großen Pfanne auf
mittlerer Stufe in 6–10 Min. knusprig
braten, dabei gelegentlich wenden. Mit
einem Schaumlöffel aus der Pfanne heben
und auf Küchenpapier entfetten. Speckfett in der Pfanne bis auf 4 EL abgießen
und die Zwiebel darin auf mittlerer bis
hoher Stufe in 4–6 Min. glasig dünsten.
Den Wein zugießen und 1 Min. köcheln
lassen, bis der Alkohol verdunstet ist. Den
Herd ausschalten.

4. Den kleinen, harten Seitenmuskel, falls
noch vorhanden, von den Jakobsmuscheln
entfernen. Die Muschelfilets dünn mit Öl
bestreichen und gleichmäßig mit insgesamt ½ TL Salz und ¼ TL Pfeffer würzen.
Den Grillrost mit der Bürste reinigen. Die
Muschelfilets über *direkter mittlerer Hitze*
bei geschlossenem Deckel in 2–4 Min.
goldbraun grillen, dabei einmal wenden.
Vom Grill nehmen und in die Pfanne zu
der Zwiebelsauce geben.

5. Die Nudeln nach Packungsanweisung
garen, abgießen und sofort in die Pfanne
zu den Jakobsmuscheln geben. Die Hitze
auf hohe Stufe stellen und den Pfanneninhalt 1 Min. köcheln lassen, dann den Herd
wieder ausschalten. Die Petersilie, den
Zitronensaft und den Speck hinzufügen
und durchmischen. Mit Salz und Pfeffer
abschmecken und warm servieren.

// Jakobsmuschelsalat

MIT ZITRUSVINAIGRETTE

Gegrillte Jakobsmuscheln treffen im Rezept unten auf einen Blattsalat, der mit seiner süß-pikanten Vinaigrette so recht zu einem Essen im Freien passt. Auch mit dem Schalenabrieb und Fruchtfleisch von Orangen oder Grapefruits schmeckt die Kombination wunderbar.
// Gehaltvoller ist das Gericht mit Jakobsmuscheln des Rezepts rechts, in dem die Muscheln mit Kohl- und Zwiebelstreifen in Tortillas gefüllt werden. Die pikante Avocadosauce lässt sich mit einem Schuss Chilisauce etwas feuriger machen.

1. Den Grill für direkte starke Hitze (230–290 °C) vorbereiten.

2. In einer kleinen Schüssel 4 EL Öl, Limettenschale und -saft, Honig, Schalotten und Petersilie mit dem Schneebesen verrühren. Mit Salz und Pfeffer abschmecken.

3. Den kleinen, harten Seitenmuskel, falls noch vorhanden, von den Jakobsmuscheln entfernen. Die Muschelfilets mit insgesamt 2 EL Öl bestreichen und gleichmäßig mit Salz und Pfeffer würzen.

4. Den Grillrost mit der Bürste reinigen. Die Jakobsmuscheln über *direkter starker Hitze* bei geschlossenem Deckel 4–6 Min. grillen, bis sie leicht gebräunt und im Kern nicht mehr glasig sind, dabei ein- bis zweimal wenden. Vom Grill nehmen.

5. Die Vinaigrette erneut aufschlagen. Den Blattsalat in einer mittelgroßen Schüssel mit so viel Vinaigrette vermischen, dass die Blätter nur mit Vinaigrette benetzt sind. Salat auf Teller verteilen, die Jakobsmuscheln darauf anrichten und mit der restlichen Vinaigrette servieren.

FÜR **4** PERSONEN

ZUBEREITUNGSZEIT: **15** MIN.

GRILLZEIT: **4** BIS **6** MIN.

// FÜR DIE VINAIGRETTE

6 EL Olivenöl
fein abgeriebene Schale von
  1 Bio-Limette
3 EL frisch gepresster Limettensaft
2 EL flüssiger Honig
2 EL sehr fein gewürfelte Schalotten
1 EL fein gehackte frische glatte
  Petersilienblätter
naturreines grobes Meersalz
frisch gemahlener schwarzer Pfeffer

16 große ausgelöste Jakobsmuscheln,
  je etwa 50 g
125 g feine gemischte Blattsalate

FÜR **4** PERSONEN

ZUBEREITUNGSZEIT: **30** MIN.

MARINIERZEIT: **15** BIS **20** MIN.

GRILLZEIT: **4** BIS **6** MIN.

// FÜR DIE SAUCE

1 große Avocado, das Fruchtfleisch
    gewürfelt
1 Handvoll frische Korianderblätter
    samt zarten Stielen
1 große Chilischote (vorzugsweise
    Jalapeño), Samen entfernt
1 EL frisch gepresster Limettensaft
1 große Knoblauchzehe, geschält

naturreines grobes Meersalz
frisch gemahlener schwarzer Pfeffer

// FÜR DIE MARINADE

3 EL Olivenöl
abgeriebene Schale von 1 Bio-Limette
2 EL frisch gepresster Limettensaft
2 große Knoblauchzehen, zerdrückt
    oder fein gehackt

24 ausgelöste Jakobsmuscheln,
    je etwa 30–40 g
100 g Weißkohl, fein gehobelt,
    mit kaltem Wasser abgespült
1 kleine rote Zwiebel, in feine
    Streifen geschnitten, mit kaltem
    Wasser abgespült
8 Mais- oder Weizentortillas (15 cm Ø)

// Zwiebeln und Weißkohl schmecken
milder, wenn man sie in Streifen geschnitten in einem Sieb unter fließendem kaltem Wasser abspült.

// Jakobsmuscheln in Tacos
MIT WEISSKOHL UND AVOCADOSAUCE

1. Die Zutaten für die Sauce mit 125 ml Wasser im Mixer oder mit dem Stabmixer glatt pürieren. Mit Salz und Pfeffer abschmecken. In eine kleine Schüssel füllen und bis zum Servieren bei Zimmertemperatur beiseitestellen.

2. Für die Marinade die Zutaten mit 1 TL Salz und ¼ TL Pfeffer in einer großen Schüssel aufschlagen. Von den Jakobsmuscheln, falls noch vorhanden, den kleinen, harten Seitenmuskel entfernen. Muschelfilets in die Marinade legen und darin wenden. Abgedeckt 15–20 Min. bei Zimmertemperatur marinieren, während der Grill vorheizt.

3. Den Grill für direkte starke Hitze (230–290 °C) vorbereiten.

4. Weißkohl und Zwiebel in einer mittelgroßen Schüssel vermischen.

5. Den Grillrost mit der Bürste reinigen. Die Jakobsmuscheln einzeln aus der Marinade nehmen und abtropfen lassen. Marinade weggießen. Die Muscheln über *direkter starker Hitze* bei geschlossenem Deckel 4–6 Min. grillen, bis sie leicht gebräunt und im Kern nicht mehr glasig sind, dabei ein- bis zweimal wenden. Vom Grill nehmen.

6. Die Tortillas über *direkter starker Hitze* auf jeder Seite etwa 10 Sek. aufwärmen.

7. Tortillas jeweils mit Weißkohl- und Zwiebelstreifen und 3 Jakobsmuscheln füllen. Avocadosauce darübergeben und sofort servieren.

 219

Im Gegensatz zu wilden Miesmuscheln entwickeln die Muscheln aus Muschelfarmen meist keinen »Bart«- so nennt man die kleinen Byssusfäden, mit denen sich die blauschwarzen Schaltiere an den Untergrund heften. Vor der Zubereitung müssen wilde Miesmuscheln 30–60 Minuten in kaltem Salzwasser eingeweicht werden, um den Sand zu entfernen, anschließend werden sie in einem Sieb mit kaltem Wasser abgebraust, entbartet und schließlich abgebürstet. Alle beschädigten oder nicht fest verschlossenen Muscheln aussortieren und wegwerfen. Zum Entbarten die Fäden jeweils zwischen Daumen und Zeigefinger nehmen und in einem Ruck nach oben hin abziehen. Venusmuscheln unter kaltem Wasser abbürsten, dann 1 Stunde in kaltem Salzwasser einweichen, um Sand und Schmutz zu entfernen.

Pfanne über *direkte mittlere Hitze* auf den Rost stellen und die Zwiebeln bei geschlossenem Deckel in etwa 5 Min. glasig dünsten, dabei ein- bis zweimal umrühren. Wein zugießen, bei geschlossenem Deckel aufkochen, dann 5 Min. köcheln lassen.

4. Muscheln in die Pfanne geben, die Pfanne mit einem Backblech (oder Alufolie) abdecken, den Grilldeckel schließen und die Muscheln 8–10 Min. dämpfen. Prüfen, ob die Muscheln sich geöffnet haben, andernfalls weitere 3–5 Min. auf dem Grill lassen. Mit isolierten Grillhandschuhen Backblech oder Folie vorsichtig von der Pfanne heben und die Pfanne vom Grill nehmen. Ungeöffnete Muscheln aussortieren und wegwerfen. Die Kräuterbutter portionsweise auf den Muscheln verteilen und mit einem großen Löffel behutsam durchrühren, bis die Butter geschmolzen ist. Muscheln mit der Buttersauce in großen tiefen Tellern mit knusprigem Weißbrot servieren.

// Miesmuscheln vom Grill
MIT KNOBLAUCH-PETERSILIEN-BUTTER

FÜR **2** PERSONEN;
FÜR **4** PERSONEN ALS VORSPEISE

ZUBEREITUNGSZEIT: **10** MIN.

WÄSSERUNGSZEIT FÜR WILDE
MIESMUSCHELN: **30** BIS **60** MIN.

GRILLZEIT: **21** BIS **25** MIN.

ZUBEHÖR: GUSSEISERNE PFANNE
(30 CM Ø)

1. In einer kleinen Schüssel Butter, Knoblauch und Petersilie mit einer Gabel gründlich vermischen. Beiseitestellen.

2. Den Grill für direkte mittlere Hitze (175–230 °C) vorbereiten.

3. Öl, Zwiebel, Salz und Pfeffer in der gusseisernen Pfanne vermischen. Die

// FÜR DIE BUTTER
60 g weiche Butter
4 große Knoblauchzehen, fein gehackt
4 EL sehr fein gehackte frische glatte
   Petersilienblätter

2 EL Olivenöl
1 kleine Zwiebel, sehr fein gewürfelt
¼ TL naturreines grobes Meersalz
1 kräftige Prise frisch gemahlener
   schwarzer Pfeffer
175 ml trockener Weißwein
900 g frische Miesmuscheln (wilde
   Muscheln 30–60 Min. gewässert),
   abgebürstet, Bärte entfernt

knuspriges Weißbrot

// Cremige Linguine

MIT ZWEIERLEI MUSCHELN

FÜR **4** PERSONEN

ZUBEREITUNGSZEIT: **30** MIN.

WÄSSERUNGSZEIT FÜR WILDE MUSCHELN UND VENUSMUSCHELN: **30** BIS **60** MIN.

GRILLZEIT: **20** BIS **25** MIN.

ZUBEHÖR: GUSSEISERNE PFANNE (30 CM Ø)

350 g Linguine (flache ital. Spaghetti)
3 EL Butter
1 kleine Zwiebel, fein gewürfelt
3 große Knoblauchzehen, fein gehackt
¼ TL naturreines grobes Meersalz
¼ TL frisch gemahlener schwarzer Pfeffer
¼ TL zerstoßene rote Chiliflocken
2 EL Mehl
250 g Sahne
700 g frische Miesmuscheln (wilde Muscheln 30–60 Min. gewässert), abgebürstet, Bärte entfernt
700 g frische Venusmuscheln (1 Std. gewässert), abgespült und abgebürstet
4 EL gehackte frische Basilikumblätter
fein abgeriebene Schale und Saft von 1 Bio-Zitrone

1. Den Grill für direkte mittlere Hitze (175–230 °C) vorbereiten.

2. In einem großen Topf reichlich Wasser für die Linguine aufsetzen.

3. Die Butter in der gusseisernen Pfanne über *direkter mittlerer Hitze* zerlassen. Zwiebel mit Knoblauch, Salz, Pfeffer und Chiliflocken einrühren und in 5 Min. glasig dünsten, dabei ein- bis zweimal umrühren. Mehl einstreuen, 1–2 Min. unter Rühren garen, die Sahne unterrühren, zum Kochen bringen, anschließend die Mischung leicht einkochen lassen. Den Grilldeckel dabei so häufig wie möglich geschlossen halten.

4. Muscheln in die Pfanne geben, die Pfanne mit einem Backblech (oder Alufolie) abdecken, den Grilldeckel schließen und die Muscheln 10 Min. dämpfen. Inzwischen die Nudeln in kochendem Salzwasser nach Packungsanweisung al dente garen. Abgießen und beiseitestellen.

5. Mit isolierten Grillhandschuhen Backblech oder Folie vorsichtig von der Pfanne heben. Bereits geöffnete Muscheln einzeln mit einer Grillzange in eine große Schüssel geben, dabei angesammelte Sauce in den Schalen zurück in die Pfanne gießen und die Sauce weiter köcheln lassen. Noch geschlossene Muscheln werden so durch mehr Platz in der Pfanne schneller gar und sich öffnen. Von den bereits geöffneten Muscheln in der Schüssel das Muschelfleisch behutsam herauslösen und in eine zweite Schüssel geben. Muscheln in der Pfanne, die sich bis jetzt noch nicht geöffnet haben, aussortieren und wegwerfen.

6. Ausgelöstes Muschelfleisch, Nudeln und die Flüssigkeit aus der Schüssel mit den Muschelschalen in die Pfanne geben und alles gut vermischen. Auf großen tiefen Tellern anrichten, jeweils mit Basilikum und Zitronenschale bestreuen, am Schluss noch Zitronensaft darüberträufeln und die Linguine sofort servieren.

Ziemlich in Mode kam vor einiger Zeit eine Cocktailvariante der Bloody Mary, die mit Muschelfond gemixt wurde. Das unten stehende Rezept hat sich davon inspirieren lassen, denn zu den Venusmuscheln wird hier eine mit Wodka verfeinerte Cocktailsauce serviert. // Ähnliche Aromen treffen in der Muschelsuppe des Rezepts rechts aufeinander, das in Anlehnung an die ursprünglich aus San Francisco stammende Fischsuppe namens *cioppino* entwickelt wurde. Ihre sommerliche Leichtigkeit und ihren intensiven Geschmack erhält sie nicht zuletzt aufgrund der frischen gegrillten Tomaten und Paprika, zusammen mit den Muscheln und Garnelen. Zeitsparender ist es, 800 Gramm Dosentomaten und ein Glas geröstete Paprikaschoten zu verwenden.

// Venusmuscheln
MIT COCKTAILSAUCE BLOODY MARY

FÜR **6** PERSONEN

ZUBEREITUNGSZEIT: **10** MIN.

WÄSSERUNGSZEIT FÜR
DIE VENUSMUSCHELN: **1** STD.

GRILLZEIT: **10** BIS **15** MIN.

ZUBEHÖR: GROSSE EINWEG-
ALUSCHALE

// FÜR DIE SAUCE
250 ml Chiliketchup
1 kleine Stange Sellerie (mit Blättern),
   fein gewürfelt
4 EL Wodka
1 EL Meerrettich
½ TL Worcestersauce
1 Spritzer Tabasco®

48–72 frische Venusmuscheln
   (1 Std. gewässert; siehe Kasten S. 220),
   abgespült und abgebürstet
1 Zitrone, in Spalten geschnitten
Cracker oder knuspriges Weißbrot

1. Den Grill für direkte mittlere Hitze (175–230 °C) vorbereiten.

2. Die Zutaten für die Sauce in einer kleinen Schüssel vermischen. Abdecken und bis zum Servieren in den Kühlschrank stellen.

3. Muscheln in die große Aluschale legen und die Schale mit einem Deckel aus extrastarker Alufolie dicht verschließen (damit die Muscheln im heißen Dampf garen können).

4. Den Grillrost mit der Bürste reinigen. Die Aluschale über *direkte mittlere Hitze* stellen, den Grilldeckel schließen und die Muscheln 10 Min. dämpfen. Foliendeckel vorsichtig abheben und prüfen, ob sich die Muscheln geöffnet haben. Andernfalls die Muscheln in der verschlossenen Schale weitere 3–5 Min. dämpfen.

5. Mit isolierten Grillhandschuhen die Aluschale vorsichtig vom Grill heben (evtl. ein Backblech zu Hilfe nehmen) Nicht geöffnete Muscheln aussortieren und wegwerfen. Muscheln mit ihrem Saft auf tiefe Teller verteilen und mit der Cocktailsauce, Zitronenspalten, Crackern oder knusprigem Weißbrot servieren.

FÜR **6** PERSONEN

ZUBEREITUNGSZEIT: **20** MIN.

WÄSSERUNGSZEIT FÜR
DIE VENUSMUSCHELN: **1** STD.

GRILLZEIT: **45** BIS **48** MIN.

ZUBEHÖR: OFENFESTE KASSEROLE
MIT DECKEL

1 kg reife Eiertomaten
1 große rote Paprikaschote
450 g große Garnelen (Größe 21/30),
  geschält, Darm entfernt, mit Schwanzsegment
Olivenöl
naturreines grobes Meersalz
frisch gemahlener schwarzer Pfeffer
100 g Pancetta (ital. Bauchspeck),
  gewürfelt
1 mittelgroße Zwiebel, fein gewürfelt
2 Stangen Sellerie, fein gewürfelt
2 Knoblauchzehen, zerdrückt
250 ml trockener Weißwein
1 EL Tomatenmark
¼ TL zerstoßene rote Chiliflocken
48 frische Venusmuscheln,
  je etwa 5 cm Ø, (1 Std. gewässert;
  siehe Kasten S. 220), abgespült und
  abgebürstet

// Muschelsuppe Cioppino

MIT GARNELEN

1. Den Grill für direkte starke Hitze
(230–290 °C) vorbereiten.

2. Den Grillrost mit der Bürste reinigen.
Tomaten und Paprikaschote über *direkter
starker Hitze* bei geschlossenem Deckel
grillen, dabei ab und zu wenden, bis die
Haut der Tomaten stellenweise verkohlt
und aufgeplatzt ist und die Paprikahaut
Blasen wirft. Tomaten brauchen 7–10 Min.,
die Paprika 10–12 Min. Vom Grill nehmen
und auf einer Platte abkühlen lassen.

3. Die Garnelen dünn mit Öl einpinseln,
gleichmäßig salzen und pfeffern. Garnelen

über *direkter starker Hitze* bei geschlossenem Deckel 2–3 Min. grillen, bis sie fast
durchgegart sind, dabei einmal wenden.
Vom Grill nehmen und beiseitestellen.

4. Die Grilltemperatur auf mittlere Hitze
(175–230 °C) absenken. Über einem in
eine Schüssel gehängten Sieb die Haut der
Tomaten abziehen, Stielansatz und Kerne
entfernen und dabei den herabtropfenden
Saft in der Schüssel auffangen. Reste im
Sieb wegwerfen. Fruchtfleisch der Tomaten auf einem Schneidbrett fein würfeln
und mit dem austretenden Saft in die
Schüssel geben. Haut der Paprikaschote
abziehen, Samen und Trennwände entfernen, Fruchtfleisch klein würfeln.

5. Die Kasserole über *direkte mittlere
Hitze* auf den Rost stellen. Speckwürfel

mit 1 EL Öl hineingeben und in etwa 6 Min.
leicht bräunen, dabei ab und zu umrühren.
Zwiebel mit Sellerie und Knoblauch zufügen und in etwa 5 Min. weich schwitzen.
Wein zugießen, 1 Min. köcheln lassen, dann
Tomaten mit ihrem Saft, Paprika, Tomatenmark, Chiliflocken und 250 ml Wasser einrühren und die Sauce in etwa 10 Min. leicht
einkochen lassen. Grilldeckel in dieser Zeit
so häufig wie möglich geschlossen halten.

6. Die Muscheln in der Kasserole verteilen,
den Deckel auflegen und den Grilldeckel
schließen. Muscheln etwa 10 Min. dämpfen,
bis sie sich geöffnet haben, dabei einmal
umrühren. Nicht geöffnete Muscheln aussortieren und wegwerfen. Garnelen hinzufügen und noch 1 Min. garen. Kasserole
vorsichtig vom Grill nehmen und die
Suppe warm in tiefen Tellern servieren.

Das Öffnen der sehr harten Austernschale erfordert ein wenig Übung und Geschick – und bedarf unbedingt eines Austernmessers! Versuchen Sie, beim Öffnen so wenig wie möglich von der Flüssigkeit in den unteren Schalenhälften zu verlieren und Schalensplitter zu vermeiden. Klassische Sauce Mignonette, die zu Austern gereicht wird, besteht überwiegend aus Champagneressig und Pfeffer – im Rezept unten wird sie von einer Apfel- und Estragonnote dominiert. Sie können die Austern aber auch nur mit Zitronenspalten, Chili- und Cocktailsauce servieren. // Das Rezept rechts ist die Variation eines Klassikers aus New Orleans, der Austern à la Rockefeller, die mit Spinat und Brotbröseln gefüllt werden.

FÜR 4 BIS 6 PERSONEN

ZUBEREITUNGSZEIT: 5 MIN., PLUS ETWA 30 MIN. ZUM ÖFFNEN DER AUSTERN

GRILLZEIT: 2 BIS 4 MIN.

ZUBEHÖR: AUSTERNMESSER

// FÜR DIE SAUCE
3 EL fein gewürfelte Schalotten
125 ml Apfelessig
4 EL Cidre (franz. Apfelwein)
1 EL fein gehackte frische Estragonblätter
1 kräftige Prise naturbelassenes grobes Meersalz
1 kräftige Prise frisch gemahlener schwarzer Pfeffer

24 große frische Austern, je etwa 7–8 cm groß

// Austern vom Grill
MIT SAUCE MIGNONETTE

1. Die Zutaten für die Sauce Mignonette in einer kleinen Schüssel verrühren. Bis zum Servieren in den Kühlschrank stellen.

2. Die Austern vorsichtig öffnen. Dafür die Austern jeweils mit der flachen Schalenhälfte nach oben in einem doppelt gefalteten Küchentuch festhalten. Mit der Spitze des Austernmessers am Scharnier einstechen und den Schließmuskel durchtrennen. Die Schale mit dem Messer aufhebeln, dabei möglichst nichts von der Flüssigkeit in der unteren Schalenhälfte verschütten, und die Schalenhälften ringsum voneinander trennen. Das Austernfleisch zunächst von der oberen, dann vorsichtig von der unteren Hälfte ablösen.

Die obere flache Schalenhälfte wegwerfen. Austernfleisch und Flüssigkeit der unteren Hälften weiterverarbeiten.

3. Den Grill für direkte starke Hitze (230–290 °C) vorbereiten.

4. Den Grillrost mit der Bürste reinigen. Austern in der Schale über **direkter starker Hitze** bei geschlossenem Deckel 2–4 Min. grillen, bis der Austernsaft zu köcheln beginnt und das Muschelfleisch an den Rändern wellig wird (die Austern sollen warm, aber nicht durchgegart sein). Austern mit einer Grillzange vorsichtig vom Rost nehmen und in der Schale mit der Sauce Mignonette servieren.

FÜR **4** BIS **6** PERSONEN

ZUBEREITUNGSZEIT: **30** MIN.,
PLUS ETWA **15** MIN. ZUM ÖFFNEN
DER AUSTERN

GRILLZEIT: **2** BIS **4** MIN.

ZUBEHÖR: AUSTERNMESSER

2 dicke Scheiben Räucherspeck, fein
   gewürfelt (etwa 4 EL)
100 g jap. Panko-Paniermehl (Asia-Laden;
   ersatzweise Semmelbrösel)
2 EL Butter
2 EL fein gewürfelte Schalotten
2 TL fein gehackter Knoblauch
¼ TL naturreines grobes Meersalz
1 kräftige Prise frisch gemahlener
   schwarzer Pfeffer
150 g zarte Spinatblätter, grob gehackt
1 TL scharfe Chilisauce

12 große frische Austern,
   je etwa 7–8 cm groß

4 EL fein geriebener Parmesan
2 EL fein gehackte frische Estragonblätter
fein abgeriebene Schale und Saft
   von ½ Bio-Zitrone

// Austern vom Grill

MIT SPINAT UND SPECKBRÖSELN

ist und die gesamte Flüssigkeit verdunstet ist. Chilisauce untermischen, anschließend die Pfanne beiseitestellen.

1. Speckwürfel in einer großen Pfanne auf mittlerer Stufe in etwa 8 Min. kross braten, dabei gelegentlich umrühren. Paniermehl unterrühren und mit dem Speck weitere 2 Min. braten, bis die Brösel goldbraun und knusprig sind. Beiseitestellen.

2. Die Butter in einer zweiten großen Pfanne auf mittlerer Stufe zerlassen und die Schalotten darin in etwa 5 Min. weich schwitzen, ab und zu umrühren. Knoblauch, Salz und Pfeffer hinzufügen, 1 Min. unter gelegentlichem Rühren garen. Den Spinat einfüllen und etwa 5 Min. unter ständigem Wenden mit einer Küchenzange dünsten, bis er zusammengefallen

3. Die Austern vorsichtig öffnen. Dafür die Austern jeweils mit der flachen Schalenhälfte nach oben in einem doppelt gefalteten Küchentuch festhalten. Mit der Spitze des Austernmessers am Scharnier einstechen und den Schließmuskel durchtrennen. Die Schale mit dem Messer aufhebeln, dabei möglichst nichts von der Flüssigkeit in der unteren Schalenhälfte verschütten, und die Schalenhälften ringsum voneinander trennen. Das Austernfleisch zunächst von der oberen, dann vorsichtig von der unteren Hälfte ablösen. Die obere flache Schalenhälfte wegwerfen. Austernfleisch und Flüssigkeit der unteren Hälften weiterverarbeiten.

4. Den Grill für direkte starke Hitze (230–290 °C) vorbereiten.

5. Die geöffneten Austern auf ein großes Backblech legen und den Spinat auf dem Muschelfleisch und in der Schale verteilen. Speckbrösel darübergeben und die Brösel sanft in den Spinat drücken, damit alles gut zusammenhält. Die gefüllten Austern mit Parmesan bestreuen.

6. Den Grillrost mit der Bürste reinigen. Die Austern in der Schale über **direkter starker Hitze** bei geschlossenem Deckel 2–4 Min. grillen, bis die Brösel gebräunt sind und der Austernsaft köchelt. Austern mit einer Grillzange einzeln vom Rost nehmen, etwas Estragon, Zitronenschale und Zitronensaft auf jede Auster geben und sofort servieren.

225

Bei einer so erlesenen Zutat wie einem ganzen Hummer sollte nichts von seinem fantastischen natürlichen Wohlgeschmack ablenken. Mehr als flüssige Knoblauchbutter zum Bestreichen ist für das Hummerfleisch und den Mais im Rezept unten nicht notwendig. // Ein gut vorzubereitendes Gericht ist die elegante Hummersuppe im Rezept rechts auf der Basis eines Fonds von ausgekochten Hummerschalen. Erst kurz vor dem Servieren wird das gegrillte Hummerfleisch dann in der Suppe erwärmt. Dazu passen auf dem Grill geröstete Weißbrotscheiben, die noch warm mit Knoblauch eingerieben werden.

// Ganzer Hummer und Mais vom Grill

FÜR **4** PERSONEN

ZUBEREITUNGSZEIT: **20** BIS **30** MIN.

GRILLZEIT: **10** BIS **15** MIN. ODER **20** BIS **30** MIN.

ZUBEHÖR: 4 HOLZSPIESSE (MIND. 30 MIN. GEWÄSSERT)

250 g Butter
2 Knoblauchzehen, fein gehackt
naturreines grobes Meersalz
frisch gemahlener schwarzer Pfeffer
4 lebende Hummer, je 700–900 g
4 frische Maiskolben, Hüllblätter entfernt
2 EL fein gehackte frische glatte
   Petersilienblätter

1. Butter mit Knoblauch, ½ TL Salz und ¼ TL Pfeffer in einem kleinen Topf auf kleiner Stufe erhitzen, bis sie geschmolzen ist. Beiseitestellen.

2. Zum Töten der Hummer in einem sehr großen Topf reichlich Salzwasser zum Kochen bringen. Den ersten Hummer mit dem Kopf voraus ins sprudelnde heiße Wasser geben und 2–3 Min. kochen. Herausnehmen und abkühlen lassen. Die übrigen Hummer einzeln genauso verarbeiten.

3. Den Grill für direkte und indirekte mittlere Hitze (175–230 °C) vorbereiten.

4. Die Hummer nacheinander für den Grill vorbereiten. Dafür die Hummer jeweils mit dem Rückenpanzer nach unten auf ein Schneidbrett legen und der Länge nach mittig durchtrennen, dabei nicht durch den Rückenpanzer schneiden (ein intakter Panzer sorgt dafür, dass keine Fleischsäfte in die heiße Glut tropfen). Kopfbeutel, Leber, Darm und Magen entfernen. Den Hummer unter fließendem kaltem Wasser abspülen. Damit der Hummer sich auf dem Grill nicht wölbt, einen Holzspieß durch das Schwanzfleisch stechen. Das freiliegende Hummerfleisch mit etwas Knoblauchbutter aus dem kleinen Topf bestreichen, dann den restlichen Hummer mit etwas Butter einpinseln.

5. Den Grillrost mit der Bürste reinigen. Die Hummer mit der Panzerseite nach unten über *direkter mittlerer Hitze* bei geschlossenem Deckel 10–15 Min. oder 20–30 Min. grillen (Hummer mit weichem Panzer werden schneller gar als Hummer mit hartem Panzer), bis das Schwanzfleisch fest und weiß ist, dabei gelegentlich mit etwas Butter bestreichen. Wenn der Grill ausreichend Platz bietet, gleichzeitig den Mais grillen, andernfalls den Mais nach den Hummern zubereiten. Mais mit etwas Knoblauchbutter bestreichen und über *direkter mittlerer Hitze* bei geschlossenem Deckel 10–15 Min. grillen, bis die Maiskörner weich und stellenweise gebräunt sind, dabei ab und zu wenden. Mit Salz und Pfeffer würzen.

6. Jeweils 1 Hummer und 1 Maiskolben auf einer großen Servierplatte anrichten. Restliche Knoblauchbutter auf mittlerer Stufe bis zum Siedepunkt erhitzen und die Petersilie unterrühren. Hummer und Mais mit der Knoblauch-Petersilien-Butter servieren und nach Belieben Zitronenspalten dazu reichen.

// Hummersuppe

FÜR **6** BIS **8** PERSONEN

ZUBEREITUNGSZEIT: **20** MIN.,
PLUS ETWA **45** MIN. FÜR DIE SUPPE

GRILLZEIT: **7** BIS **11** MINUTEN

ZUBEHÖR: KÜCHENSCHERE

4 frische Hummerschwänze, je etwa
   200 g (ersatzweise aufgetaut)
Olivenöl
750 ml Fisch- oder Muschelfond
2 EL Butter
1 mittelgroße Zwiebel, fein gewürfelt
2 Stangen Sellerie, in 0,5 cm große Würfel
   geschnitten
2 Möhren, geschält, in 0,5 cm große
   Würfel geschnitten
2 Knoblauchzehen, fein gehackt
naturreines grobes Meersalz
frisch gemahlener schwarzer Pfeffer
125 ml Weißwein
½ TL geräuchertes Paprikapulver
   (Bezugsquelle siehe S. 303)
1 EL Tomatenmark
250 g Sahne
250 ml Milch
2 EL Schnittlauchröllchen

1. Den Grill für direkte mittlere Hitze
(175–230 °C) vorbereiten.

2. Hummerschwänze mit einer Küchenschere der Länge nach halbieren und nach
Belieben jeweils einen Spieß längs durch
das Fleisch stechen, damit es sich auf dem
Grill nicht wölbt. Freiliegendes Hummerfleisch mit Öl bestreichen.

3. Den Grillrost mit der Bürste reinigen.
Die halbierten Hummerschwänze mit der
Fleischseite nach unten über *direkter
mittlerer Hitze* bei geschlossenem Deckel
2–3 Min. grillen, bis sie ein leichtes Grill-

muster angenommen haben (auf Flammenbildung achten!). Wenden und weitere
5–8 Min. grillen, bis das Fleisch weiß und
fest, aber noch saftig ist, dabei ab und zu
mit Öl bestreichen. Vom Grill nehmen und
etwas abkühlen lassen.

4. Hummerfleisch aus den Schalen lösen
und in mundgerechte Stücke schneiden.
Die Schalen aufheben.

5. Den Fond in einem mittelgroßen Topf
auf mittlerer Stufe erhitzen und die Hummerschalen einlegen. Die Hitze reduzieren
und die Schalen etwa 20 Min. sanft aus-
kochen. Vom Herd nehmen und den Fond
durch ein Sieb in eine mittelgroße Schüssel passieren. Die Schalen wegwerfen.

6. Butter in einem großen Topf auf mittlerer Stufe zerlassen. Zwiebel, Sellerie, Möh-

ren, Knoblauch, ½ TL Salz und ¼ TL Pfeffer hinzufügen und etwa 5 Min. dünsten,
bis das Gemüse etwas weich geworden ist
und Farbe angenommen hat, gelegentlich
umrühren. Mit dem Wein ablöschen und
den Bratensatz am Pfannenboden etwa
3 Min. loskochen, bis der Wein verdunstet
ist. Paprikapulver und Tomatenmark einrühren, dann Hummerfond, Sahne und
Milch. Zum Kochen bringen und 10 Min.
köcheln lassen, bis das Gemüse weich ist.
Die Suppe portionsweise im Mixer oder
mit dem Stabmixer glatt pürieren.Zurück
in den Topf gießen und köcheln lassen, bis
sie die gewünschte Konsistenz hat. Das
Hummerfleisch hinzufügen und 3–5 Min.
in der heißen Suppe erwärmen. Mit Salz
und Pfeffer abschmecken. Die Hummersuppe in tiefen Tellern oder Suppenschalen anrichten, mit Schnittlauch bestreuen
und warm servieren.

EIER

Ein kräftiges spätes Frühstück am Wochenende mit weichen Spiegeleiern und deftigen Steaks vom Grill – nichts einfacher als das, denn während die Steaks kurz ruhen, werden die Spiegeleier in einer gusseisernen Pfanne auf dem Grill gebraten.
// Ein wenig mehr Arbeit machen die Quesadillas im Rezept rechts, denn hier lässt man verquirlte Eier direkt auf Tortillafladen, die auf dem heißen Rost liegen, stocken und verteilt Käse, Chili und klein geschnittenes gegrilltes Steakfleisch darauf. Dabei muss zügig gearbeitet werden, damit der Käse schmelzen kann, bevor die Tortillas zu kross werden.

// Steak und Spiegeleier

FÜR **4** PERSONEN

ZUBEREITUNGSZEIT: **10** MIN.

GRILLZEIT: **10** BIS **14** MIN.

ZUBEHÖR: GUSSEISERNE PFANNE (30 CM Ø)

2 Rindersteaks aus dem hohen Roastbeef, je 300–350 g schwer und 2,5 cm dick, überschüssiges Fett entfernt
Olivenöl
naturreines grobes Meersalz
frisch gemahlener schwarzer Pfeffer
¾ TL geräuchertes Paprikapulver (Bezugsquelle siehe S. 303)
2 EL Butter
8 Eier (Größe L)

1. Den Grill für direkte starke Hitze (230–290 °C) vorbereiten.

2. Die Steaks auf beiden Seiten dünn mit Öl bestreichen und gleichmäßig mit Salz, Pfeffer und Paprikapulver würzen. Vor dem Grillen 15–30 Min. Zimmertemperatur annehmen lassen.

3. Den Grillrost mit der Bürste reinigen. Die Steaks über *direkter starker Hitze* bei geschlossenem Deckel bis zum gewünschten Gargrad grillen, 6–8 Min. für rosa/rot bzw. *medium rare,* dabei ein- bis zweimal wenden. Bei Flammenbildung vorübergehend über indirekte Hitze legen. Wenn Sie die Steaks zum ersten Mal wenden, die gusseiserne Pfanne zum Vorheizen auf den Rost stellen. Die Steaks vom Grill nehmen und 3–5 Min. ruhen lassen. Die Grilltemperatur auf mittlere Hitze (175–230 °C) absenken.

4. Die Butter in der Pfanne zerlassen. Eier einzeln aufschlagen und in die Pfanne gleiten lassen, mit Salz und Pfeffer würzen. Über *direkter mittlerer Hitze* bei geschlossenem Deckel bis zum gewünschten Gargrad braten, nach 4–6 Min. ist das Eigelb noch teilweise flüssig. Auf Tellern anrichten und sofort mit dem Steak servieren. Nach Belieben geröstetes Weißbrot dazu reichen.

// Quesadilla-Brunch

FÜR **4** BIS **6** PERSONEN

ZUBEREITUNGSZEIT: **30** MIN.

GRILLZEIT: **6** BIS **8** MIN. FÜR DIE STEAKS UND ETWA **4** MIN. JE DURCHGANG FÜR DIE QUESADILLAS

2 Rindersteaks aus dem hohen Roastbeef, je 300–350 g schwer und 2,5 cm dick, überschüssiges Fett entfernt
Olivenöl
1 TL gemahlene Kreuzkümmelsamen
¼ TL naturreines grobes Meersalz
¼ TL frisch gemahlener schwarzer Pfeffer

6 Eier (Größe L)
200 g mexikanischer Cotija-Käse, gerieben (ersatzweise zerbröckelter Feta)
1 kleines Glas (100 g) eingelegte grüne Chiliringe, gut abgetropft, gewürfelt
6 EL fein gehackte frische Korianderblätter
6 Weizentortillas (20–23 cm Ø)
Salsa (nach Belieben)
Schmand (nach Belieben)
Limettenspalten (nach Belieben)
Guacamole (nach Belieben)

1. Die Steaks auf beiden Seiten dünn mit Öl bestreichen und gleichmäßig mit Kreuzkümmel, Salz und Pfeffer würzen. Vor dem Grillen 15–30 Min. ruhen lassen.

2. Den Grill für direkte starke Hitze (230–290 °C) vorbereiten.

3. Den Grillrost mit der Bürste reinigen. Die Steaks über **direkter starker Hitze** bei geschlossenem Deckel bis zum gewünschten Gargrad grillen, 6–8 Min. für rosa/rot

bzw. *medium rare,* dabei ein- bis zweimal wenden. Bei Flammenbildung vorübergehend über indirekte Hitze legen. Vom Rost nehmen und die Grilltemperatur auf mittlere Hitze (175–230 °C) absenken. Steaks 3–5 Min. ruhen lassen, anschließend in kleine Würfel schneiden und in sechs Portionen aufteilen.

4. Die Eier jeweils in einem Schälchen aufschlagen und verquirlen. Den Käse in sechs Portionen teilen. Steak, Eier, Käse, Chili und Koriander auf einem großen Tablett in der Nähe des Grills bereitstellen.

5. Wenn der Grill mittlere Hitze erreicht hat, den Grillrost mit der Bürste reinigen. Jeweils 2 (maximal 3) Tortillas auf den Rost über **direkte mittlere Hitze** legen und 20–30 Sek. bei geöffnetem Deckel rösten, bis sie ein leichtes Grillmuster angenommen haben. Die Tortillas wenden und mit einer Gabel rasch je 1 verquirltes

Ei auf der Oberfläche verstreichen. Falls die Tortillas Blasen werfen, die Blasen mit der Gabel einstechen, damit das Ei gleichmäßig verteilt werden kann. Falls Eimasse über den Rand läuft, mit einer Grillzange den Rand nach oben biegen oder mit einem Stück Steakfleisch zurückhalten. Sollte trotzdem etwas Eimasse in die Glut tropfen, ist das nicht schlimm. Tortillas mit Chilis bestreuen, dann jeweils eine Portion Steak und Käse daraufgeben. Den Deckel schließen und 3–4 Min. grillen, bis die Eimasse gestockt und leicht aufgebläht und der Käse geschmolzen ist. Die gut gebräunten Tortillas behutsam vom Grill nehmen, jeweils auf einen Teller legen, mit 1 EL Koriander bestreuen und mit einer Grillzange zusammenklappen. Die restlichen Tortillas genauso grillen.

6. Die Quesadillas nach Belieben mit Salsa, Schmand, Limettenspalten und Guacamole servieren.

231

// Provenzalische Spiegeleier

Eine sehr unkomplizierte Methode, Eier auf dem Grill zuzubereiten, ist, sie in einer dicken Tomatensauce zu garen. Sie haben die Wahl zwischen südfranzösischen Aromen mit Knoblauch, Kräutern und Tomaten wie im Rezept unten oder einer von der mexikanischen Provinz Veracruz inspirierten Variante, bei der Paprika, Oliven und Kapern die Sauce verfeinern. // Im Rezept rechts werden die Spiegeleier anschließend auf Tortillas angerichtet und mit frischem Koriander und zerbröckeltem Käse bestreut. Wenn das Eigelb auf der Oberseite milchig überzogen ist, ist es innen bereits fest. Wer es lieber etwas flüssiger mag, nimmt die Eier aus der Pfanne, sobald das Eiweiß nicht mehr durchsichtig ist.

FÜR **4** PERSONEN

ZUBEREITUNGSZEIT: **15** MIN.

GRILLZEIT: **22** BIS **25** MIN.

ZUBEHÖR: GUSSEISERNE PFANNE (30 CM Ø)

1 große Dose (800 g Inhalt) passierte Tomaten
1 EL Olivenöl
1 Knoblauchzehe, zerdrückt
2 TL fein gehackte frische Basilikumblätter
2 TL fein gehackte frische Thymianblätter
1 TL fein gehackte frische Rosmarinnadeln
naturreines grobes Meersalz
frisch gemahlener schwarzer Pfeffer
8 Eier (Größe L)
4 dicke Scheiben geröstetes Weißbrot
50 g Ziegenkäse, zerbröckelt

1. Den Grill für direkte mittlere Hitze (175–230 °C) vorbereiten.

2. Tomaten, Öl, Knoblauch, alle Kräuter, ¼ TL Salz und 1 kräftige Prise Pfeffer in der gusseisernen Pfanne vermischen.

3. Den Grillrost mit der Bürste reinigen. Die Pfanne über *direkte mittlere Hitze* stellen, den Deckel schließen und die Sauce 15 Min. köcheln lassen, dabei ein- bis zweimal umrühren. Die Sauce erneut umrühren und mit dem Rücken eines großen Löffels acht flache Vertiefungen in die Sauce drücken, sodass man fast den Boden der Pfanne sehen kann. Rasch jeweils 1 Ei in die Vertiefungen schlagen und über *direkter mittlerer Hitze* bei geschlossenem Deckel 7–10 Min. garen, bis das Eigelb milchig überzogen und das Eiweiß nach Geschmack gestockt ist.

4. Die Eier mit der Sauce auf den Weißbrotscheiben anrichten. Mit Käse, Salz und Pfeffer bestreuen. Heiß servieren.

// Spiegeleier nach Art von Veracruz

FÜR **4** PERSONEN

ZUBEREITUNGSZEIT: **30** MIN.

GRILLZEIT: **17** BIS **20** MIN.

ZUBEHÖR: GUSSEISERNE PFANNE
(30 CM Ø)

8 Maistortillas (15 cm Ø)
2 EL Olivenöl
2 EL fein gewürfelte Schalotten
1 grüne Paprikaschote, Stielansatz und
    Samen entfernt, fein gewürfelt
1 EL eingelegte grüne Chiliringe (vorzugs-
    weise Jalapeño), fein gewürfelt
2 Knoblauchzehen, zerdrückt
1 Lorbeerblatt
naturreines grobes Meersalz
frisch gemahlener schwarzer Pfeffer
1 Dose (400 g Inhalt) stückige Tomaten
4 EL entsteinte grüne Oliven, fein gehackt
2 EL feinste Kapern (Nonpareilles),
    abgetropft
8 Eier (Größe L)
2 EL fein gehackte frische Koriander-
    blätter
4 EL mexikanischer Cotija-Käse
    (ersatzweise Feta), zerbröckelt
4 Limettenspalten

1. Den Grill für direkte mittlere Hitze (175–230 °C) vorbereiten. Die gusseiserne Pfanne 3 Min. auf dem Grill vorheizen.

2. Die Tortillas in Alufolie einwickeln.

3. Öl in die vorgeheizte Pfanne geben, Schalotten, Paprikawürfel, Chili, Knoblauch, Lorbeerblatt, ¼ TL Salz und ¼ TL Pfeffer hinzufügen und vermischen. Über *direkter mittlerer Hitze* bei geschlossenem Deckel etwa 5 Min. dünsten, bis die Paprika weich wird, dabei ein- bis zweimal umrühren. Die Tomaten aus der Dose, Oliven und Kapern dazugeben und etwa 5 Min. bei geschlossenem Deckel köcheln lassen, dabei ab und zu umrühren.

4. Mit dem Rücken eines großen Löffels acht flache Vertiefungen in die Sauce drücken, sodass man fast den Boden der Pfanne sehen kann. Rasch jeweils 1 Ei in die Vertiefungen schlagen und über *direkter mittlerer Hitze* bei geschlossenem Deckel 7–10 Min. garen, bis das Eigelb milchig überzogen und das Eiweiß nach Geschmack gestockt ist. In den letzten 1–2 Min. die Tortillas in der Alufolie über direkte Hitze legen, einmal wenden.

5. Zum Servieren das Lorbeerblatt aus der Sauce fischen. Je 2 warme Tortillas nebeneinander auf einen Teller geben, jeweils etwas Sauce darüberlöffeln und auf jeder Tortilla 1 Ei anrichten. Salzen und pfeffern, mit Koriander und Käse bestreuen und Limettensaft darüberträufeln.

Das amerikanische Farmhouse-Frühstück, Eier mit Speck, gelingt am besten auf traditionelle Art: Der Speck wird in einer Pfanne mit schwerem Boden kross gebraten, anschließend braten die Eier im ausgelassenen Speckfett. Bei der Zubereitung auf dem Grill ist von Vorteil, dass hartnäckiger Speckgeruch und eventuelle Fettspritzer nach draußen verbannt werden. In den USA reicht man dazu gerne mit Konfitüre bestrichenes geröstetes Weißbrot, für den deftigeren Geschmack werden die warmen Brotscheiben mit Knoblauch eingerieben. // Eine noch reichhaltigere Frühstücksvariante findet sich im Rezept rechts, in dem eine Kartoffelpfanne mit Roter Bete und Speckwürfeln, gekrönt von etwas Ziegenkäse und Champagneressig, zu Eiern serviert wird.

// Spiegeleier mit Speck

FÜR **4** PERSONEN

ZUBEREITUNGSZEIT: **15** MIN.

GRILLZEIT: **19** BIS **26** MIN.

ZUBEHÖR: GUSSEISERNE PFANNE
(30 CM Ø)

8 Eier (Größe L)
Butter
4 Scheiben rustikales Bauernbrot,
   je etwa 2,5 cm dick
8 dicke Scheiben Räucherspeck
¼ TL naturreines grobes Meersalz
¼ TL frisch gemahlener schwarzer Pfeffer

1 Knoblauchzehe, halbiert
   (nach Geschmack)
Konfitüre (nach Geschmack)

1. Den Grill für direkte mittlere Hitze (175–230 °C) vorbereiten.

2. Die Eier behutsam in eine große Schüssel aufschlagen. Brotscheiben auf beiden Seiten mit Butter bestreichen.

3. Den Grillrost mit der Bürste reinigen. Speckscheiben nebeneinander in der gusseisernen Pfanne auslegen und über *direkter mittlerer Hitze* bei geschlossenem Deckel in 15–20 Min. kross braten, dabei gelegentlich wenden und in der Pfanne umplatzieren, damit alle Scheiben gleichmäßig garen. Auf Küchenpapier entfetten, in Alufolie schlagen und in der Wärmezone des Grills oder im Backofen bei niedriger Temperatur warm halten.

4. Etwa die Hälfte des ausgelassenen Speckfetts in der Pfanne vorsichtig abschöpfen, sodass der Pfannenboden nur noch dünn (etwa 3 mm) mit Fett überzogen ist. Die Eier behutsam in die Pfanne gießen und sofort mit Salz und Pfeffer würzen. Gebutterte Brotscheiben auf den Rost legen und alles über *direkter mittlerer Hitze* bei geschlossenem Deckel grillen, bis das Eigelb milchig wird (dann ist es innen noch etwas flüssig) und das Brot geröstet ist. Brotscheiben einmal wenden. Die Eier brauchen etwa 4–6 Min., das Brot 3–4 Min. Fertiges Brot wie den Speck warm halten.

5. Die Spiegeleier voneinander trennen und einzeln aus der Pfanne heben. Nach Geschmack die Brotscheiben mit der Knoblauchzehe einreiben oder mit Konfitüre bestreichen. Eier und Brot sofort mit dem warmen Speck servieren.

// Kartoffelpfanne mit Roter Bete

FÜR **4** BIS **6** PERSONEN

ZUBEREITUNGSZEIT: **30** MIN.

GRILLZEIT: **50** BIS **57** MIN.

ZUBEHÖR: GUSSEISERNE PFANNE
(30 CM Ø)

8 dicke Scheiben Räucherspeck, grob
  gewürfelt
½ Zwiebel, in dünne Ringe geschnitten
450 g Rote Bete, geschält, in 1 cm große
  Stücke geschnitten
1 TL naturreines grobes Meersalz
½ TL frisch gemahlener schwarzer Pfeffer
2 EL gehackte frische Thymianblätter
1 große Knoblauchzehe, fein gehackt
700 g halbfestkochende Kartoffeln,
  geschält, in 1 cm große Stücke
  geschnitten
3 EL Champagneressig (ersatzweise
  Weißweinessig)
100 g Ziegenkäse, zerbröckelt

8 Eier (Größe L), zu Rühr- oder Spiegeleiern gebraten (nach Belieben)
frisches Obst (nach Belieben)

1. Den Grill für direkte mittlere Hitze
(175–230 °C) vorbereiten.

2. Den Grillrost mit der Bürste reinigen.
Speckwürfel in einer Lage in der gusseisernen Pfanne über *direkter mittlerer
Hitze* bei geschlossenem Deckel in 15 bis
17 Min. kross braten, ab und zu durchrühren. Mit einem Schaumlöffel oder gelochten Pfannenheber herausheben und auf
Küchenpapier entfetten. Etwa 2 EL des
Fetts in der Pfanne vorsichtig abschöpfen.

3. Zwiebel, Rote Bete, Salz, Pfeffer und
Thymian in der Pfanne vermischen und
über *direkter mittlerer Hitze* bei geschlossenem Deckel 10 Min. garen, dabei einmal
umrühren. Knoblauch und Kartoffeln hinzufügen und bei geschlossenem Deckel
25–30 Min. weitergaren, bis die Rote Bete
und die Kartoffeln weich und stellenweise
leicht festgebacken und gebräunt sind. In
dieser Zeit immer mal wieder durchrühren
und am Pfannenboden haftende Gemüse-
stücke lösen.

4. Den Essig einrühren und bis auf 4 EL
die Speckwürfel untermischen. Die Brat-
kartoffeln mit Käse und den restlichen
Speckwürfeln bestreuen und nach Belieben mit Rühr- oder Spiegeleiern sowie
frischem Obst servieren.

*Mit einem langstieligen Löffel am Pfannen-
boden festgebackenes Gemüse gelegentlich lösen.*

Arme Ritter, die in den USA *french toasts* heißen, kann man natürlich auch in einer gusseisernen Pfanne zubereiten, doch wenn die in Eiermilch eingeweichten Brotscheiben direkt auf dem Grillrost garen, werden sie knuspriger und sind zudem etwas schneller fertig. // Eine Variante der armen Ritter stellt das Rezept rechts vor, für das man französische Briochescheiben oder süßes Hefebrot mit Konfitüre und Frischkäse bestreicht und dann in einer mit Orangenschale aromatisierten Eiermilch einweicht. Sie können sowohl die Brote als auch die Eiermilch bereits am Vorabend entsprechend vorbereiten und über Nacht separat in den Kühlschrank stellen – dann geht es morgens noch schneller. Bei Konfitüre und Obstsorten haben Sie freie Wahl, sie lassen sich immer wieder neu variieren.

// Arme Ritter mit Ahornsirup

FÜR **4** PERSONEN

ZUBEREITUNGSZEIT: **15** MIN.

EINWEICHZEIT: **10** MIN.

GRILLZEIT: **6** BIS **8** MIN.

6 Eier (Größe L)
350 ml Milch
1 EL flüssiges Vanilleextrakt
1 EL gemahlener Zimt
2 EL Zucker
1 kräftige Prise naturreines
  grobes Meersalz
8 Scheiben rustikales Weißbrot,
  je etwa 2 cm dick
Rapsöl (aus der Sprühflasche)
Puderzucker
Butter
Ahornsirup

1. Die Eier mit Milch, Vanilleextrakt, Zimt, Zucker und Salz in einer großen Schüssel verquirlen. Brotscheiben nebeneinander auf einem passenden Backblech auslegen und mit der Eimasse übergießen. 10 Min. einweichen lassen, dabei die Scheiben einmal wenden, damit die Eimasse gleichmäßig einziehen kann.

2. Den Grill für direkte mittlere bis niedrige Hitze (etwa 175 °C) vorbereiten.

3. Den Grillrost mit der Bürste reinigen. Brotscheiben mit einer Grillzange jeweils schräg anheben, sodass überschüssige Flüssigkeit abtropfen kann, auf beiden Seiten mit Öl besprühen oder einpinseln und auf den Grillrost legen. Über **direkter mittlerer bis niedriger Hitze** bei geschlossenem Deckel 6–8 Min. grillen, dabei einmal wenden, bis die Scheiben auf beiden Seiten fest und goldbraun sind. Vom Grill nehmen, mit Puderzucker bestäuben und sofort mit Butter zum Bestreichen und Ahornsirup zum Beträufeln servieren.

// Arme Ritter aus gefüllten Brioches

FÜR **6** PERSONEN

ZUBEREITUNGSZEIT: **30** MIN.

EINWEICHZEIT: **20** MIN.

GRILLZEIT: **11** BIS **18** MIN.

12 Scheiben Brioche oder süßes Hefebrot,
   je etwa 2 cm dick
175 g Doppelrahmfrischkäse,
   raumtemperiert
6 gehäufte EL Pfirsichkonfitüre
8 Eier (Größe L)
250 ml Milch
250 ml Kochsahne (15 %)
2 EL Zucker
1 EL flüssiges Vanilleextrakt
fein abgeriebene Schale von 1 Bio-Orange
¼ TL naturreines grobes Meersalz

4 große reife Pfirsiche, entkernt,
   geviertelt
Rapsöl (aus der Sprühflasche)

1. Sechs Scheiben Brioche nebeneinander auf einem passenden Backblech auslegen. Die Scheiben mit jeweils 2 EL Frischkäse bestreichen, dabei einen 1 cm breiten äußeren Rand lassen. Die anderen sechs Scheiben mit je 1 gehäuftem EL Konfitüre bestreichen und mit der Konfitürenseite nach unten je eine Scheibe mit Frischkäse bedecken.

2. Eier mit Milch, Kochsahne, Zucker, Vanille, Orangenschale und Salz in einer großen Schüssel verquirlen. Die Mischung über die Brote auf dem Blech gießen und 20 Min. bei Zimmertemperatur einweichen lassen, dabei einmal wenden.

3. Die Pfirsichviertel rundherum dünn mit Öl besprühen oder einpinseln.

4. Den Grill für direkte und indirekte mittlere bis niedrige Hitze (etwa 175 °C) vorbereiten.

5. Den Grillrost mit der Bürste reinigen. Brote mit einer Grillzange jeweils schräg anheben, sodass überschüssige Flüssigkeit abtropfen kann, auf beiden Seiten mit Öl besprühen oder einpinseln und auf den Grillrost legen.Über *direkter mittlerer bis niedriger Hitze* bei geschlossenem Deckel 6–8 Min. grillen, dabei einmal wenden, bis sie auf beiden Seiten goldbraun sind. Anschließend die Brote auf einem großen Stück Alufolie über *indirekter mittlerer bis niedriger Hitze* bei geschlossenem Deckel 5 Min. weitergrillen, bis sie innen fest sind. Die Pfirsichviertel gleichzeitig über *direkter mittlerer bis niedriger Hitze* 5–10 Min. grillen, bis sie ein hübsches Grillmuster angenommen haben und warm sind, dabei ein- bis zweimal wenden. Vom Grill nehmen, die Pfirsichviertel längs halbieren.

6. Arme Ritter mit den Pfirsichspalten anrichten und heiß servieren.

237

Auch mit diesen beiden Rezepten können Sie am morgendlichen Frühstückstisch Akzente setzen. Und sobald der Grill angeheizt ist, dauert auch die Zubereitung nicht mehr lange. Im Rezept unten werden reife Eiertomaten mit Parmesan und Basilikum gegrillt, die vorzüglich zu Eiern passen. // Ein typisch amerikanisches Overnight-Breakfast ist der in den USA *strata* genannte Auflauf rechts. Dafür werden bereits am Vorabend alle Zutaten, darunter verquirlte Eier, Brot und gegrillte Würstchen, in eine gusseiserne Pfanne geschichtet, über Nacht in den Kühlschrank gestellt, um dann am Morgen für etwa 30 Minuten auf dem Grill zu garen.

FÜR **4** BIS **6** PERSONEN

ZUBEREITUNGSZEIT: **15** MIN.

GRILLZEIT: **5** BIS **8** MIN.

3 EL Olivenöl
1 EL fein gehackte frische Thymianblätter
1 TL fein gehackte frische Oreganoblätter
½ TL naturreines grobes Meersalz
¼ TL frisch gemahlener schwarzer Pfeffer
6 gleich große Eiertomaten (etwa 675 g), in 1 cm dicke Scheiben geschnitten
1 Baguette, schräg in 1 cm dicke Scheiben geschnitten
4 EL frisch geriebener Parmesan
1 TL Aceto balsamico
4 EL fein gehackte frische Basilikumblätter

4–6 Eier (Größe L), zu Rühr- oder Spiegeleiern gebraten (nach Belieben)

// Frühstückstomaten

1. Den Grill für direkte mittlere Hitze (175–230 °C) vorbereiten.

2. In einer großen Schüssel 1 EL Öl mit Thymian, Oregano, Salz und Pfeffer verrühren. Tomatenscheiben hinzufügen und behutsam im Kräuteröl wenden.

3. Die Baguettescheiben mit den restlichen 2 EL Öl bestreichen. Den Grillrost mit der Bürste reinigen. Baguettescheiben über *direkter mittlerer Hitze* bei geschlossenem Deckel 1–2 Min. rösten, dabei einmal wenden. Vom Grill nehmen und nebeneinander auf ein Backblech legen.

4. Die Tomaten über *direkter mittlerer Hitze* bei geschlossenem Deckel 3–4 Min. grillen, bis sie auf einer Seite das typische Grillmuster angenommen haben. Wenden und mit dem Käse bestreuen. Den Deckel wieder schließen und weitere 1–2 Min. grillen, bis die Tomaten weich, aber noch formfest sind und der Käse zu schmelzen beginnt. Vom Grill heben und sofort je 1 Tomatenscheibe auf 1 Scheibe Baguette legen. Jede Tomatenscheibe mit ein paar Tropfen Essig beträufeln, mit gehacktem Basilikum bestreuen und sofort servieren. Nach Belieben dazu Spiegel- oder Rühreier reichen.

// Frühstücksauflauf »Strata«

FÜR **8** PERSONEN

ZUBEREITUNGSZEIT: **20** MIN.

KÜHLZEIT: ÜBER NACHT

GRILLZEIT: **10** BIS **12** MIN. FÜR DIE WÜRSTCHEN, PLUS **30** BIS **40** MIN. FÜR DEN AUFLAUF

ZUBEHÖR: GUSSEISERNE PFANNE (30 CM Ø)

300–350 g frische milde ital. Salsicce oder andere frische Bratwürstchen, mehrmals mit einer Gabel eingestochen
8 Eier (Größe L)
400 ml Milch
2 TL fein gehackte frische Rosmarinnadeln
2 TL fein gehackte frische Oreganoblätter
½ TL naturreines grobes Meersalz
¼ TL frisch gemahlener schwarzer Pfeffer
1 ital. Weißbrot (etwa 400 g), in 2 cm große Würfel geschnitten
250 g kleine Datteltomaten
1 eingelegte geröstete rote Paprikaschote (aus dem Glas), längs in 0,5 cm breite Streifen geschnitten
175 g Mozzarella, in 1 cm große Würfel geschnitten
1½ TL weiche Butter
6 EL frisch geriebener Parmesan

1. Den Grill für direkte mittlere Hitze (175–230 °C) vorbereiten.

2. Den Grillrost mit der Bürste reinigen. Die Würstchen über *direkter mittlerer Hitze* bei geschlossenem Deckel etwa 10–12 Min. grillen, bis sie durchgegart und innen nicht mehr rosa sind, dabei ab und zu drehen. Vom Rost nehmen und den Grill ausschalten bzw. die Lüftungsschieber schließen.

3. Die gegrillten Würstchen längs halbieren und quer in dünne Scheiben schneiden. Eier mit Milch, Rosmarin, Oregano, Salz und Pfeffer in einer großen Schüssel verquirlen. Mit den Würstchenscheiben, Brotwürfeln, Tomaten, Paprikastreifen und Mozzarellawürfeln vermischen.

4. Die gusseiserne Pfanne mit Butter ausstreichen. Auflaufmasse in die Pfanne gießen und mit Parmesan bestreuen. Die Pfanne mit Alufolie abdecken und über Nacht in den Kühlschrank stellen. Am nächsten Tag etwa 30 Min. vor dem Grillen aus dem Kühlschrank nehmen.

5. Den Grill für direkte mittlere bis niedrige Hitze (etwa 175 °C) vorbereiten.

6. Alufolie von der Pfanne nehmen, die Pfanne über *direkte mittlere bis niedrige Hitze* stellen und den Deckel schließen. Den Auflauf 30–40 Min. garen, bis er in der Mitte fest ist (machen Sie die Garprobe mit einem Messer, an dem keine Eireste mehr haften sollten) und die Brotwürfel geröstet sind. Gegen Ende der Grillzeit wird er gegebenenfalls nochmal etwas feucht, weil der Käse schmilzt, die Flüssigkeit wird aber in der anschließenden Ruhezeit wieder absorbiert. Vom Grill nehmen und 10 Min. abkühlen lassen. Den Auflauf warm servieren.

239

Ein Salat mit grünem Spargel, saftigen Tomaten und cremigem Schafskäse ergibt zusammen mit Eiern einen hervorragenden Wochenendbrunch. Warm ist er besonders aromatisch, aber Sie können ihn auch im Voraus zubereiten und erst kurz vor dem Servieren mit der Vinaigrette anmachen – so oder so ist er eine Bereicherung für jedes Frühstückbuffet oder Picknick. Und wenn Sie viele Gäste erwarten, verdoppeln oder verdreifachen Sie einfach die Zutatenmenge. // Das Rezept rechts enthält teilweise die gleichen Zutaten, die aber in einer Art Eierkuchen in einer beschichteten Pfanne zubereitet werden. Es mag Ihnen als Grundrezept für alle möglichen Frittata-Varianten dienen, etwa mit Artischockenherzen, gerösteten Paprikaschoten oder getrockneten Tomaten.

// Spargel-Tomaten-Salat mit Feta

FÜR **4** BIS **6** PERSONEN

ZUBEREITUNGSZEIT: **10** MIN.

GRILLZEIT: **6** BIS **8** MIN.

ZUBEHÖR: GELOCHTE GRILLPFANNE

// FÜR DIE VINAIGRETTE
1 EL Dijon-Senf
2 EL Champagneressig
¼ TL naturreines grobes Meersalz
1 kräftige Prise frisch gemahlener
    schwarzer Pfeffer
125 ml Olivenöl

700 g grüner Spargel
300 g Kirschtomaten
100 g rustikales Weißbrot,
    in 1 cm große Würfel geschnitten
80 g Feta, zerbröckelt
2 EL Schnittlauchröllchen

6 Eier (nach Belieben)

1. Den Grill für direkte mittlere Hitze (175–230 °C) vorbereiten und die Grillpfanne vorheizen.

2. Für die Vinaigrette Senf, Essig, Salz und Pfeffer in einer kleinen Schüssel verrühren. Das Öl langsam unterschlagen, bis es zu einer Emulsion bindet.

3. Die harten Enden der Spargelstangen entfernen. Dafür das untere Ende jeder Stange umbiegen. Der Spargel bricht im unteren Drittel, wo er gerade noch zart ist.

4. Spargelstangen auf einem großen Teller auslegen. Mit 2 EL Vinaigrette beträufeln und die Stangen drehen und wenden, bis sie gleichmäßig mit Vinaigrette überzogen sind. Tomaten und Brotwürfel in einer mittelgroßen Schüssel mit 2 EL Vinaigrette vermischen.

5. Den Grillrost mit der Bürste reinigen. Tomaten und Brotwürfel in einer Lage in der Grillpfanne verteilen, die Spargelstangen auf den Rost legen. Über **direkter mittlerer Hitze** bei geschlossenem Deckel grillen, bis der Spargel knackig-zart ist, die Tomaten weich werden und die Brotwürfel geröstet sind. Alle Zutaten häufig wenden. Die Spargelstangen benötigen etwa 6 bis 8 Min., Tomaten und Brotwürfel 2–4 Min.

6. Spargel auf einer Platte anrichten. Tomaten, Brotwürfel und Feta darüberschichten, mit Schnittlauch bestreuen und mit der restlichen Vinaigrette beträufeln. Nach Belieben mit Spiegeleiern servieren.

// Spargel-Tomaten-Frittata mit Feta

FÜR **6** PERSONEN

ZUBEREITUNGSZEIT: **20** MIN.

GRILLZEIT: ETWA **17** MIN.

ZUBEHÖR: OFENFESTE, MÖGLICHST
BESCHICHTETE PFANNE (26 CM Ø)

6 Eier (Größe L)
4 EL Kochsahne (15 %)
4 EL frisch geriebener Parmesan
¼ TL naturreines grobes Meersalz
¼ TL frisch gemahlener schwarzer Pfeffer
1 EL Olivenöl
250 g grüner Spargel, geputzt, Stangen
  in 2 cm große Stücke geschnitten
2 Knoblauchzehen, fein gehackt
150 g Kirschtomaten, halbiert
125 g Feta, zerbröckelt

1. Die Eier mit der Kochsahne, dem Parmesan, Salz und Pfeffer verquirlen und beiseitestellen.

2. Den Grill für direkte mittlere Hitze (175–230 °C) vorbereiten und die ofenfeste Pfanne 3 Min. auf dem Grillrost vorheizen.

3. Öl in die Pfanne geben, Spargelstücke hinzufügen und kurz durchrühren. Über *direkter mittlerer Hitze* bei geschlossenem Deckel 2 Min. braten. Die Pfanne mit Grillhandschuhen vorsichtig vom Rost heben und schwenken, damit das Öl gleichmäßig am Boden und Pfannenrand verteilt wird. Pfanne zurück auf den Grill stellen, Spargelstücke wieder flach in der Pfanne verteilen, Knoblauch, Tomaten und Feta gleichmäßig darüberstreuen und die Eiermilch in die Pfanne gießen. Über *direkter mittlerer Hitze* bei geschlossenem Deckel etwa 15 Min. stocken lassen, bis die Frittata leicht aufgegangen, etwas gebräunt und innen fest geworden ist. Vom Grill nehmen und sofort servieren.

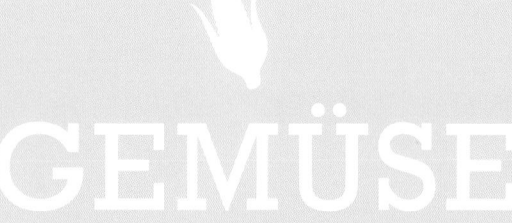

GEMÜSE

Karamellisierte knusprige Pecannüsse sind ein ausgezeichneter Snack und bereichern darüber hinaus Blattsalate um eine süße Note. Selbst das morgendliche Müsli profitiert von ihnen. Zum Abkühlen legt man die heißen Nüsse am besten auf einer Lage Alufolie auf einem Ofengitter aus. // Die mit cremigem Blauschimmelkäse und knusprigen Nüssen gefüllten warmen Datteln des Rezepts rechts sind eine besonders schmackhafte und dabei zeitsparende Vorspeise, da man die Datteln schon einige Stunden im Voraus füllen und auf Spieße ziehen kann. Wer sie mit hauchdünnem Prosciutto umwickelt, kann auf das Öl verzichten.

// Karamellisierte Pecannüsse

FÜR **6** PERSONEN ALS VORSPEISE

ZUBEREITUNGSZEIT: **5** MIN.

GRILLZEIT: **11** BIS **15** MIN.

ZUBEHÖR: GUSSEISERNE PFANNE (Ø 30 CM)

170 g Zucker
60 ml Aceto balsamico
450 g halbe Pecannusskerne
½ TL naturreines grobes Meersalz

1. Den Grill für direkte mittlere Hitze (175–230 °C) vorbereiten.

2. Zucker mit dem Essig in der Gusseisenpfanne verrühren, bis der Zucker gleichmäßig feucht ist. Die Pfanne über *direkte mittlere Hitze* stellen und die Zuckermischung bei geschlossenem Deckel in 5–7 Min. zu einem Zuckersirup kochen. Gelegentlich umrühren.

3. Die Pecannüsse in den Zuckersirup rühren und über *direkter mittlerer Hitze* bei geschlossenem Deckel 6–8 Min. garen, bis der Sirup zu einer dicken Glasur eingekocht ist, die die Nüsse überzieht, und auf dem Pfannenboden kaum noch Flüssigkeit übrig ist. Pecannüsse mit dem Salz bestreuen und durchmischen.

4. Die heißen Nüsse in einer dünnen Lage vorsichtig auf einem mit Alufolie bedeckten Ofengitter auslegen und 10 Min. abkühlen lassen. Anschließend aneinanderhaftende Nüsse voneinander trennen. Nüsse erst vollständig abgekühlt servieren. In einem luftdicht verschlossenen Behälter halten sich die karamellisierten Nüsse bis zu drei Tage.

// Gefüllte Datteln
MIT BLAUSCHIMMELKÄSE UND PECANNÜSSEN

FÜR **6** PERSONEN ALS VORSPEISE

ZUBEREITUNGSZEIT: **20** MIN.

GRILLZEIT: ETWA **1** MIN.

ZUBEHÖR: 12 METALL- ODER HOLZ-
SPIESSE (HOLZSPIESSE MIND. 30 MIN.
GEWÄSSERT)

// FÜR DIE GLASUR
250 ml Aceto balsamico
100 g Zucker

// FÜR DIE DATTELN
100 g weicher Blauschimmelkäse
60 g Pecannusskerne, fein gehackt
24 Medjool-Datteln (etwa 450 g)
Rapsöl (aus der Sprühflasche)

1. Den Grill für direkte mittlere Hitze (175–230 °C) vorbereiten.

2. Für die Glasur Essig und Zucker in einem kleinen Topf vermischen, aufkochen und etwa 10 Min. köcheln lassen, dabei gelegentlich umrühren, bis die Mischung so dickflüssig ist, dass sie den Rücken eines Holzlöffels überzieht. Den Topf vom Herd nehmen und beiseitestellen.

3. Für die Datteln den Blauschimmelkäse und die gehackten Nüssen in einer kleinen Schüssel mit einer Gabel zerdrücken und vermischen. Datteln oben längs einschneiden und den Kern entfernen. Die Datteln mit je 1 TL der Käse-Nuss-Mischung füllen, anschließend durch seitlichen Druck so gut wie möglich wieder verschließen. Je 2 Datteln quer auf Spieße ziehen und dünn mit Rapsöl besprühen oder einpinseln.

4. Den Grillrost mit der Bürste reinigen. Die Datteln mit der aufgeschnittenen Seite nach oben auf den Rost setzen und über *direkter mittlerer Hitze* bei geschlossenem Deckel etwa 1 Min. grillen, bis sie innen heiß sind.

5. Datteln auf einer Servierplatte anrichten und 10 Min. abkühlen lassen. Warm mit der Glasur servieren.

245

FÜR **6** PERSONEN ALS VORSPEISE

ZUBEREITUNGSZEIT: **15** MIN.

GARZEIT: **5** BIS **10** MIN.

GRILLZEIT: **6** BIS **8** MIN.

naturreines grobes Meersalz
12 kleine junge Artischocken
Saft von ½ Zitrone
1 EL Olivenöl
frisch gemahlener schwarzer Pfeffer

// FÜR DAS BASILIKUMÖL

1 Handvoll frische Basilikumblätter
4 EL frisch geriebener Parmesan
2 EL Pinienkerne, vorzugsweise
   geröstet
1 Knoblauchzehe, zerdrückt
125 ml Olivenöl

1. In einem Topf Wasser zum Kochen bringen und leicht salzen. Inzwischen die Artischocken unter fließendem kaltem Wasser abspülen. Die dunklen äußeren Blätter der Artischocken bis hin zu den hellen, gelblichen Blättern mit blassgrünen Spitzen entfernen. Artischocken seitlich auf ein Brett legen und mit einem scharfen Messer jeweils das Stielende und die oberen Blattspitzen abschneiden, anschließend die Artischocken längs halbieren. Die grüne Haut des Stiels abschälen. Geputzte Artischocken sofort in eine mittelgroße Schüssel mit Zitronenwasser legen, damit sie sich nicht verfärben.

2. Den Grill für direkte mittlere Hitze (175–230 °C) vorbereiten.

3. Artischocken abgießen und in 5–10 Min. im kochenden Wasser eben weich garen. (Man sollte mit der Spitze eines Messers leicht in sie hineinstechen können). Abgießen und unter kaltem Wasser abspülen. In eine Schüssel geben und mit 1 EL Öl vermischen, salzen und pfeffern.

Junge Artischocken sind so zart, dass man sie im Ganzen essen kann und das Heu nicht entfernen muss. Auf dem Grill entfaltet sich ihre ganze natürliche Süße, die wunderbar mit einem gehaltvollen Basilikumöl wie im Rezept unten harmoniert. **//** Ebenso gut zu dem zarten Gemüse schmeckt der reichhaltige Dip des nebenstehenden Rezepts auf der Grundlage von Krebsfleisch. Beide Gerichte eignen sich besonders gut als Vorspeise, wenn man Gäste bewirtet. Servieren Sie die Dips entweder in einer großen Schale oder Sie füllen sie in einzelne Schälchen und legen Cocktailspieße oder kleine Gabeln bereit. Junge Artischocken haben nur kurze Zeit Saison, aber beide Rezepte lassen sich alternativ auch mit Artischockenherzen zubereiten.

// Junge Artischocken
MIT BASILIKUMÖL

4. Basilikum, Parmesan, Pinienkerne und Knoblauch in die Küchenmaschine geben und mixen, bis der Knoblauch ganz fein gehackt ist. Bei laufendem Motor langsam 125 ml Öl untermischen. Mit ¼ TL Salz und 1 kräftigen Prise Pfeffer würzen und in eine kleine Schüssel umfüllen.

5. Den Grillrost mit der Bürste reinigen. Die Artischocken über **direkter mittlerer Hitze** bei geschlossenem Deckel in 6 bis 8 Min. goldbraun grillen, dabei gelegentlich wenden. Vom Grill nehmen, auf einer Servierplatte anrichten und warm mit dem Basilikumöl zum Dippen servieren.

// Junge Artischocken
MIT KREBSFLEISCH-DIP

FÜR **6** PERSONEN ALS VORSPEISE

ZUBEREITUNGSZEIT: **20** MIN.

GARZEIT: **5** BIS **10** MIN.

GRILLZEIT: **6** BIS **8** MIN.

naturreines grobes Meersalz
12 kleine junge Artischocken
1 Zitrone
1 EL Olivenöl
frisch gemahlener schwarzer Pfeffer

// FÜR DEN DIP
1 EL Butter
1 EL Mehl
350 ml Milch
180 g Krebsfleisch (aus der Dose),
   mögliche Schalenreste entfernt
100 g Parmesan, frisch gerieben
3–4 Spritzer Tabasco®
2 EL fein gehackte frische Basilikumblätter

1. In einem mittelgroßen Topf Wasser zum Kochen bringen und leicht salzen. Inzwischen die Artischocken unter fließendem kaltem Wasser abspülen. Die dunklen äußeren Blätter der Artischocken bis hin zu den hellen, gelblichen Blätter mit blassgrünen Spitzen entfernen. Artischocken seitlich auf ein Brett legen und mit einem scharfen Messer jeweils das Stielende und die oberen Blattspitzen abschneiden, anschließend die Artischocken längs halbieren. Die grüne Haut des Stiels abschälen. Geputzte Artischocken sofort in eine mittelgroße Schüssel mit Wasser und dem Saft ½ Zitrone legen. Der Saft der anderen Zitronenhälfte ist für den Dip.

2. Den Grill für direkte mittlere Hitze (175–230 °C) vorbereiten.

3. Artischocken abgießen und in 5–10 Min. im kochenden Wasser eben weich garen. (Man sollte mit der Spitze eines Messers leicht in sie hineinstechen können). In ein Sieb abgießen und unter kaltem Wasser abspülen. In einer Schüssel mit dem Öl vermischen, salzen und pfeffern.

4. Den Grillrost mit der Bürste reinigen. Die Artischocken über **direkter mittlerer Hitze** bei geschlossenem Deckel in 6 bis 8 Min. goldbraun grillen, dabei gelegentlich wenden. Vom Grill nehmen.

5. Für den Dip die Butter in einem mittelgroßen Topf auf mittlerer bis kleiner Stufe zerlassen. Das Mehl 1–2 Min. unterrühren, ohne dass es Farbe annimmt. Die Milch zugießen und unter ständigem Rühren auf mittlerer Stufe bis zum Siedepunkt erhitzen. 10 Min. köcheln lassen, bis die Sauce dickflüssig wird und nicht mehr mehlig schmeckt, ab und zu umrühren. Auf kleiner Stufe warm halten. Das Krebsfleisch in einem Sieb abspülen und mit Parmesan, Tabasco, Basilikum und 1 TL Zitronensaft in die Sauce rühren. Mit Salz und Pfeffer abschmecken. Dip in Schälchen füllen und mit den Artischocken servieren.

Wenn man Paprikaschoten im Ganzen grillt, muss man sie häufig wenden, damit die Haut rundherum schwarz wird, um sie später abziehen zu können. Leichter ist es, die Paprikaschoten so vorzubereiten, dass sie als lange Streifen auf dem Grill liegen. Sie garen dann schneller, und man spart sich das häufige Wenden. Im Rezept unten ergeben die gegrillten und gehäuteten Parikastreifen einen farbenfrohen mediterranen Salat, den man warm oder raumtemperiert genießen kann. // Die gegrillten Paprikastreifen können aber auch mit herzhaftem Thunfisch zu kleinen Rouladen aufgerollt und mit einem grünem Salat serviert werden. Sie passen zudem wunderbar auf einer gemischten Vorspeisenplatte und schmecken hervorragend auf geröstetem Weißbrot.

// Gegrillter Paprikasalat
MIT PINIENKERNEN

1. Den Grill für direkte starke Hitze (230–290 °C) vorbereiten.

2. Mit einem scharfen Messer die beiden Ende der Paprikaschoten wie einen Deckel abschneiden, Stiele entfernen. Paprika jeweils an einer Seite senkrecht durchschneiden und zu einem langen Streifen aufklappen. Weiße Trennwände und Samen entfernen (siehe dazu auch die Anleitung auf S. 25).

3. Den Grillrost mit der Bürste reinigen. Die Paprikastreifen und die »Deckel« mit der Hautseite nach unten über *direkter starker Hitze* bei geschlossenem Deckel 6–8 Min. grillen, bis die Haut schwarz wird und Blasen wirft (nicht wenden). Paprikastreifen in eine Schüssel legen, mit Frischhaltefolie abdecken und 5–10 Min. ausdampfen lassen.

4. Eine kleine Pfanne auf mittlerer Stufe erhitzen und die Pinienkerne darin etwa 3 Min. unter häufigem Rühren rösten. Auf einen Teller geben.

5. Paprikaschoten aus der Schüssel nehmen und die Haut abziehen. Das Fruchtfleisch in 2,5 cm breite Streifen schneiden und die »Deckel« grob zerkleinern. Auf einem Teller anrichten.

6. Essig und Knoblauch in einer kleinen Schüssel verrühren, dann das Öl langsam unterschlagen. Mit Salz und Pfeffer würzen. Paprikastreifen mit der Vinaigrette beträufeln, mit gerösteten Pinienkernen, Kapern und Oregano bestreuen und warm oder raumtemperiert servieren.

FÜR **6** PERSONEN

ZUBEREITUNGSZEIT: **15** MIN.

GRILLZEIT: **6** BIS **8** MIN.

6 mittelgroße Paprikaschoten (vorzugsweise rote, gelbe und orange)
2 EL Pinienkerne
2 TL Rotweinessig
1 Knoblauchzehe, zerdrückt
3 EL Olivenöl
¼ TL naturreines grobes Meersalz
¼ TL frisch gemahlener schwarzer Pfeffer
2 EL feinste Kapern, abgespült
1 EL gehackte frische Oreganoblätter

FÜR **6** PERSONEN

ZUBEREITUNGSZEIT: **30** MIN.

GRILLZEIT: **6** BIS **8** MIN.

ZUBEHÖR: 12 ZAHNSTOCHER

2 Dosen (je 150 g) heller Thunfisch
   in Olivenöl, abgetropft
2 EL feinste Kapern (Nonpareilles),
   abgespült
2 EL sehr fein gewürfelte rote Zwiebeln
1 EL gehackte frische Oreganoblätter
abgeriebene Schale und Saft von
   1 Bio-Zitrone
¼ TL zerstoßene rote Chiliflocken
naturreines grobes Meersalz
6 mittelgroße Paprikaschoten
   (vorzugsweise rote, gelbe und orange)

// FÜR DIE VINAIGRETTE
2 EL frisch gepresster Zitronensaft
¼ TL frisch gemahlener schwarzer Pfeffer
4 EL Olivenöl

150 g gemischte zarte Blattsalate

// Gegrillte Paprikarouladen
MIT ITALIENISCHEM THUNFISCH

1. Den Grill für direkte starke Hitze
(230–290 °C) vorbereiten.

2. In einer mittelgroßen Schüssel den
Thunfisch mit einer Gabel zerpflücken und
mit Kapern, Zwiebeln, Oregano, Zitronenschale und Chiliflocken vermischen. Mit
Salz und Pfeffer würzen. Beiseitestellen.

3. Mit einem scharfen Messer die beiden Ende der Paprikaschoten wie einen
Deckel abschneiden (und anderweitig
verwenden). Paprika jeweils an einer Seite
senkrecht durchschneiden und zu einem
langen Streifen aufklappen. Weiße Trennwände und Samen entfernen (siehe dazu
auch die Anleitung auf S. 25).

4. Den Grillrost mit der Bürste reinigen.
Die Paprikastreifen mit der Hautseite nach
unten über **direkter starker Hitze** bei geschlossenem Deckel 6–8 Min. grillen, bis
die Haut schwarz wird und Blasen wirft
(nicht wenden). Paprikastreifen in eine
Schüssel legen, mit Frischhaltefolie abdecken und 5–10 Min. ausdampfen lassen.

5. Paprikaschoten aus der Schüssel nehmen und die Haut abziehen. Fruchtfleisch
in 12 etwa 8 cm lange Streifen schneiden.
Mit dem Saft der Zitrone beträufeln, sodass alle Paprikastreifen mit Zitronensaft
bedeckt sind. Den Thunfischmix gleichmäßig auf die Paprikastreifen verteilen,
Streifen aufrollen und mit Zahnstochern

fixieren. Auf eine Platte legen und mit
Frischhaltefolie abdecken. Mind. 15 Min.
und bis zu 12 Std. kalt stellen.

6. Für die Vinaigrette Zitronensaft, Pfeffer
und ¼ TL Salz in einer kleinen Schüssel
verrühren. Das Öl langsam unterschlagen.
Die Blattsalate in einer großen Schüssel
mit der Hälfte der Vinaigrette anmachen.

7. Zum Servieren Blattsalat und Paprikarouladen auf Tellern anrichten und die
Paprika mit der restlichen Vinaigrette
beträufeln.

Wählen Sie zum Grillen fingerdicke Spargelstangen und bereiten Sie sie über mittlerer Hitze zu, damit die Stangen weich werden ohne vorher zu verbrennen. Ausgezeichnet passt dazu das berühmte, in Kalifornien erfundene Green-Goddess-Salatdressing mit Petersilie, Frühlingszwiebeln und Estragon, das als Dip zum Spargel gereicht wird. // Die zu kleinen Törtchen aufgeschichteten goldbraunen Kartoffelscheiben und gegrillten Spargelstücke rechts sehen nicht nur schön aus, sie werden auch jeden Gemüsemuffel überzeugen.

1. Den Grill für direkte mittlere Hitze (175–230 °C) vorbereiten.

2. Für das Dressing Petersilie, Frühlingszwiebeln und Estragon in der Küchenmaschine fein hacken. Schmand, Mayonnaise und 2 EL Zitronensaft hinzufügen und glatt mixen. Zum Schluss die Kapern untermixen. Dressing in eine Servierschüssel umfüllen, mit weiterem Zitronensaft abschmecken und kalt stellen.

3. Die harten Enden der Spargelstangen abbrechen. Dafür das untere Ende umbiegen; die Stangen brechen etwa im unteren Drittel, wo sie gerade noch zart sind,

4. Spargel auf einem Teller auslegen, mit Öl beträufeln und salzen. Die Spargelstangen hin und her rollen, bis sie gleichmäßig mit Öl und Salz überzogen sind.

5. Den Grillrost mit der Bürste reinigen. Die Spargelstangen rechtwinklig zu den Streben auf den Grillrost legen und über *direkter mittlerer Hitze* bei geschlossenem Deckel 6–8 Min. grillen, bis sie weich und stellenweise gebräunt, aber nicht verbrannt sind, dabei gelegentlich mit der Grillzange ein wenig zur Seite rollen. Den fertigen Spargel vom Grill nehmen und warm mit dem kalten Dressing servieren.

// Grüner Spargel
MIT GREEN-GODDESS-DRESSING

FÜR **6** PERSONEN

ZUBEREITUNGSZEIT: **10** MIN.

GRILLZEIT: **6** BIS **8** MIN.

// FÜR DAS DRESSING

4 EL grob gehackte frische glatte Petersilienblätter
2 Frühlingszwiebeln, nur die weißen und hellgrünen Teile grob gehackt
2 EL grob gehackte frische Estragonblätter
200 g Schmand
5 EL Mayonnaise
2–3 EL frisch gepresster Zitronensaft
2 EL feinste Kapern (Nonpareilles), abgespült

1 kg grüner Spargel
2 EL Olivenöl
1 TL naturreines grobes Meersalz

// Spargel-Kartoffel-Törtchen
MIT ESTRAGON-VINAIGRETTE

FÜR **6** PERSONEN

ZUBEREITUNGSZEIT: **20** MIN.

GRILLZEIT: **6** BIS **8** MIN.

// FÜR DIE VINAIGRETTE
3 EL frisch gepresster Zitronensaft
2 EL fein gehackte frische Estragonblätter
1 TL Dijon-Senf
naturreines grobes Meersalz
frisch gemahlener schwarzer Pfeffer
Olivenöl

500 g grüner Spargel
4 große festkochende Kartoffeln, geschält
80 g Ziegenkäse, zerbröckelt
1 EL feinste Kapern (Nonpareilles),
   abgespült

1. Den Grill für direkte mittlere Hitze (175–230 °C) vorbereiten.

2. Für die Vinaigrette Zitronensaft, Estragon, Senf, ¼ TL Salz und 1 kräftige Prise Pfeffer in einer mittelgroßen Schüssel mit dem Schneebesen verrühren. 125 ml Öl in dünnem Strahl unterschlagen, bis die Vinaigrette zu einer Emulsion bindet.

3. Die harten Enden der Spargelstangen abbrechen. Dafür das untere Ende jeder Stange umbiegen; die Stangen brechen dort, wo sie gerade noch zart sind, etwa im unteren Drittel.

4. In einem mittelgroßen Topf Salzwasser auf hoher Stufe zum Kochen bringen. Jeweils ein Ende der Kartoffeln so abschneiden, dass sie senkrecht auf einem

Schneidbrett stehen können, und die Kartoffeln längs in 0,5 cm dicke Scheiben schneiden. Die zwölf größten Kartoffelscheiben (den Rest anderweitig verwenden) in das kochende Wasser geben, die Hitze auf mittlere Stufe stellen und die Kartoffeln in 3 Min. nur knapp weich garen. Behutsam abseihen, kurz unter fließendem kaltem Wasser abspülen und mit Küchenpapier trockentupfen. 2 EL Öl auf ein Backblech geben, die Kartoffeln und den Spargel darin wenden, anschließend salzen.

5. Den Grillrost mit der Bürste reinigen. Kartoffeln und Spargel über *direkter mittlerer Hitze* bei geschlossenem Deckel 6–8 Min. grillen, bis der Spargel knackig-

zart und stellenweise braun, aber nicht verbrannt ist, und die Kartoffeln goldbraun und weich sind. Kartoffelscheiben nach 4 Min. einmal wenden. Das fertige Gemüse jeweils vom Grill nehmen. Spargelstangen in mundgerechte Stücke schneiden.

6. Die Spargel-Kartoffel-Törtchen auf sechs Tellern anrichten: Dazu auf jedem Teller 1 Kartoffelscheibe mit etwas Spargel belegen, mit einer weiteren Kartoffelscheibe bedecken, den restlichen Spargel darauf verteilen und mit etwas Käse und Kapern bestreuen. Die Vinaigrette noch einmal aufschlagen und etwa 1½ EL davon auf und um jedes Törtchen geben. Warm servieren.

Am Rosenkohl scheiden sich die Geister – man liebt oder verabscheut ihn. Besonders sein strenger Kohlgeschmack und -geruch wird gefürchtet. Dieser stammt von Schwefelverbindungen im Kohl, der allerdings nur dann so intensiv hervorkommt, wenn der Rosenkohl übergart wird. Rosenkohl, der in einer gelochten Grillpfanne auf dem Grill nur bissfest zubereitet wird, entwickelt hingegen eine feine Süße. Wählen Sie die kleinsten Röschen, die Sie bekommen können, sie garen am schnellsten. Sollten sie trotzdem noch leicht bitter schmecken, würzen Sie sie mit etwas Salz oder reichen Speck oder Parmesan dazu.

// Gerösteter Rosenkohl

Die halben Kohlröschen am Wurzelende mit einem Messer längs einkerben, dann werden sie gleichmäßiger gar.

FÜR **4** PERSONEN

ZUBEREITUNGSZEIT: **10** MIN.

GRILLZEIT: **10** BIS **15** MIN.

ZUBEHÖR: GELOCHTE GRILLPFANNE

// FÜR DIE MARINADE

1 EL Olivenöl
 (vorzugsweise mit Zitronenaroma)
1 TL fein gehackte frische Thymianblätter
½ TL naturreines grobes Meersalz
½ TL frisch gemahlener schwarzer Pfeffer

450 g Rosenkohl, geputzt, längs halbiert

fein abgeriebene Schale von 1 Bio-Zitrone
1 TL Champagneressig oder Weißweinessig

1. Den Grill für direkte niedrige Hitze (120–175 °C) vorbereiten und die Grillpfanne vorheizen.

2. Die Zutaten für die Marinade in einer mittelgroßen Schüssel verrühren, den Rosenkohl unterheben, sodass alle Röschen mit Marinade überzogen sind.

3. Die Röschen in einer Lage in der Grillpfanne verteilen und über **direkter niedriger Hitze** bei geschlossenem Deckel 10–15 Min. grillen, bis sie weich, aber noch knackig sind, dabei mehrmals wenden. In eine Servierschale füllen, Zitronenschale und Essig dazugeben und alles gut vermischen. Nach Belieben mit Salz abschmecken. Warm servieren.

// Pasta mit Rosenkohl, Tomaten und Speck

FÜR **6** PERSONEN

ZUBEREITUNGSZEIT: **30** MIN.

GRILLZEIT: **10** BIS **15** STD.

ZUBEHÖR: GELOCHTE GRILLPFANNE

// FÜR DIE MARINADE
1 EL Olivenöl
1 TL gehackte frische Thymianblätter
1 TL naturreines grobes Meersalz
½ TL frisch gemahlener schwarzer Pfeffer

700 g Rosenkohl, geputzt, geviertelt
450 g Datteltomaten

250 g Penne-Nudeln
2 Eier (Größe L), verquirlt
6 dicke Scheiben Räucherspeck,
    kross gebraten und zerkrümelt
50 g Parmesan, frisch gerieben

1. Den Grill für direkte niedrige Hitze (120–175 °C) vorbereiten und die Grillpfanne vorheizen. Für die Pasta Salzwasser in einem großen Topf aufkochen.

2. Die Zutaten für die Marinade in einer mittelgroßen Schüssel verrühren, den Rosenkohl unterheben, sodass alle Röschen mit Marinade überzogen sind.

3. Die Röschen in einer Lage in der Grillpfanne verteilen und über *direkter niedriger Hitze* bei geschlossenem Deckel 10–15 Min. grillen, bis sie weich, aber noch knackig sind, dabei mehrmals wenden. In den letzten 5 Min. die Tomaten in die Grillpfanne zum Rosenkohl geben, sie sollen am Ende durchgewärmt und etwas weich sein. Tomaten und Rosenkohl in eine zweite mittelgroße Schüssel füllen.

4. Während Rosenkohl und Tomaten grillen, die Pasta nach Packungsanleitung bissfest garen. In ein Sieb abgießen und dabei 250 ml Nudelwasser auffangen.

5. Die heißen Nudeln, 125 ml Nudelwasser, verquirlte Eier, Speck und Parmesan in die Schüssel zum Gemüse geben und alles gut vermischen. Bei Bedarf die Pasta mit weiterem Nudelwasser auflockern. 3 Min. bei Zimmertemperatur ruhen lassen, damit sich die Aromen verbinden können.

6. Die Pasta auf sechs tiefe Teller oder Schalen verteilen. Nach Belieben mit zusätzlichem Parmesan zum Bestreuen servieren.

// Kürbissuppe

FÜR **4** PERSONEN

ZUBEREITUNGSZEIT: **20** MIN.

GRILLZEIT: ETWA **20** MIN.

ZUBEHÖR: GELOCHTE GRILLPFANNE

2 EL Olivenöl
1 TL fein gehackte frische Salbeiblätter
naturreines grobes Meersalz
frisch gemahlener schwarzer Pfeffer
1 Butternusskürbis (etwa 900 g), geschält,
    Kerne und faseriges Inneres entfernt,
    in 2,5 cm große Würfel geschnitten
1 großer grüner Apfel (z. B. Granny Smith),
    geschält, Kerngehäuse entfernt, klein
    geschnitten
1 kleine Schalotte, geschält, geviertelt

500 ml Hühnerbrühe
1 EL Champagneressig
4 EL Sahne
fein abgeriebene Schale von 1 kleinen
    Bio-Orange
Schnittlauchröllchen (nach Belieben)

Die größte Herausforderung bei den folgenden Rezepten ist sicherlich das Entfernen der harten Schale des Butternusskürbisses. Am einfachsten geht das, wenn Sie die Kürbisenden mit einem schweren scharfen Messer glatt abschneiden und den Kürbis anschließend der Länge nach mit einem robusten Gemüseschäler schälen. Den Kürbis dann senkrecht auf ein Schneidbrett stellen und von oben nach unten in der Mitte durchschneiden. Mit einem Löffel aus den Kürbishälften die Kerne und das faserige Innere entfernen und das Fruchtfleisch in Würfel schneiden.

1. Den Grill für direkte niedrige Hitze (120–175 °C) vorbereiten und die Grillpfanne vorheizen.

2. Öl, Salbei, 1 TL Salz und ½ TL Pfeffer in einer großen Schüssel verrühren. Kürbiswürfel, Apfel und Schalotte hinzufügen und in der Mischung wenden.

3. Kürbis, Apfel und Schalotte in einer Lage in der Grillpfanne verteilen und über *direkter niedriger Hitze* bei geschlossenem Deckel etwa 20 Min. grillen, bis die Zutaten beim Einstechen mit einer Gabel weich sind. Vom Grill nehmen und in der Küchenmaschine, im Mixer oder in einer Rührschüssel mit dem Stabmixer fein zerkleinern.

4. Die Hühnerbrühe in einem mittelgroßen Topf auf mittlerer Stufe erhitzen. Warme Brühe, Essig, Sahne und Orangenschale zur Kürbismasse geben und die Mischung fein pürieren. Die Suppe zurück in den Topf gießen und mit Salz und Pfeffer abschmecken. Bei Bedarf vor dem Servieren auf kleiner Stufe warm halten. Nach Belieben mit Schnittlauch bestreuen und warm servieren.

// Kürbis-Süßkartoffel-Gemüse

FÜR **4** PERSONEN

ZUBEREITUNGSZEIT: **35** MIN.

GRILLZEIT: **20** BIS **30** MIN.

ZUBEHÖR: GELOCHTE GRILLPFANNE

4 EL Olivenöl
1 EL fein gehackte frische Salbeiblätter
1 EL fein gehackte frische Thymianblätter
1 TL naturreines grobes Meersalz
1 TL frisch gemahlener schwarzer Pfeffer

1 Butternusskürbis (etwa 900 g), geschält,
  Kerne und faseriges Inneres entfernt,
  in 2,5 cm große Stücke geschnitten
1 großer grüner Apfel (Granny Smith),
  geschält, Kerngehäuse entfernt,
  in 2,5 cm große Stücke geschnitten
1 mittelgroße Süßkartoffel, geschält,
  in 2,5 cm große Stücke geschnitten
1 mittelgroße rote Zwiebel, geschält,
  in Achtel geschnitten

fein abgeriebene Schale von 1 Bio-Orange

Butternusskürbis zählt zu den Winterkürbissen. Dank seiner harten Schale ist er monatelang haltbar und muss nicht im Kühlschrank gelagert werden.

1. Den Grill für direkte niedrige Hitze (120–175 °C) vorbereiten und die Grillpfanne vorheizen.

2. Öl, Salbei, Thymian, Salz und Pfeffer in einer großen Schüssel verrühren. Kürbis-, Apfel-, Süßkartoffel- und Zwiebelstücke hinzufügen und unterheben, sodass alle Stücke gleichmäßig mit Kräuteröl überzogen sind.

3. Gemüse- und Apfelstücke in einer Lage in der Grillpfanne verteilen und über *direkter niedriger Hitze* bei geschlossenem Deckel 20–30 Min. grillen, bis sie weich sind, dabei gelegentlich wenden. In einer Servierschüssel mit der Orangenschale vermischen und warm servieren.

255

Im Rezept unten finden Sie einen einfachen Salat, der mit küchenfertigen zarten Spinatblättern, kleinen Mozzarellakugeln und Pesto aus dem Glas im Handumdrehen zubereitet ist. Alle Vorbereitungen brauchen nur so lange, wie der Grill vorheizt. // Das Sandwich-Rezept rechts verwendet ähnliche Zutaten, das Besondere ist hier aber der weiche Burratakäse – eine Art Mozzarella aus Kuhmilch mit cremigem, butterweichem Kern – und das selbst gemachte Pesto, mit dem die Sandwiche bestrichen werden.

// Spinatsalat mit gegrillten Tomaten und Zwiebeln

FÜR **4** PERSONEN

ZUBEREITUNGSZEIT: **10** MIN.

GRILLZEIT: ETWA **8** MIN.

// FÜR DAS DRESSING
100 g grünes Pesto (Fertigprodukt)
3 EL Buttermilch
½ TL frisch gemahlener schwarzer Pfeffer

1 rote Zwiebel, quer in 1 cm dicke
   Scheiben geschnitten
6 Eiertomaten, längs halbiert

225 g kleine Mozzarellakugeln
150 g zarte Spinatblätter

1. Den Grill für direkte mittlere Hitze (175–230 °C) vorbereiten.

2. Die Zutaten für das Dressing in einer kleinen Schüssel verrühren. Abdecken und bis zum Servieren kalt stellen.

3. Den Grillrost mit der Bürste reinigen. Zwiebelscheiben und Tomatenhälften über *direkter mittlerer Hitze* bei geschlossenem Deckel etwa 8 Min. grillen, bis die Zwiebel weich ist und die Tomaten durch und durch warm sind, dabei ein- bis zweimal wenden. Vom Grill nehmen und die Zwiebelscheiben in mundgerechte Stücke schneiden.

4. Den Spinat gleichmäßig auf vier Teller verteilen. Darauf Zwiebelstücke, Tomaten und Mozzarellakugeln anrichten, ein wenig Dressing darübergeben und sofort servieren.

// Warme Ciabatta-Sandwiche mit Burrata und Pesto

FÜR **6** PERSONEN

ZUBEREITUNGSZEIT: **30** MIN.

GRILLZEIT: **9** BIS **10** MIN.

// FÜR DAS PESTO

2 große Handvoll frische Basilikumblätter
75 g Parmesan, frisch gerieben
4 EL Pinienkerne, leicht geröstet,
   abgekühlt
1 große Knoblauchzehe, geschält
Olivenöl
3 EL weißer Aceto balsamico
naturreines grobes Meersalz
frisch gemahlener schwarzer Pfeffer

// FÜR DIE SANDWICHE

1 große rote Paprikaschote,
   in 4 flache Stücke geschnitten
1 große gelbe Paprikaschote,
   in 4 flache Stücke geschnitten
1 große rote Zwiebel, quer in 1 cm
   dicke Scheiben geschnitten
6 Ciabatta-Brötchen, aufgeschnitten
3 reife aromatische Tomaten,
   in 0,5 cm dicke Scheiben geschnitten
225 g Burrata (ersatzweise Mozzarella),
   in etwa 0,5 cm dicke Scheiben
   geschnitten
1–2 große Handvoll zarte Rucolablätter

1. Für das Pesto Basilikum, Parmesan, Pinienkerne und Knoblauch in der Küchenmaschine oder mit dem Stabmixer zerkleinern, anschließend bei laufendem Motor 125 ml Öl in dünnem Strahl zugießen und weitermixen, bis sich alles zu einem fast glatten Püree verbindet. In eine kleine Schüssel umfüllen, den Essig unterrühren und das Pesto mit Salz und Pfeffer würzen.

2. Den Grill für direkte mittlere Hitze (175–230 °C) vorbereiten.

3. Paprikastücke und Zwiebelscheiben auf beiden Seiten dünn mit Öl bestreichen. Die Schnittflächen der Brötchen ebenfalls mit Öl bestreichen.

4. Den Grillrost mit der Bürste reinigen. Paprika und Zwiebel über *direkter mittlerer Hitze* bei geschlossenem Deckel etwa 8 Min. grillen, bis das Gemüse weich und stellenweise gebräunt ist, dabei ein- bis zweimal wenden. In der letzten Minute die Brötchenhälften mit den Schnittflächen nach unten über direkter Hitze rösten, bis sie ein wenig Farbe annehmen. Vom Grill nehmen.

5. Die unteren Brötchenhälften mit der gerösteten Seite nach oben auf ein Backblech legen und mit Pesto bestreichen. Mit Paprika, Zwiebel und Tomaten belegen und zum Schluss den Burrata darauf verteilen. Das Backblech auf den Grillrost über *direkte mittlere Hitze* setzen und die Brötchen bei geschlossenem Deckel 1–2 Min. grillen, bis der Käse zu schmelzen beginnt. Das Blech vom Grill nehmen, Rucola auf den Sandwichhälften verteilen, nach Belieben noch etwas vom restlichen Pesto darübergeben und die Brötchen mit der unbelegten Brötchenhälfte abdecken. Sofort servieren.

Eine schnelle, unkomplizierte Beilage für ein Steak oder Fischfilet sind goldbraun gegrillte Kartoffelspalten. Sie brauchen auf dem Grill nur etwa 10 Minuten und schmecken mit etwas Butter und frischen Kräutern ganz besonders gut. // Der warme Salat aus Kartoffeln, Weißkohl, Zwiebeln und Schinken vom Grill im Rezept rechts deckt geschmacklich ein noch größeres Spektrum ab und lässt sich zusätzlich mit gegrillten Champignons oder Zucchini kombinieren.

FÜR **4** PERSONEN

ZUBEREITUNGSZEIT: **10** MIN.

GRILLZEIT: **8** BIS **10** MIN.

2 EL Olivenöl
½ TL naturreines grobes Meersalz
½ TL frisch gemahlener schwarzer Pfeffer
2 große mehlig- oder halbfestkochende Kartoffeln, jeweils in acht Spalten geschnitten
2 EL Butter, zerlassen
1 TL Dijon-Senf
4 EL fein gehackte frische Kräuter (z. B. Rosmarin, Thymian, Dill, glatte Petersilie)

// Gegrillte Kartoffelspalten
MIT FRISCHEN KRÄUTERN UND BUTTER

1. Den Grill für direkte mittlere Hitze (175–230 °C) vorbereiten.

2. Öl mit Salz und Pfeffer in einer mittelgroßen Schüssel verrühren. Kartoffelspalten einfüllen und gleichmäßig mit dem Würzöl vermischen.

3. Den Grillrost mit der Bürste reinigen. Die Kartoffelspalten über *direkter mitt-*

lerer Hitze bei geschlossenem Deckel 8–10 Min. grillen, bis sie goldbraun und weich sind, dabei gelegentlich wenden. Die Kartoffeln zurück in die mittelgroße Schüssel geben.

4. Butter und Senf in einer kleinen Schüssel verrühren und über die Kartoffeln träufeln. Kräuter darüberstreuen und alles gut vermischen. Warm servieren.

// Warmer Kartoffelsalat

MIT WEISSKOHL, SCHINKEN UND ZWIEBELN

FÜR **4** PERSONEN

ZUBEREITUNGSZEIT: **20** MIN.

GRILLZEIT: **10** BIS **12** MIN.

4 EL Olivenöl
1 TL naturreines grobes Meersalz
½ TL Zwiebelpulver
½ TL frisch gemahlener schwarzer Pfeffer
700 g mehlig- oder halbfestkochende
   Kartoffeln, längs in 1 cm dicke Scheiben
   geschnitten
1 rote Zwiebel, quer in 1 cm dicke
   Scheiben geschnitten
½ Kopf Weißkohl, geviertelt

2 EL Butter, zerlassen
1 TL körniger Senf
2 TL fein gehackte frische Thymianblätter

1 dicke Scheibe (1–1,5 cm) gekochter
   Schinken, etwa 300 g

1. Den Grill für direkte mittlere Hitze (175–230 °C) vorbereiten.

2. In einer mittelgroßen Schüssel 2 EL Öl mit Salz, Zwiebelpulver und Pfeffer verrühren, anschließend die Kartoffel- und Zwiebelscheiben sowie Kohlviertel auf allen Seiten mit dem Würzöl bestreichen.

3. Die restlichen 2 EL Öl mit Butter, Senf und Thymian zu einem Dressing verrühren und beiseitestellen.

4. Den Grillrost mit der Bürste reinigen. Kartoffeln, Weißkohl, Zwiebel und Schinken über *direkter mittlerer Hitze* bei geschlossenem Deckel 10–12 Min. grillen, bis die Kartoffeln weich, Weißkohl und Zwiebel jeweils knackig-zart sind und der Schinken ganz heiß ist, dabei die Zutaten ein- bis zweimal wenden. Vom Grill nehmen und alles in mittelgroße Stücke schneiden.

5. Gemüse und Schinken in einer Servierschüssel mit dem Dressing anmachen und warm servieren.

Weißkohl verliert bei der Lagerung an Farbe, kaufen Sie daher Kohl mit möglichst dunkelgrünen Blättern. Meiden Sie Exemplare, die Risse am Wurzelansatz haben.

Wenn Kartoffeln direkt in der Glut gegart werden, nehmen sie – auch durch die Alufolie hindurch – ein tiefes Raucharoma an und die Schale wird wunderbar knusprig. Damit es schneller geht, verwenden Sie besser etwas kleinere Kartoffeln. // Bei dem Salat im Rezept rechts kann vieles vorbereitet werden: Man kann die Kartoffeln vorkochen und die Vinaigrette schon am Vortag zubereiten.

// Baked Potato in der Folie

MIT SAUTIERTEN PILZEN

FÜR **4** PERSONEN

ZUBEREITUNGSZEIT: **20** MIN.

GRILLZEIT: **40** BIS **50** MIN.

4 große mehlig- oder halbfestkochende Kartoffeln, mehrmals mit der Gabel eingestochen
450 g gemischte Pilze (z. B. Pfifferlinge, Shiitake, Steinpilze, Champignons, Egerlinge)
2 EL Olivenöl
naturreines grobes Meersalz
10 Knoblauchzehen, geschält, in dünne Scheiben geschnitten
6 EL trockener Weißwein
2 EL Butter
1 EL frische Thymianblätter

4 EL frisch gehobelte Parmesanspäne
100 g Crème fraîche oder Schmand

1. Einen Anzündkamin bis zum Rand mit Holzkohle füllen und anzünden, bis die Kohlen mit einer dünnen Ascheschicht überzogen sind. Die Kohlen dicht an dicht in einer Lage auf einer Hälfte des Kohlerosts verteilen, den Deckel schließen und alle Lüftungsschieber offen lassen. Beim Gasgrill den Grill für direkte starke Hitze (230–290 °C) vorbereiten.

2. Die Kartoffeln unter fließendem kaltem Wasser abbürsten und noch nass einzeln in extrastarke Alufolie wickeln. Die Kartoffeln direkt auf die glühende Holzkohle oder im Gasgrill über *direkte starke Hitze* legen. Den Deckel schließen und die Kartoffeln 40–50 Min. in der Folie grillen, dabei gelegentlich wenden, bis sie beim Einstechen mit einer Gabel weich sind.

3. Pilze putzen und in Stücke schneiden.

4. Das Öl in einer großen Bratpfanne auf hoher Stufe in 2–3 Min. sehr heiß werden lassen. Pilze hinzufügen, rasch mit dem Öl vermischen, flach in der Pfanne ausbreiten und 5–6 Min. bräunen, dabei so wenig wie möglich umrühren. Mit 1 TL Salz würzen. Die Hitze auf mittlere Stufe herunterschalten und den Knoblauch 1–2 Min. unter ständigem Rühren mitbraten, bis er zu duften beginnt. Wein zugießen und rasch aufkochen lassen. Die Butter unterrühren, bis sie geschmolzen ist. Pfanne vom Herd nehmen und die Pilze mit Thymian bestreuen.

5. Kartoffeln aus der Glut oder vom Grill nehmen und aus der Folie wickeln.

6. Zum Servieren die Kartoffeln oben längs einschneiden, auf Teller setzen, durch seitlichen Druck noch weiter aufplatzen lassen und das Fruchtfleisch mit einer Gabel etwas auflockern. Kartoffeln salzen, die Pilze gleichmäßig in und über den Kartoffeln verteilen, mit je 1 EL Parmesan bestreuen und Crème fraîche oder Schmand darüberlöffeln. Warm servieren.

// Gegrillte neue Kartoffeln

AUF RUCOLA-TOMATEN-SALAT

FÜR **4** PERSONEN

ZUBEREITUNGSZEIT: **20** MIN.

GRILLZEIT: **15** BIS **20** MIN.

ZUBEHÖR: GELOCHTE GRILLPFANNE

// FÜR DIE VINAIGRETTE
1 EL Sherry- oder Rotweinessig
½ kleine Schalotte, fein gewürfelt
   (etwa 2 TL)
1½ TL frisch gepresster Zitronensaft
¾ TL körniger Senf
½ Knoblauchzehe, zerdrückt
naturreines grobes Meersalz
frisch gemahlener schwarzer Pfeffer
Olivenöl

450 g kleine neue Kartoffeln (4–5 cm Ø),
   abgebürstet, halbiert
100 g zarte Rucolablätter
¼ mittelgroße rote Zwiebel, in sehr
   feine Streifen geschnitten
250 g Kirschtomaten, je nach Größe
   halbiert oder geviertelt
4 EL frisch gehobelte Parmesanspäne

1. Den Grill für direkte mittlere Hitze (175–230 °C) vorbereiten und die Grillpfanne vorheizen.

2. Die Zutaten für die Vinaigrette mit ¼ TL Salz und 1 kräftigen Prise Pfeffer in einer großen Schüssel mit dem Schneebesen verrühren. Langsam 3 EL Öl unterschlagen, bis die Vinaigrette zu einer Emulsion bindet. Beiseitestellen.

3. Die Kartoffeln in einer zweiten großen Schüssel dünn mit Öl überziehen und salzen. Kartoffeln nebeneinander in der Grillpfanne verteilen und über *direkter mittlerer Hitze* bei geschlossenem Deckel 15–20 Min. grillen, bis sie goldbraun und weich sind, dabei etwa alle 5 Min. mit einem großen Grillwender wenden. Vom Grill nehmen.

4. Rucola, Zwiebelstreifen und Tomaten in einer weiteren großen Schüssel vermischen.Mit 3 EL Vinaigrette anmachen und den Salat mit Salz abschmecken. Auf vier Tellern anrichten.

5. Die Kartoffeln mit der restlichen Vinaigrette in der großen Schüssel vermengen. Mit einem Schaumlöffel herausheben, dabei überschüssige Vinaigrette in die Schüssel abtropfen lassen, und die Kartoffeln auf die Salate verteilen. Mit Parmesanspänen bestreuen und nach Belieben noch mit der übrigen Vinaigrette beträufeln. Sofort servieren.

Der einfache Salat im Rezept unten erweitert das klassische italienische *caprese* aus Tomaten, Basilikum und Mozzarella um gegrillte Auberginenscheiben. Achten Sie beim Einkauf von Auberginen darauf, dass sie fest sind und eine glänzende Schale haben. Ältere Auberginen werden stumpf und weich. Optisch am Schönsten gelingt das Caprese mit ovalen Auberginen, deren Scheiben eine gleichmäßige Größe haben. // Das Rezept rechts, eine Abwandlung der ebenso klassischen italienischen *melanzane alla parmigiana,* bereitet die Auberginen nicht ganz so reichhaltig zu wie die traditionell in Fett ausgebackenen Versionen, aber das Resultat ist nicht weniger schmackhaft.

// Caprese mit gegrillten Auberginen

FÜR **4** PERSONEN

ZUBEREITUNGSZEIT: **10** MIN.

GRILLZEIT: ETWA **8** MIN.

2 ovale Auberginen, quer in 1 cm dicke
   Scheiben geschnitten
2 große schnittfeste Fleischtomaten
   (vorzugsweise Ochsenherz), quer in
   gut 1 cm dicke Scheiben geschnitten
Olivenöl
naturreines grobes Meersalz
frisch gemahlener schwarzer Pfeffer

450 g Mozzarella, in 0,5 cm dicke
   Scheiben geschnitten
12 frische Basilikumblätter

1. Den Grill für direkte mittlere Hitze (175–230 °C) vorbereiten.

2. Die Auberginen- und Tomatenscheiben rundherum mit Öl bestreichen und gleichmäßig mit Salz und Pfeffer würzen. Den Grillrost mit der Bürste reinigen. Auberginen und Tomaten über **direkter mittlerer Hitze** bei geschlossenem Deckel grillen, bis sie weich sind und ein hübsches Grill-

muster angenommen haben, dabei einmal wenden. Die Auberginen brauchen etwa 8 Min., die Tomaten 2–4 Min. Fertige Gemüsescheiben vom Grill nehmen.

3. Auberginen, Tomaten, Mozzarella und Basilikum auf Tellern anrichten und mit etwas Olivenöl oder mit einem Salatdressing Ihrer Wahl beträufeln.

// Auberginen mit Parmesan

FÜR **4** PERSONEN

ZUBEREITUNGSZEIT: **20** MIN.

GRILLZEIT: **8** BIS **10** MIN.

1 Glas (420 g Inhalt) passierte Tomaten
2 Eiweiß (Größe L)
75 g Parmesan, frisch gerieben
50 g plus 2 EL jap. Panko-Paniermehl
   (Asia-Laden)
1 große ovale Aubergine (8–10 cm Ø),
   in zwölf etwa 0,5 cm dicke Scheiben
   geschnitten
naturreines grobes Meersalz
frisch gemahlener schwarzer Pfeffer
Olivenöl (aus der Sprühflasche)
300 g Fontina (ital. Rohmilchkäse),
   gerieben
12 große frische Basilikumblätter

1. Die passierten Tomaten in einem kleinen schweren Topf auf mittlerer Stufe erhitzen. Beiseitestellen.

2. Den Grill für direkte mittlere bis starke Hitze (200–250 °C) vorbereiten.

3. Die Eiweiße in einer flachen Schüssel mit dem Schneebesen schaumig schlagen. In einer anderen flachen Schüssel Parmesan und Paniermehl vermischen.

4. Die Auberginenscheiben nacheinander zuerst durch das Eiweiß ziehen, dann im Paniermehl wenden. Die Brösel bei Bedarf etwas andrücken und überschüssige Brösel behutsam abschütteln. Panierte Auberginen auf ein großes Backblech legen, mit Salz und Pfeffer würzen und auf beiden Seiten großzügig mit Olivenöl besprühen oder einpinseln.

5. Den Grillrost mit der Bürste reinigen. Die Auberginenscheiben über *direkter mittlerer bis starker Hitze* bei geschlossenem Deckel 4–5 Min. grillen, bis die Unterseiten goldbraun sind. Auberginenscheiben wenden und den geriebenen Käse gleichmäßig auf die Auberginenscheiben streuen. Den Deckel wieder schließen und die Auberginen weitere 4–5 Min. grillen, bis die Unterseiten erneut goldbraun sind und der Käse geschmolzen ist.

6. Je 3 Auberginen leicht überlappend auf Tellern anrichten. Etwas warme Tomatensauce darüberlöffeln, die Auberginenscheiben mit je 1 Basilikumblatt garnieren und warm servieren.

GEMÜSE

263

// Auberginenkaviar mit Pita-Brot

Im Ganzen gegrillte Auberginen verlieren nach einiger Zeit über der heißen Glut ihre Form, ihr Aroma wird dabei aber umso intensiver. Das Fruchtfleisch wird anschließend aus der verkohlten Schale herausgelöst und mit etwas Zitrone, Knoblauch, Kräutern und Salz zu einem köstlichen, im gesamten östlichen Mittelmeerraum bekannten Dip verarbeitet. // Gegrillte Auberginenscheiben zusammen mit frischen Tomaten und Olivenöl ergeben im Pastarezept rechts ein wunderbares Hauptgericht, das mit in der Pfanne gerösteten Sesamsamen weiter verfeinert werden kann.

FÜR **4** BIS **6** PERSONEN ALS VORSPEISE

ZUBEREITUNGSZEIT: **10** MIN.

GRILLZEIT: **15** BIS **20** MIN.

2 mittelgroße ovale Auberginen
4 Pita-Brote oder 175 g Mini-Pita-Brote
Olivenöl
2 TL naturreines grobes Meersalz
3 EL gehackte frische glatte Petersilienblätter
2 EL frisch gepresster Zitronensaft
1½ Knoblauchzehen, zerdrückt

1. Den Grill für direkte starke Hitze (230–290 °C) vorbereiten.

2. Jede Aubergine etwa zehnmal rundherum mit einer Gabel einstechen. Die Pita-Brote auf beiden Seiten mit Öl bestreichen und mit insgesamt 1 TL Salz würzen.

3. Den Grillrost mit der Bürste reinigen. Die Auberginen über *direkter starker Hitze* bei geschlossenem Deckel 15 bis 20 Min. grillen, bis die Haut verkohlt ist, die Früchte ihre Form verlieren und innen ganz weich sind, dabei alle 5 Min. auf dem

Rost drehen. In den letzten 2–4 Min. auch die Pita-Brote über direkte Hitze legen und goldbraun rösten, dabei einmal wenden. Die Zutaten vom Grill nehmen.

4. Auberginen etwas abkühlen lassen, anschließend längs halbieren, das weiche Fruchtfleisch mit einem Löffel herauslösen und in eine mittelgroße Schüssel geben. Eventuell vorhandene Samenklumpen entfernen (sie machen den Auberginenkaviar bitter). Auberginenfleisch kräftig mit einer Gabel zerdrücken (bei Bedarf mit einem scharfen Messer zuvor die Fasern durchtrennen), 1 TL Salz, Petersilie, Zitronensaft und Knoblauch hinzufügen und gut vermischen.

5. Die Pita-Brote vierteln (Minibrote ganz lassen) und mit dem Auberginenkaviar servieren.

// Pasta mit Tomaten, Auberginen
UND GERÖSTETEM SESAM

Männliche Auberginen (links) enthalten meist weniger Samen als weibliche (rechts).

FÜR **4** BIS **6** PERSONEN

ZUBEREITUNGSZEIT: **25** MIN.

GRILLZEIT: **8** BIS **10** MIN.

2 mittelgroße ovale Auberginen, quer
 in 1 cm dicke Scheiben geschnitten
1 mittelgroße Zwiebel, quer in 1 cm dicke
 Scheiben geschnitten
4 EL Olivenöl
naturreines grobes Meersalz
6 Eiertomaten

350 g Gemelli (oder eine andere kurze
 Pastasorte)

5 EL gehackte frische glatte Petersilienblätter
1 EL zerdrückte Knoblauchzehen
5 EL feinste Kapern (Nonpareilles),
 abgespült
4 EL Sesamsamen, geröstet

1. Den Grill für direkte mittlere Hitze (175–230 °C) vorbereiten.

2. Auberginen- und Zwiebelscheiben auf beiden Seiten mit Öl bestreichen und salzen. Den Grillrost mit der Bürste reinigen. Auberginen, Zwiebel und die ganzen Tomaten über *direkter mittlerer Hitze* bei geschlossenem Deckel 8–10 Min. grillen, bis sie weich sind. Nach Bedarf jeweils wenden. Vom Grill nehmen. Tomatenfruchtfleisch aus der Haut drücken, die Haut wegwerfen. Tomaten, Auberginen und Zwiebel in mittelgroße Würfel schneiden.

3. In einem großen Topf Salzwasser zum Kochen bringen und die Nudeln darin nach Packungsanleitung bissfest garen. Abseihen und gut abtropfen lassen.

4. Gemüsewürfel in einer großen Schüssel mit Petersilie, Knoblauch und Kapern vermischen. Die heiße Pasta hinzufügen und unterheben. Mit geröstetem Sesam bestreuen und sofort servieren.

Auf Alufolie gegrillter Tofu gelingt leicht: Die Hitze der Glut dringt durch die Folie und bräunt den Tofu, gleichzeitig hält die Folie die Tofuscheiben in Form und verhindert, dass sie auf dem Rost festbacken. Im Rezept unten sollen Tofu und Gemüse bis zu 12 Stunden mariniert werden, beginnen Sie deshalb rechtzeitig mit den Vorbereitungen. // Vegetarier wie Fleischliebhaber mögen die Kombination aus Nüssen und knackigem Gemüse im nebenstehenden Nudelgericht, das auch am nächsten Tag noch als kalter Salat gut schmeckt. Sollten die Nudeln inzwischen etwas trocken geworden sein, können Sie sie mit etwas heißem Wasser auflockern.

FÜR **4** PERSONEN

ZUBEREITUNGSZEIT: **15** MIN.

MARINIERZEIT: **3** BIS **12** STD.

GRILLZEIT: **12** BIS **16** MIN.

// Würziger Grilltofu
MIT MARINIERTEM GEMÜSE

// FÜR DIE MARINADE
125 ml salzarme Sojasauce
125 ml Öl
4 EL Reisessig
3 EL Sesamöl (geröstet)
2 TL scharfe Chili-Knoblauch-Sauce
(z.B. Sriracha aus dem Asia-Laden)

800 g extrafester Tofu, abgetropft
175 g kleine Egerlinge oder Champignons, geputzt
2 kleine Zucchini, längs geviertelt
2 rote Paprikaschoten, in 2,5 cm breite Streifen geschnitten

1. Die Zutaten für die Marinade in einer kleinen Schüssel mit dem Schneebesen verrühren. Den Tofu längs in vier etwa 2 cm dicke Scheiben schneiden und in eine Glasschale legen. Pilze, Zucchini und Paprikastreifen in eine große Schüssel geben. Die Hälfte der Marinade über den Tofu gießen, die andere Hälfte über das Gemüse. Tofu und Gemüse abgedeckt mind. 3 Std und bis zu 12 Std. im Kühlschrank marinieren, dabei die Zutaten ein- bis zweimal in der Marinade wenden.

2. Den Grill für direkte starke Hitze (230–290 °C) vorbereiten.

3. Den Grillrost mit der Bürste reinigen und mit einem 30 x 40 cm großen Bogen extrastarker Alufolie bedecken. Die Tofuscheiben aus der Marinade nehmen, abtropfen lassen, anschließend nebeneinander auf die Folie legen. Die Marinade aufbewahren. Den Tofu über *direkter starker Hitze* bei geschlossenem Deckel 6–8 Min. grillen, dabei einmal wenden und ab und zu mit der Marinade bestreichen, bis beide Seiten schön gebräunt sind und der Tofu durch und durch heiß ist. Tofu auf eine Servierplatte legen, abdecken und warm halten. Die Alufolie vom Grillrost nehmen.

4. Pilze, Zucchini und Paprikastreifen aus der Marinade nehmen, abtropfen lassen und über *direkter starker Hitze* bei geschlossenem Deckel 3–4 Min. grillen, bis sie ein hübsches Grillmuster angenommen haben. Wenden, mit der restlichen Marinade bestreichen und weitere 3–4 Min. grillen, bis das Gemüse weich ist. Vom Grill nehmen und Zucchini und Paprika in mundgerechte Stücke schneiden. Gemüse und Pilze auf der Servierplatte mit dem Tofu anrichten und sofort servieren.

// Soba-Nudeln

MIT GEGRILLTEM TOFU UND ERDNÜSSEN

FÜR **4** BIS **6** PERSONEN

ZUBEREITUNGSZEIT: **30** MIN.

GRILLZEIT: **6** BIS **8** MIN.

250 g Soba-Nudeln (jap. Buchweizennudeln aus dem Asia-Laden; ersatzweise 350 g Vollkornspaghetti)
125 g geröstete Erdnüsse ohne Salz
125 g Möhren, fein geraspelt
175 g Zuckerschoten, schräg in 0,5 cm
lange Stücke geschnitten
3 Frühlingszwiebeln, nur die weißen
und hellgrünen Teile in feine Ringe
geschnitten

1 EL Sesamöl (geröstet)
1 EL Sojasauce
¼ TL Knoblauchpulver
400 g extrafester Tofu,
abgetropft, längs halbiert

// FÜR DIE SAUCE
200 g feine Erdnusscreme
4 EL gehackte frische Korianderblätter
3 EL frisch gepresster Limettensaft
3 EL Sojasauce
2 EL Sesamöl (geröstet)
1 EL fein gehackter frischer Ingwer
1 TL scharfe Chili-Knoblauch-Sauce
(z. B. Sriracha aus dem Asia-Laden)

1. Für die Nudeln einen großen Topf
Wasser aufsetzen. Den Grill für direkte
starke Hitze (230–290 °C) vorbereiten.

2. Nudeln nach Packungsanweisung
garen, in ein Sieb abgießen und unter
fließendem kaltem Wasser abspülen.
Abtropfen lassen. Nudeln mit Erdnüssen,
Möhren, Zuckerschoten und Frühlingszwiebeln in eine große Schüssel füllen.

4. Sesamöl mit Sojasauce und Knoblauchpulver in einer kleinen Schüssel verrühren. Den Tofu auf beiden Seiten damit
bestreichen.

5. Den Grillrost mit der Bürste reinigen
und mit einem 30 x 40 cm großen Bogen

extrastarker Alufolie bedecken. Die Tofu-
hälften nebeneinander auf die Folie legen
und über *direkter starker Hitze* bei geschlossenem Deckel 6–8 Min. grillen, dabei
einmal wenden, bis beide Seiten schön
gebräunt sind.

6. Während der Tofu grillt, die Zutaten für
die Sauce zusammen mit 175 ml kochendem Wasser in der Küchenmaschine, im
Mixer oder mit dem Stabmixer zu einer
glatten Sauce verarbeiten. Sauce zu den
Nudeln und dem Gemüse geben und alles
behutsam vermischen, bis die Nudeln mit
Sauce überzogen sind. Den Tofu vom Grill
nehmen, in 2,5 cm große Würfel schneiden, auf den Nudeln anrichten und sofort
servieren.

267

// Quesadillas mit Spinat

FÜR **4** PERSONEN

ZUBEREITUNGSZEIT: **15** MIN.

GRILLZEIT: **16** BIS **21** MIN.

Im unten stehenden Quesadilla-Rezept gehen Portobellos mit frischen Spinatblättern und geschmolzenem Schweizer Emmentaler eine ungewöhnlich schmackhafte Verbindung ein, flankiert von einer besonderen Aïoli mit fein gehackten Chipotle-Chilis. Wichtig ist, die Tortillas über niedriger Hitze zu grillen, damit der Käse schmelzen kann, ohne dass die Fladen verbrennen. Die Aïoli können Sie bis zu zwei Tage im Voraus zubereiten. // Im Tostadas-Rezept rechts treten die Portobellos mit einer noch größeren Vielzahl von unterschiedlichen Aromen auf und werden auch Fleischfans begeistern.

// FÜR DIE AÏOLI

125 ml Mayonnaise
2 EL frisch gepresster Limettensaft
1 EL fein gehackte Chipotle-Schoten in Adobo-Sauce (eingelegte TexMex-Chilischoten aus der Dose)
1 EL Honig
1 Knoblauchzehe, zerdrückt

// FÜR DIE QUESADILLAS

4 Riesenchampignons (Portobellos), Stiele und dunkle Lamellen entfernt
Olivenöl
400 g geriebener Emmentaler
8 Weizentortillas (20 cm Ø)
150 g zarte Spinatblätter

1. Die Zutaten für die Aïoli in einer mittelgroßen Schüssel mit dem Schneebesen verrühren. Abdecken und bis zum Servieren kalt stellen.

2. Den Grill für direkte mittlere Hitze (175–230 °C) vorbereiten.

3. Die Pilzhüte großzügig mit Öl bestreichen. Den Grillrost mit der Bürste reinigen. Die Pilze über *direkter mittlerer Hitze* bei geschlossenem Deckel in 12–15 Min. weich grillen, dabei gelegentlich wenden und bei Bedarf mit zusätzlichem Öl bestreichen, damit sie nicht austrocknen. Vom Grill nehmen und in dünne Scheiben schneiden.

4. Die Grilltemperatur auf niedrige Hitze (120–175 °C) absenken.

5. Inzwischen die Quesadillas vorbereiten. Dafür jeweils etwa 4 EL Käse auf einer Tortillahälfte verteilen, anschließend ein Viertel des Spinats und der Pilzscheiben und 4 weitere EL Käse daraufgeben. Die unbelegte Tortillahälfte über die Füllung klappen.

6. Die Tortillas außen dünn mit Öl bestreichen und über *direkter niedriger Hitze* bei geschlossenem Deckel 4–6 Min. grillen, dabei einmal wenden, bis sie auf beiden Seiten goldbraun sind. Die Quesadillas warm mit der Aïoli servieren.

FÜR **4** PERSONEN

ZUBEREITUNGSZEIT: **30** MIN.

GRILLZEIT: **12** BIS **15** MIN.

// FÜR DIE AVOCADOCREME

1 reife Avocado, das Fruchtfleisch
   gewürfelt
100 g Schmand
2 EL frisch gepresster Limettensaft

naturreines grobes Meersalz

// FÜR DIE SALSA

300 g reife Tomaten, fein gewürfelt
1 kleine rote Zwiebel, in feine Streifen
   geschnitten
1 kleine Chilischote (vorzugsweise Jalapeño), Samen entfernt, fein gehackt
2 EL fein gehackte frische Korianderblätter
1 EL Rotweinessig

4 Riesenchampignons (Portobellos),
   Stiele und dunkle Lamellen entfernt
1 große rote Zwiebel, quer in 1 cm dicke
   Scheiben geschnitten
Olivenöl
2 EL Fajita-Gewürzmischung (aus dem
   TexMex-Regal im Supermarkt oder
   siehe Bezugsquellen S. 303)
je 1 große rote und gelbe Paprikaschote,
   in 4 flache Stücke geschnitten
8 Weizentortillas (20 cm Ø)
250 g milder Cheddar (vorzugsweise
   kalifornischer Monterey Jack), gerieben

// Pilz-Tostadas

MIT AVOCADOCREME UND TOMATEN-SALSA

1. Die Zutaten für die Avocadocreme in der Küchenmaschine, im Mixer oder mit dem Stabmixer zu einem glatten Püree verarbeiten und mit Salz abschmecken. Bis zum Servieren zugedeckt kalt stellen.

2. Die Zutaten für die Salsa in einer mittel-großen Schüssel vermischen und mit Salz abschmecken. Bei Zimmertemperatur bei-seitestellen.

3. Den Grill für direkte mittlere Hitze (175–230 °C) vorbereiten.

4. Pilzhüte und Zwiebelscheiben großzü-gig mit Öl einpinseln und gleichmäßig mit der Fajita-Gewürzmischung bestreuen.

5. Den Grillrost mit der Bürste reinigen. Pilze, Zwiebel und Paprika über *direkter*

mittlerer Hitze bei geschlossenem Deckel grillen, bis die Zutaten gebräunt und weich sind, dabei gelegentlich wenden. Die Pilze benötigen 12–15 Min., die Zwiebelscheiben 8–10 Min. und die Paprikastücke 6–8 Min. Bei Bedarf die Pilze während des Grillens zusätzlich mit etwas Öl bestreichen, damit sie nicht austrocknen. Vom Grill nehmen. Die verkohlte Haut der Paprikaschoten ab-ziehen und wegwerfen, Pilze und Gemüse in kleine Stücke oder Streifen schneiden.

6. Die Tortillas über *direkte mittlere Hitze* legen und bei geöffnetem Deckel 10–20 Sek. durchwärmen. Wenden, je 4 EL Käse auf die Tortillas streuen und weitergrillen, bis der Käse schmilzt. Vom Grill nehmen. Gemüse- und Pilzstreifen, Salsa und Avocadocreme auf den Tortillas anrichten und servieren.

269

DESSERTS

Mit dem unten stehenden Rezept zaubern Sie in wenigen Minuten ein wunderbares Dessert vom Grill. Dafür sind nur eine Handvoll Zutaten nötig, darunter große reife, aber feste Pflaumen und griechischer Naturjoghurt. Er ist dicker als herkömmlicher Joghurt und mittlerweile in den meisten Supermärkten zu finden. Andernfalls lassen Sie 400 g Naturjoghurt in einem mit einem Mulltuch ausgelegten Sieb über Nacht im Kühlschrank abtropfen. // Etwas reichhaltiger ist das Dessert des Rezepts rechts, in dem zu den gegrillten Pflaumen ein Rührkuchen serviert wird. Das Maismehl im Teig verleiht ihm eine besonders feine Konsistenz, die schön mit den weichen, saftigen Pflaumen harmoniert.

// Gegrillte Pflaumen mit Honig-Zitronen-Joghurt

FÜR **6** PERSONEN

ZUBEREITUNGSZEIT: **15** MIN.

GRILLZEIT: ETWA **6** MIN.

200 g griechischer Naturjoghurt
2 EL Honig
2 TL frisch gepresster Zitronensaft
¼ TL gemahlener Kardamom

900 g große feste reife Pflaumen
Rapsöl
1 EL Zucker
5 EL grob gehackte Pistazienkerne

1. Joghurt mit Honig, Zitronensaft und Kardamom in einer kleinen Schüssel verrühren und bis zum Servieren in den Kühlschrank stellen.

2. Den Grill für direkte mittlere Hitze (175–230 °C) vorbereiten.

3. Inzwischen die Pflaumen halbieren und entkernen. Die Schnittflächen dünn mit Öl bestreichen. Den Grillrost mit der Bürste reinigen. Pflaumen mit der Schnittfläche nach unten über *direkter mittlerer Hitze* bei geöffnetem Deckel etwa 3 Min. grillen, bis sie das typische Grillmuster angenommen haben. Wenden, mit etwas Zucker bestreuen und 3 Min. weitergrillen.

4. Zum Servieren die Pflaumenhälften in Dessertschalen oder Tassen verteilen, jeweils etwas Honigjoghurt darüberlöffeln und mit Pistazienkernen bestreuen.

// Gegrillte Pflaumen mit Zitronenkuchen

FÜR **6** FÜR **8** PERSONEN

ZUBEREITUNGSZEIT: **30** MIN.

BACKZEIT: **60** BIS **70** MIN.

GRILLZEIT: ETWA **6** MIN.

ZUBEHÖR: KASTENFORM
(CA. 22 X 12 CM)

// FÜR DEN KUCHEN

150 g Mehl
1½ TL Backpulver
½ TL naturreines grobes Meersalz
125 g feines Maismehl
  (ersatzweise Speisestärke)
225 g Zucker
250 g weiche Butter
1 EL fein abgeriebene Schale von
  1 Bio-Zitrone
1 EL frisch gepresster Zitronensaft
2 TL flüssiges Vanilleextrakt
4 Eier (Größe L)
125 g griechischer Naturjoghurt

700 g große feste reife Pflaumen,
  halbiert, entkernt
Rapsöl
2 EL flüssiger Honig
¼ TL gemahlener Kardamom

250 g Sahne, gekühlt
2–3 EL Zucker

1. Backofen auf 175 °C vorheizen und das Ofengitter in der Mitte einschieben. Die Kastenform einfetten und mit Mehl bestäuben, überschüssiges Mehl abklopfen.

2. Mehl, Backpulver, Salz und Maismehl in einer mittelgroßen Schüssel vermischen. Zucker, Butter, Zitronenschale, Zitronensaft und Vanilleextrakt in eine Rührschüssel geben und mit einem Handrührgerät 2–3 Min. schaumig schlagen. Die Eier ein-

zeln gründlich unterrühren. In drei Durchgängen abwechselnd Mehlmischung und Joghurt untermengen, dabei mit dem Mehl beginnen und enden. Den Teig in die Form füllen, Oberfläche glatt streichen.

3. Den Kuchen im Ofen 60–70 Min. backen, bis er auf der Oberseite tief goldbraun ist und bei der Stäbchenprobe keine Teigreste mehr haften bleiben. In der Form auf einem Kuchengitter 15 Min. abkühlen lassen, anschließend aus der Form lösen und auskühlen lassen. Inzwischen Pflaumen und Sahne zubereiten.

4. Den Grill für direkte mittlere Hitze (175–230 °C) vorbereiten.

5. Die Schnittflächen der Pflaumen dünn mit Öl bestreichen. Den Grillrost mit der

Bürste reinigen. Die Pflaumen mit der Schnittfläche nach unten über *direkter mittlerer Hitze* bei geöffnetem Deckel etwa 6 Min. grillen, bis sie das typische Grillmuster angenommen haben und schön gebräunt sind. Nach etwa 3 Min. einmal wenden. Die Pflaumen auf einem Schneidbrett kurz abkühlen lassen, dann in vier Spalten schneiden. Pflaumen in einer mittelgroßen Schüssel behutsam mit Honig und Kardamom vermischen.

6. Die Sahne mit 2–3 EL Zucker in einer mittelgroßen Rührschüssel mit dem Handrührgerät nicht ganz steif schlagen.

7. Zum Servieren den Kuchen in 1 cm dicke Scheiben schneiden. Etwas von den Pflaumen auf jede Scheibe geben und einen Klecks Sahne darüberlöffeln.

 273

Ananasscheiben eignen sich zum Grillen besonders gut, denn sie haben ein festes Fruchtfleisch und liegen flach auf dem Grill. Warm und saftig passen sie wunderbar zu geschlagener Sahne oder Eis. Die Macadamianüsse im Rezept unten können durch geröstete Mandeln oder Erdnüsse ausgetauscht werden. // Viele der tropischen Aromen treffen auch im Rezept rechts aufeinander, etwa die Kokosnuss im Kuchen und die Ananas. An eiligen Tagen kann auch mal ein fertiger Kokoskuchen dazu gekauft werden.

// Ananas und Himbeersahne
MIT GERÖSTETEN KOKOSRASPELN

FÜR **4** PERSONEN

ZUBEREITUNGSZEIT: **15** MIN.

GRILLZEIT: **4** BIS **6** MIN.

4 EL Kokosraspeln
4 EL gehackte Macadamianüsse
125 g Sahne, gekühlt
2 EL Himbeergelee oder feine Himbeerkonfitüre
1 frische Ananas, geschält, das Fruchtfleisch in 1–1,5 cm dicke ganze Scheiben geschnitten

1. Den Grill für direkte mittlere Hitze (175–230 °C) vorbereiten.

2. Die Kokoraspeln in einer kleinen Pfanne auf kleiner Stufe etwa 3 Min. rösten. Nicht aus den Augen lassen, denn sie brennen schnell an. In eine kleine Schüssel umfüllen. In derselben Pfanne die Nüsse in etwa 3 Min. goldbraun rösten, dabei die Pfanne gelegentlich rütteln. Nüsse mit den Kokosraspeln in der Schüssel vermischen.

3. In einer mittelgroßen Schüssel die Sahne mit dem Handrührgerät etwa 2 Min. schlagen. Gelee oder Konfitüre hinzufügen und 2–3 Min. weiterschlagen, bis die Sahne weiche Spitzen bildet.

4. Den Grillrost mit der Bürste reinigen. Die Ananasscheiben über *direkter mittlerer Hitze* bei geöffnetem Deckel 4 bis 6 Min. grillen, bis sie das typische Grillmuster angenommen haben, dabei einmal wenden. Vom Rost nehmen und in mundgerechte Stücke schneiden.

5. Ananasstücke in Dessertschalen anrichten, jeweils etwas Himbeersahne daraufgeben und mit Kokosraspeln und Nüssen bestreut servieren.

274

// Ananas und Kokoskuchen

MIT HIMBEERSAUCE

FÜR 6 PERSONEN

ZUBEREITUNGSZEIT: 40 MIN.

BACKZEIT: ETWA 50 MIN.

GRILLZEIT: 4 BIS 6 MIN.

ZUBEHÖR: KASTENFORM
(CA. 22 X 12 CM)

// FÜR DEN KUCHEN

150 g Mehl, mit 30 g Speisestärke
vermischt
¼ TL Backpulver
½ TL naturreines grobes Meersalz
125 ml Buttermilch
4 EL Schmand
170 g weiche Butter
170 g Zucker
2 Eier (Größe L), raumtemperiert
45 g Kokosraspeln, leicht geröstet

// FÜR DIE SAUCE

250 g frische Himbeeren
3 EL dunkler Vollrohrzucker
2 EL Aceto balsamico
2 TL Speisestärke

1 frische Ananas, geschält, das Fruchtfleisch in 1–1,5 cm dicke ganze Scheiben
geschnitten

1. Den Backofen auf 175 °C vorheizen.
Die Kastenform dünn einfetten.

2. Mehl mit Backpulver und Salz in eine
kleine Schüssel sieben. In einer zweiten
kleinen Schüssel Buttermilch und Schmand
verrühren.

3. In einer großen Schüssel Butter und
Zucker mit dem Handrührgerät auf mittlerer Stufe etwa 5 Min. schaumig schlagen.
Die Eier einzeln gründlich unterrühren.
Abwechselnd Mehl- und Buttermilch-
mischung untermengen, bis ein glatter
Teig entstanden ist, dabei mit der Mehlmischung beginnen und enden. Kokosraspeln unterheben. Teig in die Form füllen
und glatt streichen. Im Ofen etwa 50 Min.
backen, bis bei der Stäbchenprobe keine
Teigreste mehr haften bleiben. Aus dem
Ofen nehmen, 15 Min. in der Form abkühlen lassen, dann aus der Form lösen und
sechs je 2 cm dicke Stücke abschneiden.

4. Den Grill für direkte mittlere Hitze
(175–230 °C) vorbereiten.

5. Die Zutaten für die Himbeersauce im
Mixer oder mit dem Stabmixer pürieren.
Das Püree in einem kleinen Topf auf
mittlerer Stufe etwa 3 Min. einkochen
lassen. Durch ein feines Sieb passieren,
Himbeerkerne wegwerfen. Sauce bis
zum Servieren beiseitestellen.

6. Den Grillrost mit der Bürste reinigen.
Die Ananasscheiben über *direkter mittlerer Hitze* bei geöffnetem Deckel 4 bis
6 Min. grillen, bis sie das typische Grillmuster angenommen haben, dabei einmal
wenden. In den letzten 2 Min. die Kuchenstücke auf den Rost legen, bis sie leicht
gemustert sind, dabei einmal wenden.
Ananas und Kuchen vom Grill nehmen,
Ananas in kleine Stücke schneiden.

7. Die Kuchenstücke auf Desserttellern
mit Ananas und Himbeersauce anrichten
und servieren.

In den USA zählen *fruit pies à la mode,* warme Obstkuchen mit Eiscreme, zu den beliebtesten Sommerdesserts. Das unten stehende Rezept wandelt diesen Klassiker in einen Eisbecher um, der denselben Genuss ohne viel Arbeit garantiert. Weiche, warme saftige Aprikosen und zerkrümelte mürbe Butterkekse stehen für den Obstkuchen, der mit Eiscreme und Karamellsauce gekrönt wird. // Etwas aufwendiger sind die Aprikosentörtchen im Rezept rechts, die so professionell aussehen, als hätte man sie in der Konditorei gekauft. Fertige Blätterteigpasteten helfen Zeit zu sparen für ein Dessert, das mit einer selbst gemachten und mit Aprikosennektar verfeinerten Karamellsauce eine unwiderstehliche Sommernote auf den Tisch bringt. Die Karamellsauce benötigt etwas Aufmerksamkeit, aber sie lässt sich gut im Voraus vorbereiten, sodass es am Ende ganz schnell geht.

// Eisbecher mit Aprikosen vom Grill
UND KARAMELLSAUCE

FÜR **6** PERSONEN

ZUBEREITUNGSZEIT: **15** MIN.

GRILLZEIT: **6** BIS **8** MIN.

250 ml plus 2 EL Karamellsauce
(Fertigprodukt)
2 EL Whisky oder Rum
6 reife, aber feste Aprikosen,
längs halbiert, entkernt
2 EL Butter, zerlassen
Vanilleeis (12 Kugeln)
6 EL grob zerkrümeltes Shortbread
(mürbe Butterkekse)
4 EL Mandelblätter, geröstet, gehackt

1. Den Grill für direkte mittlere Hitze (175–230 °C) vorbereiten.

2. Die Karamellsauce mit Whisky oder Rum in einer mittelgroßen Schüssel verrühren und beiseitestellen. In einer zweiten mittelgroßen Schüssel die Aprikosen mit der geschmolzenen Butter vermischen.

3. Den Grillrost mit der Bürste reinigen. Die Aprikosen mit der Schnittfläche nach unten über **direkter mittlerer Hitze** bei geschlossenem Deckel 6–8 Min. grillen, bis sie durch und durch heiß sind, dabei einmal wenden.

4. In sechs Dessertschalen je 2 gegrillte Aprikosenhälften auf 2 Kugeln Vanilleeis anrichten, mit 2–3 EL Karamellsauce beträufeln und 2 EL Kekskrümel darüberstreuen. Mit Mandelblättern garnieren und servieren.

FÜR **6** PERSONEN

ZUBEREITUNGSZEIT: **15** MIN.,
PLUS ETWA **25** MIN. FÜR DIE
KARAMELLSAUCE UND DIE PASTETEN

GRILLZEIT: **6** BIS **8** MIN.

ZUBEHÖR: BACKPINSEL

// FÜR DIE KARAMELLSAUCE
200 g Zucker
125 g Sahne
125 ml Aprikosennektar
2 EL Butter
½ TL flüssiges Vanilleextrakt

125 g Mascarpone
1 EL Puderzucker

6 Blätterteigpasteten
(etwa 300 g; Fertigprodukt)

9 reife, aber feste Aprikosen,
längs halbiert, entkernt
2 EL Butter, zerlassen
¼ TL gemahlene Muskatnuss
3 EL Mandelblättchen, geröstet, gehackt

1. Den Grill für direkte mittlere Hitze
(175–230 °C) vorbereiten. Den Backofen
auf 200 °C vorheizen.

2. Für die Karamellsauce den Zucker mit
3 EL Wasser in einem mittelgroßen Topf
mit schwerem Boden vermischen. Auf
hoher Stufe unter ständigem Rühren erhitzen, bis sich der Zucker aufgelöst hat.
Ohne zu rühren 3–5 Min. einkochen lassen,
dabei den Topf gelegentlich schwenken
und mit einem in kaltes Wasser getauch-
ten Backpinsel an den Topfrändern
haftende Zuckerkristalle immer wieder
nach unten streichen, bis ein helldunkler,
bernsteinfarbener Karamell entstanden
ist, der ein intensives, aber kein bitteres
Aroma hat. Den Zuckersirup dabei stets
gut im Auge behalten, denn sobald er

// Aprikosen-Mascarpone-Törtchen
MIT KARAMELLSAUCE

Farbe annimmt, karamellisiert er rasch.
Den Topf vom Herd nehmen.

3. Sahne mit dem Aprikosennektar verrühren und in einem kleinen Topf auf mittlerer bis kleiner Stufe sehr heiß werden
lassen, aber nicht aufkochen. Die heiße
Sahnemischung vorsichtig in den Topf mit
dem Karamell gießen, dabei wird es kräftig blubbern und es werden sich gegebenenfalls Klumpen bilden. Den Topf mit
der Karamellsahne auf mittlere bis kleine
Stufe stellen und unter ständigem Rühren
etwa 1 Min. erhitzen, bis sich alle Klumpen
aufgelöst haben. Anschließend etwa
3 Min. sanft köcheln lassen und gelegentlich umrühren, bis die Karamellsahne leicht
reduziert ist. Vom Herd nehmen. 2 EL
Butter mit dem Schneebesen unterschlagen und die Vanille einrühren. Bei Zimmertemperatur abkühlen lassen, dabei dickt
die Karamellsauce noch etwas ein.

4. Mascarpone und Puderzucker in einer
kleinen Schüssel gründlich verrühren und
beiseitestellen.

5. Blätterteigpasteten nach Packungsanweisung 3–5 Min. im vorgeheizten Backofen knusprig aufbacken. Etwas abkühlen
lassen, dann die eingebackenen Deckel
mit einem spitzen Messer behutsam herauslösen (und anderweitig verwenden).
Pasteten auskühlen lassen.

6. Inzwischen Aprikosen mit flüssiger
Butter und Muskatnuss in einer großen
Schüssel vermischen. Den Grillrost mit der
Bürste reinigen. Die Aprikosen mit den
Schnittflächen nach unten über *direkter
mittlerer Hitze* bei geschlossenem Deckel
6–8 Min. grillen, bis sie durch und durch
heiß sind, dabei einmal wenden. Vom Grill
nehmen und die Aprikosenhälften längs
halbieren.

7. Die Pasteten jeweils auf einen Dessert-
teller stellen und mit etwas Mascarpone
füllen. Pasteten mit je 6 Aprikosenspalten
anrichten und die Karamellsauce über
und um die Pasteten gießen. Die Törtchen
mit gerösteten Mandeln bestreuen und
sofort servieren.

Für beide Rezepte sollten Sie unbedingt nach festen, aber reifen Pfirsichen Ausschau halten, dann gelingen die Desserts am besten. Andernfalls ersetzen Sie die Pfirsiche durch reife Aprikosen. Das Rezept unten erfordert dann nur noch ein wenig Aufmerksamkeit beim Karamellisieren, damit die Zucker-Butter-Mischung in den Pfirsichhälften nicht zu dunkel wird. // Die Pfirsichtarte rechts wird idealerweise in einer 30 cm großen Gusseisenpfanne gebacken. Sollte Ihre Pfanne etwas kleiner sein, müssen Sie nur den Teig am Pfannenrand etwas weiter nach oben drücken.

// Karamellisierte Pfirsiche

MIT KÄSE UND MANDELN

FÜR **4** PERSONEN

ZUBEREITUNGSZEIT: **10** MIN.

GRILLZEIT: **8** BIS **10** MIN.

50 g dunkler Vollrohrzucker
2 EL Butter, zerlassen
4 reife Pfirsiche, halbiert, entkernt
2 EL Öl
150 g Brie, in acht etwa 0,5 cm dicke
    Scheiben geschnitten
2 EL gehackte Mandeln, geröstet

1. Den Grill für direkte mittlere Hitze (175–230 °C) vorbereiten.

2. Den Zucker mit der flüssigen Butter in einer kleinen Schüssel vermischen.

3. Die Pfirsichhälften dünn mit Öl bestreichen. Den Grillrost mit der Bürste reinigen. Die Pfirsichhälften mit den Schnittflächen nach unten über *direkter mittlerer Hitze* bei geschlossenem Deckel 5–6 Min. grillen, bis sie gut gebräunt sind und etwas weich werden. Pfirsiche wenden, mit einem Löffel die Butter-Zucker-Mischung auf den Pfirsichhälften verteilen und die Pfirsiche 3–4 Min. weitergrillen, bis sie weich sind.

4. Pfirsiche vom Grill nehmen. Je 2 Pfirsichhälften mit der Schnittfläche nach oben in einer Dessertschale anrichten und jeweils mit 1 Scheibe Käse belegen. Der Käse schmilzt, während die Pfirsiche etwa 5 Min. abkühlen. Mit den gerösteten Mandeln bestreuen und servieren.

// Pfirsichtarte aus der Pfanne
MIT KARDAMOM

FÜR **8** BIS **10** PERSONEN

ZUBEREITUNGSZEIT: **30** MIN.

GRILLZEIT: **1** BIS **1¼** STD.

ZUBEHÖR: GUSSEISERNE PFANNE
(30 CM Ø)

// FÜR DEN TEIG
4 EL Mandelkerne, geröstet
180 g Mehl
100 g Zucker
½ TL gemahlener Kardamom
½ TL naturreines grobes Meersalz
125 g kalte Butter, in Stücke geschnitten
1 Ei (Größe L)

// FÜR DIE FÜLLUNG
60 g Mehl
100 g dunkler Vollrohrzucker
1 TL gemahlener Kardamom
900 g reife, aber feste Pfirsiche,
    in schmale Spalten geschnitten

1. Für den Teig Mandeln in der Küchenmaschine fein mahlen. Mehl, Zucker, Kardamom und Salz hinzufügen und alles vermischen. Die Butterstücke dazugeben und mixen, bis der Teig wie feinste Streuseln aussieht. Bei laufendem Motor das Ei unterrühren und weitermixen, bis sich der Teig von den Wänden der Schüssel löst.

2. Teig mit einem Löffel in die Gusseisenpfanne geben. Mit leicht bemehlten Händen die Pfanne gleichmäßig mit dem Teig auskleiden, dabei mit den Fingerspitzen den Teig fest auf den Pfannenboden drücken und am Rand 3–4 cm hochziehen.

3. Den Grill für indirekte mittlere Hitze (175–230 °C) vorbereiten.

4. Für die Füllung Mehl, Zucker und Kardamom in einer großen Rührschüssel vermischen. 30 g davon abmessen und beiseitestellen. Die Pfirsichspalten zur Mehl-Zucker-Mischung in die Schüssel geben und gründlich vermengen.

5. Den Teig in der Pfanne mit der abgemessenen Mehl-Zucker-Mischung bestreuen, dann die bemehlten Pfirsichspalten gleichmäßig auf dem Teig verteilen.

6. Den Grillrost mit der Bürste reinigen. Die Pfanne über *indirekte mittlere Hitze* stellen, den Deckel schließen und die Tarte 60–75 Min. backen, bis sie goldgelb ist und die Füllung eingedickt ist. Vom Rost nehmen und mind. 30 Min. abkühlen lassen. In Stücke teilen und servieren.

Wenn Beeren gerade Saison haben, sollten sie den französischen, sehr köstlichen *clafoutis* unbedingt probieren. Anstelle von Heidelbeeren und Himbeeren können auch alle anderen Beeren verwendet werden. // Der Beerenauflauf im Rezept rechts ist nicht weniger köstlich, nur die Zubereitung der Englischen Creme könnte zur Herausforderung werden: Die Eiersahne muss nämlich lang genug kochen, damit sie dickflüssig wird, darf aber nicht überhitzt werden, da sie sonst gerinnt. Wenn Sie für Abenteuer dieser Art keine Muße haben, servieren Sie den Beerenauflauf einfach mit Vanilleeis.

FÜR **6** BIS **8** PERSONEN

ZUBEREITUNGSZEIT: **15** MIN.

GRILLZEIT: **35** BIS **45** MIN.

ZUBEHÖR: SPRINGFORM (28 CM Ø)

1 Bio-Zitrone
150 g frische Heidelbeeren
125 g frische Himbeeren
2 EL Orangenlikör (vorzugsweise Grand Marnier)

5 EL weiche Butter
100 g plus 1 EL Zucker
¼ TL gemahlener Kardamom
2 Eier (Größe L)
2 Eiweiß (Größe L)
120 g Mehl
2 EL Puderzucker (nach Belieben)

// Clafoutis mit Sommerbeeren

1. Den Grill für indirekte mittlere Hitze (190 °C) vorbereiten. Die Springform großzügig einfetten.

2. Schale der Zitrone fein abreiben und beiseitestellen. 2 TL Zitronensaft auspressen, mit den Beeren und dem Likör in eine mittelgroße Schüssel geben. Behutsam vermischen und beiseitestellen.

3. Butter, 100 g Zucker, Zitronenschale und Kardamom in einer großen Rührschüssel mit dem Handrührgerät in etwa 3 Min. cremig rühren. Eier und Eiweiße etwa 1 Min. unterrühren, bis sie sich mit den anderen Zutaten verbunden haben. An der Schüsselwand haftende Reste mit einem Teigschaber nach unten streichen, das Mehl einstreuen und etwa 30 Sek. mit dem Handrührgerät untermixen.

4. Teig in der eingefetteten Springform verstreichen. Mit einem Schaumlöffel die Beeren aus der Flüssigkeit in der Schüssel heben und gleichmäßig auf dem Teig verteilen. Restliche Flüssigkeit in der Schüssel mit 1 EL Zucker vermischen und über die Beeren träufeln.

5. Den Grillrost mit der Bürste reinigen. Den Kuchen über *indirekter mittlerer Hitze* bei geschlossenem Deckel und möglichst konstanten 190 °C 35–45 Min. backen, bis er ein helles Goldgelb angenommen hat (erste Garprobe bereits nach 30 Min. machen). Die Form mit isolierten Grillhandschuhen vorsichtig vom Rost heben und den Kuchen 10 Min. abkühlen lassen. Clafoutis aus der Form nehmen und vor dem Servieren nach Belieben mit Puderzucker bestäuben.

FÜR **6** BIS **8** PERSONEN

ZUBEREITUNGSZEIT: **30** MIN.

GRILLZEIT: **35** BIS **40** MIN.

ZUBEHÖR: GUSSEISERNE PFANNE
(25 CM Ø)

// FÜR DIE BEEREN

150 g Zucker
2 EL Speisestärke
¼ TL gemahlener Zimt
¼ TL gemahlener Kardamom
300 g frische Heidelbeeren
125 g frische Himbeeren
150 g frische Erdbeeren, in feine
   Scheiben geschnitten

// FÜR DIE STREUSELN

30 g plus 2 EL Mehl
3 EL heller Vollrohrzucker
½ TL gemahlener Zimt
2 EL kalte Butter, in Stücke geschnitten

// FÜR DIE ENGLISCHE CREME

4 Eigelb (Größe L)
75 g Zucker
250 g Sahne
2 TL flüssiges Vanilleextrakt

*Die Englische Creme ist fertig, wenn Sie
mit der Fingerspitze auf dem Holzlöffel
eine »Straße« ziehen können.*

// Knuspriger Beerenauflauf
MIT ENGLISCHER CREME

1. Den Grill für indirekte mittlere Hitze
(200 °C) vorbereiten.

2. Für die Beeren Zucker, Speisestärke,
Zimt und Kardamom in einem mittelgroßen Topf vermischen. Langsam 175 ml
Wasser einrühren und auf mittlerer Stufe
unter ständigem Rühren aufkochen. Den
Topf vom Herd nehmen. Beeren in die
gusseiserne Pfanne geben und mit dem
Zuckerwasser übergießen. Den Grillrost
mit der Bürste reinigen. Die Beeren in der
Pfanne über *indirekter mittlerer Hitze* bei
geschlossenem Deckel etwa 10 Min. garen.

3. Inzwischen für die Streuseln Mehl,
Zucker und Zimt in einer mittelgroßen
Schüssel vermischen. Mit einer Gabel die
kalten Butterstückchen in das Mehl einarbeiten, bis feine Streuseln entstehen.
Pfanne vorsichtig vom Grill nehmen, Beeren mit den Streuseln bestreuen, anschließend über *indirekter mittlerer Hitze* bei

geschlossenem Deckel und möglichst
konstanten 200 °C 25–30 Min. backen,
bis die Beerenmischung kräftig köchelt
und die Streuseln Farbe annehmen. Vom
Grill nehmen und 15 Min. abkühlen lassen.

4. Für die Creme Eigelb und Zucker in
einer zweiten mittelgroßen Schüssel mit
dem Schneebesen cremig aufschlagen.
Die Sahne in einem mittelgroßen Topf auf
mittlerer Stufe bis kurz vor dem Siedepunkt erhitzen (am Rand bilden sich erste
Bläschen). Die Hälfte der heißen Sahne
unter Rühren in die aufgeschlagene Eimasse gießen, anschließend die Eiersahne
unter Rühren mit einem Holzlöffel zur restlichen heißen Sahne in den Topf gießen
und 1–2 Min. kochen lassen, bis die Sauce
so dickflüssig ist, dass sie den Rücken des
Holzlöffels überzieht. Vom Herd nehmen
und die Vanille unterrühren. Knusper-
beeren in Schälchen anrichten, Englische
Creme darüberlöffeln und servieren.

Wenn Sie ein absolut sicheres Rezept für ein Dessert vom Grill mit minimalem Aufwand benötigen, dann sollten Sie sich an das Rezept unten halten: gegrillte Bananen in warmer Karamellsauce mit Eiscreme, Schokostreuseln und Pecannüssen. Praktisch ist es, wenn Sie die Eiskugeln schon im Voraus formen und bis zum Servieren auf einem mit Frischhaltefolie abgedeckten Backblech im Tiefkühler aufbewahren. // Der Pudding im Rezept rechts sollte mindestens 8 Stunden im Voraus zubereitet werden, damit er, wenn die Himbeersauce fertig ist und die Bananen gegrillt sind, schön fest ist.

// Warmer Eis-Bananen-Becher
MIT SCHOKOSTREUSELN

1. Den Grill für direkte mittlere Hitze (175–230 °C) vorbereiten.

2. Zwei 30 cm lange Stücke extrastarke Alufolie bereitlegen. Die Scheiben von 1 Banane jeweils in die Mitte eines Folienstücks geben, je 4 EL Zucker darüberstreuen und mit je 2 EL Sahne sowie 2 EL Brandy, Whisky oder Orangensaft beträufeln. Die Alufolie an den seitlichen Rändern über die Bananen schlagen und die Enden fest zusammenfalten, damit nichts auslaufen kann.

3. Den Grillrost mit der Bürste reinigen. Die Folienpäckchen mit den zusammengefalteten Enden nach oben über *direkter mittlerer Hitze* bei geschlossenem Deckel 5–7 Min. grillen, bis der Zucker geschmolzen ist und die Flüssigkeit in den Päckchen köchelt (zur Garprobe ein Päckchen vorsichtig öffnen). Die Päckchen vom Grill nehmen und auf einem Backblech etwa 5 Min. abkühlen lassen.

4. Je 2 Kugeln Eiscreme in vier Dessertschalen setzen. Die Folienpäckchen mit einer Schere aufschneiden und die heißen Bananen samt Flüssigkeit auf dem Eis anrichten. Mit Schokolade und Nüssen bestreuen und sofort servieren.

FÜR **4** PERSONEN

ZUBEREITUNGSZEIT: **15** MIN.

GRILLZEIT: **5** BIS **7** MIN.

2 Bananen, geschält, quer in 1–1,5 cm dicke Scheiben geschnitten
8 EL dunkler Vollrohrzucker
4 EL Sahne
4 EL Brandy oder Whisky oder frisch gepresster Orangensaft
Vanilleeis (8 Kugeln)
30 g Zartbitterschokolade, fein geraspelt
40 g Pecannusskerne, fein gehackt

FÜR **6** PERSONEN

ZUBEREITUNGSZEIT: **20** MIN.

KÜHLZEIT: MIND. **8** STD.

GRILLZEIT: **2** BIS **3** MIN.

ZUBEHÖR: 6 SOUFFLÉ- ODER PUDDING-FÖRMCHEN (175 ML INHALT)

// FÜR DEN PUDDING
2¼ TL gemahlene Gelatine
350 g Sahne
175 ml Milch
4 EL Zucker
175 g Zartbitterschokolade,
   in kleine Stücke gehackt
½ TL flüssiges Vanilleextrakt

300 g Himbeerkonfitüre
3 Bananen
Öl

// Schokoladenpudding
MIT GEGRILLTEN BANANEN

1. Gelatine in einer kleinen Schüssel in 4 EL Wasser 5 Min. einweichen.

2. Sahne, Milch und Zucker in einem mittelgroßen Topf auf mittlerer Stufe bis zum Siedepunkt erhitzen und den Zucker dabei unter Rühren auflösen. Vom Herd nehmen, das Gelatinewasser hineingießen und gut 2 Min. rühren, bis sich die Gelatine vollständig aufgelöst hat. Schokolade in eine mittelgroße hitzefeste Schüssel geben und die heiße Puddingmasse darübergießen. 3 Min. ruhen lassen, dann mit einem Schneebesen die Schokolade mit der Puddingsmasse verrühren, bis sie vollständig geschmolzen ist. Vanilleextrakt einrühren und den Pudding auf Zimmertemperatur abkühlen lassen.

3. Pudding auf die Förmchen verteilen, auf ein Backblech stellen und die Förmchen locker mit Frischhaltefolie abdecken. Mind. 8 Std. und bis zu 24 Std. kalt stellen.

4. Himbeerkonfitüre in einem kleinen Topf auf mittlerer Stufe unter Rühren erhitzen, bis sie warm und flüssig ist. Durch ein feines Sieb in eine Schüssel passieren, dabei mit dem Rücken eines Löffels kräftig durch das Sieb drücken, bis nur noch die Kerne zurückbleiben. Beiseitestellen.

5. Den Grill für direkte mittlere Hitze (175–230 °C) vorbereiten.

6. Bananen längs halbieren, aber nicht schälen. (In der Schale behalten sie auf dem Grill ihre Form.) Die Schnittflächen der Bananen dünn mit Öl bestreichen. Den Grillrost mit der Bürste reinigen. Bananen mit den Schnittflächen nach unten über *direkter mittlerer Hitze* bei geöffnetem Deckel 2–3 Min. grillen, bis sie das typische Grillmuster angenommen haben und warm, aber nicht zu weich sind. Vom Grill nehmen, aus der Schale lösen und in 1 cm breite Stücke schneiden.

7. Den Schokoladenpudding mit warmen Bananenstücken und Himbeersauce anrichten und servieren.

Brot und Schokolade bilden ein perfektes Dessertgespann, das man viel zu selten antrifft. Sowohl für die Sandwiche als auch für das Schokoladenfondue sollten Sie allerdings nur hochwertige Zartbitterschokolade verwenden, da der Genuss sonst gemindert wird. Wenn Sie bittere Schokolade nicht mögen oder die Sandwiche für Kinder machen, ersetzen Sie sie durch Vollmilchschokolade, und statt der Marmelade nehmen Sie Erdnusscreme. Die Brote werden über niedriger Hitze gegrillt, Sie können also nach der Zubereitung des Hauptgerichts die abklingende Glut für dieses Dessert nutzen. // Die gerösteten Brotwürfel für das Schokofondue rechts werden zuvor in Olivenöl gewendet und nicht in Butter. Eine raffinierte, aber ungemein harmonische Geschmackskombination.

// Gegrillte Schokosandwiche

FÜR **4** BIS **8** PERSONEN

ZUBEREITUNGSZEIT: **5** MIN.

GRILLZEIT: **4** BIS **5** MIN.

8 große Scheiben (16 x 10 cm) rustikales
   Weißbrot, je etwa 1 cm dick
2 EL plus 2 TL Orangenmarmelade
200 g Zartbitterschokolade,
   in kleine Stücke gehackt
100 g Butter, zerlassen
2 EL Puderzucker

1. Den Grill für direkte mittlere bis niedrige Hitze (etwa 175 °C) vorbereiten.

2. Vier Brotscheiben auf einer Arbeitsfläche auslegen und mit je 2 TL Marmelade bestreichen. Die Scheiben mit je einem Viertel Schokoladenstückchen belegen und mit den restlichen Brotscheiben bedecken. Die Sandwiche auf beiden Seiten mit der Butter bestreichen.

3. Den Grillrost mit der Bürste reinigen. Die Sandwiche über *direkter mittlerer bis niedriger Hitze* bei geschlossenem Deckel 4–5 Min. grillen, dabei einmal wenden, bis sie auf beiden Seiten goldbraun und knusprig sind und die Schokolade geschmolzen ist. Sandwiche vom Grill nehmen und etwa 1 Min. ruhen lassen. Mit einem Messer quer in drei Stücke schneiden, mit Puderzucker bestäuben und warm servieren.

// Schokoladenfondue
MIT GERÖSTETEN BROTWÜRFELN UND BIRNEN

FÜR **6** PERSONEN

ZUBEREITUNGSZEIT: **20** MIN.

GRILLZEIT: **3** BIS **5** MIN.

// FÜR DAS FONDUE
200 g Zartbitterschokolade, in kleine
   Stücke gehackt
125 g Sahne
1 EL Orangenlikör (vorzugsweise
   Grand Marnier) oder Whisky oder
   2 TL flüssiges Vanilleextrakt

3 reife Birnen
4 EL Olivenöl
fein abgeriebene Schale von 1 großen
   Bio-Orange
200 g rustikales Weißbrot, in 4 cm
   große Würfel geschnitten
1 TL Fleur de Sel (feines franz. Meersalz)

// Das Fondue lässt sich problemlos im Voraus zubereiten: Heiße Schokosahne auf Zimmertemperatur abkühlen lassen und in einem luftdichten Behälter bis zu einer Woche im Kühlschrank aufbewahren. Zum Servieren in einem Topf auf kleiner Stufe unter Rühren erhitzen oder für 3–5 Min. auf kleiner Stufe in die Mikrowelle geben, dabei nach 2 Min. einmal durchrühren.

1. Die Schokolade in eine mittelgroße Schüssel geben. Die Sahne in einem kleinen Topf bis zum Siedepunkt erhitzen. Die heiße Sahne zur Schokolade gießen und die Mischung glatt rühren. Orangenlikör, Whisky oder Vanilleextrakt unterrühren und warm halten.

2. Die Birnen längs halbieren, entkernen und jede Hälfte in 3 Spalten schneiden.

3. Den Grill für direkte starke Hitze (230–290 °C) vorbereiten.

4. Das Öl mit der Orangenschale in einer großen Schüssel verrühren. Brotwürfel behutsam mit dem Öl vermischen.

5. Den Grillrost mit der Bürste reinigen. Die Brotwürfel über *direkter starker Hitze* bei geöffnetem Deckel in 3–5 Min. goldbraun und knusprig rösten, dabei ab und zu wenden. Vom Grill nehmen und mit Fleur de Sel bestreuen.

6. Das warme Schokofondue in kleinen Schalen servieren, dazu Brotwürfel und Birnenspalten zum Dippen reichen.

// Chocolate Brownies

Zum krönenden Abschluss des Kapitels finden Sie hier die Rezepte für zwei der weltweit beliebtesten und köstlichsten Desserts. Beide Kuchen sollten einige Stunden im Voraus zubereitet werden. Hier wie da wird der gehaltvolle Schokoladengeschmack durch ein feines Orangenaroma ergänzt. // Sollten Sie aufgrund der längeren Zubereitungsdauer des Schokokuchens rechts keine Zeit mehr für die Glasur haben, ersetzen Sie sie durch Sahne.

1. Den Grill für indirekte mittlere Hitze (etwa 175 °C) vorbereiten. Die Backform großzügig einfetten.

2. Kakao, Mehl, Salz und Backpulver in eine mittelgroße Schüssel sieben. Die Eier in einer zweiten mittelgroßen Schüssel mit einem Holzlöffel verrühren, dann Zucker, Vanille- und Orangenextrakt einrühren. Langsam die flüssige Butter zugießen und gründlich unterrühren.

3. Das gesiebte Kakao-Mehl zur Eiermasse geben und rühren, bis ein feuchter, glatter Teig entsteht.

4. Teig in die Backform füllen und glatt streichen. Die Marmelade gleichmäßig verteilt in den Teig tropfen lassen, dabei einen 1 cm breiten äußeren Rand aussparen. Mit der Spitze eines Messer die Marmeladentropfen jeweils kreuz und quer durch den Teig ziehen.

FÜR **8** PERSONEN

ZUBEREITUNGSZEIT: **15** MIN.

GRILLZEIT: **25** BIS **35** MIN.

ZUBEHÖR: QUADRATISCHE BACKFORM (20 X 20 CM)

90 g ungesüßtes Kakaopulver
60 g Mehl
¼ TL naturreines grobes Meersalz
¼ TL Backpulver
2 Eier (Größe L)
100 g Zucker
½ TL flüssiges Vanilleextrakt
½ TL flüssiges Orangenextrakt
   (Bezugsquelle siehe S. 303)
125 g Butter, zerlassen, etwas abgekühlt
3 EL Orangenmarmelade

5. Die Backform über *indirekte mittlere Hitze* stellen und den Teig bei geschlossenem Deckel und möglichst konstanten 175 °C 25–35 Min. backen, bis er sich am Rand ein wenig von der Form löst und bei der Stäbchenprobe keine Teigreste mehr haften bleiben. Die Backform vorsichtig vom Grill heben, den Kuchen in der Form 15 Min. abkühlen lassen, anschließend in 16 quadratische Brownies schneiden.

// Schokoladenkuchen
MIT ORANGENGLASUR

FÜR **8** PERSONEN

ZUBEREITUNGSZEIT: **30** MIN.

GRILLZEIT: **40** BIS **50** MIN.

ZUBEHÖR: RUNDE SPRINGFORM
(22 CM Ø)

// FÜR DEN KUCHEN
300 g Zucker
135 g ungesüßtes Kakaopulver
200 g Mehl
1 TL Küchennatron
1 TL Backpulver
¼ TL naturreines grobes Meersalz
3 Eier (Größe L)
250 ml Buttermilch
200 g Schmand
100 g Butter, zerlassen, etwas abgekühlt

// FÜR DIE GLASUR
1 Bio-Orange
125 g Puderzucker

1. Den Grill für indirekte mittlere Hitze (etwa 190 °C) vorbereiten.

2. Die runde Springform einfetten, den Boden mit Backpapier auslegen.

3. Zucker, Kakao, Mehl, Natron, Backpulver und Salz in eine mittelgroße Schüssel sieben. Beiseitestellen.

4. Die Eier mit den Rührbesen eines Handrührgeräts auf mittlerer Stufe etwa 1 Min. schaumig schlagen. Buttermilch und Schmand hinzufügen und gut unterrühren. Langsam die Zucker-Mehl-Mischung hinzufügen und jeweils unterschlagen. Die flüssige Butter nach und nach von Hand einrühren und vollständig einarbeiten.

5. Den Teig in die Springform gießen und glatt streichen. Über *indirekter mittlerer Hitze* bei geschlossenem Deckel und möglichst konstanten 175 °C den Teig 40–50 Min. backen, bis er sich am Rand ein wenig von der Form löst und bei der Stäbchenprobe keine Teigreste mehr haften bleiben. Form mit Grillhandschuhen vom Rost heben und den Kuchen in der Form auskühlen lassen. Auf eine Kuchenplatte stürzen und die Glasur vorbereiten.

6. Die Schale der Orange fein abreiben und beiseitestellen. 3 EL Saft aus der Orange pressen. Den Puderzucker mit 2 EL Orangensaft glatt rühren, bei Bedarf den restlichen Saft hinzufügen, sodass eine streichfähige Glasur entsteht. Die Orangenschale unterrühren.

7. Die Oberfläche des Schokokuchens mit der Glasur bestreichen und den Kuchen bis zum Servieren kalt stellen.

ZUM NACHSCHLAGEN

// Wartung des Grills

Das bisschen Fürsorge, die Sie Ihrem Grill angedeihen lassen, wird er Ihnen auf Jahre hinaus danken. Wartung ist wichtig! Jedes Mal, wenn Sie den Grill verwenden, sollten Sie den Grillrost reinigen: Wenn der Grill sehr heiß ist (unmittelbar vor oder nach dem Grillen), bürstet man den Rost mit einer lang-stieligen Stahlbürste ab – auch zwischen den Streben!

Monatliches Wartungsprogramm für den Gasgrill

1. Wenn der Grill warm, aber nicht heiß ist, mit einem Schwamm und milder Seifenlauge den Deckel innen abwischen, um hartnäckige Rußablagerungen zu verhindern.

2. Nehmen Sie den Grillrost ab und bürsten Sie die Metallstangen, die die Seitenbrenner abschirmen. Am besten verwenden Sie eine gute Bürste, wie die, die Sie für den Grillrost verwenden. Das verhindert die Flammenbildung. (Wenn Sie wie ich oft grillen, empfiehlt sich eine häufigere Reinigung.)

3. Die Brennerrohre vorsichtig mit einer Stahlbürste reinigen. Dabei mit der Bürste seitlich an den Brennerrohren entlang-bürsten. Ein zu festes Bearbeiten mit der Bürste kann die Rohrmündungen aller-dings beschädigen.

4. Mit einem Kunststoffspachtel oder Teigschaber die Fettablagerungen aus dem Grillbecken kratzen. Wenn Ihr Grill über eine Auffangschale verfügt, die Grillreste dort hineinschieben. Dann den Inhalt der Auffangschale entsorgen.

5. Das Grillbecken mit warmer Spülmittel-lauge auswischen – vorsichtig, damit kein Wasser in die Brenner gelangt!

6. Alles wieder zusammensetzen und nach einem Monat wiederholen.

Monatliches Wartungsprogramm für den Holzkohlegrill

1. Wenn der Grill abgekühlt ist, die Asche aus dem Kessel entfernen. Da Asche einen natürlichen Feuchtigkeitsgehalt hat, ist es wichtig, die Asche jedes Mal nach dem Gebrauch des Grills zu entfernen. Wenn Ihr Grill über einen Auffangbehälter für Asche verfügt, sollten Sie ihn nach jedem Gebrauch entleeren.

2. Den Kessel mit einem warmen, feuch-ten Lappen auswischen. Dadurch verhin-dert man hartnäckige Rußablagerungen im Kessel.

Monatliches Wartungsprogramm für Elektrogrills

1. Wenn der Grill noch warm, aber nicht mehr heiß ist, denn Deckel innen mit einem feuchten Schwamm oder Lappen mit Spülmittellauge abwischen. Dadurch verhindert man hartnäckige Rußablage-rungen im Grilldeckel.

2. Den Grillrost herausnehmen. Mit einem Kunststoffspachtel oder Teigschaber die Fettreste vom Grillboden lösen. Wenn der Grill über eine Auffangschale verfügt, die Reste dort hineinschieben und die Auffangschale anschließend ausleeren.

3. Den Grill innen mit einem warmen, feuchten Tuch auswischen, die Heiz-elemente jedoch nicht nass machen.

// Sicherheit

Allgemeine Hinweise

1. Gas- und Holzkohlegrills dürfen ausschließlich im Freien verwendet werden. Bei Gebrauch in geschlossenen Räumen sammeln sich gesundheits- und lebensgefährliche Gase an.

2. Grills geben große Hitze ab. Der Grill muss mindestens 1½ Meter von brennbaren Materialien, Wänden und Geländern entfernt stehen. Dazu gehören u. a. Holzverkleidungen, sowie Holzveranden und –terrassen. Verwenden Sie einen Grill niemals in Innenräumen, unter einem Sonnendach oder einer Pergola.

3. Stellen Sie den Grill immer ebenerdig auf.

4. Verwenden Sie ausgewiesenes Grillwerkzeug mit langen, hitzebeständigen Griffen.

5. Tragen Sie beim Grillen keine losen oder leicht entflammbaren Kleidungsstücke.

6. Lassen Sie Kinder oder Haustiere niemals in der Nähe eines heißen Grills spielen oder unbeobachtet allein.

7. Tragen Sie beim Grillen und zum Regulieren der Lüftungsschieber Grillhandschuhe.

Sicherheit für den Gasgrill

1. Halten Sie den Grillboden und die Auffangschale Ihres Gasgrills sauber und fettfrei. Damit vermeiden Sie nicht nur gefährliche Flammenbildung, sondern halten auch ungebetene Gäste fern.

2. Sollten Flammen hochschlagen, schließen Sie unverzüglich den Deckel und legen Sie, wenn nötig, vorher das Grillgut über indirekte Hitze, bis die Flammenbildung abgeklungen ist. Bei einem Gasgrill Flammen niemals mit Wasser löschen.

3. Kleiden Sie den abgeschrägten Grillboden auf keinen Fall mit Alufolie aus. Sie verhindert, dass herabtropfendes Fett in die Auffangschale laufen kann. Das Fett sammelt sich zudem in den Falten der Folie und wird sich bei der nächsten Gelegenheit entzünden.

4. Gasflaschen dürfen keinesfalls in Innenräumen aufbewahrt werden (auch nicht in der Garage).

5. Ein neuer Gasgrill kann bei den ersten Malen heißer werden als normal. Sobald der Grill innen ein wenig angelaufen ist und Deckel und Grillwanne weniger reflektieren, normalisiert sich die Hitzeentwicklung.

Sicherheit für den Holzkohlegrill

1. Geben Sie niemals flüssige Anzünder oder bereits mit Anzünder imprägnierte Holzkohle auf die warme oder heiße Glut.

2. Niemals Benzin, Alkohol oder andere feuergefährliche Flüssigkeiten zum Anzünden von Holzkohle verwenden. Wenn Sie flüssigen Anzünder benutzen, muss sämtliche Flüssigkeit, die sich gegebenenfalls im Kessel angesammelt hat, durch den unteren Lüftungsschieber abgelassen werden, bevor Sie die Kohle anzünden.

3. Verwenden Sie Ihren Grill nur mit allen vollständig montierten Teilen, die zudem unversehrt sein müssen. Vergewissern Sie sich darüber hinaus, dass der Aschefänger korrekt unter dem Kessel befestigt ist.

4. Nehmen Sie den Deckel ab, wenn Sie die Holzkohle anzünden und vorglühen.

5. Breiten Sie die Holzkohle immer auf dem Kohlerost aus, nicht direkt auf dem Boden des Kessels.

6. Stellen Sie den Anzündkamin nicht auf oder neben feuergefährliche Flächen.

7. Bekämpfen Sie auflodernde Flammen, indem Sie den Deckel schließen und die oberen Lüftungsschieber zur Hälfte schließen. Wenn die Flammen nicht abklingen, öffnen Sie den Deckel und legen Sie das Grillgut über indirekte Hitze. Flammen niemals mit Wasser löschen!

8. Berühren Sie nie den Kessel, Grill- oder Kohlerost, um zu prüfen, ob sie heiß sind.

9. Hängen sie den Grilldeckel immer vorschriftsmäßig an der Deckelhalterung auf. Legen Sie einen heißen Deckel nie auf Teppich oder Gras. Der Grilldeckel darf nicht an die Griffe des Kessels gehängt werden.

10. Halten Sie elektrische Kabel vom heißen Grill fern.

11. Um die Glut zu löschen, setzen Sie den Deckel auf und schließen Sie alle oberen und unteren Lüftungsschieber vollständig. Löschen Sie die Glut niemals mit Wasser, da dies die Emailbeschichtung des Kessels beschädigen könnte.

 291

// Register

Rezepte / Vor- und Zubereitungen

Damit Sie bestimmte Rezepte noch schneller finden, sind beliebte Zutaten wie Bohnen oder Gerichte wie Burger oder Zubereitungsarten wie Grillen mit dem Zedernholzbrett alphabetisch geordnet über den entsprechenden Rezepten hervorgehoben. Vor- und Zubereitungstechniken sowie Warenkunde und Tipps stehen kursiv.

In den Rezepttexten verwendete Abkürzungen:
EL = Esslöffel (1 EL = 3 Teelöffel)
TL = Teelöffel
l = Liter
ml = Milliliter
kg = Kilogramm
g = Gramm
cm = Zentimeter
mm = Millimeter
Ø = Durchmesser
Min. = Minute
Std. = Stunde
TK- = Tiefkühl-

// A

Ahornsirup, Arme Ritter mit 236
Aïoli
   Hähnchensalat-Wraps mit Kräuter-Aïoli und Brunnenkresse 145
   Lammkeule mit Pesto-Aïoli 96
   Putenfilets mit Whiskyglasur 174
   Quesadillas mit Spinat 268
   siehe auch Mayonnaise
Alufolie
   Baked Potato in der Folie mit sautierten Pilzen 260
   In Folie gegrillte Baby Back Ribs 130
   Lachs und sonnengetrocknete Tomaten in der Folie 191
   Spareribs in der Folie gegrillt 132
   siehe auch En papillote
Ananas
   Einfache Schweinekoteletts mit gegrillter Ananas 116
   Gebratener Reis mit Ananas und gegrillten Garnelen 213
   Marinierte Schweinekoteletts mit frischer Obst-Salsa 117
Ananas-Garnelen-Spieße 212
Ananas und Himbeersahne mit gerösteten Kokosraspeln 274
Ananas und Kokoskuchen mit Himbeersauce 275
Ancho-Chilisauce, Rib-Eye-Steaks mit 71
Ancho-Kruste, Rib-Eye-Steaks mit 70
Apfel
   Koteletts mit Whisky-Senf-Glasur und gegrillten Äpfeln 106
   Lendensteaks in Buttermilchlake mit Apfelrotkohl 107
   Putenbrust im Speckmantel mit Apfel-Salbei-Füllung 173

Aprikosen
   Eisbecher mit Aprikosen vom Grill und Karamellsauce 276
   Marinierte Schweinekoteletts mit frischer Obst-Salsa 117
   Marokkanisch gewürzte Schweinelendensteaks mit Aprikosen 108
   Schweinelendensteaks gefüllt mit Aprikosen und Sultaninen 109
Aprikosen-Mascarpone-Törtchen mit Karamellsauce 277
Argentinisch
   Chorizo-Rindfleisch-Spieße mit argentinischer Chimichurri-Sauce 58
Arme Ritter aus gefüllten Brioches 237
Arme Ritter mit Ahornsirup 236
Artischocken mit Basilikumöl, Junge 246
Artischocken mit Krebsfleisch-Dip, Junge 247
Auberginen
   Caprese mit gegrillten Auberginen 262
   Curry-Hähnchenfilets mit Auberginen und Tomaten 148
   Frische erkennen 262
   Parmesan-Auberginenscheiben 152
   Pasta mit Tomaten, Auberginen und geröstetem Sesam 265
   Pizza mit Lammhack 69
   Teriyaki-Lammkarrees mit gegrilltem Auberginen-Paprika-Salat 95
Auberginenkaviar mit Pita-Brot 264
Auberginen mit Parmesan 263
Auf dem Zedernbrett gegrillter Thunfisch mit knackigem Gemüse 197
Auflauf: Frühstücksauflauf »Strata« 239
Aufstrich: Hähnchenaufstrich indisch 158
Ausbeinmesser 19
Austern öffnen 224
Austern vom Grill mit Sauce Mignonette 224
Austern vom Grill mit Spinat und Speckbröseln 225
Avocado
   Chorizo-Bohnen-Küchlein mit Chilisauce und Mango-Avocado-Salat 61
   Eine Avocado würfeln 23
   Goldmakrele mit mexikanischem Pesto und Avocadocreme 201
   Hotdogs mit Avocado und Chips 54
   Jakobsmuscheln in Tacos mit Weißkohl und Avocadosauce 219
   Pilz-Tostadas mit Avocadocreme und Tomaten-Salsa 269
   Tortilla-Suppe mit Garnelen, Avocado und Koriander 209
   siehe auch Guacamole

// B

Baby Back Ribs
   Gargrad 31
   In Folie gegrillte Baby Back Ribs 130
   Karibische Baby Back Ribs mit Früchteglasur 131
   Vorbereiten 131

Backpapier siehe En papillote
Baguette siehe Brot/Brötchen
Baked Potato in der Folie mit sautierten Pilzen 260
Bällchen
   Fleischbällchen mit gegrillten Salatherzen und Feta-Dressing 64
   Lamm-Köfte 68
   Spaghetti mit Fleischbällchen 66
   Truthahn-Köfte mit Mango-Chutney 170
   Truthahn-Wraps mit Minze-Chutney und Mango 171
Bananen
   Schokoladenpudding mit gegrillten Bananen 283
   Warmer Eis-Bananen-Becher mit Schoko-streuseln 282
Bánh-mì-Sandwich, Vietnamesisches 125
Barbados, Hähnchenbrust 162
Basilikum
   Auberginen mit Parmesan 263
   Caprese mit gegrillten Auberginen 262
   Frühstückstomaten 238
   Junge Artischocken mit Basilikumöl 246
   Lammkeule mit Pesto-Aïoli 96
   Lammkeule mit Pestozutaten 97
   Thunfisch mit Bohnen-Oliven-Salat 197
   Thunfischsteaks mit Zitronenvinaigrette 196
   Warme Ciabatta-Sandwiche mit Burrata und Pesto 257
Beeren: Clafoutis mit Sommerbeeren 280
Beerenauflauf mit Englischer Creme, Knuspriger 281
Bezugsquellen (Lebensmittel) 303
Bier: In Bier marinierte Goldmakrele mit Guacamole 200
Birnen
   Bruschetta mit gegrillten Birnen und Prosciutto 104
   Ganzer Schinken mit Birnen-Chutney 129
   Garnelen im Schinkenmantel mit Birnen-Chutney 105
   Schinkensteaks mit gegrillten Birnen und Essigglasur 128
   Schokoladenfondue mit gerösteten Brotwürfeln und Birnen 285
Bistro-Steaks mit eingelegten Zwiebeln und Rucola 91
Blätterteigpasteten: Aprikosen-Mascarpone-Törtchen mit Karamellsauce 277
Blauschimmelkäse
   Bruschetta mit gegrillten Birnen und Prosciutto 104
   Cheeseburger mit Blauschimmelkäse und roten Zwiebeln 50
   Gefüllte Datteln mit Blauschimmelkäse und Pecannüssen 245
   Marinierte Strip-Steaks mit Gorgonzolasauce 73
   Qualität 50
   Strip-Steaks mit Tomaten-Gorgonzola-Vinaigrette 72
Bloody Mary: Venusmuscheln mit Cocktailsauce Bloody Mary 222
Bohnen
   Brasilianisches Churrasco mit schwarzem Bohnensalat 59
   Chili mit Steakfleisch und Bohnen 89

Indische Hähnchenbrust mit grünen Bohnen und Tomaten 149
Japanische Lendensteaks mit grünen Wasabi-Sesam-Bohnen 110
Käse-Nachos mit Steakfleisch und schwarzen Bohnen 87
Rinderbraten mit schwarzen Bohnen, Mais-Salsa und Cotija-Käse 99
Schweinekoteletts mit weißen Bohnen 115
Thunfisch mit Bohnen-Oliven-Salat 197
Bohnen-Küchlein mit Chilisauce und Mango-Avocado-Salat 61
Brasilianisches Churrasco mit schwarzem Bohnensalat 59
Braten
Pulled Pork Sandwich 127
Rinderbraten mit gedämpftem Mangold 101
Rinderbraten mit sahnigen Zwiebel- und Chilistreifen 98
Rinderbraten mit schwarzen Bohnen, Mais-Salsa und Cotija-Käse 99
Bratensandwich mit Curry-Mayonnaise 100
Brioche: Arme Ritter aus gefüllten Brioches 237
Brokkolini, Sirloin-Steak mit 82
Brot/Brötchen
Arme Ritter aus gefüllten Brioches 237
Arme Ritter mit Ahornsirup 236
Auberginenkaviar mit Pita Brot 264
Bruschetta mit gegrillten Birnen und Prosciutto 104
Champignon-Cheeseburger 51
Cheeseburger mit Blauschimmelkäse und roten Zwiebeln 50
Frühstücksauflauf »Strata« 239
Frühstückstomaten 238
Hähnchen-Mais-Chowder mit Parmesan-Knoblauch-Baguette 139
Hähnchen-Panini mit Tomate und Rucola 140
Hotdogs mit Avocado und Chips 54
Hotdogs mit Speck-Chipotle-Chili 55
Lammburger mit grünem Chili 52
Lamm-Chorizo-Burger mit Cheddar und Poblano-Chili 53
Schokoladenfondue mit gerösteten Brotwürfeln und Birnen 285
Spargel-Tomaten-Salat mit Feta 240
Truthahn-Wraps mit Minze-Chutney und Mango 171
Brotbrösel
Speckbrösel 225
Knoblauchbrösel 115
Zitronenbrösel 141
Zitronenfruchtige Brotbrösel zum Füllen 119
Brownies, Chocolate 286
Brunnenkresse, Hähnchensalat-Wraps mit Kräuter-Aïoli und 145
Bruschetta siehe Brot/Brötchen
Bulgur: Türkisches Lammkarree mit Tabouleh 93
Burger
Champignon-Cheeseburger 51
Cheeseburger mit Blauschimmelkäse und roten Zwiebeln 50
Lachsburger mit Ingwermayonnaise und eingelegtem Gemüse 193
Lammburger mit grünem Chili 52
Lamm-Chorizo-Burger mit Cheddar und Poblano-Chili 53

Bürgermeister-/Pastorenstück
Bratensandwich mit Curry-Mayonnaise 100
Rinderbraten mit gedämpftem Mangold 101
Rinderbraten mit sahnigen Zwiebel- und Chilistreifen 98
Rinderbraten mit schwarzen Bohnen, Mais-Salsa und Cotija-Käse 99
Burrata: Warme Ciabatta-Sandwiche mit Burrata und Pesto 257
Butter
Falsches Filet mit Ziegenkäse-Tomaten-Butter 90
Gegrillte Kartoffelspalten mit frischen Kräutern und Butter 258
Lachs mit Chilibutter 188
siehe auch Buttersauce
Buttermilch
Ananas mit Kokoskuchen und Himbeersauce 275
Goldmakrele mit mexikanischem Pesto und Avocadocreme 201
Lendensteaks in Buttermilchlake mit Apfelrotkohl 107
Butternusskürbis
Haltbarkeit 255
Kürbissuppe 254
Kürbis-Süßkartoffel-Gemüse 255
Schälen 254
Buttersauce
Filet Mignon mit brauner Buttersauce 78
Filets vom Red Snapper mit Kapern-Petersilien-Butter 204
Hähnchenbrust mit Weißwein-Kapern-Sauce 146
Miesmuscheln vom Grill mit Knoblauch-Petersilien-Butter 220
Zubereitungstipps 146

// C

Caesar Salad, Zitronenhähnchen auf 144
Calamari-Kichererbsen-Salat mit scharfer Orangenvinaigrette 215
Cannellini-Bohnen
Schweinekoteletts mit weißen Bohnen 115
Thunfisch mit Bohnen-Oliven-Salat 197
Caprese mit gegrillten Auberginen 262
Ceviche (Info) 182
Ceviche mit gegrilltem Heilbutt 182
Champignons
Champignon-Cheeseburger 51
Gefüllte Champignons mit Hackfleisch und sonnengetrockneten Tomaten 65
Pilz-Tostadas mit Avocadocreme und Tomaten-Salsa 269
Quesadillas mit Spinat 268
Würziger Grilltofu mit mariniertem Gemüse 266
siehe auch Pilze
Cheddar
Lamm-Chorizo-Burger mit Cheddar und Poblano-Chili 53
Cheeseburger, Champignon- 51
Cheeseburger mit Blauschimmelkäse und roten Zwiebeln 50
Chicorée, Lammkoteletts mit 92
Chili (Gericht)
Chili mit Steakfleisch und Bohnen 89
Hotdogs mit Speck-Chipotle-Chili 55
Chilibohnen: Chili mit Steakfleisch und Bohnen 89

Chilischoten
Chorizo-Bohnen-Küchlein mit Chilisauce und Mango-Avocado-Salat 61
Frische Chilischoten fein würfeln 24
Hotdogs mit Speck-Chipotle-Chili 55
Lachs mit Chilibutter 188
Lachsnudeln mit gegrillten Chilis 189
Lammburger mit grünem Chili 52
Lamm-Chorizo-Burger mit Cheddar und Poblano-Chili 53
Rib-Eye-Steaks mit Ancho-Chilisauce 71
Rib-Eye-Steaks mit Ancho-Kruste 70
Rinderbraten mit sahnigen Zwiebel- und Chilistreifen 98
Schmetterlingssteaks mit Pflaumen-Chili-Salsa 112
Schweinefilets mit Chilikruste 120
Chimichurri-Sauce, Chorizo-Rindfleisch-Spieße mit argentinischer 58
Chocolate Brownies 286
Chorizo
Brasilianisches Churrasco mit schwarzem Bohnensalat 59
Lamm-Chorizo-Burger mit Cheddar und Poblano-Chili 53
Paella mit Garnelen, Chorizo und Muscheln 211
Queso fundido 60
Spanische Garnelen-Wurst-Spieße mit Romesco-Sauce 210
Chorizo-Bohnen-Küchlein mit Chilisauce und Mango-Avocado-Salat 61
Chorizo-Rindfleisch-Spieße mit argentinischer Chimichurri-Sauce 58
Chowder: Hähnchen-Mais-Chowder mit Parmesan-Knoblauch-Baguette 139
Churrasco mit schwarzem Bohnensalat, Brasilianisches 59
Chutney
Ganzer Schinken mit Birnen-Chutney 129
Garnelen im Schinkenmantel mit Birnen-Chutney 105
Truthahn-Köfte mit Mango-Chutney 170
Truthahn-Wraps mit Minze-Chutney und Mango 171
Ciabatta siehe Sandwich
Cioppino: Muschelsuppe Cioppino mit Garnelen 223
Clafoutis mit Sommerbeeren 280
Cocktailsauce Bloody Mary, Venusmuscheln mit 222
Coleslaw
Geräucherte Hähnchenschenkel mit selbst gemachtem Coleslaw 151
Hähnchensandwich mit schnellem Coleslaw 150
Cotija: Rinderbraten mit schwarzen Bohnen, Mais-Salsa und Cotija-Käse 99
Cranberrys
Garnelen im Schinkenmantel mit Birnen-Chutney 105
Knoblauch-Salbei-Putenschnitzel mit Cranberrysauce 172
Mengenverhältnis frische und getrocknete Früchte 172
Putenbrust im Speckmantel mit Apfel-Salbei-Füllung 173
Cremige Hähnchennudeln mit karamellisierten Tomaten 141
Cremige Linguine mit zweierlei Muscheln 221
Curry-Hähnchenfilets mit Auberginen und Tomaten 148

// O

Obst siehe einzelne Früchte und Beeren
Fruit pies à la mode 276
Grill-Kompass 47
Oliven
Hähnchen-Oliven-Spieße mit Zitronenmarinade 156
Hähnchenschenkel und Oliven-Fenchel-Salat mit gegrillten Zitronenscheiben 157
Lachsfilets mit Fenchel-Oliven-Paste 186
Pizza mit Lammhack 69
Thunfisch mit Bohnen-Oliven-Salat 197
Orangen
Kleine Kalmare mit Orangensauce 214
Orangenvinaigrette 215
Schokoladenkuchen mit Orangenglasur 287
Oregano: Rib-Eye-Steaks mit Ancho-Kruste 70
Orient: Glasierte Entenbrust mit orientalischem Pistazien-Minze-Pilaw 169
Overnight-Breakfast 238

// P

Paella mit Garnelen, Chorizo und Muscheln 211
Panini: Hähnchen-Panini mit Tomate und Rucola 140
Paprikaschoten
Eingelegte Putenfilets mit warmem Mais-Paprika-Salat 175
Gefüllte Zucchinischiffchen mit gegrilltem Paprikapüree 57
Gegrillte Paprikarouladen mit italienischem Thunfisch 249
Gegrillter Paprikasalat mit Pinienkernen 248
Peruanische Steakspieße mit gegrilltem Mais 81
Salsicce mit Paprika und Zwiebeln 56
Teriyaki-Lammkarrees mit gegrilltem Auberginen-Paprika-Salat 95
Würziger Grilltofu mit mariniertem Gemüse 266
Zu einem Streifen aufschneiden 25
Parmesan
Auberginen mit Parmesan 263
Baked Potato in der Folie mit sautierten Pilzen 260
Frühstückstomaten 238
Gegrillte neue Kartoffeln auf Rucola-Tomaten-Salat 261
Goldmakrele mit mexikanischem Pesto und Avocadocreme 201
Hähnchen-Mais-Chowder mit Parmesan-Knoblauch-Baguette 139
Lammkeule mit Pestozutaten 97
Parmesan-Auberginenscheiben 152
Pasta siehe Nudeln
Paste
Lachsfilets mit Fenchel-Oliven-Paste 186
Worcestershire-Paste 37
Pattison: Kokos-Curry-Lachs mit kleinen Kürbissen 192
Pecannüsse
Gefüllte Datteln mit Blauschimmelkäse und Pecannüssen 245
Karamellisierte Pecannüsse 244
Warmer Eis-Bananen-Becher mit Schoko-streuseln 282
Peruanische Steakspieße mit gegrilltem Mais 81
Pesto
Goldmakrele mit mexikanischem Pesto und Avocadocreme 201

In Pesto marinierte Wolfsbarschfilets mit warmen Tomaten 202
Lammkeule mit Pesto-Aïoli 96
Lammkeule mit Pestozutaten 97
Spinatsalat mit gegrillten Tomaten und Zwiebeln 256
Warme Ciabatta-Sandwiche mit Burrata und Pesto 257
Wolfsbarsch en papillote mit Pesto und Gemüse 203
Zum Marinieren 202
Petersilie
Chorizo-Rindfleisch-Spieße mit argentinischer Chimichurri-Sauce 58
Filets vom Red Snapper mit Kapern-Petersilien-Butter 204
Goldmakrele mit mexikanischem Pesto und Avocadocreme 201
Grüner Spargel mit Green-Goddess-Dressing 250
Miesmuscheln vom Grill mit Knoblauch-Petersilien-Butter 220
Truthahnbrust mit Salsa verde 176
Pfannengerichte
Cremige Linguine mit zweierlei Muscheln 221
Frühstücksauflauf »Strata« 239
Gebratener Reis mit Ananas und gegrillten Garnelen 213
Kartoffelpfanne mit Roter Bete 235
Lateinamerikanische Steak-Tamal-Pfanne, 85
Miesmuscheln vom Grill mit Knoblauch-Petersilien-Butter 220
Pfirsichtarte aus der Pfanne mit Kardamom 279
Provenzalische Spiegeleier 232
Queso fundido mit Chorizo 60
Spargel-Tomaten-Frittata mit Feta 241
Spiegeleier mit Speck 234
Spiegeleier nach Art von Veracruz 233
siehe auch Wok-Gerichte
Pfeffer: Zitronen-Pfeffer-Hähnchen 164
Pfefferspieße mit Dijon-Creme 80
Pfirsiche
Arme Ritter aus gefüllten Brioches 237
Glasiertes Hähnchenfilet und Pfirsich mit Süßkartoffeln und Blattgemüse 143
Hähnchen-Pfirsich-Salat mit pikant-süßem Senfdressing 142
Karamellisierte Pfirsiche mit Käse und Mandeln 278
Pfirsichtarte aus der Pfanne mit Kardamom 279
Pflaumen
Gegrillte Pflaumen mit Honig-Zitronen-Joghurt 272
Gegrillte Pflaumen mit Zitronenkuchen 273
Schmetterlingssteaks mit Pflaumen-Chili-Salsa 112
Schweinelendenbraten mit gegrillten Pflaumen und Minzesauce 113
Pilaw: Glasierte Entenbrust mit orientalischem Pistazien-Minze-Pilaw 169
Pilze
Baked Potato in der Folie mit sautierten Pilzen 260
Garnelen und Shiitake-Pilze mit japanischen Nudeln 207
Pilz-Tostadas mit Avocadocreme und Tomaten-Salsa 269
Porterhouse-Steaks mit sahniger Steinpilzsauce 77
Porterhouse-Steaks mit Steinpilzkruste 76
siehe auch Champignons
Piment
Hähnchenbrust Barbados 162

Jerk-Schweinefilet mit Gurkensalat 122
Jerk-Schweinemedallions mit bunter Mais-Salsa 123
Pinienkerne 96
Gegrillter Paprikasalat mit Pinienkernen 248
Junge Artischocken mit Basilikumöl 246
Lammkeule mit Pestozutaten 97
Schwertfischsteaks mit sizilianischer Salsa 195
Warme Ciabatta-Sandwiche mit Burrata und Pesto 257
Pistazien
Glasierte Entenbrust mit orientalischem Pistazien-Minze-Pilaw 169
Pflaumen mit Honig-Zitronen-Joghurt 272
Pita-Brote
Auberginenkaviar mit Pita-Brot 264
Lamm-Chorizo-Burger mit Cheddar und Poblano-Chili 53
Pizza mit Lammhack 69
Planking siehe Zedernbrett 197
Pollo al Mattone 153
Porterhouse-Steaks mit sahniger Steinpilzsauce 77
Porterhouse-Steaks mit Steinpilzkruste 76
Portobello siehe Champignons
Pozole, Mexikanischer Maiseintopf 121
Propangas-Herstellung 12
Prosciutto
Bruschetta mit gegrillten Birnen und Prosciutto 104
Garnelen im Schinkenmantel mit Birnen-Chutney 105
Gegrillte Jakobsmuscheln auf Tomatensauce und Prosciutto 216
Provenzalisch
Provenzalische Spiegeleier 232
Provenzalische Strip-Steaks mit karamellisierten Schalotten 74
Strip-Steaks mit provenzalischem Sommergemüse 75
Pudding: Schokoladenpudding mit gegrillten Bananen 283
Pulled Pork Sandwich 126, 127
Pulled Pork vom Filet, Schnelles 126
Pute
Grill-Kompass 45
Knoblauch-Salbei-Putenschnitzel mit Cranberrysauce 172
Putenbrust im Speckmantel mit Apfel-Salbei-Füllung 173
Putenfilets mit warmem Mais-Paprika-Salat, Eingelegte 175
Putenfilets mit Whiskyglasur 174
siehe auch Truthahn

// Q

Quesadilla-Brunch 231
Quesadillas mit Spinat 268
Queso fundido mit Chorizo 60

// R

Radieschen
Auf dem Zedernbrett gegrillter Thunfisch mit knackigem Gemüse 199
Kurz gegrillter Thunfisch mit Gurken-Radieschen-Salat 198
Vietnamesische Frühlingsrollen mit Heilbutt, Zitronengras und Radieschen 183

REGISTER

302

// V

Venusmuscheln
- Muschelsuppe Cioppino mit Garnelen 223
- Paella mit Garnelen, Chorizo und Muscheln 211
- *Wässern* 220

Venusmuscheln mit Cocktailsauce Bloody Mary 222

Veracruz, Spiegeleier nach Art von 233

Vietnamesische Frühlingsrollen mit Heilbutt, Zitronengras und Radieschen 183

Vietnamesischer Filetsalat mit würzigem Erdnussdressing 124

Vietnamesisches Bánh-mì-Sandwich 125

Vinaigrette
- Basilikum-Vinaigrette 40
- Kräuter-Schalotten-Vinaigrette 41
- Kreuzkümmel-Vinaigrette 40
- Rotweinvinaigrette 40
- Sherry-Vinaigrette 41
- Spargel-Kartoffel-Törtchen mit Estragon-Vinaigrette 251
- Strip-Steaks mit Tomaten-Gorgonzola-Vinaigrette siehe auch Dressing 72
- Thunfischsteaks mit Zitronenvinaigrette 196
- siehe auch Dressing

Vorratshaltung 32–33

// W

Walnüsse
- Filet Mignon mit brauner Buttersauce 78
- Hähnchensalat-Wraps mit Kräuter-Aïoli und Brunnenkresse 145

Warme Ciabatta-Sandwiche mit Burrata und Pesto 257

Warmer Eis-Bananen-Becher mit Schokostreuseln 282

Warmer Kartoffelsalat mit Weißkohl, Schinken und Zwiebeln 259

Wartung des Grills 290

Wasabi
- Japanische Lendensteaks mit grünen Wasabi-Sesam-Bohnen
- siehe auch Meerrettich

Weintrauben: Hähnchensalat-Wraps mit Kräuter-Aïoli und Brunnenkresse 145

Weiße Bohnen: Schweinekoteletts mit weißen Bohnen 115

Weißkohl
- *Frische erkennen* 259
- Jakobsmuscheln in Tacos mit Weißkohl und Avocadosauce 219
- *Rohe Weißkohlstreifen milder machen* 219
- Warmer Kartoffelsalat mit Weißkohl, Schinken und Zwiebeln 259
- siehe auch Coleslaw, Rotkohl

Weißwein: Hähnchenbrust mit Weißwein-Kapern-Sauce 146

Wetzstahl 19

Whisky
- Koteletts mit Whisky-Senf-Glasur und gegrillten Äpfeln 106
- Lendensteaks in Buttermilchlake mit Apfelrotkohl 107
- Putenfilets mit Whiskyglasur 174

Wok-Gerichte
- Gebratener Reis mit Ananas und gegrillten Garnelen 213
- Im Wok gegrillte Schweinelendchen mit Gemüse 111
- siehe auch Pfannengerichte

Wolfsbarsch en papillote mit Pesto und Gemüse 203

Wolfsbarschfilets mit warmen Tomaten, In Pesto marinierte 202

Wraps
- Hähnchensalat-Wraps mit Kräuter-Aïoli und Brunnenkresse 145
- Truthahn-Wraps mit Minze-Chutney und Mango 171

Wurst/Würstchen
- Brasilianisches Churrasco mit schwarzem Bohnen-salat 59
- Chorizo-Bohnen-Küchlein mit Chilisauce und Mango-Avocado-Salat 61
- Chorizo-Rindfleisch-Spieße mit argentinischer Chimichurri-Sauce 58
- Frühstücksauflauf »Strata« 239
- Gefüllte Zucchinischiffchen mit gegrilltem Paprikapüree 57
- Hotdogs mit Avocado und Chips 54
- Hotdogs mit Speck-Chipotle-Chili 55
- Lamm-Chorizo-Burger mit Cheddar und Poblano-Chili 53
- Paella mit Garnelen, Chorizo und Muscheln 211
- Queso fundido mit Chorizo 60
- Salsicce mit Paprika und Zwiebeln 56
- Spanische Garnelen-Wurst-Spieße mit Romesco-Sauce 210

Würzbutter: Falsches Filet mit Ziegenkäse-Tomaten-Butter 90

Würzbutter mit Rauchpaprika 38

Würziger Grilltofu mit mariniertem Gemüse 266

Würzmischungen
- Aisatische Würzmischung 35
- Cajun-Gewürz 34
- *Einwirkzeiten* 34
- Espresso-Gewürzmischung 35
- Geröstete Kreuzkümmel-Mischung 34
- Gewürzmischung Santa Fe 35
- Hähnchen- und Fischgewürz 35
- Karibik-Würzmischung 34
- Klassisches Barbecue-Gewürz 34

New Orleans Barbecue-Gewürz 35
- Spareribs-Gewürz 35
- Steak-Gewürz 35
- Steakhouse-Würzmischung 35
- Zauber-Würzmischung 35

// Z

Zedernbrett: Auf dem Zedernbrett gegrillter Thunfisch mit knackigem Gemüse 199

Ziegenkäse-Tomaten-Butter, Falsches Filet mit 90

Zitronen
- Dosen-Hähnchen 165
- Gegrillte Pflaumen mit Honig-Zitronen-Joghurt 272
- Gegrillte Pflaumen mit Zitronenkuchen 273
- Hähnchen-Oliven-Spieße mit Zitronenmarinade 156
- Hähnchenschenkel und Oliven-Fenchel-Salat mit gegrillten Zitronenscheiben 157
- Red Snapper mit Zitronenfüllung und Grilltomaten-sauce 205
- *Schale abreiben* 194
- *Schale und Saft* 192
- Thunfischsteaks mit Zitronenvinaigrette 196
- Zitronenhähnchen auf Caesar Salad 144
- Zitronen-Pfeffer-Hähnchen 164

Zitronengras
- Vietnamesische Frühlingsrollen mit Heilbutt, Zitronengras und Radieschen 183

Zitronenlimonade: Dosen-Hähnchen 165

Zitrussauce, Lachsspieße mit cremiger 187

Zitrusvinaigrette, Jakobsmuschelsalat mit 218

Zucchini
- Gefüllte Zucchinischiffchen mit gegrilltem Paprikapüree 57
- Würziger Grilltofu mit mariniertem Gemüse 266

Zuckerschoten: Wolfsbarsch en papillote mit Pesto und Gemüse 203

Zwiebelbrötchen: Lammburger mit grünem Chili 52

Zwiebelconfit, Steaksandwich mit 83

Zwiebeln
- Bistro-Steaks mit eingelegten Zwiebeln und Rucola 91
- *Fein würfeln* 21
- *Für Spieße vorbereiten* 22
- Gegrillte Jakobsmuscheln auf Nudeln, Speck und Zwiebeln 217
- *In Scheiben schneiden* 22
- Rinderbraten mit sahnigen Zwiebel- und Chilistreifen 98
- Rohe Zwiebelstreifen milder machen 219
- Salsicce mit Paprika und Zwiebeln 56
- Spinatsalat mit gegrillten Tomaten und Zwiebeln 256
- Warmer Kartoffelsalat mit Weißkohl, Schinken und Zwiebeln 259
- siehe auch Schalotten

// Bezugsquellen

Große Auswahl an amerikanischen Backzutaten, darunter Vanille- und Orangenextrakt, typische US-Grillsaucen, Salsas, Dressings, Gewürze, aber auch Grillbretter (Grillplanken) können bezogen werden bei:
www.american-heritage.de

Hervorragende Auswahl und Qualität von Lebensmitteln und Gewürzen, darunter »Asia & Ethno Food« und Versand von Frischwaren wie Meeresfrüchte, bietet die Firma Bos Food mit eigenem Laden in Meerbusch/Büderich.
www.bosfood.de

Riesige Auswahl von Lebensmitteln aus aller Herren Länder, auch Versand von Frischware. Fast alle Produkte aus diesem Buch finden Sie hier:
www.gourmondo.de/Amerika

Die Metropolis Culinary Company bietet Produkte rund um die Avantgarde-Küche. Hier findet man u.a. flüssige Raucharomen (Liquid Smoke).
www.mcc-shop.com

Das Familienunternehmen Mex-Al El Sombrero vertreibt seit rund 25 Jahren mexikanische Spezialitäten und bietet seit ein paar Jahren auch selbst hergestellte Tortillas an. Siehe auch www.tacoweb.de.
www.mex-al.de

Hochwertige und außergewöhnliche Fleisch-, Wurst-, Geflügel- und Seafoodspezialitäten, die nicht nur Grillfans die Herzen höher schlagen lassen. Nicht billig, dafür beste Qualität. Hat nichts mit dem bekannten gleichnamigen deutschen Versandhändler zu tun.
www.otto-gourmet.de

Viele scharfe Lebensmittel aus der amerikanischen und TexMex-Küche. Hier kann man auch das flüssige Raucharoma (Liquid Smoke) bestellen.
www.pepper-king.com

Hier kann man alles rund um Chili & Co. einkaufen. Und die Webseiten bieten zudem viel Wissenswertes über die kleinen scharfen Schoten.
www.pepperworld.com
www.pepperworldhotshop.de

Spanische Lebensmittel in Hülle und Fülle, auch Chorizo-Würste und Käse bietet die Spanische Bodega auf ihrer Seite
www.spanische-bodega.de

Viele Anregungen und Infos zur Küche und Esskultur Mexikos hat die Journalistin Gabriele Frankemölle auf ihrer Seite Tacoweb zusammengetragen. Kommentierte Empfehlungen zu weiteren Bezugsquellen für mexikanische Lebensmittel. Siehe auch www.usa-kulinarisch.de
www.tacoweb.de

Ein Muss für Liebhaber der US-amerikanischen Küche und solche, die es werden wollen, ist die Webseite der Journalistin Gabriele Frankemölle. Mit umfangreicher Rezeptesammlung und weiteren Bezugsquellen für US-Produkte, aber kein Online-Shop! Siehe auch www.tacoweb.de
www.usa-kulinarisch.de

Hier finden Sie allles rund um Ihren Grill, darunter auch Räucherchips, Zedernholzbretter (siehe Rezept S. 197) und weiteres spezielles Zubehör.
www.weber-grillen.de

 303

IMPRESSUM

Weber-Stephen Products Co.:
Mike Kempster Sr., Executive Vice President
Sherry L. Bale, Director, Public Relations
Brooke Jones, Marketing Manager

Titel der amerikanischen Orginalausgabe:
Weber's time to grill. Get in.
Get out. Get grilling TM

Copyright © 2011 Weber-Stephen Products
Copyright der deutschen Ausgabe © 2012
GRÄFE UND UNZER VERLAG GmbH,
Grillparzer Str. 12, 81675 München

Alle Rechte vorbehalten. Nachdruck, auch
auszugsweise, sowie Verbreitung durch Film,
Funk und Fernsehen und Internet durch
fotomechanische Wiedergabe, Tonträger
und Datenverarbeitungssysteme jeglicher Art
nur mit schriftlicher Genehmigung des Verlages.

Autor: Jamie Purviance
Übersetzung: Andrea Haftel
Lektorat: Karen Dengler, Werkstatt München
Redaktion: Martin Waller, Werkstatt München
Umgestaltung des Innenteils und Satz:
Anja Dengler, Werkstatt München
Gesamtproduktion der deutschen Ausgabe:
Werkstatt München · Buchproduktion
Projektleitung: Monika Greiner
Umschlaggestaltung und Aufmacherseiten:
independent Mediendesign, Horst Moser
Layout d. Orginalausgabe: rabble + rouser, inc.
Herstellung: Markus Plötz
Reproduktion: Longo AG, Bozen
Druck und Bindung: aprinta Druck,
Firmengruppe Appl, Wemding
Bindung: Sellier, Firmengruppe Appl, Freising

Bildnachweis:
Alle Fotos Tim Turner (Foodstyling Lynn Gagné)
bis auf die Fotos auf den Seiten 48, 62, 160, 180,
228, 242, 270 und 288, Klappen vorne innen und
Klappen hinten innen: Klaus Maria Einwanger.

Die Illustrationen auf den Seiten 8/9, 12/13,
14/15, 16/17 wurden angefertigt von
Weber Creative Services. Die Zeichnung auf den
Seiten 10/11 wurde angefertigt von Mariela
Bontempi (unter fachmännischer Anleitung
von Mike Stark, Manager Technical Office,
Weber-Stephen Deutschland GmbH).

Dieses Buch gibt die Meinung des Autors
wieder. Es soll Informationen zum Thema des
Buches liefern, stellt aber keinerlei profes-
sionelle Dienstleistung seitens des Autors und
des Verlags dar. Autoren und Verlag überneh-
men keinerlei Verantwortung und Haftung für
etwaige Schäden oder Risiken, persönliche
und andersartige, die als direkte oder indirekte
Folge des Gebrauchs und der Anwendung
irgendeines der Inhalte dieses Buches auftreten

Umwelthinweis:
Dieses Buch ist auf PEFC-zertifiziertem Papier
aus nachhaltiger Waldwirtschaft gedruckt.

ISBN 978-3-8338-2637-5

1. Auflage 2012

GRÄFE
UND
UNZER

Ein Unternehmen der
GANSKE VERLAGSGRUPPE

Unsere Garantie

Alle Informationen in diesem Ratgeber
sind sorgfältig und gewissenhaft geprüft.
Sollte dennoch einmal ein Fehler enthalten sein, schicken Sie uns das Buch mit
dem entsprechenden Hinweis an unseren
Leserservice zurück. Wir tauschen Ihnen
den GU-Ratgeber gegen einen anderen
zum gleichen oder ähnlichen Thema um.

Liebe Leserin
und lieber Leser,

wir freuen uns, dass Sie sich für ein
GU-Buch entschieden haben. Mit Ihrem
Kauf setzen Sie auf die Qualität, Kompe-
tenz und Aktualität unserer Ratgeber.
Dafür sagen wir Danke! Wir wollen als
führender Ratgeberverlag noch besser
werden. Daher ist uns Ihre Meinung
wichtig. Bitte senden Sie uns Ihre Anregungen, Ihre Kritik oder Ihr Lob zu unseren Büchern. Haben Sie Fragen oder
benötigen Sie weiteren Rat zum Thema?
Wir freuen uns auf Ihre Nachricht!

Wir sind für Sie da!
Montag–Donnerstag:
8.00–18.00 Uhr;
Freitag: 8.00–16.00 Uhr
Tel.: 0180-5005054*   *(0,14 €/Min. aus
Fax: 0180-5012054*   dem dt. Festnetz/
                             Mobilfunkpreise
E-Mail: maximal 0,42 €/Min.)
leserservice@graefe-und-unzer.de

P.S.: Wollen Sie noch mehr Aktuelles
von GU wissen, dann abonnieren Sie
doch unseren kostenlosen GU-Online-
Newsletter und/oder unsere kostenlosen
Kundenmagazine.

GRÄFE UND UNZER VERLAG
Leserservice
Postfach 86 03 13
81630 München